아브라함의 언약

최환열 지음

창조와 지식

아브라함의 언약

- 창 12-22장의 주석적 연구 -

신학박사 최 환 열

머 리 말

우리 기독교 신앙은 아브라함의 언약으로부터 본격적으로 시작된다고 말할 수 있다. 이 아브라함의 언약은 아브라함의 후손들이 한 국가를 이루었을 때, 시내산 언약으로 발전하고, 더 나아가 제2의 시내산 언약이라고 말할 수 있는 모압언약으로 발전한다. 그리고 예수 그리스도께서는 본인이 하나님의 아들 그리스도이시지만, 아브라함의 언약의 계승자로 나타나신다. 따라서 아브라함의 언약에 대한 깊은 이해는 기독교 신앙 전체를 이해할 수 있게 한다. 기독교 신앙은 여기에서부터 시작되는 것이다.

아브라함의 언약의 본질은 무엇인가? 그것은 아브라함이 "베라카(בְּרָכָה, 축복함, 복)"가 되는 것인데, 이것은 제사장적인 개념이다. 이웃과 열방을 향하여 "축복하는 자"(창 12:2b)가 된다는 의미이다. 그렇다면, 이러한 "축복하는 자"는 누구인가? 이 사람에게 필요한 덕목은 무엇인가?

하나님의 제사장의 덕목은 무엇인가? 그것은 "하나님에 대한 믿음"(창 15:6)이었다. 그런데 놀랍게도 이 "하나님에 대한 믿음"은 철저한 자기부인의 믿음으로 나타났다. 아브라함은 창세기 15장에서 엘리에셀을 포기하여야 했다. 아브라함이 거하는 곳은 치안이 부재한 이방의 땅이었다. 늘 생명의 위협을 느끼며 남의 땅에 와서 허락을 받고 살았다. 어서 속히 자녀를 생산하여 스스로의 생명과 재산을 보전하여야 했다. 이때 자녀가 생산되지 않아, 그 큰 현실적 두려움을 이기고자 하여 부득이 엘리에셀을 자신의 의지처로 삼아 상속자로 선택하였다. 여호와께서는 이것을 포기하게 하신다. 아브라함은 또 다시 홀홀단신이 되어 오직 여호와만 의지하였다. 여호와께서는 이것을 의로 여기신 것이다.

이러한 자기부인은 계속 일어난다. 창세기 17장에서는 이스마엘을 포기하여야 했다. 이때 심지어는 양피를 베어버림을 통해서 후손에 대한 의존의 마음을 송두리째 빼앗았다. 여호와께서는 아브라함이 여기에 순종하자, 그것을 "완전한 믿음"이라고 칭하였다.

여호와께서는 심지어 100세가 되어 얻은 이삭을 번제로 바치라고 하신다.

아브라함은 이 문제로 평생을 훈련을 받은 것이다. 창세기 22장에 의하면, 아브라함은 즉각적으로 순종한다. 아들 이삭을 여호와께 번제로 바친 것이다. 이것이 아브라함의 믿음이었다. 결국 아브라함은 평생토록 순교자로 살았으며, 무소유자로 살았고, 세상을 향하여 죽은 자로 살았다. 이것이 기독교 신앙의 믿음이다.

예수께서는 이 아브라함의 언약을 이루시는 후사이시다. 예수께서는 아브라함과 이삭이 자신의 모든 후손을 자신에게 몸에 품고 번제단에 오름으로서 모든 이스라엘 후손들을 하나님께 번제의 제물로 바쳤듯이, 이제 예수께서 모든 믿는 자들의 구주가 되어 자신의 목숨을 하나님께 바치셨다.

우리 그리스도인들은 이 그리스도 안에 하나님께 번제의 제물로 바쳐졌다. 우리도 이제는 아브라함의 언약을 좇는 자가 되었으며, 아브라함의 언약이 내 안에 실현되었다. 나도 예수 그리스도 안에서 예수 그리스도와 함께 내 생명을 바친 것이다. 이것이 그리스도인의 모습이다. 아브라함의 그 신앙이 이제는 내 신앙이 된 것이다.

이것이 창세기 12장 2절에 나타난 "너는 축복함(베라카)이 되라"에 대한 해설이다. 그리고 이것이 곧 우리 그리스도인들의 신앙이다. 그리스도인의 신앙은 이렇게 자기부인의 믿음이라고 말할 수 있다. 아브라함 언약에 대한 해설은 우리 모든 그리스도인들의 신앙에 대한 해설서인 셈이다.

이 책은 필자의 박사학위 논문을 수정 보완한 것으로서 5년 전에 쓰여진 것인데, 이제야 출판을 하게 되었다. 늦은 감이 있지만, 이제서라도 이 책을 출판하게 되어 하나님께 감사를 드린다.

2023. 12. 1

신학박사 최 환 열

목   차

1장 서   론

6장 '영원한 언약'으로서의 '이삭 번제'(창 21,22장)

히브리어 용어해설

אֲדֹנָי(Adonai) 주

אַחַר(Ahar) 후, 후에 오는

אֱלֹהִים(Elohim) 하나님

אֵל(El) 하나님(단수형)

אֱלֹהַּ(Eloha) 하나님

אָמַן(Aman) 믿다, 신뢰하다

בֵּיתִי(Biti) 나의 집

בֵּן(Ben) 아들

בְּרָכָה(Beraka) 복

בִּרְכֹת(Bilkot) '베라카'의 복수형

בָּרַךְ(Barak) 축복하다

בְּרִית(Berit) 계약

דָּם(Dam) 피

הֱיֵה(Hye) 명령형

הָיָה(Haya) 되다, 있다, 이다

הִנֵּה(Hine) 보라

זֶבַח(Jaba) 희생, 희생을 드리다

זֶרַע(Jela) 씨

חָשַׁב(Hasab) 간주하다, 평가하다

יָדַע(Yada) '인식하다, 알다'

יוֹרֵשׁ(Yors)후사

יָחַד(Yahad) 결합, 연합

יָרֵא(Yala) 두려워하다

כָּרַת(Kalat) 자르다

מַלְכִּי(Mareki) 왕

מֶשֶׁק(Meshek) 소유하는 자, 청지기

נָסָה(Nasa) 시험여, 품삯, 소득

נָתַן(Natan) 주다

עוֹלָם(Olam) 영생하는

עֹלָה(Olla) 올라가다, 번제

עֶלְיוֹן(Elyon) 지존한

צְבָאָה(Chba) 만물

צֶדֶק(Chdk)   의

רָבָה(Laba) 만들다

שָׂכָר(Sakar) 급여, 상급

שַׁדַּי(Sadai) 전능한

שָׁמַע(Shama) 순종하다

1장 서   론

1절 연구목적

　아브라함 언약은 모세오경 뿐만 아니라 신구약 전체를 이해하는데 중요한 핵심 개념이다. 본 글은 이러한 아브라함 언약이 여호와의 부르심을 통하여 어떻게 시작되고, 또한 그의 생애 속에서 어떻게 발전되었으며, 또한 그의 후손들에게 어떻게 확장되었는지를 살펴보는 데 그 목적이 있다.

　본 글은 아브라함 내러티브에 나타난 신현 사건들 중 언약의 개념과 관련하여 중요하다고 판단되는 창세기 12장, 15장, 17장, 18장, 22장만을 다룬다. 특히, 이러한 신현 사건들 속에서 여호와와 아브라함 간의 만남 내러티브들이 나타나는데, 이 중 언약과 관련되었다고 추정되는 본문들을 집중하여 다룬다. 한편, 여기에 나타난 언약 본문들은 서로 구조적으로 그리고 주제적으로도 연관을 이루고 있는 평행관계로 상정할 수 있는데,1) 이 글은 이에 대한 집중적인 본문분석을 통해 아브라함 언약의 시작과 발전 그리고 확장의 과정을 명확히 밝히는 데 그 목적이 있다.

2절 문제제기

　아브라함의 언약에 담긴 하나님의 의도를 분명하게 이해하기 위해서는 가능한 한 다수의 언약 문구들을 서로의 연관성 속에서 검토해 보아야 한다. 특히 그의 생애 중 신현 사건들 가운데 나타난 언약적 문구들의 상호관계에 대한 이해는 아브라함의 언약을 깊이 있게 이해하는 데에 있어 매우 유용하리라고 본다. 이것을 위해 각각의 신현 사건에서 핵심을 이루는 언약 본문들을 비교하여 살펴보면 다음과 같다. 다음에서 ⓐ와 ⓒ는 여호와께서 행하실 일이고, ⓑ, ⓑ', 및 ⓑ''는 아브라함에게 부여된 명령이다.

---

　1) Laurence A. Turner, *Genesis,* A New Biblical Commentary (Sheffield: Sheffield Academic Press, 2000), 81; Gorden Wenham, *Genesis 16-50,* Word Biblical Commentary Vol. 1 (Waco, Texas: Word Books, 1987), 20, 92.

(창 12:2-3) 내가 ⓐ너로 큰 민족을 이루고 네게 복을 주어 네 이름을 창대케 하리니 ⓑ너는 복(בְּרָכָה)이 될지라. 너를 축복하는 자에게는 내가 복을 내리고 너를 저주하는 자에게는 내가 저주하리니 ⓒ땅의 모든 족속이 너를 인하여 복을 얻을 것이니라 하신지라.

(창 15:1-6) ⓑ아브람아 두려워 말라 나는 너의 방패요 너의 지극히 큰 상급이니라. …ⓒ네 몸에서 날 자가 네 후사가 되리라 하시고 그를 이끌고 밖으로 나가 가라사대 ⓐ하늘을 우러러 뭇별을 셀 수 있나 보라 또 그에게 이르시되 네 자손이 이와 같으리라. ⓑ'아브람이 여호와를 믿으니 여호와께서 이를 그의 의로 여기시고

(창 17:1-10) 나는 전능한 하나님이라 ⓑ너는 내 앞에서 행하여 완전하라. 내가 내 언약을 나와 너 사이에 세워 ⓐ너로 심히 번성케 하리라 하시니,… ⓒ너는 열국의 아비가 될지라. …내가 내 언약을 나와 너와 네 대대 후손의 사이에 세워서 영원한 언약을 삼고 너와 네 후손의 하나님이 되리라.… 너희 중 남자는 다 ⓑ''할례를 받으라 이것이 나와 너희와 너희 후손 사이에 지킬 내 언약이니라.

(창 18:18-19) ⓐ아브라함은 강대한 나라가 되고, ⓒ천하 만민은 그로 말미암아 복을 받게 될 것이 아니냐. 내가 그로 그 자식과 권속에게 명하여 ⓑ여호와의 도를 지켜 의와 공도를 행하게 하려고 그를 택하였나니 이는 나 여호와가 아브라함에게 대하여 말한 일을 이루려 함이니라.

(창 22:16-18) 이르시되 여호와께서 이르시기를 내가 나를 가리켜 맹세하노니 네가 이같이 행하여 ⓑ네 아들 네 독자도 아끼지 아니하였은즉, ⓐ내가 네게 큰 복을 주고 네 씨가 크게 번성하여 하늘의 별과 같고 바닷가의 모래와 같게 하리니 네 씨가 그 대적의 성문을 차지하리라. 또 ⓒ네 씨로 말미암아 천하 만민이 복을 받으리니 이는 ⓑ'네가 나의 말을 준행하였음이니라 하셨다 하니라.

위의 언약 문구들에서 여호와께서 아브라함에게 행하신 약속(ⓐ,ⓒ)은 큰 의미 변화 없이 반복적으로 나타난다. 이에 반하여 아브라함에게 하신 명령(ⓑ, ⓑ', ⓑ'')은 각 사건마다 다르게 나타난다. 창세기 12:2-3의 언약본문에서는 "너는 בְּרָכָה가 되라"(창 12:2b)였으며,[2] 창세기 15:1-6에서는 "너는 두려워말라, 내가 너의 방패와 상급이다"(창 15:1)와 이에 대한 순종(혹은 응답)으로서의 '믿음으로 말미암는 의'(창 15:6)였고,[3] 창세기 17:1-10에서는 "너는 내 앞에서 행하여 완전하라"(창 17:1)와 이에 대한 순종(혹은 응답)으로서의 '할례명령'(창 17:10)이었다.[4] 창세기 18:18-19에서는 "여호와의 도를 지켜 의와 공도를 지키는 것"이었다. 그리고 창세기 22:16-18에서는 "네 아들 독자도 아끼지 아니하고", "내 명령을 준행한 것"으로 나타난다. 이 글에서는 이러한 언약 문구의 평행관계를 입증하고자 하며, 이것을 통해서 아브라함 언약의 구체적인 발전과정을 밝히고자 한다.

먼저, 창세기 12장은 여호와의 부르심과 아브라함의 순종으로 인한 언약의 시작을 소개하고 있다. 그리고 이러한 여호와의 부르심은 언약의 형태로 나타난다.

여호와의 부르심 가운데 아브라함에게 주어진 명령은 "너는 복이 되라(בְּרָכָה וֶהְיֵה)"인데, 이에 대한 해석이 아브라함 언약의 이해에 있어서 중요한 역할을 한다. 이때 원문을 직역하여 해석할 경우, וֶהְיֵה는 הָיָה의 명령형으로서 '되라'로 번역되며, 권위자가 일반 사람들을 향하여 사용할 경우에는 '축복함'으로 번역할 수 있다.[5] 이것은 창세기 12:3에 이어지는 "열방이 받는 복"으로 연결되

---

2) 아브라함의 언약은 일반적으로 창 12:1-3인데, 이 글에서는 창 12:1을 부르심으로 보고, 창 12:2-3을 언약 본문으로 보고 있다. 이 구분은 본문에서 심층적으로 다룰 것이다.

3) Walter Brueggemann, *Genesis*, Interpretation a Bible Commentary for Teaching and Preaching (Atlanta: John Knox Press, 1982), 144.

4) Turner, *Genesis*, 80-81; Wenham, *Genesis 16-50*, 20, 92.

5) Christopher Wright Mitchel, "The Meaning and Significance of BRK 'To Bless' in the Old Testament," (Ph.D. diss., The University of Wisconsin-Madison, 1983), 147, 178, 245, 326.

며,6) 이에 따라 아브라함이 축복해야 할 그 대상은 그 열방이다. 이에 따를 경우 이 구절은 "너는 축복함이 되라"7)라는 번역도 가능하다. 이러한 번역은 기존의 개역성경 등의 일반적인 번역인 "너는 복, 복의 통로, 복의 중개자, 혹은 복을 끼치는 자가 되라"의 또 다른 해석일 수 있다.

창세기 12장은 여호와와 아브라함을 향한 부르심과 그 양자 간의 언약의 시작이 일반적인 이야기 형태로 구성되어 있다. 그러면서도 위와 같은 열방을 향한 축복의 비전이 그 안에 제시되어 있었고, 이것은 모세의 출애굽 비전과도 이어지며, 그 이후의 이스라엘의 비전과도 연결되어 있는 것으로 보인다.

둘째, 창세기 15장의 내러티브를 살펴보면, 여기에 나타나는 '동물 쪼개는 행위'(창 15:9-11)는 "너는 두려워 말라, 내가 너의 방패와 상급이다"(창 15:1)라는 말씀으로 시작되어서 "아브라함이 하나님을 믿으매, 이것을 의로 여기시고"(창 15:6)로 귀결되어지는 믿음의 일환으로 실행된 것이었다.

한편, 여기에서 나타난 믿음은 땅의 축복에 대한 믿음이 아니라, 여호와에 대한 믿음을 의미한다. 즉 믿음이란 아브라함이 자신의 '방패와 상급'(창 15:1)을 엘리에셀이 아닌 여호와로 삼을 것을 결단한 것에서 출발한다. 따라서 '믿음으로 말미암는 의'(창 15:6)에 대한 순종, 더 나아가서는 "너는 בְּרָכָה 가 되라"는 명령에 대한 순종은 여호와를 향한 헌신을 그 본질로서 내포하고 있다.8) 그리고 그 다음에 이어지는 '동물 쪼개는 행위'(창 15:9-11)는 이에 대한 표현으로서, 제물로서 자신을 드리는 행위를 상징한다.

따라서 창세기 15:9-11에서 아브라함이 동물을 쪼갠 것은 여호와에 대한

---

6) Turner, *Genesis*, 64.

7) בְּרָכָה라는 용어를 번역할 때, 각각의 성경들은 그 번역을 '복의 근원, 복, 복의 통로, 복의 중개자, 복을 끼치는 자' 등으로 다양하게 하고 있다. 그리고 또 다른 '축복함'과 같은 번역도 가능하다고 본다. 이에 따라 이 글은 이 용어에 대해 어떤 고정된 번역을 사용하지 않고, 가급적이면 직접 원문을 인용하여 단순히 בְּרָכָה라고 표기하고자 한다.

8) Paul Brogman, *Genesis: the Story We haven't Heard* (Downers Grove: Intervarsity Press, 2001), 67; John D. Currid, *A Study Commentary on Genesis, Vol.1* (New York: Evangelical Press, 2003), 292; Clause Westermann, *Genesis 12-36, A Continental Commentary*, Trans. by John J. Scullion (Minneapolis: Fortress Press, 1995), 221.

'믿음'(창 15:1,6)의 표현이었으며, 그의 엘리에셀에 대한 포기가 그 안에 내포되어 있다. 그는 엘리에셀 포기로 표현되는 그 동물을 쪼갬을 통해서 자신의 생명을 쪼개었던 것이었다. 즉 쪼개어진 동물은 곧 아브라함의 생명이었으며, 이것은 아브라함의 여호와를 향한 절대적인 헌신을 의미하였다. 그 다음에 여호와께서는 그 쪼개어진 동물들 사이를 지나가신다. 이것은 여호와의 생명 내어 주심을 의미한다. 이와 같이 서로가 서로를 위해서 자신의 생명을 내어 줌을 통해서 이 양자가 서로 하나가 된다.9) 이것이 아브라함 언약의 진정한 본질이었다.

따라서 창세기 12장의 언약적 사건과 창세기 15장의 언약적 사건은 동일한 사건의 연속선상에 있다. 만일 아브라함의 첫 번째 언약적 사건의 בְּרָכָה를 '복, 복의 통로, 복을 끼치는 자, 혹은 축복함' 등을 의미하는 제사장적 용어라고 볼 수 있다면, 이제 그러한 자의 갖추어야 할 최선의 덕목은 자신의 생명을 드리기까지 여호와를 신뢰하는 '믿음'(창 15:1,6)이었으며, 여호와께서도 또한 자신의 생명을 그에게 내어주어 '상호헌신의 하나 됨'(창 15:9-20)을 이룬다. 이것이 아브라함 언약의 궁극적 모습이었다.

셋째, 창세기 17장을 살펴보면 다음과 같다. 창세기 17:1에 나타나는 "너는 내 앞에서 행하여 완전하라"는 명령은 창세기 16장과의 관계 속에서 이해되어야 한다. 여기에 나타난 명령은 창세기 15장의 '믿음으로 말미암는 의'(창 15:6)에 대한 완전함의 요구로 볼 수 있다.10)

더 나아가서 창세기 17:1의 "너는 내 앞에서 행하여 완전하라"는 명령이 창세기 15:6의 "믿음으로 말미암는 의"에 대한 완전함을 의미한다면, 이 구절의 결론으로 나타나는 창세기 17:10의 "너는 할례를 행하라"는 할례 명령 또한 믿음을 요청하는 명령 읽을 수 있다. 할례는 믿음의 행위였던 것이다. 즉, 창세기 15장에서는 믿음이 동물 쪼개는 행위로 나타났다면, 창세기 17장에서의

---

9) Gerhard F. Hasel, "The Meanning of the Animal Rite in Genesis 15," *Journal for the Study of the Old Testament*, 6 No.19 (Feb. 1981), 61-62; Brogman, *Genesis*, 68.

10) Walter Brueggemann, "Genesis 17:1-22," *Expository Article*, 45 No.1 (Jan. 1991), 55.

완전한 믿음은 포피를 베는(쪼개는) 행위로 나타난 것이다.[11] 또한 창세기 15장에서의 쪼개어진 동물이 아브라함 자신을 의미하는 것이라면, 창세기 17장에서의 포피는 곧 자손을 의미한다. 즉 아브라함이 자신의 힘의 근원으로 삼고자 하는 자손을 여호와께 바치는 것이 곧 믿음이었던 것이다. 이러한 자손을 바치는 행위는 창세기 22장의 이삭번제 사건을 통해서 온전하게 실현된다.

한편, 창세기 17:7에 의하면, 이 할례명령에서 더욱 중요한 것은 아브라함 언약의 당사자가 아브라함으로부터 아브라함과 그의 한 씨로 확장이 되었다는 것이다.[12] 즉, 할례를 통해 바쳐진 그 씨도 또한 언약의 당사자로 참여하게 된다. 심지어는 그 '한 씨'에는 '대대로 이르는'이라는 수식어를 추가되어서, 그의 모든 후손들까지도 여기에 참여할 수 있게 되었다는 점이다. 그래서 이 구절 이후에는 여호와께서도 아브라함의 후손에 대해 '나의 백성'이라는 용어를 본격적으로 사용하신다. 즉 그 '한 씨'를 통해서 이스라엘 전체가 아브라함 언약의 당사자가 된 것이다. 즉, "너는 בְּרָכָה가 되라"는 언약조항에 전체의 이스라엘이 בְּרָכָה로 참여하게 된 것이다. 이러한 언약의 확장 개념에 비추어 보면, 출애굽기 19:5에 나타난 "여호와의 소유된 제사장 나라"는 창세기 12:2b의 "너는 בְּרָכָה가 되라"의 발전적 개념이다. 즉, "너는 בְּרָכָה(복)이 되라"의 개념이 "너는 제사장 나라가 되라"로 발전한 것이다.

넷째, 창세기 18장은 여호와의 방문이라는 매우 독특한 상황이 나타나는데, 이 사건은 창세기 17장의 할례언약과 연속된 사건이었다. 할례언약에서 여호와께서는 아브라함에게 '열방의 아비'라는 이름을 주신다. 그러한 상황 속에서 여호와께 매우 다급한 상황이 발생하였는데, 그것은 소돔과 고모라에 대한 심판이었다. 모든 열방의 아버지이신 여호와께서는 이 소돔과 고모라에 대한 심판의 문제 때문에 아브라함을 방문하시고, 소돔을 방문하게 되신 것이었다.

이런 상황 속에서 여호와께서는 아브라함에게 언약을 상기시키는데, "너는

---

11) Miguel A. De La Torre, *Genesis, Belief: A Theological Commentary* (Luisville: Westminster John Knox Press, 2011), 178; Turner, *Genesis,* 80; Victor P. Hamilton, *The Book of Genesis 1-17*, 463; Bill T. Arnold, *Genesis* (Cambridge: Cambridge University Press, 2009), 168.

12) Westermann, *Genesis 12-36*, 262.

בְּרָכָה가 되라"는 언약조항 대신에 "여호와의 도를 지켜 의와 공도를 행하라"고 하신다. 이때 아브라함의 입장에서의 의와 공도는 소돔과 고모라에 대한 심판이었을 것이다. 그런데, 아브라함은 즉각적으로 소돔과 고모라를 위한 중보기도를 하게 된다. 아브라함의 입장이 아닌 여호와의 입장에서의 의와 공도는 소돔과 고모라를 위한 중보기도였던 것이다.

이 사건은 여호와께서 아브라함에게 "너는 בְּרָכָה가 되라"는 언약을 체결하시고, 그 'בְּרָכָה'적 소명이 무엇인지를 정확하게 알리는 계기가 되었다. 그것은 열방을 위한 제사장으로서 열방을 위한 중보기도를 위해서 였다. 이것이 아브라함에게는 "여호와의 도, 곧 의와 공도를 지켜 행하는 것"이 되었으며, 아브라함은 이것을 위해서 선택되었던 것이다. 이것은 아브라함 언약의 존재목적을 밝혀주는 중요한 사건이 되었다.

다섯 째, 창세기 22장에 나타난 '이삭 번제 명령'은 창세기 17:7에 나타난 '하나님과 아브라함과 대대에 이르는 후손' 사이에 맺어진 '영원한 언약'을 세우기 위한 일환으로 진행된 것이었다. 이때, 하나님께서는 아브라함의 믿음을 시험하여 이삭을 번제로 드리라고 명령을 하는데, 이것은 '영원한 언약'에 대한 인증의 의미를 가진 시험이었다.

이 시기에 아브라함의 믿음은 하나님을 경외하는 것으로 발전하여 있었는데, 아브라함은 하나님께로부터 이삭 번제명령을 받고, 곧 바로 이삭과 더불어 사흘 길을 걸어서 모리아 산에 이르렀다. 그리고 이때 이삭도 또한 언약의 한 당사자로서 이것을 알고 있었던 것으로 보인다. 그리하여 아브라함은 제사를 드리는 자로서, 이삭은 제물로서 번제를 시행하였던 것이다. 그리고 창세기 17:7에 의하면, 이 이삭은 '대대에 이르는 후손'으로서 그 안에는 모든 후손들이 포함되어 있었다. 이들의 이러한 믿음은 "내가 이제야 네가 하나님을 경외하는 줄을 아노라"는 말씀과 함께 받아들여졌다.

그리고 하나님께서는 이 이삭을 대신한 '숫양'을 예비함을 통해서 번제의 제사가 온전히 드려졌다. 이 '숫양'은 예수 그리스도를 의미하는 것으로 보인다. 이와 같이 하여서 '구원의 도'가 이 세계 속에 세워지게 되었다.

3절 선행연구

1. 아브라함의 부르심과 관련한 선행연구 (창 12장)

창세기 12장에 나타난 아브라함의 언약에 대해 그 동안의 선행연구는 단순한 아브라함의 축복만으로 논의되었다. 한편 이 글에서는 이 축복이 언약조항의 형태를 띠고 있음을 강조한다.

가. 언약조항으로서의 아브라함의 언약 고찰

아브라함의 언약은 일반적으로 창세기 12:1-3을 지칭하는데, 어떤 학자들은 창세기 12:1-3을 부르심임과 동시에 언약의 내용이라고 파악하고,[13) 또 어떤 학자들은 창세기 12:1의 이 문장을 부르심의 문장으로 보고, 창세기 12:2-3을 부르심의 내용 혹은 언약의 내용이라고 본다.[14) 이 글은 후자를 따른다.

기존의 선행연구에 의하면, 이 '언약의 내용'(창 12:2-3)은 언약조항이라기보다는 여호와의 축복으로만 강조되어 말하여졌다. 즉, 창세기 12의 2-3절을 1절의 '떠나라'는 명령에 순종할 때 주어지는 축복으로 해석하여, 2-3절의 모든 동사에 대한 해석을 여호와의 의지를 담은 미완료형으로 해석하였다. 궁극적으로 청유형(창 12:2a)이나 명령형(창 12:2b)은 모두 화자의 의지를 나타내기 때문이다. 그래서 이 모든 조항을 복의 종류로만 해석한다. 고든 웬함(Gorden Wenham)은 "한 명령에 대한 4가지의 약속(즉 땅, 많은 자손, 축복과 보호와 성공, 땅의 모든 족속의 축복)"[15)이라고 한다.

---

13) John H. Walton, *Genesis*, The NIV Application Commentary, Ed. by Terry Muck (Grand Rapids: Zondervan, 2001), 392; James Montgomery Boice, *Genesis 12-36*, *An Expositional Commentary*, Vol. 2 (Grand Rapids: Baker Books, 1998), 444-445; 김진섭, 「모세오경」 (서울: 한국성경학연구소, 2008), 5.

14) Westermann, *Genesis 12-36*, 148; Wenham, *Genesis 1-15*, 274; Victor P. Hamilton, *The Book of Genesis 1-17*, The New International Commentary on the Old Testament, Ed. by R.K. Harrison & Robert L. Hubbard, Jr. (Grand Rapids: William B. Eerdmans Publishing, 1990), 370; R. Kent Hughes, *Genesis*, Preaching the Word Series, (Wheaton: Crossway Books, 2004), 182-183; Gerhard Von Rad, *Genesis,* 160; E. A. Speiser, *Genesis*, The Anchor Bible (New York : Doubleday & Company, 1982), 88; Arthur W. Pink, *Gleanings in Genesis* (Chicago: Moody Press, 1982), 141.

나. בְּרָכָה에 대한 해석

아브라함 언약의 내용을 이해할 때, 가장 중요하게 떠오르는 구절은 창세기 12:2b의 "너는 בְּרָכָה가 되라"에 대한 해석이다. 그리고 이에 따라 이 구절에 나타난 동사 הְיֵה를 미완료형으로 해석하여야 할지,16) 아니면 명령형으로 해석해야 할지도 구별된다.17) 만일 בְּרָכָה가 아브라함이 '받을 복'과 같은 수동형 동사의 명사화라면, 아브라함은 아무 것도 할 것이 없기 때문에 이것은 1인칭 미완료형으로 해석되어 "너는 בְּרָכָה가 될 것이다"로 해야 할 것이다. 반면에 בְּרָכָה가 본 글이 주장하는 것처럼 '복의 통로'나 '축복함'과 같은 능동형 동사의 명사화라면, הְיֵה를 원문 그대로 직역하여서 2인칭 명령형으로 해석하는 것이 바람직할 것이다.18) 이것은 복을 흘려보내는 행위를 의미하기 때문이다.

먼저, 창세기 12:2b의 בְּרָכָה는 아브라함 자신이 받게 될 복으로서의 '복'19)으로 번역되기도 하고, 혹자에 의해서는 다른 사람에게 복을 전달한다는 의미에서 '복의 통로'20)로 번역되기도 한다. 또 더 나아가서 어떤 사람은 여기에 인격적인 역할까지 부여하여 '복을 나르는 자'21), '복의 중재자'22) 등으로 번

15) Wenham, *Genesis 1-15*, 275.

16) Joel S. Baden, "The Morpho-Syntax of Genesis 12:1-3; Translation and Interpretation," *The Catholic Biblical Quarterly* (72, 2010), 229.

17) Westermann, *Genesis 12-36*, 144.

18) Keith H. Essex, "The Abramic Covenant," *TMSJ* 10/2 (Fall 1999), 195: Essex는 이 '되라'는 명령형의 해석에 대한 여러 견해를 제시하는데, 그에 의하면, 어떤 학자는 "He should do his part that he may become a blessing to others"라고 말하며, 또 다른 학자는 "The imperative… frequently expresses also a consequence which is to expected with certainty, and often a consequence which is intended, or in fact an intention."라고 말한다. 여기에서 전자는 순수한 명령형으로 위의 '되라'는 의미를 받아들이고 있으며, 후자는 1인칭 화자의 강한 의지로서의 명령형이다. 한편, 이 양자는 궁극적으로 서로 일치하는데, 원래 명령형이란 1인칭 화자의 강한 의도를 가지고 있기 때문이다.

19) Ross, *Creation and Blessing*, 384.

20) G. Ch. 알더스, 「화란주석 창세기1」, 기독지혜사 편집부 역 (서울: 기독지혜사, 1986), 314.

21) Bruce K. Waltke, *Genesis: A Commentary* (Grand Rapids: Zondervan, 2001), 205.

역을 하기도 하고, 공동번역이나 현대인의 성경은 '복을 끼치는 자'라고 번역을 한다. 이 두 번역의 중대한 차이는 복을 아브라함 자신의 받을 복으로 보느냐, 혹은 이타적인 복으로 보느냐이다.

물론 혹자는 아브라함 자신이 복을 받고, 또 다시 그 복을 흘려보내는 개념으로 해석을 하여 이 문제를 무마시킬 수도 있지만, 엄밀히 말하면 아브라함이 받을 복에 대해서는 이미 그 앞(창 12:2)에 모두 나타나 있다. 따라서 이 문제는 하나의 해석으로 그 개념을 명확히 할 필요가 있다. 이 글은 복(בְּרָכָה)에 대한 해석을 '복을 받는 자'라는 해석보다 '복의 중재자' '복의 통로' '복을 끼치는 자'라는 해석하는 것을 선호한다.

다. 땅 점유의 이해

아브라함의 언약적 사건들 속에서 땅의 약속은 매번 반복적으로 나타나는데, 이 약속은 항상 제단이나 제사와 관련하여서 나타난다는 특징을 가진다.23) 아브라함은 가나안 땅에 들어가자마자 곧바로 단을 건립하고, 그곳에서 여호와의 이름을 불렀는데, 이것은 창세기 12-13장을 통해서 세 번이나 반복해서 나타난다.(창 12:7-8; 창 13:3-4; 창 13:18)

2. 동물 쪼개는 행위와 관련한 선행연구 (창 15장)

창세기 15장의 동물 쪼개는 행위는 창세기 12장의 부르심과 언약의 시작과 관련한 언약 인증의 사건이다. 한편, 창세기 15장과 관련한 기존의 선행연구의 대부분은 동물 쪼개는 행위에 집중하여 있으며 이것을 문서비평과 양식비평을 반영하여 해석한다. 이에 반하여 이 글은 모세오경 내에 나타난 상호본문성을 따라 이 사건을 검토하였으며, 그 결과 이 동물 쪼개는 행위는 상호헌신맹세로 보인다는 것을 주장한다.

---

22) 김진섭, 「모세오경」 (서울: 한국성경신학연구소, 2009), 42.

23) 창세기 12:7-8에서 7절은 땅의 약속이며, 8절은 제단을 쌓는 것을 말한다. 창세기 15:7-9에서 7-8절은 땅의 약속이며, 9절부터는 동물 쪼갬의 제사에 관한 이야기이다. 창세기 17:8-10에서 8-9절은 땅의 약속이며, 10절 부터는 할례 예식의 이야기이다.

가. "너는 두려워 말라"(창 15:1)와 "너는 בְּרָכָה가 되라"(창 12:2b)

아브라함의 언약적 사건들은 서로 평행관계를 가진 것으로 추정되며, 많은 학자들이 이것을 말한다. 웬함(Wenham)이나 터너(Turner)는 창세기 12:2b의 "너는 בְּרָכָה가 되라"는 구절과 창세기 17:1의 "너는 내 앞에서 행하여 완전하라"는 평행관계라고 한다.[24] 더 나아가 터너(Turner)는 창세기 15:1의 "너는 두려워 말라, 내가 너에게 방패이며 상급이다"는 구절과 창세기 17:1의 "너는 내 앞에서 행하여 완전하라"는 구절도 평행관계라고 말한다.[25] 한편, 창세기 12:2b와 창세기 15:1과의 관계에 대한 언급은 보이지 않는다. 그런데, 논리적 관점에서 보았을 때, 만일 창세기 12:2b와 창세기 17:1의 관계가 평행을 이루고, 또 다시 창세기 17:1과 창세기 15:1이 평행관계라면, 창세기 12:2b도 창세기 15:1과 서로 평행관계일 것이다. 따라서, "너는 בְּרָכָה가 되라"는 명령은 곧 "너는 두려워 말라, 내가 너에게 방패이며 상급이다"(창 15:1)는 '믿음으로 말미암는 의'(창 15:6)와 긴밀한 관계에 있을 것이다. 이 글은 기존에 이루어진 언약본문의 평행관계를 더욱 면밀히 진행시켜서 창세기 12장과 창세기 15장의 연계성을 견고히 하고자 한다.

나. '믿음의 본질'(창 15:6)에 대한 이해

본 글은 창세기 15:1의 "너는 두려워 말라, 내가 너에게 방패이며 상급이다"는 구절은 창세기 15:6의 "아브람이 여호와를 믿으니, 여호와께서 이를 그의 의로 여기시고"와 연결지어 읽어야 한다고 제안한다. 이때 창세기 15:6에 대한 일반적인 선행연구에 의하면, 이때 아브라함이 믿은 것은 창세기 15:4-5의 씨의 약속에 대한 믿음이었다고 말한다. 그런데, 창세기 15:6에서는 씨에 대한 약속은 언급되지 않고 단순히 여호와에 대한 믿음만이 언급된다. 이 경우 전자는 축복의 믿음으로 해석될 수 있고, 후자는 그 정반대의 해석(세상적 축복에 대한 거절)을 가져올 수 있다. 이에 대하여 데이비드 코터

---

24) Turner, *Genesis*, 81; Wenham, *Genesis 16-50*, 20, 92.

25) Turner, *Genesis*, 80; 한편, Turner 는 17:1의 완전성 명령을 약속의 믿음을 성취하기 위한 조건이라고 말한다. 한편, 이 글에서는 조건이 아니라, 그 믿음 자체에 대한 완전성으로 파악한다.

(David W. Cotter)는 이러한 언급은 분명히 그 믿음의 대상을 애매모호하게 한다고 말한다.26) 터너(Turner)도 창세기 15:4,5에 나타난 '씨의 축복'의 약속들은 이 '여호와를 믿으니'라는 문장과 아무런 동등한 관계가 없다고 말한다.27)

이것은 창세기 15:6에서의 믿음은 우리가 생각하는 그러한 일반적인 축복의 믿음이 아니라, 오히려 그것은 오히려 세상을 향한 죽음을 의미하는 방향으로 해석될 수 있다는 것이다. 이에 따라 폴 브로그만(Paul Brogman)에 의하면, 이것은 분명히 거절이며, "만일 여호와께서 아브라함에게 '두려워 말라, 내가 너의 방패와 상급이다'라는 믿음을 심어주지 않았더라면, 이 말씀은 이제 아브라함에게 큰 걸림으로 작용하였을 것이다"28)고 말한다.

따라서 이 글에서 확인하고자 하는 것은 창세기 15:4-5의 말씀은 세상적인 축복으로서의 엘리에셀에 대한 거절의 말씀이었다는 것이다. 아브라함은 약속의 씨를 믿음을 통해서 이 죽음 같은 거절을 수용하였던 것이다.29) 그리고 이때 아브라함은 세상을 향하여 죽었고, 이 후로는 오직 여호와 만을 신뢰하게 되었다. 한편, 이러한 아브라함의 믿음은 다음에 이어지는 쪼개어진 동물로 표현된다.

다. 쪼개어진 동물과 아브라함의 관계

창세기 15:10에서 아브라함은 여호와의 말씀을 따라 "그 모든 것(동물)을 취하여 그 중간을 쪼개고 그 쪼갠 것을 마주 대하여 놓았다"고 말한다. 이때 기존의 선행연구의 대다수는 이때 쪼개어진 동물과 이 사이를 지나간 것은 여호와만(일방언약)이라고 말한다.30) 일반적으로 동물 쪼개는 행위에 대해 양식

---

26) David W. Cotter, *Berit Olam Studies in Hebrew Narrative & Poetry: Genesis* (Collegeville: The Liturgical Press, 2003), 100.

27) Turner, *Genesis*, 74.

28) Paul Brogman, *Genesis: the Story We haven't Heard* (Downers Grove: Intervarsity Press, 2001), 67.

29) John D. Currid, *A Study Commentary on Genesis, Vol.1* (New York: Evangelical Press, 2003), 292.

비평이 일어나기 전까지는 대부분 이것을 제사의 일환으로 파악하였다.[31] 이 동물들은 아브라함이 드린 제물들이며,[32] 이 동물들은 아브라함을 상징한다. 그런데, 양식비평이 일어나면서 이 동물 쪼개는 행위는 제사가 아니라, 고대근동의 계약양식일 뿐이라는 견해들이 나타났으며, 여기에 지나간 이는 여호와 혼자이므로 쪼개어진 동물은 여호와만을 상징한다.[33] 이것이 선행연구의 대종을 이룬다.

이에 반하여 이 글에서는 상호본문성 연구를 통해 이 쪼개어진 동물은 고대근동의 계약양식을 좇은 것이지만, 더 나아가서 이것은 이스라엘 제사의 시원을 이루는 사건으로 본다.[34] 이후에 이 쪼개는 대상이 동물에서 포피로 발전되고, 궁극적으로는 이삭으로 발전되면서, 이것을 번제라고 부르고 있기 때문이다. 따라서 이 글에서는 여기에서의 쪼개어진 동물을 아브라함과 여호와 모두를 상징하는 것으로 본다. 즉, 아브라함의 믿음이 앞에서 살펴본 바와 같이 세상을 향한 죽음이었는데, 이 믿음이 이렇게 쪼개어진 동물로 표현되었다는 것이다.

3. 할례 명령과 관련한 선행연구 (창 17장)

창세기 17장의 할례 언약은 "나는 전능한 하나님이라, 너는 내 앞에서 행하여 완전하라"는 신현 메시지로부터 시작된다. 한편, 이 완전성 명령이 나타나게 된 이유는 이스마엘 사건(창 16장)을 통해서 드러난 아브라함의 불완전한 믿음 때문이었다.[35]

---

30) Ross, *Creation and Blessing*, 312.

31) Christopher T. Begg, "Rereading of the 'Animal Rite' of Genesis 15 in Early Jewish Narratives," *The Catholic Biblical Quarterly*, 50 No.1 (Jan. 1988), 36-46.

32) John Skinner, *Genesis,* The International Critical Commentary (Edinburgh: Morrison & Gibb, 1976), 281.

33) Currid, *A Study Commentary on Genesis*, 295.

34) Waltke, *Genesis*, 243.

35) Cotter, *Genesis*, 111.

가. "너는 내 앞에서 행하여 완전하라"는 완전성 명령의 본질이해

창세기 17장의 표제와 같은 역할을 하는 말씀인 "너는 내 앞에서 행하여 완전하라"는 명령에 대한 선행연구에 의하면, 이 명령이 도덕적 완전성에 대한 명령인가, 아니면 믿음의 완전성에 대한 명령인가에 대한 대립이 첨예하다.

웬함(Wenham)은 이 명령은 도덕적 완전성을 위한 명령이었다고 말하며,[36] 이 구절은 아브라함의 축복을 위한 조건절이라고 말한다.[37] 반면, 큐리드(Currid)는 이것은 도덕적인 명령이 결코 아니라고 한다.[38] 앤드류 존 쥬크(Andrew John Jukes)에 의하면, 이 구절은 "나는 전능한 하나님이라"는 문장과 그 뒤에 이어지는 "내가 ～할 것이다"는 축복을 놓고 보았을 때, 그 사이에 있는 것은 믿음 명령인데, 축복을 이루는 도구로서의 믿음을 가르치는 문장이라고 말한다.[39] 베스터만(Westerman)도 이 명령은 "조건 없이 전적으로 하나님 만을 의지하는 것을 목표로 한다"[40]고 한다.

이것이 믿음 명령인 것은 명백한 것으로 보인다. 이 말씀이 나타나게 된 배경을 이루는 창세기 16장의 이스마엘 사건이 아브라함의 불완전한 믿음을 반영하고 있기 때문이다.

나. 할례에 대한 이해

창세기 17:1의 "너는 내 앞에서 행하여 완전하라"의 명령에 대한 순종 혹은 결론으로 나타난 구절이 창세기 17:10의 "너희는 할례를 행하라"는 명령이다.[41] 알렉산더 데스몬더(Alexander T. Desmond)는 이 할례의 완성을 이삭

---

36) Wenham, *Genesis 16-50*, 21.

37) Wenham, *Genesis 16-50*, 21: 웬함은 "…너는 내 앞에서 행하여 완전하라. 내가 내 언약을 나와 너 사이에 세워 너로 심히 번성케 하리라"를 "내가 나의 언약을 세울 수 있도록 내 앞에서 행하여 완전하라"고 번역을 한다.

38) Currid, *A Study Commentary on Genesis*, 311.

39) Andrew John Jukes, *Types of Genesis* (Grand Rapids: Michigan, 1993), 220-221.

40) Westermann, *Genesis 12-36*, 258.

41) Turner, *Genesis*, 80-81; Wenham, *Genesis 16-50*, 20, 92.

번제사건으로 본다. 따라서 이 할례와 이삭의 번제의 사건은 서로 인크루지오를 이루고 있다. 즉, 창세기 17장의 믿음이 창세기 22장에 이르러서 완전하여졌다는 것이다.[42] 아브라함은 할례라는 자손을 드리는 명령에 대하여, 이삭을 번제로 드림을 통해서 이것을 실행에 옮겼다.

한편, 본 글은 창세기 15장의 동물 쪼개는 행위의 연장선에 창세기 17장의 할례, 곧 포피를 베는(쪼개는) 행위를 놓고자 한다. 그리고 그 다음에 창세기 22장의 이삭의 번제(이삭을 쪼갬)를 평행관계로 배열하고자 한다. 이에 따라 창세기 12:2b, 창세기 15:1,6, 창세기 17:1,10, 창세기 22:2에 나타난 아브라함에게 주어진 명령들을 모두 평행관계로 파악하고자 한다.

다. 후손에 대한 이해

원래 언약의 당사자는 여호와와 아브라함이었으나, 창세기 17:7-8에서는 할례를 통해서 바쳐질 그 후손이 언약의 당사자로 확장되어 등장한다. 이것은 아브라함의 언약에 대한 이해와 관련하여 중요한 의미를 지닐 수 있다. 따라서 또 한 언약의 당사자인 그 후손에 대한 면밀한 이해가 필요하다.

존 세일해머(John H. Sailhammer)는 이 후손을 집합명사로 보고자 한다.[43] 즉, 그 후손 안에 모든 이스라엘이 집합적으로 거하여서 그 씨는 이스라엘 전체를 의미하게 된다. 세일해머(Sailhammer)가 이 씨를 집합적으로 본 것은 이 할례명령은 이스라엘 전체의 구원과 관련되어 있기 때문이었다. 이에 반하여 스키너(Skinner)의 경우 히브리어 원문을 직역하여 이 후손을 '그 후손' 한 사람으로 본다.[44]

이 글은 후자의 입장을 취하는데, 이 창세기 17장의 본문에서 나타난 '그 후손'은 우선적으로 창세기 22장의 이삭을 직접적으로 지칭하는 것으로 보이기 때문이다. 그리고 그 후에 '그 후손'에게 그의 모든 자손들이 할례를 통하

---

42) Alexander T. Desmond, "Genesis 22and the Covenant of Circumcision," *Journal for the Study the Old Testament*, 8. No. 25. (Feb. 1983), 20.

43) John H. Sailhammer, 「모세오경 신학」, 김윤희 역 (서울: 새물결플러스, 2014), 589.

44) Skinner, *Genesis*, 295.

여 참여하는데, 이것은 '대대에 이르는 너의 후손'이라는 용어 때문이다. 따라서 창세기 17장의 언약 당사자는 이삭 한 사람이며, 다른 자손들은 할례를 통하여 '그 후손'에게 참여하게 된다.

이렇게 언약의 세 당사자인 여호와와 아브라함과 이삭이 창세기 22장에 이르러서 이삭 번제사건을 통해서 언약이 실행된다. 아브라함은 이삭을 여호와께 번제로 드렸으며, 여호와께서는 '대대에 이르는 그 후손'으로서의 이삭을 받음을 통해서 전체의 이스라엘을 받은 것이다.

4. 여호와의 방문과 관련한 선행연구 (창 18장)

여호와와 두 천사의 방문은 할례언약 체결 후에 얼마 되지 않아서 발생한 사건이었다.[45] 따라서 이 두 사건은 서로 긴밀한 관계에 있는데, '할례언약'에서 여호와께서는 아브라함의 이름을 '열국의 아비'로 바꾸어 주셨으며, 이러한 상황 속에서 '소돔과 고모라의 심판'이 하늘 천상회의에서 결정된 것으로 보인다.

가. 여호와와 두 천사의 방문

여호와와 두 천사의 아브라함 방문은 아주 진귀한 사건이다. 이러한 여호와와 두 천사의 방문은 소돔과 고모라의 심판 때문이었다. 이때 여호와와 두 천사는 소돔을 방문하기에 앞서서 아브라함을 먼저 방문하시는데, 이들은 사람의 모습으로 나아왔다. 선행연구에 의하면, 당시의 유목민들은 나그네에 대한 환대를 중요한 덕목으로 여겼는데, 아브라함도 이들을 극진히 환대하였다.[46] 그리고 이러한 과정 속에서 아브라함은 부지중에 하나님을 환대하였던 것이다.

만찬 후 아브라함은 그들을 배웅하게 되었는데, 그 두 천사는 소돔의 타락상을 확인하기 위하여 소돔으로 들어가지만, 여호와는 아브라함과 함께 남는다. 여호와는 아브라함에게 이들의 방문 목적을 알리고, 아브라함은 소돔과 고

---

45) Sailhamer, *The Pentateuch as Narrative*, 161.

46) 롤랑 드보, 「구약시대의 생활풍속」, 이양구 역 (서울: 대한기독교서회, 2009), 32; 베스터만, 「창세기 주석」, 207: 해밀턴, 「창세기 2」, 25.

모라를 위한 중보기도를 하게 된다.

아브라함의 중보기도에 대한 기존의 선행연구들에 의하면, 이것은 '소돔과 고모라'의 구원을 위한 기도였다. 왜냐면, 그는 'בְּרָכָה'로서 '열국의 아비'였기 때문이다.47) 아브라함의 언약의 궁극적인 목적은 "아브라함으로 인해 열국이 복을 받는 것"(창 12:3)이기 때문이다.

나. 아브라함의 언약과 의와 공도

여호와와 아브라함의 대화는 항상 언약을 근거로 하여 이루어진다. 이에 따라 여호와께서는 소돔과 고모라의 심판과 관련하여 아브라함에게 요청할 사항에 대해, 언약조항을 통해서 말씀하신다. 이 언약조항과 관련하여 여호와는 아브라함에게 중보기도를 요청하시는 것이다.

기존의 선행연구에 의하면, 창세기 18:18-19은 기존에 이미 여호와께서 아브라함에게 말씀하신 그 언약조항이다.48) 다만, '의와 공도'에 관한 명령만이 새롭게 등장할 뿐이다. 따라서 이 언약조항은 창세기 12:2b의 "너는 בְּרָכָה가 되라"에서 발전해 온 명령으로 추정될 수 밖에 없게 된다.

여호와께서는 아브라함을 처음에 부르실 때, "너는 בְּרָכָה가 되라"(창 12:2b)는 말씀으로 부르시었다. 이 말씀은 얼마 지나지 않아 창세기 15장의 '동물 쪼갬'의 사건에 이르러서는 "아브라함이 여호와를 믿으매"(창 15:6a)라는 '믿음으로 말미암는 의'로 발전하게 된다. 약 20여 년이 경과한 창세기 17장의 '할례 언약'에서 이것은 '믿음에 대한 완전성' 명령으로 발전한다. '할례언약'의 체결후 얼마 지나지 않아서 '여호와의 방문'이 이루어지는데, 이때에 이 언약조항은 '의와 공도에 대한 명령'으로 발전하게 된다.

따라서 여기에 나타난 '의와 공도 명령'은 기존 언약개념의 발전과정으로 보인다. 특히, "내가 그로 그 자식과 권속에게 명하여 여호와의 도를 지켜 의와 공도를 행하게 하려고 그를 택하였나니"(창 18:19)라는 구절은 기존의 언약적 주제가 모두 깃들어 있는 언약조항으로 보인다.

---

47) 고든 웬함, 「창세기2」, 161. 송병현, 「엑스포지멘터리 창세기」, 346.

48) 해밀턴, 「창세기 2」, 40.

다. 소돔과 고모라의 멸망

소돔과 고모라는 끝내 멸망을 당하였다. 이때 여호와는 이에 대한 심판주로 등장하였으며, 아브라함은 이 심판의 광경을 멀리서 목격하였다.[49] 이 심판은 낮에 이루어졌으며,[50] 소돔과 고모라의 심판과 노아의 홍수 심판은 서로 평행적인 요소가 많다.[51]

5. 이삭 번제와 관련한 선행연구 (창 22장)

소돔과 고모라의 심판은 아브라함의 삶에도 영향을 미치게 되어, 그는 그랄 지역으로 삶의 터전을 옮기게 된다. 그는 또 다시 나그네가 되었는데, 이때 두 번째 사라사건이 발생하였고, 사라는 하나님의 적극적인 개입으로 구원을 받았다. 도리어 브엘세바 지역에서 새로운 삶의 터전을 얻게 되었으며, 이곳에서 이삭이 출생하였다. 그런데, 이삭의 나이가 성년이 되어갈 즈음에 하나님은 아브라함을 시험하기 위하여 아브라함에게 '이삭번제명령'을 하게 된다.

가. 심판의 주체로서의 하나님

기존의 선행연구에 의하면, 아브라함의 시험은 욥의 시험과 유사한 면이 많다.[52] 그 시험 주체가 하나님으로 등장하는데, 구체적으로 '이삭 번제명령'을 내리시는 이는 여호와이시다. 이것은 모세오경 저자는 하나님의 성호를 사용할 때, '하나님(אֱלֹהִים)'을 '여호와의 천상총회'라고 간주하고 있다는 판단을 하게 한다.[53]

---

49) 해밀턴, 「창세기 2」, 72.

50) 월키, 「창세기 주석」, 493.

51) 브루그만, 「창세기」, 271.

52) Jacques van Ruiten, *Abraham, Job and the Book of Jubilees: The Intertextual Relationship of Genesis 22:1-19, Job 1:1-2:13 and Jubilees 17:15-18:19*, The Aquedah(Genesis 22) and ots Interpretations, Edited by Ed Roort & Eibert Tigchelaar, (Boston: Brill, 2002), 59.

53) 윌리엄 헨리 그린, "오경에 나타난 '엘로힘'과 '여호와'의 용법," 「구약신학 논문집(2집)」, 윤영탁 역, 이승하 편 (서울: 성광문화사, 1989), 57-58.

만일 우리가 이러한 성호사용의 개념에 근거하여 이 사건을 판단한다면, 이 시험이 갖는 의미는 열방을 위한 '구원의 도'의 출현과 관련이 있다. 창세기 17장의 '할례언약'에서 아브라함과 그의 자손은 '열국의 아비'로 나타났으며, 그들은 장차 '영원한 언약'을 체결할 자로 예정 되었는데, 바로 그 사건이 발생한 것이다. 따라서 이 사건은 모든 열방에 영향을 미치는 사건이었기 때문에 '여호와의 천상총회'에서 이 사건을 주제하여야 하는 가운데에 있게 되었다.

나. 이삭번제 명령에 대한 아브라함의 순종

하나님의 시험에 대한 아브라함의 태도는 "내가 여기 있나이다"(창 22:1)로 축약되어 나타난다고 말한다.[54] 이 시기에 아브라함의 순종은 완전하였다. 아브라함의 일행은 모리아 산에 당도하였는데, 이때 아브라함과 이삭만 모리아 산의 번제 장소로 동행하였다고 말하고 있다. 이때 이삭은 아브라함에게 "번제할 어린양은 어디 있나이까"라고 질문을 하는데, 아브라함은 "하나님이 준비 하신다"라고 말한다. 그리고 번제할 장소에 당도하였을 때, 아브라함은 이삭을 결박하고 나무 위에 놓고, 그를 칼로 잡으려 한다.

이 사건에 대한 선행연구에 의하면, 아브라함이 이삭을 결박할 때, 이삭의 순종에 대한 태도를 언급한다.[55] 그리고 그가 번제의 나무를 짊어지고 오른 것에 대해서 그의 나이를 성년의 시기라고 언급한다. 이에 대해서, 이 글은 이보다 더욱 적극적인 입장을 취하여서, 이삭은 자신이 번제의 어린 양이라는 것을 "번제할 어린양은 어디 있습니까"라는 질문을 할 때부터 이미 알고 있었으며, 오히려 브엘세바에서 출발할 때부터 알았을 수 있다고 본다. 왜냐하면, 창세기 17:7의 '영원한 언약'에 대한 예고에서, 이삭은 이미 이 언약의 중요한 언약당사자로 이미 내정되었기 때문이다. 이 '이삭 번제명령'의 언약당사자는 하나님과 아브라함과 이삭이었다.

아브라함이 이삭을 칼로 잡으려 하는 이러한 순종의 태도는 곧 바로 여호와의 사자에 의해서 제지되었으며, 이때 비로소 여호와의 사자에 의해 "내가 이

---

54) 해밀턴, 「창세기 2」, 132.

55) 웬함, 「창세기 16-50」, 235.

제야 네가 하나님을 경외하는 줄을 아노라”(창 22:12)는 말씀을 한다.

다. 하나님께서 준비한 숫양

아브라함이 눈을 들어 보았을 때, 수풀에 뿔이 걸린 숫양 하나를 발견하였고, 그는 이 숫양을 잡아서 번제를 드리게 되었다. 그리고 아브라함은 이 사건을 기념하여 이 땅 이름을 ‘여호와 이레’라고 불렀다. 그리고 이곳은 장차 예루살렘 성전의 터가 되었다.

기존의 선행연구에 의하면, 이 ‘숫양’은 이삭을 상징하고 대신한다고도 말해지지만,[56] 이것은 ‘하나님이 준비한 제물’로서 예수 그리스도를 예표하고 있다.[57] 이 ‘숫양’은 아브라함과 이삭의 번제를 실제 실행된 사실로 만들어주는 존재가 된다. 더 나아가서 이 ‘숫양’은 기존의 모든 아브라함이 바친 제물이 상징하는 바였다. 따라서 모든 기존의 행위가 이 ‘숫양’에 속하여야 한다. 즉, 기존의 ‘동물 쪼개는 행위’나 ‘양피를 쪼개는 행위’나 ‘이삭 번제’가 모두 이 사건에 들어가기 위한 절차였다. 따라서 창세기 17:7에서 예고된 하나님과 아브라함과 이삭 간에 맺어지는 ‘영원한 언약’은 이 ‘숫양’을 통해서 체결된 것으로 보인다.

한편, 이 ‘숫양’의 정체가 우리 모두에게 ‘예수 그리스도’로 공개되었다. 이에 따라, 우리도 우리의 생명을 여호와께 드리고자 할 때, 이 ‘숫양’에 참여하여 이 일을 가능하게 한다. 이렇게 하여서 ‘구원의 도’가 이 세상에 출현하게 되었다.

4절   연구방법

1. 정경비평적 방법의 사용

이 글에서의 성경 연구의 방법은 통시적 연구에 속하는 역사비평 방법론의 여러 가지 한계 등으로 인해 공시적 연구인 정경비평 방법론을 사용하고자 한다.

---

56) 웬함, 「창세기 16-50」, 236.

57) 월키, 「창세기 주석」, 552.

가. 역사비평 방법의 한계

모세오경의 형성과정에 대해 전통적으로 알려진 바에 의하면, 모세는 그보다 앞선 고대로부터 내려온 자료를 활용하여 저술하였으며,[58] 그 저술 이후에도 최종적인 오경의 형성과정에는 그 본문에 대한 편집, 수정, 보완 등이 있었다. 역사비평방법론은 이러한 자료층을 밝히는 문제와 관련하여 중요한 기여를 하였으며,[59] 역사비평방법론은 성서 본문의 이전 역사에 대해 관심을 갖고 있다.[60] 역사비평방법론은 그러한 방식으로 지난 수 세기 동안 구약해석학을 지배해왔다. 그런데, 중요한 것은 여기에서 항상 납득될 수 없는 결론들이 나타났다는 것이다. 이에 대해 이름트라우트 피셔(I. Fischer)는 "이러한 상황임에도 불구하고, 이러한 방법론들에 대해 아무런 조치를 취하지 않는 교회들의 태도는 아이러니한 일이었다"[61]고 말한다. 그는 이러한 방법론은 최근 30-40년 동안 지속적으로 그 한계를 드러내었다고 말한다.[62] 이 글도 또한 이러한 견해에 동조하여 성경 본문에 대해 역사비평적 방법을 사용하지 아니한다.

나. 정경비평 방법

역사비평방법이 득세하고 있을 때, 브레바드 챠일즈(Brevard S. Childs)는 성경 본문에 대한 역사적인 연구가 그 자체로서는 신학적인 물음들을 해결할 수 없다고 믿게 되었다. 그는 구약성경 자료들의 여러 다양성들을 발견하였는데, 유대 공동체와 기독교 공동체는 과거의 권위 있는 경전 자료들을 무시하

---

58) J. W. Rogerson · R. W. L. Moberly, 「창세기 연구입문」, 민경진 역 (서울: 기독교문서선교회, 2015), 133.

59) Thomas Römer, "문서, 단편 그리고 보충 사이에서: 오경연구의 상황에 대하여," 「구약신학연구동향, Vol. 125」, 민경구 역, (서울: 기독교문서선교회, 2016), 27.

60) I. Fischer, "이전 역사에서 이후 역사로: 문서-상호본문성-수용에 나타난 문서해석," 「구약신학연구동향, Vol. 125」, 민경구 역, (서울: 기독교문서선교회, 2016), 172.

61) Fischer, "이전 역사에서 이후 역사로," 175.

62) Fischer, "이전 역사에서 이후 역사로," 172.

지 않았으며, 오히려 '정경' 개념이 그들에게 성서 해석의 '신학적 기본 틀'임을 발견하였다. 이에 따라 그는 그 자신의 새로운 성경연구 방법을 개척하기 시작하였고, 『정경으로서의 구약개론』(1979)을 통해 그 내용을 발표하였다. 이러한 챠일즈의 시도에 대해 올렌버거는 다음과 같이 말한다.

> 그는 『정경으로서의 구약개론』이라는 책에서 당시의 전통적인 구약 연구 방법론에 맞서 정경적인 연구 방법의 타당성을 강조하였다. 여기서 그는 정경이 해석의 적절한 틀이라고 주장하기 보다는 구약성서 각권의 정경적인(또는 최종적인) 형태가 해석의 적절한 대상이라고 주장하였다.… 챠일즈는 구약성서 본문들을 형성시킨 힘들이 역사적이거나 사회적인 또는 정치적인 것이 아니라 무엇보다도 종교적인 것이라고 이해한다. 구약 본문들은 신앙 공동체의 본문들로서, 이제는 다른 신앙 공동체의 해석적인 정황을 구성한다.63)

챠일즈의 정경비평적 관심은 본문 자체의 최종 형태이다. 그는 정경이라는 지위는 객관적으로 나타내 보일 수 있는 주장이 아니라, 기독교적 신념에 대한 진술이라고 한다.64) 이 글에서도 이와 같은 견해에 따라 성경 본문을 정경으로 수용하며 연구에 임하고자 한다.

다. 통시적 연구의 한계와 공시적 연구의 필요성

우리가 공시적 연구의 한 형태인 정경비평의 방법을 사용하는 가장 큰 이유는 통시적 연구의 한계 때문이다.

역사적 분석 비평에 의하면, 전승들 중에 가장 이른 것을 가장 권위 있게 보아서, 후대 편집자들의 첨가물은 정경에서 이탈되는 경향이 나타난다. 그리고 또 하나의 더 큰 문제는 구약성서의 본문이 완성되기까지의 과정의 역사를

---

63) B. C. Ollenburger, "브레버드 챠일즈의 정경," 『20세기 구약신학의 주요인물들』, 벤 C. 올렌버거, 엘머 A. 마르텐스, G. F. 하젤 편, 강성열 역 (서울: 크리스챤 다이제스트, 2009), 461.

64) 안종철, 『히브리 성서 비평학』 (서울: 쿰란출판사, 2002), 248-249.

재구성하는 것은 불가능하였다.65)

이에 반하여 정경비평의 방법은 우리에게 성경에 대한 공시적 연구를 요청한다. 이 방법의 목표는 성경 본문의 주제에 대해 과거나 미래를 고려하지 아니하고, 어느 특수한 시기에서 관찰하고자 한다. 왜냐면 정경은 기독교적 신념의 진술이기 때문이다.

> 정경비평에서는 역사비평의 한계를 극복하기 위해서 정경의 최종형태에 초점을 두고 있는 공시적(synchronic) 연구 방법을 주장한다. 이 방법의 목표는 어느 주제를 과거나 미래를 고려하지 아니하고, 어느 특수한 시기에서 관찰하려고 한다는 점이다.… 정경이라는 지위는 객관적으로 나타내 보일 수 있는 주장이 아니라, 기독교적 신념에 의한 진술이다. 신앙공동체가 정경을 권위 있는 책으로 인정한 것은 교회가 하나님의 말씀을 듣는 영역을 나타내는 준칙이다.… 교회의 성서는 과거의 기록 문서들이 아니라, 교회에서 계속되는 하나님의 백성들을 가르치고 권고하는 삶의 통로다.66)

이 글의 성경에 대한 태도는 성경을 기독교 신앙공동체의 신념, 곧 정경으로 받아들인다. 이에 따라 성경 본문을 통시적 관점으로 바라보는 것이 아니라 공시적 관점에서 바라보고자 한다. 그렇다고 하여서 이것이 그 성경 본문의 시대적인 정황들을 고려하지 말자는 이야기는 전혀 아니다.

2. 상호본문성의 활용

가. 본문 이후 역사에 대한 관심으로서의 상호본문성

피셔(Fischer)는 과거의 역사적 비평을 '본문 이전의 역사'에 대한 관심이라고 말하고, 정경 비평을 '본문 이후의 역사'에 대한 관심이라고 말한다. 그는 최근 20년 동안 우리의 관심이 이와 같이 전환되었다고 말하며,67) 이와 같은

---

65) 안종철, 『히브리 성서 비평학』, 248-249.

66) 안종철, 『히브리 성서 비평학』, 249.

67) Fischer, "이전 역사에서 이후 역사로," 172.

'본문 이후의 역사'에 대한 관심을 본문간의 문학적 의존성으로 말미암은 '상호본문성'이라고 말한다. 그는 이것을 '문서에 나타나는 문서해석'이라고 말한다. 그 내용을 피셔는 다음과 같이 소개한다.

만약 우리가 역사비평 패러다임을 출발점으로 삼는다면, 상호 연관된 본문이 시간적으로 병존하는 것은 문학적 의존성으로 설명된다. 전통, 주제, 혹은 문학적 소재를 추적하는 것은 서로의 관계성을 제시함으로써 그리고 그것들의 역사를 보여줌으로써 서술될 수 있다. 본문들이 성서에서 다시 수용되고 계속해서 다른 맥락으로 개정되어 삽입되는 이러한 현상은 "문서에 나타나는 문서해석"의 관점으로 이해될 수 있으며 유대주의에서는 이미 오래된 전통이다. 최근 20년 동안 사람들은 텍스트의 관계를 대부분 전혀 다른 해석학적 맥락에서 기원한 개념 즉 상호본문성이라는 개념으로 해석했다.68)

시대적 현상을 대변하는 이러한 개념이 실제로 성성 문헌과 관련성을 제시하는 것에 적합한지에 대한 논란은 심도 있게 진행되고 있다. 그럼에도 불구하고 성경 내에서의 문서해석은 수용 현상으로 표현될 수 있을 것으로 보인다.69) 이에 따라 본 글에서도 "문서를 통한 문서해석"으로서의 상호본문성을 수용하여 논의를 진행하고자 한다.

나. 공시적 연구방법으로서의 상호본문성 활용

역사적 비평의 방법은 성경의 저자 문제에 몰두하여야 성경에 대한 해석이 가능해졌다. 따라서 각각의 성경 본문들을 단편들로 쪼개어서 해석하여야 했다. 예컨대, 아브라함에 대한 연구에 있어서도 그 성경본문의 성립 시기에 따라 아브라함의 구전과 모세의 기록이 서로 다르게 해석되어야 한다. 그런데 이제 정경비평의 방법을 사용할 경우에 이 방법론의 주된 관심은 모세오경 전체의 문학적 양식, 관점, 본문간의 관계 등이다. 마빈 스위니(Marvin A.

---

68) Fischer, "이전 역사에서 이후 역사로," 179.

69) Fischer, "이전 역사에서 이후 역사로," 180.

Sweeney)는 상호본문성을 이사야서에 대한 해석에 적용하면서 다음과 같이 말한다.

> 19세기말로부터 20세기에 걸쳐 방법론의 주류는 통시적인 것이었다.…이런 방법론들은 대개 예언서를 단편들로 쪼개서 읽도록 하였다. 이사야서의 경우 서너 다섯 개의 부분으로 나뉘어졌으며, 각 부분들은 독립적인 예언서인 양 이해되었는데, 그 근거는 이사야서의 부분들이 각기 다른 역사적 시대를 살았던 각기 다른 예언자들의 작품이라는 것이었다.… 그러나 이제 학자들은 공시적인 문학 읽기의 방법을 점점 더 사용하기 시작하였다. 이 방법론의 주된 관심은 전체 예언서의 문학적 양식, 관점, 본문간의 관계이다.[70]

원래 상호본문성을 활용한 성경 해석은 위와 같이 성경 저자 문제에 대한 극복 방안으로 나타났다. 그런데, 실제적인 사용에 있어서는 그 범위가 위보다 훨씬 넓고 다양하여서 그 의미를 한정하기는 곤란한 것으로 보인다.

한편, 김주원은 이것을 기본적인 개혁주의 성경해석의 기본원칙인 "성경은 성경으로 해석한다"의 전제도 여기에 포함시킬 수 있다고 하며, 이것을 좀 더 구체적으로 말하여 "신약의 구약 사용", 즉 "인용(quotation), 인유(암시, allusion), 반향(echo)"이 여기에 해당한다고 말한다. 그는 다음과 같이 말한다.

> 성경은 66권 개별 책들을 각각 하나의 독립된 개체로서 읽기도 해야 하지만, 동시에 소위 '거대한 내러티브'라고 불리는 성경 전체의 맥락에서 읽어야 한다.… 이것은 오늘날 우리가 추구하고 있는 개혁주의 성경해석의 기본원칙, 곧 "성경은 성경으로 해석 한다"라는 대전제에 해당한다.… '상호본문성'에 대한 정의를 쉽게 내리기가 쉽지 않다는 점에서 난관에 직면한다.… '신약의 구약 사용' 연구의 주된 범위인 '인용, 암시, 혹은 반향'은 신

---

70) Marvin A. Sweeney, "이사야서에 대한 스가랴서의 논쟁," 『구약성서, 읽기와 해석하기』, 왕대일 편 (서울: 감신대성서학연구소, 2001), 16.

약 저자의 구약 사용 방식과 의도에 그 연구가 주로 제한되어 있다.[71]

이 글도 이와 같은 상호본문성의 활용을 통하여 성경본문 해석을 시도할 것이다. 특히 이 글은 언약과 관련한 신현 사건 간의 평행구절을 연구하는데, 이것도 또한 중요한 상호본문성의 하나로 보인다. 특히, 이 글은 창세기 12장, 15장, 17장의 언약문구들을 해석하고 있는데, 이 장들 내의 언약문구들 간의 평행본문 고찰을 통해 연구를 수행할 것이다.

한편, 상호본문성 활용의 폐단은 그 적용범위를 무차별하게 방치할 경우, 시대적인 거대한 변화를 본문연구에 반영할 수 없게 한다. 이것은 자칫 그 해석의 공정성에 문제를 제기할 수 있다. 그러므로 무분별한 상호본문성의 활용은 지양할 것이며, 평행본문의 적용범위도 가급적이면 아브라함의 생애와 모세오경에 국한할 것이고, 이 경우에도 그 근거를 분명하게 제시하고자 한다.

3. 본문의 주석적 연구

이 글에서는 성경을 정경으로 파악하며, 본문에 대한 상호관계를 면밀히 관찰함을 통해서 각종의 의미를 도출하고자 한다. 이때 수행하는 구체적인 방법은 본문 각각에 대한 주석적 연구방법이다.

먼저, 이 글은 성경 각각의 본문들을 정경으로 받아들이고 있기 때문에, 그 본문 자체에서 우선적인 의미를 발견하고자 한다. 우선적으로 본문 하나하나의 검토를 통해 그 본문 자체가 가지고 있는 용어의 의미를 정확하게 규정하고자 한다.

둘째, 이 글에서 중심적으로 다루는 본문은 아브라함 언약의 내용과 관련한 본문이다. 이때 언약적 사건의 배경으로 나타나는 성경 본문의 보조적인 이야기들은 아브라함의 언약을 해석하는데 있어서 중요한 역할을 하는 것으로 보인다.

셋째, 이 글은 성경의 상호본문성을 활용하여 해석을 시도한다. 어떤 본문을 해석할 때, 다른 평행 본문 등에서 발견된 의미를 그곳에 적용하여 더 깊은

---

71) 김주원, "에스겔서 37장의 상호본문적 해석: 에베소서 2장과의 상호본문성에 기초하여," 『광신논단』 Vol. 24, 광신대학교 (2014.12), 52-53.

의미를 찾을 것이다. 이렇게 할 경우, 각각의 본문들에게서 산출된 의미들은 또 다시 다른 본문에서 그 연구의 방향을 정해주고, 또 다른 추론을 가능하게 해서 더 깊은 해석을 가능하도록 해줄 것이다.

2장 '여호와의 부르심'과 '언약의 성립' (창 12,13장)

1절 서 론

1. '부르심'의 역사적 배경 (창 11:27-32)

아브라함의 '부르심'은 그의 아비 데라의 때부터 시작되었다. 원래 아브라함의 고향은 갈대아 우르인데, 그의 부친 데라가 먼저 그의 식솔들을 이끌고 그곳을 떠나서 가나안으로 향하였으며, 그 중간 지점인 하란 땅에 거하게 되었다.

가. 아브라함을 부르실 때의 역사적 상황

브루스 월키(Bruce K. Waltke)에 의하면, 가나안 이전의 아브라함의 생애나 그의 아비 데라 생애의 상당부분은 '공백(Blanks)' 혹은 '여백(Gaps)'으로 처리되어 있다.[72] 그럼에도 불구하고, 쥬크(Jukes)는 아브라함이 갈대아 우르를 떠나온 것은 그가 노아의 계보를 잇는 셈족으로서 우상숭배를 피하기 위해서였다고 말한다.[73] 데라의 때부터 그들의 가나안 이전은 계획되어 있었던 것으로 보이며, 그들은 갈대아 우르에 있을 때부터 자신들의 종교를 떠나고 있었다.[74] 유대 랍비들의 전승에 의하면, 부친 데라가 전각장이의 업을 하는 동안에도 아브라함은 '유일신 신앙'을 주위의 사람들에게 말하였다고 말한다.[75] 그는 이러한 그의 신앙을 위해 그의 모든 것을 포기하였다.[76] 따라서 아브라함이 속한 시대의 역사적 혹은 종교적 배경의 이해는 아브라함 언약을 이해하

---

72) Bruce K. Waltke, *Genesis, A Commentary*, (Grand Rapids: Zondervan, 2001), 204.

73) Jukes, *Types of Genesis*, 164.

74) John Calvin, *The Book of Genesis*, Commentaries on the First Book of Moses Genesis, Tr. from the Original Latin (Grand Rapids: Baker Book House, 1993), 321.

75) Julian Morgenstern, *The Book of Genesis* (New York: Schocken Books, 1965), 100.

76) Ross, *Creation and Blessing*, 259.

기 위해 반드시 필요한 사항이라고 하겠다.

이 시기는 모든 나라들이 신화의 지배를 받았다. 각 지역마다 신들이 존재하였으며,[77] 그 신들이 그 땅의 주인이었고, 지상의 왕은 그 신들의 봉신이었다. 특히 아브라함의 우거하던 메소보다미아 지역은 수메르 신화에 지배를 받고 있었다. 라가쉬 비문에 의하면, 루갈실라시(BC 2500-2350)는 "모든 땅들의 왕은 안(An)이다"고 말하였다고 하며, 움마의 루갈자게시(BC 2300)는 "엔릴이 모든 땅들의 왕이다"고 하였고, 우룩의 우투헤갈(BC 2116-2109)은 "수메르왕들의 왕권은 하늘에서 내려왔다"고 하였고, 그는 인간이며 신이었던 두무지를 왕으로 소개하고 있다. 따라서 특정 나라에 속하여 사는 자들은 그 신의 백성들이며, 왕은 봉신으로서 그 땅과 백성들을 다스렸다.[78] 이때 왕궁과 신전은 동일한 장소에 존재하였다. 이러한 제정일치의 구조는 아브라함이 거하던 메소보다미아의 정치와 종교 상황이었으며, 이집트도 또한 이와 크게 다르지 않았다. 다만 아직 가나안 땅은 특정 신들을 중심으로 한 중앙집권화가 이루어 지지 않았다.[79] 그곳에만 비교적 종교의 자유가 있었다. 이러한 정황에 대해 데오도르(Theodor H. F.)는 "하나님이 아브라함을 부르신 때는 바로 이러한 우상 숭배의 한 가운데서 였다"[80]고 말한다.

아브라함은 메소보다미아의 신화적 문화권에서 살았다. 그의 부친 데라는 바벨로니아의 큰 수도였던 갈대아 우르에 살다가 하란으로 이사를 왔는데, 이 두 도시는 모두 월신인 신(Sin) 숭배의 옛 중심지들이었으며,[81] 특히 우르는 주전 3천년대 우르 제3왕조 때에 번창하던 성읍이었다.[82] 그는 그 신들의 우상을 팔아서 생계를 유지하는 전각장이였다. 고고학적 자료에 의하면 우르는

---

77) Walton, 「창세기」, 574.

78) Niehaus, 「시내산의 하나님」, 120-122; W. H. Schmidt, 『역사로 본 구약신앙』, 강성열 역 (서울: 나눔사, 1988), 36-37.

79) Yohanan Aharoni, 「구약성서지리학」, 이희철 역 (서울: 2008), 23.

80) Theodor H. F, 「복의 근원이 된 사람 아브라함」, 고광자 역 (서울 : 바울서신사, 1988), 32.

81) Victor Hamilton, 「모세오경」, 임요한 역 (서울: 부흥과 개혁사, 2016), 117 : Miguel A. De La Torre, *Genesis* (Louisville: Westminster John Knox Press, 2011), 144.

82) Westermann, 「창세기 주석」, 157.

고도로 세련된 도시였다. 그 도시들은 왕이 제사장까지 겸하는 제정일치의 사회였으며, 당시의 왕들은 신의 양자로 간주되었다.[83] 이러한 시대적 배경은 아브라함의 언약 사상에도 중대한 영향을 미쳤을 것으로 보인다. 여호와께서 아브라함을 부르신 것도 이러한 맥락으로 보이는데, 여호와께서는 이러한 정황 속에서 자신의 나라를 세우기 위하여 아브라함을 부르신 것으로 보인다.

나. 역사적 배경을 통한 아브라함의 부르심 이해

당시의 제정일치의 사회구조 속에서 아브라함이 여호와께로부터 부르심을 받았는데, 아브라함도 또한 여호와의 제사장과 그의 나라 설립과 관련하여 부르신 것으로 이해했을 것이다. 당시에는 그들이 거주하는 땅은 그들이 섬기는 신의 땅으로 간주되는 시대였기 때문이다.[84] 따라서 "다른 신을 섬기기 위한"[85] 아브라함의 떠남은 일반적인 개종적인 차원을 넘어서서 '여호와의 나라 건설'이라는 큰 목적이 있어 보인다. 물론 다른 견해들도 존재할 수 있겠고,[86] 그의 떠남에 대해서 성경본문에서는 아무 것도 말하고 있지 않지만,[87] 가나안 입성 이후에 전개된 언약의 내용을 보았을 때, 아브라함이 이 새로운 지역으로 들어온 것은 이러한 목적을 가진 것으로 추정된다. 한편, 당시에 팔레스틴 지역만은 아직 메소보다미아나 이집트에 비해서 정치 종교적으로 그 조직화가 훨씬 뒤쳐졌었는데,[88] 이러한 팔레스타인의 상황은 여호와의 국가건설을 위해서 가장 적절했던 지역으로 보인다.

다. 역사적 배경을 통해 이해되는 '언약'과 '땅'과 '제단'의 관계

여호와의 아브라함을 부르신 것이 이와 같은 여호와의 나라 설립과 그의 제

---

83) 롤랑 드보, 「구약시대의 생활 풍속」, 226-227, 229.

84) Schmidt, 「역사로 본 구약신앙」, 36.

85) Speiser, *Genesis*, 88.

86) Westermann, 「창세기 주석」, 159.

87) Speiser, *Genesis*, 87.

88) Aharoni, 「구약성서지리학」, 23.

사장으로 삼기 위함이었다는 것은 가나안 입성 후의 아브라함의 언약 사건들 속에서 분명하게 나타난다. 그것은 아브라함의 언약적 사건들 속에서 '땅'과 '제단'이 항상 '언약 본문'과 함께 나타나기 때문이다.

구약성경 본문에서 제사장이라는 용어는 멜기세댁에게서 처음으로 나타나며 그 이전에는 나타나지 않는데,[89] 족장들은 실질적으로 제사장적인 행위를 하고 있었다. 베스터만(Westermann)에 의하면, 아브라함의 축복 첫 번째에 나오는 '큰 이름(12:2a, 네 이름을 크게 할 것이며)'은 당시에 왕에게 붙여지는 칭호였는데, 이때 왕은 제사장을 겸하였다.[90] 게하르드 폰 라드(Gerhard Von Rad)도 또한 "한 인물이 제사장과 왕을 겸하는 것은 특이한 것이 아니다"[91] 고 말한다. 월키(Waltke)도 왕과 제사장의 융합은 앗시리아나 힛타이트에서도 나타나고 있다고 말한다.[92] 다만, 그는 우가릿에서는 이것이 증명되고 있지 않다고 한다.[93]

이와 같은 당대의 신화적 양식이 아브라함에게 적용되는 것은 지극히 당연하다고 할 수 있겠다. 아브라함은 여호와께서 주실 새로운 땅에 여호와의 성전을 짓고, 그곳에서 여호와의 제사장으로 사는 것을 그의 '업'으로 삼고자 한 것으로 보인다.(창 15:7) 아브라함의 언약이 언급되는 모든 곳에서, 땅에 관한 약속이 있으며, 이와 병행하여 항상 제단이나 제의적 행위가 나타나고 있기 때문이다. 제임스 조르단(James B. Jordan)은 "제단을 세움으로써 아브라함은 그곳이 여호와의 땅임을 선언하였다"고 말한다.[94] 그래서 아브라함은 가나안 땅에 들어오자마자 '단'을 쌓고 '여호와의 이름'을 부르고, 혹은 제사(동물 쪼갬)를 드리며 할례의 예식을 행한다. 아브라함은 여호와의 나라 설립과 그 나라의 제사장으로 부름을 받은 것으로 보인다.

---

89) Waltke, *Genesis*, 233.

90) Westermann, 「창세기 주석」, 180.

91) Gerhard Von Rad, *Genesis A Commentary* (London: SCM Press, 1972), 180.

92) Waltke, *Genesis*, 233.

93) Waltke, *Genesis*, 233.

94) James B. Jordan, 「창세기의 족장이야기」, 안정진 역 (서울: 기독교문서선교회, 2009), 83.

2. 아브라함 내러티브의 전체 구조

아브라함의 생애는 창세기 12-25장에 나타나는데, 그 이야기는 '언약'을 중심으로 전개된다. 이곳에 나타나는 아브라함의 생애는 여호와와 언약이 체결되고(창 12장), 인증되고(창 15장), 확장되며(창 17장), 예시적으로 실행되기도 하고(창 18장), 이삭에 이르러서는 완성(창 22장)되어 '영원한 언약'으로 승화한다. 이와 같이 모세오경 저자의 관점에서 아브라함의 생애는 '언약'과 관련하여 의미를 갖는다.

가. 사건을 중심으로 한 구조분석

문예적 구분과 관련하여 웬함(Wenham)은 코우츠의 구조분석을 소개하는데, 코우츠는 아브라함 이야기 내의 평행구들, 예컨대 12:10-20//20:1-18; 15장//17장; 13:1-14:24 // 18:16-19:38을 기반으로 하여 다음과 같이 구분한다.[95)]

    A. 서설적 설명부 (창 11:10-12:9)
      B. 아내에게 가해지는 위협 (창 12:10-20)
        C. 가족 단화 : 아브람-롯 (창 13:1-14:24)
          D. 언약 (창 15:1-16)
            가족분쟁에 대한 이야기 (창 16:1-16)
          D'. 언약 (창 17:1-27)
            가족분쟁에 대한 이야기 (창 18:1-15)
        C'. 가족 단화 : 아브라함-롯 (창 18:16-19:38)
      B'. 아내에게 가해지는 위협 (창 20:1-18)
        가족분쟁에 대한 이야기 (창 21:1-21)
        브엘세바 유래론 (창 21:22-34)
    A'. 아브라함 전설 (창 22:1-19)

---

95) Wenham, 『창세기 1』, 470-471.

나. חֹלְדֹות을 중심으로 한 구조분석

아브라함의 이야기는 חֹלְדֹות 혹은 등장인물을 중심으로도 구분할 수 있는데, 송병현은 월키(Waltke) 등의 분석을 종합하여 아브라함의 생애를 다음과 같이 문예적으로 구분한다.[96]

A. 데라의 계보 (창 11:27-32)
  B. 아들 약속과 아브라함의 신앙생활 시작 (창 12:1-9)
    C. 아브라함의 사라에 대한 거짓말 (창 12:10-20)
      D. 롯이 소돔에 정착함 (창 13:1-18)
        E. 아브라함의 소돔과 롯을 위한 전쟁 (창 14:1-24)
          F. 아브라함과 언약 - 이스마엘 탄생예고 (창 15:1-16:16)
          F'. 아브라함과 언약 - 이삭 탄생예고 (창 17:1-18:15)
        E'. 아브라함의 소돔과 롯을 위한 중보 (창 18:16-33)
      D'. 롯이 소돔을 떠남 (창 19:1-38)
    C'. 아브라함의 사라에 대한 거짓말 (창 20:1-18)
  B'. 아들 탄생과 아브라함 신앙의 클라이맥스 (창 21:1-19)
A'. 나홀의 계보 (창 22:20-24)

다. 일화들을 중심으로 한 구분

웬함(Wenham)은 "전반적으로 아브라함의 이야기는 분명하게 규정될 수 있는 일화들로 이루어져 있다"[97]고 말하며 다음과 같이 구분한다.

11:27-32   계보적 서론
12:1-9   아브람의 소명과 첫 번째 여정
12:10-20   이집트에서

---

96) 송병현, 「엑스포지멘터리 창세기」 (서울: 국제제자훈련원, 2011), 55.

97) Wenham, *Genesis 1-15*, 259.

13:1-18	아브람과 롯이 헤어지다
14:1-24	아브람이 롯을 구하다
15:1-21	아브람과 계약
16:1-16	이스마엘의 출생
17:1-27	할례에 대한 계약
18:1-15	하나님의 방문
18:16-33	소돔을 위한 아브라함의 간구
19:1-29	소돔과 고모라의 멸망
19:30-38	롯과 딸들의 근친상간
20:1-18	아브라함과 아비멜렉
21:1-21	이삭이 출생하고, 이스마엘이 떠나다
21:22-34	아비멜렉과의 계약
22:1-19	아브라함에 대한 시험
22:20-24	나홀의 계보
23:1-20	매장지의 구매
24:1-67	리브가의 약혼
25:1-11	결론

라. 신현 사건을 중심으로 한 구분

아브라함 생애의 중요한 특징은 그의 생애 속에서 중요한 분기점에 이룰 때마다 여호와께서 나타나서 기존의 언약을 확증하고 발전시킨다. 따라서 아브라함의 생애는 신현 사건과 여기에 나타난 언약적 말씀을 중심으로 하여 진행된다. 여러 가지 사건들은 이 사건을 중심으로 하여 발생하는데, 이러한 모든 사건들은 신현 사건의 언약적 말씀과 관련을 짓고 있다. 따라서 이 글은 '신현을 통한 언약적 사건'을 기준으로 하여 문예적인 구분을 하고 그 내용을 살펴보고자 한다. 그 내용을 정리하면 다음과 같다.

	언약의 말씀들	사 건 들
1	(창 12-13장)	(창 12:1-6) 가나안 땅으로 들어감을 통한 언약의 제시와 수락

	'언약의 성립'과	(창 12:8-20) 기근으로 애굽으로 들어가며, 사래 사건 발생
	언약적 삶의 시작	(창 13:1-18) 아브라함의 가나안 정착과 언약적 삶의 시작
2	(창 14-15장)멜기세덱	(창 14:1-24) 네 왕과 전투 통한 롯의 구출, 및 멜기세덱의 축복
	의 축복과 '언약인증'	(창 15장) 쪼개는 행위를 통한 언약의 인증
3	(창 16-17장)이스마엘	(창 16:1-16) 하갈과의 동침으로 이스마엘이 탄생한 사건
	사건과 '할례 명령'	(창 17:23-27) 할례 명령
4	(창 18-19장)	(창 18:1-16) 여호와와 천사들을 영접하고, 이삭잉태 소식 들음
	'여호와의 방문'과	(창 18:20-33) 소돔과 고모라를 향한 중보기도
	소돔 위한 중보기도	(창 19:1-38) 소돔과 고모라의 심판과 롯의 구원
5	(창 20-25장)	(창 20:1-18) 아비멜렉과 사라 사건 발생
	이삭의 탄생과	(창 21:1-21) 이삭의 탄생과 하갈과 그의 아들 이스마엘의 방출
	'이삭 번제 사건'	(창 21:22-34) 아비멜렉과의 협약
		(창 22:1-14) 이삭을 번제물로 드림
		(창 22:19-25:11)사라의 죽음, 이삭의 결혼, 및 아브라함의 죽음

한편, 위의 사건들은 다음과 같은 동심원적 구조를 이루고 있는데, 이 동심원적 구조의 특징은 언약의 시작과 언약의 완성(승귀)로 나타난다. A와 A′는 부르심을 통한 언약의 시작과 이삭 번제를 통한 완성(승귀)과 승계를 말하는데, 이 양자는 아브라함의 언약이라는 큰 그림에서 인크루지오를 형성하고 있다. B와 B′는 그 언약의 후손이 사라를 통한 씨라야 한다는 것을 의미한다. C와 C′는 소돔과 고모라를 구출하고자 하는 아브라함의 언약적 행위를 나타낸다. D는 아브라함 언약의 전환점으로서 할례를 통한 언약의 확장을 주제로 한다.

모세의 입장에서는 이 언약의 확장이 하나님 의도와 관련하여 매우 중요하다. 하나님께서는 이 세계 속에 아브라함의 자손을 통해 제사장 국가를 세우기를 원하셨다. 이 사상이 시내산 언약의 이슈로 고스란히 등장한다. 위의 신현사건을 중심으로 한 구분은 다음과 같이 인크루지오의 형태로 표현할 수 있다. 다음의 구분은 송병현 등이 구분한 것을 참조한 필자의 구분이다.

A.(창 12:1-6) 여호와의 부르심과 순종을 통한 언약의 성립
　B.(창 12:8-13:18) 사래 사건발생과 가나안에서의 언약적 삶 시작
　　C.(창 14:1-15:21) 전투 통한 소돔 고모라 구출과 언약의 인증

      D.(창 16:1-17:27) 이스마엘 사건과 할례 명령

    C´.(창 18:1-19:38) 여호와의 방문과 소돔 고모라 중보기도

   B´.(창 20:1-21:34) 사라사건 발생과 이삭탄생, 그리고 이스마엘 방출

  A´(창 22:1-25:11) 이삭 번제 사건과 언약의 완성(승귀)

3. 창세기 12장의 문예적 구분

창세기 12장의 "여호와의 부르심과 언약의 성립"과 관련한 주제를 살펴보기에 앞서서 이에 대한 문예적 구분을 살펴보고자 한다.

먼저, 로스(Ross)는 다음과 같이 이야기의 내용을 중심으로 하여 문예적 구분을 하고 있다.[98]

A. 여호와의 부르심 : 여호와가 아브라함을 부르다 (12:1-3)

B. 아브라함의 순종 : 아브라함이 순종하여 가나안에 들어오다. (12:4-6)

C. 여호와의 확증 : 여호와가 나타나서 땅과 자손을 약속하다. (12:7a)

D. 아브라함의 순종 : 아브라함이 제단을 세워서 믿음을 선포하다.(7b-9)

E. 이집트로 피신한 아브라함 (12:10-13)

F. 바로의 궁에 들어간 사라와 결혼지참금 (12:14-16)

G. 여호와의 중재와 아브라함의 돌아옴 (12:17-20)

문예적 구분은 내러티브의 특성을 반영하여 가능하게 되는데, 토마스 브로디(Thomas L. Brodie)는 '보는 것(Seeing)'이라는 키워드를 중심으로 창세기 12장을 다음과 같이 구분하고 있다.[99]

A. 도입 : 여호와가 모든 열방에게 복을 위해 아브람을 보냄 (12:1-3)

B. 약속 : 여행과 여호와를 보고(Seeing), 여호와를 부름 (12:4-5)

C. 위험(이집트) : 아름다움을 보는 것(Seeing)과 그것의 위험 (12:10-17)

---

98) Ross, *Creating and Blessing*, 261-274.

99) Thomas L. Brodie, *Genesis as Dialogue*, A Literary Historical & Theological Commentary (New York: Oxford University, 2001), 213.

D. 결론 : 바로가 아브람을 쫓아냄 : "보라(Look)… 가라"(12:17-13:1)

한편, 본장의 범위인 창세기 12장은 아브라함이 여호와의 명령을 좇아서 가나안에 들어와 정착하기까지의 내용을 담고 있다. 이때 일반적으로 창세기 12:1-9에 그 내용이 모두 나타나는데, 사라의 사건은 아브라함에게 언약과 관련하여서 매우 중요한 의미를 담고 있다. 이에 따라 본 글에서는 사라의 사건까지를 그 언약적 사건의 범위로 삼고자 하며, 그 구조를 다음과 같은 인크루지오 형태로 구분하고자 한다. 다음은 필자의 독자적인 구분이다.

A. 가나안 땅으로 '가라'는 명령을 통한 여호와의 부르심 (창 12:1)
　B. 언약의 제안을 통한 여호와의 축복 (창 12:2-3)
　　C. 순종을 통한 언약의 성립 (창 12:4)
　　　D. 가나안 땅에 들어옴과 땅 약속 (창 12:5-7)
　　　　E. 제단을 쌓고 여호와의 이름을 부름 (창12:8-9)
　　　D'. 가나안 땅을 떠나 이집트로 들어감 (창 12:10)
　　C'. 사라에 대한 거짓말과 언약의 위기 (창 12:11-16)
　B'. 여호와의 개입과 '씨'의 구원 (창 12:17-20)
A'. 가나안 땅으로 돌아온 아브라함 (창 13:1)

위의 구분에서 A와 A'는 여호와의 '가라'는 명령에 따라 가나안 땅으로 가서 온전히 정착을 이루는 내용을 소개한다. 이 양자는 인크루지오를 이루고 있다. B와 B'는 여호와의 '큰 민족 등'에 대한 축복과, 이에 대한 위기에서의 '구원'을 말하고 있다. C와 C'는 아브라함의 순종을 통한 언약의 성립과, 아브라함의 거짓말로 인한 언약의 위기를 말해주고 있다. D와 D'는 가나안 땅에 들어오는 아브라함과 기근으로 인하여 가나안 땅을 떠나는 아브라함의 모습을 대조하고 있다. E는 이 문단의 핵심을 이루는 문단으로서 여호와께서 아브라함을 부르신 이유는 그로 하여금 제단을 쌓고, 그곳에서 여호와의 이름을 부르게 하기 위해서임을 시사하고 있다.

한편, 위의 인크루지오 구분을 참조하여 다음과 같이 단락을 구성하여 본문을 살펴보고자 한다.

    A. 여호와의 부르심 (창 12:1)
    B. 부르심의 내용 (언약의 내용) (창 12:2-3)
    C. 순종을 통한 언약의 성립 (창 12:4)
    D. 땅 약속과 단을 쌓고 여호와의 이름을 부르는 아브람 (창 12:5-9)
    E. 사라사건과 언약적 위기의 극복 (창 12:10-20)

2절　여호와의 부르심 (창 12:1)

1. 창세기 12:1과 12:2-3의 관계

  창세기 12:1에 나타난 여호와의 '부르심'을 이해하기 위해서는 먼저 창세기 12:1-4의 문예적 구분이 필수적이다. 1절과 2-3절을 결합해서 언약 본문으로 보는 견해와 1절은 부르심이며 2-3절은 언약본문으로 보는 견해가 존재하기 때문이다. 한편, 4절을 부르심에 대한 응답(순종)으로 보는 것은 양자 모두 일치한다. 우리는 창세기 12:1-3 내에서의 구분을 먼저 분명하게 하여야 하는데, 이러한 구분을 위해서는 본문에 나타나는 동사들을 중심으로 살펴보아야 한다.

  여호와께서 아브람에게 이르시되 ① 너는 너의 본토 친척 아비 집을 떠나 내가 네게 지시할 땅으로 가라.(2인칭 명령형) (창 12:1)
② 내가 너로 큰 민족을 이루고(1인칭 청유형) ③ 네게 복을 주어(1인칭 청유형) ④ 네 이름을 창대케 하리니(1인칭 청유형), ⑤ 너는 복의 근원이 될지라.(2인칭 명령형) (창 12:2)
⑥ 너를 축복하는 자에게는 내가 복을 내리고(1인칭 청유형) ⑦ 너를 저주하는 자에게는 내가 저주하리니(1인칭 청유형), ⑧ 땅의 모든 족속이 너를 인하여 복을 얻을 것이니라(3인칭 미완료형) 하신지라. (창 12:3)
이에 ⑨ 아브람이 여호와의 말씀을 좇아갔고(3인칭 완료형)… (창 12:4a)

위의 문단에 대한 문예적 구분에서 가장 민감하게 대두되고 있는 부분은 12:1b에 나타난 땅에 관한 문구이다. 이것이 언약의 내용에 포함되어야 하는지, 아니면 부르심과 관련한 지시를 의미하는지에 대한 구분이다.

첫 번째 견해는 12:1b에 나타난 "내가 네게 지시할 땅으로 가라"는 문구를 땅에 관한 약속으로 보아서, 이 구절을 언약의 본문에 포함을 시킨다. 그래서, 이 견해는 12:1-3 전체가 부르심이자 언약의 본문이라고 파악한다.

또 하나의 견해는 12:1을 부르심으로 보고 12:2-3을 언약의 내용으로 본다. 이 견해에 의하면, 아브라함의 언약에서 땅에 관한 약속이 가장 중요하기는 하지만, 이 땅의 약속은 아브라함이 가나안 땅에 들어온 후 7절에서야 비로소 나타나는 것으로 본다.

가. 창세기 12:1-3 전체를 언약 본문으로 보는 견해

먼저, 위의 창세기 12:1-3의 ①~⑧ 전체를 언약 본문으로 보는 이유는 1절 b에 나타난 땅에 관한 약속의 중요성 때문이다. 따라서 창세기 12:1b의 "너는 너의 본토 친척 아비 집을 떠나 내가 네게 지시할 땅으로 가라(2인칭 명령형)"는 명령을 부르심의 명령이자 언약의 내용(본문)으로 본다. 즉, 이 본문이 아브라함의 언약에서 가장 중요한 땅에 관한 약속이라는 것이다. 이것을 주장하는 학자들은 대략 다음의 유형으로 분류될 수 있다.

존 깁슨(John C. L. Gibson)은 "아브라함이 그의 나라와 친족들과 아버지의 집으로부터 분리되라는 명령을 받아서 유랑자가 되었을 때…하나님은 아브라함에게 그것에 대신하는 것을 약속으로 주었다"[100]고 한다. 그리고 그 대신하는 것으로서, 첫 번째는 그에게 보여줄 땅이었고, 두 번째는 큰 민족을 이룰 후손들이었으며, 세 번째는 그의 대적들로부터의 보호하고, 그것의 지경 안으로 모든 열방을 데려오는 특별한 축복이었다.[101] 그에 의하면, "아브라함의 포기한 것에 대신하는 축복"이 아브라함 언약의 내용이며, 그것은 1절b부터 3절에까지 이른다.

---

100) John C.L. Gibson, *Genesis 2*, The Daily Study Bible Series (Philadelphia: Westminster, 1982), 10-11.

101) Gibson, *Genesis 2*, 11.

케네스 메튜스(Kenneth A. Mathews)에 의하면, 아브라함이 포기한 것은 12:1의 부르심의 본문에 나타난 바와 같이 "① 본토, ② 친척, ③ 아비 집"이 었는데, 이에 대응하는 것이 "① 땅, ② 백성, ③ 사회경제적인 지위와 능력"이며, 이것이 언약의 내용이라고 한다. 그에 의하면 땅은 1절b에서 "너에게 지시할 땅"을 말할 때 주어지고, 나머지 두 가지는 2절에서 주어진다고 말한다.[102]

코터(Cotter)에 의하면, "하나님의 첫 번째 약속은 아브라함이 세계 속에서 뿌리를 내릴 수 있는 땅(12:1b)이다. 그리고 여기에는 12:2-3의 7가지의 축복이 포함되어 있다"[103]고 말한다. 즉, 아브라함에게 주어진 약속의 내용물은 1절b의 땅에 관한 약속이었으며, 2-3절은 여기에 수반한 것으로서 다양한 축복의 약속들이다. 그리고 이것의 내용은 "큰 자손들과 번영"이었다.[104] 즉, 1절b의 내가 너에게 보여줄 땅이 실질적인 축복의 내용이고, 2-3절은 여기에 따라오는 축복이다. 따라서 이 경우 아브라함에게 주어진 복은 땅과 큰 자손들과 번영이다.

제임스 몽고메리 보이스(James Montgomery Boice)에 의하면, 위의 1-3절의 내용 중에서 하나님의 의지를 나타내는 모든 것, 즉 'I will'로 표기될 수 있는 ①-⑦의 7가지는 모두 하나님의 언약적 축복이라고 한다. 이때 그는 특히 ①"I will show you a land(내가 너에게 보여줄 땅)"를 언약의 내용으로 보고 있다. 그리고 7절에 나타나는 "너의 자손에게 이 땅을 주리라"는 말씀은 이에 대한 재확인이다.[105]

나. 창세기 12:2-3을 언약본문으로 보는 견해

다른 견해로서 창세기 12:1을 '부르심'으로 보고, 창세기 12:2-3을 '언약 본문'으로 보는 견해가 존재한다. 즉, 1절b의 '떠나라'는 명령은 2-3절의 언약

---

102) Kenneth A. Mathews, *Genesis 11:27-50:26*, The New American Commentary, Vol. 1B. (Nashville: Broadman & Holman Publishers, 2005), 110-112.

103) Cotter, *Genesis*, 90.

104) Cotter, *Genesis*, 90.

105) Boice, *Genesis 12-36*, 444-445.

본문(내용)과 관련한 조건절이거나 어떤 목적을 위한 부르심의 명령이다. 이 견해는 성경 본문에 충실하고자 하는 자들의 견해이다. 이에 의하면 1절b의 'לֵךְ (떠나라, הָלַךְ의 명령형)'는 명령과 4절의 'וַיֵּלֶךְ (떠났다, הָלַךְ의 와우 연속 완료형)'라는 순종이 서로 인크루지오를 이룬다.106) 즉, 1절을 명령형으로 구성된 부르심으로 보고, 2-3절을 그 부르심의 내용 혹은 언약본문(내용)으로 보고, 4절을 이에 대한 응답(순종)으로 본다.

먼저, 창세기 12:2-3을 언약본문으로 파악하는 학자들도 먼저 1절b의 "내가 너에게 보여줄 땅으로 가라"는 명령에 땅에 관한 약속이 전제된 것은 분명하다고 말한다. 브로디(Brodie)는 1절에 אֶרֶץ가 두 번 반복하여 나타나는 것은 "땅에 관한 축복"이고, 이것의 전제 하에 2절의 "큰 민족, 복, 큰 이름" 등의 축복이 성립된다고 한다.107) 스페이서(Speiser)는 여호와께서 아브라함에게 '떠나라'고 하시고, 아브라함이 순종하여 떠났는데, 이것은 '약속된 땅을 향한 여행'108)이라고 한다. 그럼에도 불구하고, 이들 모두는 1절의 땅을 암묵적으로만 전제된 것으로 보고, 명시적인 본문으로는 보지 않는다. 그래서, 2-3절에 주어진 5-7가지의 축복을 언약의 내용으로 보며, 땅에 관한 약속은 7절에 나타나는 것으로 본다. 한편, 베스터만(Westermann)은 아브라함의 언약을 12:1-9로 보는 견해도 있다고 말하는데,109) 그것은 '땅의 약속'을 '언약의 본문'에 포함시키고자 하는 의도였다고 말한다.

이들은 대체로 이 12:1b의 "내가 네게 보여줄 땅으로 가라(떠나라)"는 명령에 순종했을 때, 12:2-3의 "축복의 약속들"을 받는 것으로 해석한다.110) 아더 핑크(Arthur W. Pink)는 1절을 부르심이라고 말하며, 4절을 이에 대한 응답이라고 말한다. 즈비 아다르(Zvi Adar)나 코터(Cotter)도 또한 1절의 명령을

---

106) Skinner, *Genesis*, 243 : Westermann, *Genesis 12-36*, 149.

107) Brodie, *Genesis as Dialogue*, 215.

108) Speiser, *Genesis*, 88.

109) Westermann, *Genesis 12-36*, 148.

110) James McKeown, *Genesis*, The Two Horizons OLd Testament Commentary (Grand Rapids: William B. Eerdmans Publishing, 2008), 75.

부르심으로 이해하며, 아브라함은 이때 떠나지 않을 수 있는 선택의 상황이 있었다고 말한다.[111] 이에 대해 웬함(Wenham),[112] 해밀턴(Hamilton),[113] 휴즈(Hughes),[114] 폰 라드(Von Rad)[115] 등도 같은 견해를 피력한다. 이 해석들의 공통점은 1절에 나타난 "너는 가라"의 명령은 아브라함이 기존의 모든 기득권을 포기하여야 하는 결단이 요구되는 부르심이었으며,[116] 2-3절은 언약의 내용 혹은 부르심의 이유이고, 4절은 아브라함이 이 부르심에 믿음으로 순종하여 "그는 갔다"로 표현된다. 즉 이 순종으로 언약에 참여한 것으로 본다.

다. 창세기 12:1b에 대한 이해

본 글은 성경본문을 문자 그대로 받아들여서 1절을 부르심으로 보고 2-3절을 언약의 본문으로 보고자 하는데 그 근거는 다음과 같다.

먼저, 위의 첫 번째 견해에서 문제가 될 수 있는 것은 1절b의 "내가 너에게 보여줄 땅"을 언약의 내용이라고 말하는데, 이때 '땅'은 목적어가 아니라, 방향을 의미하는 전치사 'אֶל'이 붙어서 사용되고 있다. 따라서 이것은 "내가 너에게 보여줄 땅으로 가라"고만 번역될 뿐이다. 이때 땅은 그 앞에 붙은 전치사 'אֶל'에 의하여 명령형에서의 방향만을 의미하고 있다. 따라서, 이 본문에 땅의 축복이 전제된 것은 자명하지만, 구체적으로 "땅을 주겠다"는 명시적인 용어는 나타나지 않고 있다. 이에 대한 명시적인 용어는 7절에 이르러 비로소 나타난다.

두 번째, 아브라함이 가나안 땅에 들어오자 여호와께서는 또 다시 신현을

---

111) Zvi Adar, *The Book of Genesis : An Introduction to the Biblical World*, Trans. by Philip Cohen (Jerusalem: Magnes Press, 1990), 48 : Cotter, *Genesis*, 90.

112) Wenham, *Genesis 16-50*, 274.

113) Hamilton, *The Book of Genesis 1-17*, 370.

114) Hughes, *Genesis*, 182-183.

115) Von Rad, *Genesis*, 160.

116) Wenham, *Genesis 16-50*, 274.

통해 말씀하시는데, 12:7의 "여호와께서 아브람에게 나타나 가라사대, 내가 이 땅을 네 자손에게 주리라"고 하신 말씀이다. 그런데 결정적인 것은 땅에 관한 약속은 창세기 15, 17, 18, 22장의 모든 다른 언약적 사건들 속에서도 항상 처음의 언약문단에는 나타나지 않고, 신현의 결론부에서만 나타난다는 것이다.

세 번째, 히브리서 기자에 의하면 여호와의 부르심과 아브라함의 '순종'에서 땅의 문제는 부수적인 문제였다고 말한다. 즉, 히브리서 기자는 "믿음으로 아브라함은 부르심을 받았을 때에 순종하여 장래 기업으로 받을 땅에 나갈새 갈 바를 알지 못하고 나갔다"(히 11:8)고 말한다. 이에 대해 휴즈(Hughes)는 그때 "하나님의 명령은 매우 애매모호하였으며, 고민스러운 명령이었다"고 하며,[117] 존 그릴(John Grill)도 "아브라함이 하란을 떠날 때에는 그가 가야할 땅에 대한 아무런 언급이 없었으며, 그는 그 땅의 종류에 대해서나, 혹은 질이나 양에 대해서 조차도 알지 못했고, 떠난 후에 비로소 그 땅이 가나안이라는 것이 계시되었다"[118]고 말한다. 아브라함은 매우 불명료한 앞날을 바라보면서도 단지 여호와만을 믿고 떠났지, 휘황찬란한 국가형성이라는 원대한 성공의 약속을 따라서 나아간 것은 아니었다.

즉, 부르심이 있었고 아브라함은 여기에 순종으로 응답한 것이지, 그 순종의 이유가 땅에 관한 약속 때문은 아니라는 것이다. 만일 1절b의 부르심 속에 땅의 축복이 직접적으로 담겨 있다고 하면, 아브라함은 땅의 축복 때문에 부르심에 응답한 것으로 해석해야 한다. 아브라함의 순종은 부르심이 그 이유이지, 그 순종의 이유가 이러한 축복 때문은 아니라는 것이다. 따라서 1절에서 땅에 관한 약속은 명시되면 적절하지 않고 암묵적이어야만 한다.

따라서 아브라함은 부르심을 의미하는 '가라'라는 명령을 받았지, 땅에 대한 축복의 약속을 따라 '가라'는 명령은 받지 않은 것으로 보인다. 아브라함은 불확실한 상황에 대해서 오직 여호와만을 믿고, 그의 부르심을 향하여 나아간 것으로 보인다. 이에 따라 이 글은 1절 b에 나타난 "너는 가라"를 명령형 동

---

117) Hughes, *Genesis*, 182.

118) John Grill, *Genesis through Numbers*, Exposition of the Old and New Testament, Vol. 1 (London: Mathews & Leigh, 1809), 93.

사로 보고, הָאָרֶץ־אֶל를 '땅으로'라고 해석하여 "너는 땅으로 가라"라고 번역하고 자 한다. 이에 따라 2-3절은 부르심의 내용 혹은 언약의 내용으로 보고자 한다. 땅에 관한 약속은 항상 언약적 사건의 결론부에 등장하였음을 상기하여 베스터만(Westermann)이 언급하고 있는 것처럼,119) 땅의 약속은 1-7절까지를 넓은 의미의 언약적 사건으로 이해하여 7절에 나타난다고 보고자 한다.

2. 명령을 통한 여호와의 부르심 (창 12:1)

가. 주와 종의 관계로 부르신 하나님

여호와 하나님께서 아브라함에게 자신을 처음 나타내셨는데, 모세오경에서 이 사건은 노아사건 이후에 여호와께서 처음으로 자신을 드러낸 사건이었다.120) 이러한 부르심은 이미 그의 부친 데라에서부터 시작되었다. 메튜 (Mathews)는 창세기 15:7을 근거로 하여 아브라함의 부르심을 두 번째 부르심으로 보기도 한다.121) 그 부르심의 내용은 다음과 같다.

여호와께서 아브람에게 이르시되 너는 너의 본토 친척 아비 집을 떠나 내 가 네게 지시할 땅으로 가라.(창 12:1) - 개역

וַיֹּאמֶר יְהוָה אֶל־אַבְרָם לֶךְ־לְךָ מֵאַרְצְךָ וּמִמּוֹלַדְתְּךָ וּמִבֵּית אָבִיךָ אֶל־הָאָרֶץ אֲשֶׁר אַרְאֶךָּ

이와 같은 여호와의 '부르심'의 본질과 관련하여 존 큐리드(John D. Currid) 는 "그의 부름은 명령이었다"122)고 말하며, 이에 따라 여호와의 언약제안은 주와 종으로서의 언약제안이었다고 말한다. 즉, 아브라함은 종으로서 부름을 받았기 때문에 '어떤 중요한 것들(땅, 친족, 아비의 집 등)'을 포기해야만 했다

---

119) Westermann, *Genesis 12-36*, 148.

120) Thomas W. Mann, *The Book of the Torah* (Atlanta: John Knox Press, 1988), 32.

121) Mathews, *Genesis 11:27-50:26*, 109. 아브라함이 하란 땅에 거할 때 창 12:1-3의 명령이 주어졌는데, 창 15:7은 여호와께서 아브라함을 갈대아 우르에서 불렀다고 말하고 있다. 이에 따라 매튜는 창 12:1-3의 부르심을 두 번째 부르심으로 보기도 한다.

122) Currid, *A Study Commentary on Genesis*, 251.

고 말한다.123) 그리고 이러한 주종관계의 표현은 이후에도 지속적으로 나타나는데, 월키(Waltke)는 창세기 15:2에서 아브라함이 "여호와 나의 주여"라고 말함을 통해 자신은 여호와의 종이라는 것을 말하고 있다고 한다.124) 더 나아가 창세기 18:3에서 '나의 주' '당신의 종'이라는 표현을 하고 있는데, 이것은 아브라함이 이 언약의 본질을 주종관계로 이해하고 있음에 나타내고 있다고 한다.125)

아다르(Adar)에 의하면, 여호와께서는 믿음의 사람을 선택하여 언약을 맺으시는데, 이것은 특별한 임무를 부여하기 위해서라고 한다. 이때 인간은 이 부름을 받아들일 수도 있고 거절할 수도 있는데, 이것을 수용할 경우 그는 '큰 신성한 압박'에 직면하게 된다. 이러한 과정 속에서 그는 선택을 받았으며, 이것이 그가 즐거워함으로 그의 탄생한 땅을 버린 이유였다.126) 존 필립스(John Phillips)와 아브라함 쿠루빌라(Abraham Kuruvilla)에 의하면, 아브라함의 하란에서의 삶은 비즈니스적인 면에서 또는 아름다운 아내를 얻은 것 등에서 볼 때 비교적 성공적인 삶이었다.127) 그러나 그는 이 부르심에 순종하기 위하여 큰 대가를 지불하였다.128)

따라서 '주종관계'가 여호와와 아브라함의 언약관계의 본질이며, 이러한 본질이 그의 모든 언약적 사건 속에 지속적으로 나타난다. 아브라함은 이제 자신의 모든 것을 바쳐야 하며, 자신의 모든 소유를 여호와의 것으로 귀속시켜야 한다.

나. '부르심'으로서의 '너를 위하여 가라'는 명령

---

123) Currid, *A Study Commentary on Genesis*, 251.

124) Waltke, *Genesis*, 241.

125) Waltke, *Genesis*, 267.

126) Adar, *The Book of Genesis*, 48.

127) John Phillips, *Exploring Genesis,* An Expository Commentary (Grand Rapids: 2001), 114.

128) Abraham Kuruvilla, *Genesis*, A Theological Commentary for Preachers (Eugene: Wipf and Stock, 2014), 158.

코터(Cotter)는 여호와의 명령을 의미하는 לֶךְ־לְךָ에 대한 번역을 '가라'고만 번역하지 말고, לְ가 있음을 감안하여 "너를 위하여 가라"고 번역해야 한다고 말한다. 이것은 이 구절과 인크루지오를 이루는 창세기 22:2의 '가라'가 "너를 위하여 가라"로 해석되어야 하기 때문이다.129) 그렇다면, 여기서의 "너를 위하여 가라"는 단순히 여호와의 일방적인 명령이 아니라, 하나의 '조건절'130)과 같은 성격을 지닌다. 즉, 아브라함의 부르심에는 언약적 축복이 암묵적으로 존재하였다는 것이다. 이에 대해 그릴(Grill)은 "너의 이익과 선을 위하여"131)라고 번역하고 있는데, 그 이후에 곧바로 축복의 언약이 나타나는 것을 보았을 때, 이것은 하나의 축복으로서의 언약 제안을 내포하고 있는 것으로 볼 수 있다.

한편, 만일 2-3절의 내용이 없이 그냥 단순히 '가라'는 명령에 의해서만 '떠나갔다'면 이것은 주종관계 만을 나타내는 무조건적인 순종에 속한다. 만약 이렇게 해석하는 것이 적절하다면, 이 경우의 לְ는 다른 전치사로 해석되어야 한다. 이 경우 멕케원(McKeown)은 'by'를 넣어서 "너 스스로 가라"고 해석하기도 한다.132) 그럼에도 불구하고, 굳이 전자의 해석에 무리가 없다면, 이 글에서는 전자의 해석을 취하여 "너를 위하여 가라"고 해석하고자 한다.

궁극적으로 휴즈(Hughes)는 לֶךְ־לְךָ 의 결정은 '고민스러운 결정'이었다고 하며, 칼빈(Calvin)은 '하나님의 모호한 명령'이다고 하고, 히브리서 기자는 "아브라함은 갈 바를 알지 못하고 갔다"(히 11:8)고 말하고 있다.133) 따라서 '너를 위하여 가라'는 명령은 부르심이 우선이며, 축복을 의미하는 언약의 내용은 이차적이었다고 해석하는 것이 적절해 보인다.

따라서 이곳 1절 b에서의 "לֶךְ־לְךָ"는 "너를 위하여 가라"라고 번역을 하되,

---

129) Cotter, Genesis, 89. "여호와께서 이르시되 네 아들 네 사랑하는 독자 이삭을 데리고 모리아 땅으로 가서…"에서의 '가서'는 히브리어로 לֶךְ־לְךָ로 나타난다. 코터는 이것을 창 12:1의 '가라'와 인크루지오 형식으로 본다.

130) De La Tore, *Genesis*, 145.

131) Grill, *Genesis through Numbers*, 93.

132) McKeown, *Genesis*, 75.

133) Hughes, *Genesis*, 182.

핑크(Pink)가 말하는 것처럼, 이 부르심의 본질은 주종관계의 형성을 위한 절대적인 부르심의 명령이었고, 이에 대한 응답으로서의 순종을 나타내는 4절의 "וַיֵּלֶךְ, 그가 떠났다"는 절대적인 믿음의 행위였다.[134] 이 믿음은 어떤 축복을 바라는 믿음은 아니었다. 즉 아브라함은 축복의 내용 보다는 여호와 자신을 좇았다.

다. 부르심을 위해서 포기되어야 할 것들

아브라함의 순종에 대해 아다르(Adar)는 "이 여호와의 선택을 수용하는 데에는 큰 신성한 압박이 있었고, 어떤 행동을 요구하였고,… 망명자가 되는 것을 의미하였으며, 친숙한 삶으로부터 뿌리가 뽑히는 다른 삶으로의 전향을 의미했다"[135]고 말한다. 코터(Cotter)에 의하면, 아브라함은 세 가지의 떠날 것을 명령 받았는데, 그것은 나라, 친족, 및 그의 아버지의 집이었다고 한다. 이것은 과거와의 단절이었으며, 그에게 친숙한 모든 것과 모든 사람들을 떠나서, 하나님 한 분만을 의존하는 것이었다.[136] 한편, 이에 대해 김진섭은 "하나님의 약속들의 성취는 아브라함의 순종을 조건부로 한다"[137]고 말한다. 즉, 믿음은 항상 헌신을 요청하고 있었고 아브라함은 헌신을 한 것이었다.

라. 부르심에 수반된 언약의 제안

창세기 12:1의 "너를 위하여 가라"는 명령은 창세기 12:2-3의 언약의 내용으로 이어진다. 그리고 이 부르심의 명령에는 아브라함의 선택권이 주어져 있기 때문에, 이것은 언약의 제안으로 불리울 수도 있다. 이에 따라 창세기 12:1의 부르심은 창세기 12:2-3의 '언약의 제안'으로 이어지게 된다. 즉, 이에 따라 1절의 '가라'는 명령의 이유는 2-3절의 언약의 내용을 위한 명령이 된다.[138] 이것이 곧 לֶךְ־לְךָ (너를 위하여 가라)의 해석으로 보인다. 아브라함이

---

134) Pink, *Gleanings in Genesis*, 140.

135) Adar, *The Book of Genesis*, 48.

136) Cotter, *Genesis*, 90.

137) 김진섭, 「모세오경」, (서울: 한국신학연구소, 2009), 145.

여호와의 종이 될 때의 축복인 셈이다.

따라서, 창세기 12:1의 부르심과 창세기 12:2-3의 언약 내용은 서로 구분되지 않고 함께 주어진 말씀이 된다. 즉, '가라'는 명령에 대한 순종으로서 '갔다'라는 반응이 4절에 나타나서, 1-4절은 부르심과 언약의 내용과 언약 수락의 내용을 포함하고 있어서 여호와와 아브라함 상호간의 언약적 합의가 일어난 것을 의미한다.

한편, 이 언약의 본질은 모두 1절의 주종관계의 부르심에 의해 지배를 받고 있으므로 주종관계로서의 언약적 합의였다. 즉, 창세기 12:2-3의 아브라함 언약의 내용은 주종관계의 표현일 뿐이다. 창세기 12:2-3의 내용이 양자를 향한 명령형으로 되어 있어서 마치 쌍방이 언약을 체결하는 것처럼 보일지 모르나, 이것은 주종관계를 언약의 형식으로 표현한 것일 뿐이다. 이것이 아브라함 언약의 본질이다.

3. 부르심(창 12:1b)과 언약의 내용(창 12:2-3)의 관계이해

어떤 측면에서는 부르심(창 12:1b)이 언약의 내용(창 12:2-3)에 우선한다. 따라서 이 부르심의 취지를 가지고 언약의 내용을 해석하여야 한다. 이러한 이해를 가지고 양자 간의 관계를 다음과 같이 규명해 보고자 한다.

가. 소명기사로서의 창세기 12:1b

어떤 의미에서는 창세기 12:1은 12:2-3보다 더 큰 의미를 지닌다. 창세기 12:2-3은 언약의 내용을 이루지만, 창세기 12:1의 소명이 우선적으로 있고, 이 종의 역할을 의미하기 때문이다. 즉 창세기 12:1은 신현사건을 통한 아브라함의 소명기사이다. 즉 여호와께서는 1절에서 아브라함에게 '떠나라(가라)'고 단순하게 명령함을 통해서 그를 불렀고, 아브라함은 4절에서 '떠남'을 통해서 순종을 하였다. 큐리드(Currid)는 창세기 12:1을 부르심이라고 말하며, 이 부르심이 명령형을 띤다는 것은 여호와께서 아브라함을 종으로 부르신 것을 의미한다고 말한다.[139] 이것이 창세기 12:2-3의 아브라함 언약의 내용보다

---

138) Jeffrey J. Niehaus, "God's Covenant with Abraham," *JETS* 56/2 (2013), 252 of 249-271.

순서상 앞선다. 창세기 12:1b의 '떠나라'는 명령은 이와 같은 '부르심'이고, 그 '부르심'에는 목적이 있을 것이기 때문에 여기에 '언약의 내용'이 따라 나온 것으로 보아야 한다.

따라서, 이 글은 창세기 12:1b의 부르심의 명령이 창세기 12:2-3의 내용과 연결되어서 1절 b의 명령형이 조건절로 해석되는 것에 대한 주의가 필요하다고 판단한다. 즉, 1절 b의 여호와의 명령에 대해 아브라함은 순종하였는데, 이 것은 조건적 순종이 아니라 순전한 순종이었으며, 이 순전한 순종이 2-3절의 언약적 축복에 앞서서 있었다고 본다.

즉, 창세기 12:1의 말미에 마침표를 의미하는 ' : (씰룩)'이 있어서 창세기 12:1과 창세기 12:2을 연결하여 해석할 것이 아니라, 양자는 분리하는 것이 적절할 수 있다. 따라서 전자는 종으로서의 소명기사이며, 후자는 소명의 내용 이라고 판단하는 것이 적절해 보인다.

나. 주종관계로서의 부르심

큐리드(Currid)에 의하면, 창세기 12:1이 부르심이며, 이 부르심이 명령형을 띤다는 것은 여호와께서 아브라함을 종으로 부르신 것이라고 말한다.[140] 이것 은 창세기 18:3 등에서 아브라함이 여호와께 אֲדֹנָי(나의 주여)라고 부르고 자신 을 종이라고 부른 호칭에서도 드러난다.[141] 이와 같이 창세기 12:1의 부르심 이 창세기 12:2-3의 언약 본문에 우선하고 있다면, 이것은 창세기 12:2-3의 해석에 큰 영향을 미친다.

여호와와 아브라함의 언약 관계는 먼저 주종관계의 틀 안에서, 이 관계가 반영된 2-3절의 언약이라야 한다. 아브라함은 여호와의 종으로서 먼저 부르 심을 받았고, 아브라함의 축복은 그 안에 부속된다. 아브라함은 여호와의 종으 로서의 역할에 먼저 참여하였고, 여기에 따라오는 언약적 축복으로 보아야 한 다. 그렇다면 이제 창세기 12:2-3의 언약 본문은 주인과 종의 서로를 향한 역할일 수 있다.

---

139) Currid, *A Study Commentary on Genesis*, 251.

140) Currid, *A Study Commentary on Genesis*, 251.

141) Currid, *A Study Commentary on Genesis*, 251.

　따라서, 창세기 17장에서 여호와께서는 아홉 번씩이나 '나의 언약'이라는 표현을 사용하는데, 창세기 12:2-3의 언약도 이와 마찬가지로 여호와의 '나의 언약'으로 불려야 한다. 그렇기 때문에 아브라함의 언약은 상호간의 역할 관계가 있지만 일방언약이지 쌍방언약은 아니다. 아브라함의 언약에서 아브라함의 관심사는 여호와의 부르심에 따른 종이 되는 것이다. 아브라함은 여호와의 종이 되는 것이지, 그와 실질적인 의미에서 여호와와 언약의 한 동역자가 되는 것은 아니다. 여호와께서 동역자로 여겨주실 뿐이다.

다. 부르심(창 12:1)과 언약 내용(창 12:2-3)의 관계

　우리는 창세기 12:1의 부르심 안에 언약의 내용(아브라함의 언약)이 내포된 것으로 볼 수 있는데, 그 이유는 그 부르심의 내용인 창세기 12:2-3이 언약에 관한 것이기 때문이다. 따라서, 이 부르심은 언약제안으로 간주될 수도 있다. 이에 따라, 월튼(Walton)은 "여호와는 아브라함에게 언약을 제안하였으며, 아브라함에게 선택할 것을 요청하였다"고 말하며, "그것은 비용이 발생하는 것이다"고 한다.[142] 즉, 아브라함은 그 언약제안을 거절할 수도 있었던 것이다.

　창세기 12:1-4의 본문에서 창세기 12:1의 종으로서의 '부르심'에 대해 아브라함에게 어떤 의무가 존재한다면 그것은 '떠나는 것'만이 요청된다. 이에 대해 아브라함은 '떠남'을 통해서 아브라함은 여호와의 종이 된다. '언약 내용'(창 12:2-3)은 그 '부르심'(창 12:1)의 내용 혹은 '종의 역할'일 뿐이다. 따라서 이와 같은 여호와와 아브라함 간의 결정적인 관계는 아브라함이 하란을 떠나 가나안에 들어옴을 통해서 사실상 완성이 되었다고 보아야 한다.

　아브라함은 그때부터 여호와의 종이 된 것이고, 아브라함이 여호와께 행해야 할 언약의 내용들(언약적 조항들)은 이제 이 부르심에 대한 순종을 확인하는 것의 의미를 지닌다. 따라서 창세기 12:1-4에서의 '부르심'과 '언약내용'의 관계는 신약에서 '영접'과 '계명'의 관계와 평행을 이룰 수 있다. 영접은 예수 그리스도를 주로 영접하여 그 정체성이 그리스도의 종으로 온전한 변화를 이루는 것이며, 계명을 지키는 것은 이 정체성에 대한 표현이다. 이와 같이 아브

---

142) Walton, *Genesis*, 392.

라함이 떠난 것은 그가 여호와의 종이 된 것을 의미하며, 그가 "너는 בְּרָכָה가 되라"는 언약적 명령에 평생 힘쓴 것은 그의 '종으로서의 계명'을 지킨 것이다. 언약의 이행은 주종관계의 언약에서 주인의 성품이 종을 통해서 나타난 것일 뿐이다. 이것이 바로 부르심과 언약의 관계로 보인다.

3절 언약의 내용 (창 12:2-3)

1. 언약 본문에 대한 다양한 견해들

가. 아브라함 언약의 언약 본문

창세기 12:2-3은 아브라함 언약의 본문에 속하는 데, 월튼(Walton)은 이 본문을 '언약의 제안'이라고 하고,143) 쥬크(Jukes)는 이것을 '약속'이라고 하고,144) 크리스토퍼 라이트(Christopher J. H. Wright)는 이것을 '복음'(갈 3:8)이라고 한다.145) 이 본문은 다음과 같이 세 명제로 구성이 되어있는데, 이 각각을 하나의 축복으로 보기도 하지만, 원문을 그대로 직역할 경우 이것들은 여호와와 아브라함과 열방 각각에 관련된 언약 조항이다. 그 내용은 다음과 같다. (각 소절의 구분 번호는 앞에서 표기된 것을 그대로 따른다)

②내가 너로 큰 민족을 이루고(1인칭 청유형) ③네게 복을 주어(1인칭 청유형) ④네 이름을 창대케 하리니(1인칭 청유형), ⑤너는 복이 될지라.(2인칭 명령형) (창 12:2)
⑥너를 축복하는 자에게는 내가 복을 내리고(1인칭 청유형) ⑦너를 저주하는 자에게는 내가 저주하리니(1인칭 청유형), ⑧땅의 모든 족속이 너를 인하여 복을 얻을 것이니라(3인칭 미완료형) 하신지라. (창 12:3) - 개역개정

2 וְאֶעֶשְׂךָ לְגוֹי גָּדוֹל וַאֲבָרֶכְךָ וַאֲגַדְּלָה שְׁמֶךָ וֶהְיֵה בְּרָכָה :

---

143) Walton, 「창세기」, 573 ; Walton은 창세기 12:1-3을 하나님의 아브라함을 향한 '언약의 제안'이라고 부른다.

144) Jukes, *Types of Genesis*, 165.

145) Christopher J. H. Wright, 「하나님 백성의 선교」, 한화룡 역 (서울: 한국기독학생회 출판부, 2012), 84.

3 וַאֲבָרֲכָה מְבָרְכֶיךָ וּמְקַלֶּלְךָ אָאֹר וְנִבְרְכוּ בְךָ כֹּל מִשְׁפְּחֹת הָאֲדָמָה :

먼저, 위의 본문의 구성에서 가장 먼저 고려하여야 할 것은 분리 액센트 기호로서의 ' : (씰룩)'에 대한 표기이다. 이 부호는 마침표의 역할을 한다. 따라서 위의 '언약 본문'은 2절과 3절이 구분된다.

두 번째는 2절의 경우에 있어서는 וְהְיֵה בְּרָכָה 아래에 액센트 기호 '아트나'가 있어서 2절은 둘로 구분이 된다. 이에 따라 첫 번째 소절은 "나(여호와)는 너를 큰 민족으로 만들고, 네게 복을 주고, 네 이름을 창대케 할 것이고"이며, 두 번째 소절은 "너(아브라함)는 'בְּרָכָה'가 되어라"이다. 그리고 여기에 3절이 이어져서, 세 번째 소절은 "땅의 모든 족속(열방)이 너로 인해 복을 받을 것이다"가 된다. 이와 같이 위의 언약본문은 세 명제로 혹은 세 가지의 언약조항으로 나누어질 수 있다.

세 번째는, 위의 세 문단은 각각 세 주체에 해당되는 명제임을 알 수 있는데, 각각의 명제에 사용된 동사에 내포된 인칭이 이것을 말해준다. 여호와께서 아브라함에게 복을 주는 앞의 문단(2절a)에 나타나는 세 가지 복은 모두 1인칭 청유형으로 이루어져있다.146) 이 글은 이것을 '땅의 복'이라고 표기할 것이다. 1인칭 청유형이 의미하는 바는 여호와께서 그 자신에게 언약적 명령을 하고 있는 것으로 추정된다. 그 다음에 아브라함에게 "너는 'בְּרָכָה'가 되라"고 하는 2절b는 2인칭 명령형인데, 이것은 아브라함에게 언약적 명령을 하는 내용이다. 마지막으로, 3절에서 "열방이 복을 받는 것"은 여호와의 1인칭 청유형과 열방의 3인칭 재귀형으로 구성되어 있다.147) 특히 여기에 나타난 3인칭 재귀형은 열방에 해당하는 조항일 수 있다.

한편, 창세기 12:2-3에 나타난 동사들은 미완료형으로 의역될 수도 있다. 왜냐면 1인칭 청유형이나 2인칭 명령형 모두가 화자의 의지를 나타내기 때문이다. 따라서, 이 본문들에 대한 여러 가지 해석의 예들을 먼저 살펴보면 다음과 같다.

---

146) Wenham, *Genesis 1-15*, 266 : 월터 카이저, 「구약성경신학」, 120.

147) Westermann, 「창세기 주석」, 160.

나. 두 개의 명령에 대한 세 가지씩의 약속으로 보는 경우

로스(Ross)나 알더스(Allders)는 1절의 본문을 '여호와의 명령(①)'으로 보고, 이 명령에 대한 순종의 결과 2절a에 주어지는 '세 가지의 여호와의 축복'(②큰 민족, ③복, ④큰 이름)으로 해석 한다.148) 이 축복에 대해 폰 라드(Von Rad)는 "여호와가 하는 축복은 주로 물질적인 삶의 증진이다"149)고 말한다.

그리고 또 다시 2절b의 "너는 בְּרָכָה(⑤복)가 되라"는 명령이 주어지고, 이에 대한 축복이 3절에 이어지는 '열국이 복을 받는 통로'로서의 세 가지 축복(⑥⑦⑧)이 주어지는 것으로 해석한다.150) 이것을 평행법으로 구조화시켜서 구성하면 다음과 같다.

A. 본토 친척 아버지의 집을 떠나라는 명령 (1절)
   A'. 명령에 대한 순종으로 주어지는 세 가지 축복으로서 큰 민족이 됨 (2절 a)
B. בְּרָכָה가 되라는 명령 (2절 b)
   B'. 명령에 대한 순종으로 주어지는 세 가지 축복으로 '복의 통로'가 됨 (3절)

쿠루빌라(Kuruvilla)의 경우, 위의 형식 하에서 2절b의 "너는 בְּרָכָה가 되라"의 명령을 미래형(미완료형)으로 보기도 한다.151) 그 내용은 다음과 같다.

A. 가라 (1절)
   A' 내가 너를 큰 민족으로 만들 것이다.(2절 a)
   A'' 내가 너를 축복하겠다.(2절 b)

---

148) Ross, *Creation and Blessing*, 260 : G. Ch. Allders, 「화란주석 창세기1」, 기독지혜사 편집부 역 (서울: 기독지혜사, 1986), 314.

149) Von Rad, *Genesis*, 159.

150) Ross, *Creation and Blessing*, 260 : Allders, 「화란주석 창세기1」, 314.

151) Kuruvilla, *Genesis*, 159.

A'" 내가 너의 이름을 크게 하겠다.(2절 c)

B. 너는 복(בְּרָכָה)이 될 것이다 (2절 d)

B' 내가 너를 축복하는 자를 축복하겠다(3절 a)

B" 내가 너를 저주하는 자를 저주하겠다(3절 b)

B'" 땅의 모든 민족이 네 안에서 복을 받을 것이다.(3절 c)

그런데, 위의 해석은 분리 액센트 기호인 '아트나'를 전혀 고려하지 않은 해석이다. 마침표를 의미하는 기호인 ' : (씰룩)'이 위의 1-4절까지 모든 각각의 절 말미에 나타나기 때문이다. 따라서 위의 B 문장에서 2절 b는 2절 a와 연결되어 해석이 되어야 하는데, 3절과 짝을 이루는 것은 적절하지 않다. 2절b와 3절은 구분되어야 한다. 오히려 분리 액센트 기호에 의하면, 2절 a와 2절 b가 한 문장이며, 2절의 a와 b는 소절 분리 액센트 기호인 '아트나'를 통해서 한 문장임이 입증되고 있다. 이에 따라 위의 해석은 적절하지 않을 수 있다.

다. 한 명령에 대한 4가지 혹은 7가지의 약속으로 보는 경우

어떤 학자들은 '가라(떠나라)'는 한 명령(1절의 ①)에 대한 4～6가지의 약속으로 본다.152) 웬함(Wenham)은 1절의 한 명령에 2-3절의 모든 약속을 종속시킨다. 그는 "2절부터 3절까지에 있는 모든 7개의 본동사들, 즉, ②'하게 하다', ③'축복하다', ④'창대케 하다', ⑤'되라', ⑥'축복하다', ⑦'저주하다', ⑧'복을 얻다'를 1절에 있는 ①'가라'의 명령에 종속되는 축복이다"153)고 말한다. 따라서 이 안에는 물론 미완료형, 청유형, 명령형들이 섞여서 있는데, 이것은 모두 화자(하나님)의 의도와 축복을 나타내는 동사들로서 '미완료형'이라고 본다.154) 한편, 휴즈(Hughes)는 여기에 'bless'를 어근으로 하는 동사가 다섯 번 나오는데, 이 5가지가 축복의 내용이라고 한다.155) 이때 로스(Ross)는 이

---

152) Mathew Henry, 「창세기, 메튜헨리 주석」, 원광연 역 (고양 : 크리스챤 다이제스트, 2008), 239.

153) Wenham, *Genesis 1-15*, 275.

154) Wenham, *Genesis 1-15*, 275.

155) Hughes, *Genesis*, 183.

축복의 약속을 4가지 종류의 약속으로 보고 있는데, 그것은 "땅, 많은 자손, 축복과 보호와 성공, 땅의 모든 족속의 축복이다"156)고 한다.

이러한 것을 집약하여 정석규는 "①첫 번째는 아브라함이 창대케 되는 복이며(창 12:2a)157), ②두 번째는 아브라함이 בְּרָכָה(복)가 되는 것이며, ③세 번째는 아브라함이 복의 통로가 되는 것이다"158)고 한다. 베스터만(Westermann)은 ①과 ③에 대해 "아브라함이 먼저 복을 받고, 그리고 다른 사람에게 복이된다"159)고 말한다. 쿠루빌라(Kuruvilla)는 "너는 복이 되라"는 "받은 복을 능동적으로 흘려보내는(transmit) 것이다"160)고 말한다. 이러한 구분을 종합하여 김의원은 다음과 같이 체계화한다.161)

A. 본토 친척 아버지의 집을 떠나라는 명령 (1절)
　　B. 명령에 대한 순종으로 주어지는 4-6 가지 축복(2,3절)
A. 아브람이 여호와의 말씀대로 떠남을 통한 순종 (4절)

한편, 위의 많은 학자들은 2-3절의 동사를 모두 미완료형으로 해석하고 있는데 반해 웬함(Wenham)은 2절a에 나타나는 "②큰 민족을 이루게 하다, ③축복하다, ④창대케 하다"는 모두 1인칭 청유형이다고 말하고, 2절b에 나타나는 ⑤"너는 בְּרָכָה가 되라"는 2인칭 명령형이라고 말한다.162) 그렇지만 그도 또한 그 자신의 해석은 미완료형으로 한다. 왜냐면 양자가 모두 1인칭 화자의 의지를 나타내고 있기 때문이다.

---

156) Ross, *Creation and Blessing*, 260 : Allders, 「화란주석 창세기1」, 314.

157) Westermann, 「창세기 주석」, 160 : Westermann은 "언약의 내용중 '큰 이름'은 왕들에게 붙이는 호칭이다"고 말한다.

158) 정석규, 「구조로 읽는 창세기」 (서울: 프리칭 아카데미, 2006), 165.

159) Westermann, *Genesis*, 150.

160) Kuruvilla, *Genesis*, 160.

161) 김의원, 「하늘과 땅, 그리고 족장들의 톨레돗」 (서울: 총신대학교출판부, 2004), 256.

162) Wenham, *Genesis 1-15*, 275.

  그러나 2절부터 3절까지의 모든 언약문구로서 쓰인 명령형 동사를 '약속'을 의미하는 미완료형으로 변경시킨 것은, 궁극적으로는 동일한 효과를 가져 올 수 있으나,163) 여호와의 그 다양한 의도를 반영할 수 있는 해석에는 미흡할 수 있다. 이에 따라 이 글에서는 2절 상반부의 1인칭 청유형과 2절 하반부의 2인칭 명령형을 있는 그대로 명령형으로 해석하는 것을 적극 검토해 보고자 한다. 왜냐면 이렇게 명령형으로 보아야 2-3절이 양자 간의 언약조항으로 나타날 수 있기 때문이다. 그리고 이 구절들이 이와 같은 언약 조항으로 간주될 경우, 창세기 12장의 언약본문은 창세기 15, 17, 19, 22장에 나타나는 모든 언약 본문들과 평행을 이루게 된다.

라. 창세기 12:2-3을 양자 간의 언약조항으로 보는 경우

  창세기 12:2-3에 나타난 여호와 언약내용은 주와 종으로서의 언약제안이었다.164) 따라서 그 언약의 내용(12:2-3)은 언약조항의 형태를 띠는 것이 적절할 수 있다.

  터너(Turner)는 이 언약의 내용에는 세 가지 주요 요소가 존재한다고 말한다.165) 이것을 여기에서는 창세기 12:2-3의 '아브라함의 언약'에는 세 이해관계자가 등장하여 각각의 역할이 주어진다고 표현하고자 한다. 즉, 세 이해관계자에 대해서 명령형 또는 재귀형을 통하여 각각의 역할이 주어지는 것으로 볼 수 있기 때문이다.

  만일 창세기 12:2-3을 언약문구라고 본다면, 여기에는 각각의 언약 당사자들의 역할이 동사의 형태로서 명기될 것이다. 이 언약의 내용은 기본적으로 언약주체로서의 여호와와 그의 종으로서의 아브라함이다. 그리고 이 양자의 언약적 행위를 통해 나타나는 언약의 목적으로서 '열방의 복'이 나타난다. 이 언약의 형태는 주되신 여호와가 그의 종인 아브라함을 통해서 '열방'을 축복하

---

163) 주웅-무라오까, 「성서 히브리어 문법」. 김정우 역 (서울: 기혼. 2012), 150. 히브리어에서 '명령형'은 '2인칭 의지법'이다. 따라서 명령형의 어간은 미완료형과 같으며, 의미상으로는 서로 유사하다.

164) Currid, *A Study Commentary on Genesis*, 251.

165) Turner, *Genesis*, 64.

는 구조이다. 이러한 해석은 2-3절에서 사용된 주어와 동사의 용례를 원문 그대로 해석하였을 때 나타나는 해석이다.

먼저, 2절 전반부에서 여호와께서 아브람에게 하시는 축복 세 가지(②③④)는 원문 그대로 해석하였을 경우 모두 청유형(1인칭 명령형)이다. 그리고 2절 하반부에 나타나는 "너는 בְּרָכָה가 되라"(⑤)는 2인칭 명령형이다. 따라서, 이것은 여호와와 아브라함 간의 언약조항으로 볼 수 있다. 그런데 그 본질은 모두 여호와의 아브라함을 향한 축복의 문장이다. 아브라함에게 주어진 "너는 בְּרָכָה가 되라"(⑤)는 명령은 명령의 형태를 띠지만, 진정한 의미에서는 도덕적 축복 명령이기 때문이다. 이 "너는 בְּרָכָה가 되라"(⑤)는 명령은 조건적 행위 명령이 아니라, 주의 계명과 같은 축복명령이다. 그러므로 2-3절 전체는 아브라함의 축복으로 간주될 수 있다. 따라서 결과는 1인칭 미완료형으로 보았을 때와 다르지 않다.

더 나아가서 3절에 나타나는 '열방에게 베풀어지는 복'도 1인칭 청유형(⑥⑦)과 3인칭 재귀형(⑧) 문장의 결합이다. 즉 열방은 그들이 아브라함을 축복함을 통해서 여호와의 축복에 들어오는 재귀형 문장이다. 따라서 3절은 2절의 여호와와 아브라함의 언약이행의 결과로 주어지는 효과이다. 여호와와 아브라함의 언약이행은 열방의 구원으로 귀착된다. 이것을 도식으로 표시하면 다음과 같다.

한편, 여호와의 의지를 나타낼 때, 1인칭 미완료형과 1인칭 청유형과의 차이에 대해서도 생각해 볼 수 있는데, 미완료형은 미래에 주어지는 약속이지만, 청유형은 지금부터 시작되어서 미래에 까지 이른다. 따라서 여호와의 아브라함을 향한 축복이 미완료형이 되면, 이 언약 문구는 조건적인 문구가 되어 버린다. 즉, 여호와께서 아브라함을 축복하여야 아브라함이 "너는 בְּרָכָה가 되라"

는 명령에 순종하는 것으로 순서가 지어진다. 그런데 여호와께서 청유형으로 자신에게 권고하고, 아브라함에게 "너는 בְּרָכָה가 되라"고 명령을 한다면, 이것은 지금부터 곧바로 서로가 명령을 이행하여야 하는 계약문구가 된다. 언약 문서로서의 효과는 이렇게 명령형을 띨 때 더욱 분명해 진다. 따라서 이 글은 이와 같은 1인칭 청유형과 2인칭 명령형의 해석을 따르고자 한다. 그리고 이러한 관점에서 세 언약주체의 역할을 살펴보고자 한다.

2. 여호와의 아브라함을 향한 축복 (창 12:2a)

가. 여호와께서 아브라함에게 행하실 일

창세기 12:2-3은 위와 같이 각각의 세 주체와 관련한 언약적 본문이라면, 창세기 12:2a의 "큰 민족 등의 축복"과 창세기 12:3의 "아브라함을 통해서 열방이 받는 복"은 구분이 된다. 전자는 아브라함 개인을 향한 축복이며, 후자는 아브라함으로 인해 열방이 받게 될 공적인 축복이다. 그리고 이 공적인 축복은 아브라함에게는 하늘의 상급이 될 것으로서, 아브라함에게는 이것이 바로 진정한 축복이다.

이에 대해 보이스(Boice)는 전자를 아브라함의 '육적인 복' 후자를 아브라함의 '영적인 복'으로 각각 정의하며,[166] 휴즈(Hughes)는 전자를 '개인적인 복'이라고 하며, 후자를 '세계적 복'라고 한다.[167] 로버트 하바크(Robert C. Harbach)는 전자를 '개인적인 복'이라 하고, 후자를 '공적인 복'이라 한다.[168] 분명히 창세기 12:2a의 복과 창세기 12:3의 복은 다르며, 이것은 아브라함의 언약을 이해하는데 있어서 차별을 두어야 한다. 전자는 세상의 복이며, 후자는 하늘의 복이다. 예컨대, 창세기 15:1에 나타난 언약적 문구에서, 여호와께서 "내가 너의 방패와 상급이다"고 하였을 때, '방패'는 전자에 해당하며 '상급'은 후자에 해당한다. 이러한 관점에서 창세기 12:2a의 축복이 고찰되어야 한다.

---

166) Boice, *Genesis 12-36*, 436.

167) Hughes, *Genesis*, 183-184.

168) Robert C. Harbach, *Studies in the Book of Genesis* (Grandville: Reformed Free Publishing Association, 2001), 235.

나. 여호와의 아브라함을 향한 축복 (1인칭 청유형)

언약주체인 여호와께서 그의 종인 아브라함에게 행하는 땅(세상)에 속한 축복은 "②내가 너를 큰 민족으로 만들고, ③너에게 복을 주며, ④너의 이름을 창대케 하리라…, וַאֲבָרֶכְךָ וַאֲגַדְּלָה … וְאֶעֶשְׂךָ"이다. 이때 이 본문에 나오는 ו 를 바브 연속법(도치형)으로 보느냐, 아니면 바브 병렬형으로 보느냐에 대한 분별이 우선되어야 한다. 이에 따라 וְאֶעֶשְׂךָ 등에 대한 동사의 형태가 달라지기 때문이다. 이것을 바브 도치형으로 볼 경우 이것은 미완료로 해석되어야 한다. 그러나 바브 병렬형일 경우 이것은 여호와께서 여호와 자신에게 명령하고 권고하는 1인칭 청유형(명령형)이다. 웬함(Wenham), 로스(Ross), 카이저(Kaiser) 등은 이 동사들을 1인칭 청유형(명령형)으로 본다.169) 이렇게 청유형으로 보는 이유는 세 번째 단어 וַאֲגַדְּלָה 에 나타난 '청유형 접미어 ה'때문이다. 그렇다면 이것은 바브 병렬형인 것이다.

따라서, 이에 대한 직역은 "내가 너로 큰 민족을 이루고,170) 네게 복을 주어, 네 이름을 창대하게 할 것을 나 스스로에게 권고하고 명령 한다"가 된다.171) 자기 자신에게 그 역할을 부과하고 있다.172) 이것은 여호와께서 자신에게 명령형을 사용하여 자신의 역할을 부여하고 있는 언약조항으로 볼 수 있다.

한편, 월키(Waltke)와 같은 많은 학자들은 여호와께서 아브라함에게 '큰 민족의 축복'을 약속하시는 것을 단순히 의지미래 혹은 미완료형으로 해석하여서 "I will make∼"로 해석하기도 한다. 왜냐면 문법상 청유형과 미완료형은 비슷한 성격을 가지고 있기 때문이다. 그러나 그와 같이 해석하면서도 월키

---

169) Wenham, *Genesis 1-15*, 266 : Ross, *Creation and Blessing*, 263 : Kaiser, 「구약성경신학」, 120.

170) '큰 국민(people, *am*)'이 아니라, '큰 민족(nation, *goy*)인 이유를 John D. Currid는 '국민과 땅'을 주기 위해서 라고 말한다. (cf: Currid, *A Study Commentary on Genesis*, 252)

171) Waltke, *Genesis*, 205.

172) Waltke, *Genesis*, 205.

(Waltke)는 결과적으로는 위의 청유형과 똑같이 해석하여서 "하나님은 아브라함과 관련하여서 그 자신에게 과제를 할당하여 그 스스로에게 의무를 부여하였다"173)고 말한다.

다. בָּרַךְ의 피엘형으로서의 אֲבָרְכָה

베스터만(Westermann)에 의하면, '축복하다, בָּרַךְ'라는 용어는 창세기와 신명기에서의 중심이 되는 단어이며, 폰 라드(Von Rad)는 이 용어에는 '구원'의 개념이 포함되어 있다고 말한다.174) 이 단어의 어근은 구약성경에서 415회 등장하며, 주로 피엘형 동사로 214회 등장한다.175) 이 어근은 창세기(88회)와 신명기(51회)에 유독 자주 등장한다.176) 이 용어에 대해서 TDOT에서는 '축복하다'라고 쓰인 모든 동사는 피엘형이라고 말하며, בָּרַךְ가 칼 동사로 쓰인 경우에는 '무릎 꿇다'라고 번역되어 사용된다고 말한다.177) 이곳 창세기 12:2a에 나타난 אֲבָרְכָה은 בָּרַךְ의 1인칭 피엘·청유형으로서 "내가 너를 축복하리라"로 번역될 수 있다.

한편, 이것이 시사하는 바는 이 구절 다음에 나오는 창세기 12:2b의 "너는 בְּרָכָה가 되라"의 명령이 "너는 복이 될 것이다"로 번역될 경우, 그것은 자칫 동어반복에 빠져서 언약조항의 지위를 상실할 수 있음을 나타낸다.

3. "너는 בְּרָכָה가 되라"는 명령 (창 12:2b)

---

173) Waltke, *Genesis*, 205.

174) Claus Westermann, *Blessing in the Bible and the Life of the Church*, Tr. by Keith Crim (Philadelphia: Fortress Press, 1978), 16.

175) R. Laird Harris, "BRK," *Theological Wordbook of the Old Testament* (Chicago: Moody Bible Institute, 1980), 132.

176) Ernst Jenni · Claus Westermann, "BRK," *Theological Lexicon of the Old Testament*, Vol. 1, Tr. by Mark E. Biddle (Peabody: Hendrickson Publishers, 1997), 267.

177) G. Johannes Botterweck · Helmer Ringgren, "BRK," *Theological Dictionary of the Old Testament*, Vol. 2, Tr. by John T. Willis (Grand Rapids: William B. EErdmans Publishing, 1977), 279.

가. 아브라함을 향한 여호와의 명령으로서의 'וֶהְיֵה, ~이 되라'

베스터만(Westermann)은 וֶהְיֵה는 '되라'는 의미의 2인칭 명령형임은 분명하다고 말한다.[178] 물론 이 2인칭 명령형을 화자의 '강한 의도'로 표현할 수도 있어서,[179] 이것을 어떤 학자들은 "너는 복이 될 것이다"라고 번역하여 미완료형 혹은 미래형으로 번역하기도 한다.[180] 이 경우에는 여호와의 강한 의지가 돋보여서 아브라함의 의지여하에 불구하고, 그를 복으로 만들겠다는 여호와의 의지의 표현이다. 그런데, 만일 창세기 12:2a의 모든 동사들이 1인칭 청유형 대신에 1인칭 미완료형으로 번역된다면 이러한 번역이 적절할 것이다. 그런데, 창세기 12:2a의 모든 동사들이 1인칭 청유형이라면, 굳이 창세기 12:2b의 동사를 1인칭 미완료형으로 의역할 필요는 없어 보인다. 이 구절을 명령형으로 해석하는 학자들의 견해는 다음과 같다.

먼저, 많은 학자들이 'וֶהְיֵה, ~이 되라'와 'בְּרָכָה'의 결합을 해석할 때, "아브라함이 받을 축복"이 아닌 "아브라함이 열방을 위한 복의 근원이 되는 것"으로 해석을 한다. 월키(Waltke)는 2절b를 해석할 때 "하나님은 아브라함을 그의 복을 나르는 자로 축복한다"[181]로 해석하는데, 이것은 'בְּרָכָה'를 '복을 나르는 자'라고 해석한 경우이다. 터너(Turner)는 많은 학자들이 이것을 '그러므로 너는 복이 될 것이다'라고 해석하고 있지만, 이것은 분명히 명령형으로서 '복이 되어라 (be a blessing)'로 해석되어야 한다고 말한다.[182] 즉 아브라함은 단순히 "그가 복이 될 것이다"라고 통지만 받지 않았으며, 그는 명령을 받았다는 것이다.[183] 창세기 12:3의 '열방이 받는 축복'은 아브라함이 "너는 복이 되라"는 명령에 대한 순종에 의해 좌우 된다고 한다.[184]

---

178) Westermann, *Genesis 12-36*, 144.

179) Keith H. Essex, "The Abramic Covenant," *TMSJ* 10/2 (Fall 1999), 195.

180) Joel S. Baden, "The Morpho-Syntax of Genesis 12:1-3 : Translation and Interpretation," *The Catholic Biblical Quarterly* (72, 2010), 229 of 223-237.

181) Waltke, *Genesis*, 205.

182) Turner, *Genesis*, 64.

183) Turner, *Genesis*, 64.

184) Turner, *Genesis*, 64.

존 세일해머(John H. Sailhamer)도 창세기 12:2a의 "큰 민족 등에 관한 아브라함의 복"은 창세기 12:2b의 "너는 בְּרָכָה가 되라"는 명령을 통해서 창세기 12:3의 열방에 흘러가야 한다고 말한다.[185] 하바크(Harbach)는 아브라함의 복을 구분할 때, 아브라함 자신을 위한 '개인적인 복(Personal Blessing)'과 모두를 위한 '공적인 복(Public Blessing)'으로 구분하고, "너는 בְּרָכָה가 되라"를 후자의 복에 위치시켜서 "그는 갈대아 우르를 떠나 부름을 받았을 때, 다른 사람에 대한 축복이 되었다"고 이 구절을 해석하고, 이 결과 창세기 12:3이 이어진다고 말한다. 그는 이 구절을 창세기 3:15의 '문화명령'의 발전이라고 말한다.[186] 쿠루빌라(Kuruvilla)는 이것을 좀더 정확하게 말하는데, "너는 복이 되라"는 것은 "받은 복을 능동적으로 흘려보내는(transmit) 것이었다"[187]고 말한다.

따라서, 이때의 "복을 흘러 보내는 것"은 어떤 행위와 연결되어야 한다. 이에 따라 이 글에서는 "너는 בְּרָכָה가 되라"를 이와 같은 형태의 '명령형'으로 받아들이고자 한다. 마치 아담에게 제 2창조에 대한 권한과 명령(문화명령)이 주어지듯이 아브라함에게도 모든 열방을 축복할 수 있는 권한과 그에 관한 명령이 주어진 것으로 보고자 한다.

나. '되라'고 하는 '명령형' 해석의 경우에 갖는 몇 가지 의미

언약당사자로서의 아브라함의 역할은 명령을 통해서 주어진 것으로 본다. 한편, 이 문장이 명령형으로 해석될 때 논의되어야 할 것이 있는데, 명령형의 경우 그 앞의 문장이 조건절로 해석될 가능성이 나타난다. 즉 여호와와 아브라함에게 주어진 두 개의 명령형이 존재할 경우 이것이 종열형으로 해석될 때와 병렬형으로 해석될 때 다른 결과가 도출될 수 있다.

먼저, 창세기 12:1a의 "내가 너로 큰 민족을 이루고 복을 주어 네 이름을 창대케 하리니"에 대한 결과로서 창세기 12:2b의 "너는 בְּרָכָה가 되라"로 해석

---

185) John H. Sailhamer, *Genesis~Leviticus*, The Expositor's Bible Commentary, Ed. by Tremper Longmann Ⅲ · David E. Garland (Grand Rapids: Zondervan, 2008), 156.

186) Harbach, *Studies in the Book of Genesis*, 235.

187) Kuruvilla, *Genesis*, 160.

될 수가 있다. 휴즈(Hughes)는 이와 같이 해석하여 2절a와 2절b 사이에 'so that'이 삽입되어 들어가서 그 앞의 구절이 '조건절'이 된다고 말한다.[188] 이 경우 2절b의 명령형은 미완료형으로 해석되어야 하는데, 그것은 둘 다 화자의 의지를 나타내므로 가능한 문법일 수는 있다.[189] 그런데, 이 경우 창세기 12:2b는 아브라함이 축복을 받는 수동의 의미가 강조되며,[190] 창세기 12:2a 의 조건 하에서 창세기 12:2b이게 된다. 즉, 이러한 해석의 문제는 아브라함 이 '축복을 받는다'는 조건 하에서 아브라함이 '축복의 통로'가 된다. 이 경우 에는 아브라함이 축복을 받지 않는다면, 그는 축복자의 역할을 하지 않아도 된다.

우리에게 익숙하게 자리 잡고 있는 창세기 12:2b의 '복의 통로'의 개념도 은연중에 창세기 12:2a의 '축복'을 전제하고 있다. 여기에도 '축복의 통로'가 되는 능동의 개념도 분명히 존재하기는 하지만,[191] 그럼에도 불구하고 복을 받은 후에 복을 흘려보내는 형태의 명령형은 그다지 적극적이지 못하다. 이러 한 관점에서 보면 12:2a와 12:2b를 배열할 때 '종열형'의 배열은 자칫 앞에 나타난 명령을 조건절화 하는 위험을 지니고 있다. 그러면 둘 중 하나라도 문 제가 생기면 계약은 진행되지 않는다. 종렬형의 배열도 의미는 있으나, 이런 점은 극복되어야 한다.

이에 따라 창세기 12:2a의 1인칭 청유형과 창세기 12:2b의 2인칭 명령형을 '병열형'의 구조로 배열할 필요성이 존재한다. 이 경우에 여호와는 아브라함의 행위와는 무관하게 아브라함을 축복하는 역할을 수행하고, 아브라함은 여호와 의 축복과는 무관하게 열방을 위한 복의 역할을 수행한다. 이것이 창세기 12:2-3을 '언약의 조항'으로 보는 경우의 적절한 해석이며, 이것이 두 명령형 을 병열형으로 놓았을 때의 해석이다. 그런데 이것을 종열형으로 배열하면 후

---

188) Hughes, *Genesis*, 183.

189) McKeown, *Genesis*, 77.

190) Nehama Leibowitz, *Studies in Bereshit (Genesis)*, In the Context of Ancient and Modern Jewish Bible Commentary, Tr. by Aryeh Newman (Jerusalem: Hemed Press), 114 : McKeown, *Genesis*, 75.

191) Wenham, *Genesis 1-15*, 276.

자는 미완료형으로 해석될 수 있으며, 자칫 בְּרָכָה가 수동적인 '복'의 개념으로 변화될 수도 있다.

다. בְּרָכָה의 개념

창세기 12:2b의 "너는 בְּרָכָה가 되라"의 개념을 정확하게 이해하기 위해서는 먼저 'בְּרָכָה'의 개념에 대한 이해가 우선되어야 한다. 이 용어는 'בָּרַךְ' 동사 피엘형에 명사형 어미 'ה'가 첨가된 것이다. 따라서 이와 같은 동사의 명사화의 경우에는 먼저 그 동사에 대한 해석을 정확하게 하여야 한다. 그 동사의 용례에 따라서 의미가 달라지기 때문이다.

① בָּרַךְ 의 어원

TDOT에 의하면, BRK의 어원이 구약성경에서는 두 가지 형태로 분류되는데, 첫 번째의 동사적 형태는 'kneel(무릎 꿇다)'이며, 두 번째의 동사적 형태는 'bless(축복하다), praise(찬양하다)'이다. 이때 전자의 'kneel(무릎 꿇다)'로 번역되는 경우는 칼형(to kneel, 시 95:6; 대하 6:13)과 히필형(to make kneel, 창 24:11)에서만 나타나고, 이 어원과 관련한 명사는 בֶּרֶךְ(무릎, 사 45:23)이다. 반면, 후자의 'bless(축복하다), praise(찬양하다)'로 번역되는 경우는 능동형으로는 피엘형만 사용되고 있으며, 그 외에는 칼 수동형(blessed), 니팔과 푸알형(to be blessed), 히트파엘형(to bless oneself, bless one another)으로만 사용된다. 그리고 이 어원과 관련한 명사는 בְּרָכָה인데 이것은 피엘형이 명사화된 것이다. 이것은 'blessing, 혹은 praise'로 번역된다.[192] 이때 이 양자에 대한 중요한 논쟁은 이 양자의 어원이 서로 다르다는 견해와 한 어원이라는 견해의 대립인데, 여전히 그 논의는 완결되지 않고 있다.

NIDOTE는 이 양자가 같은 어원이다는 견해를 제시한다.[193] BDB에서도 이 양자를 하나의 의미로 결부시키고 있는데, "무릎 꿇고 하나님을 찬양하는 의미를 지닌 피엘형 BRK 'to bless'"이 첫 번째 의미라고 한다.[194] THAT,

---

192) Botterweck · Ringgren, "BRK," *TDOT*, Vol. 2, 279-300.

193) Van Gemeren, "BRK," *NIDOTTE*, Vol. 1, 757.

TDOT에서는 위의 어원들은 다른 어원들이라고 말하며, 특히 크리스토퍼 라이트 미첼(Christopher Wright Mitchel)은 제임스 바르(James Barr)와 리온스(Lyons)의 견해를 인용하여 이 어원은 서로 다른 어원이라고 주장한다. 많은 셈족 신학자들은 이와 같은 견해에 동의한다.195)

② בָּרַךְ 의 용례들

BRK 동사는 하나님이 주체가 되는 동사로서 그 능동형은 피엘형만 사용된다. 이 동사는 하나님의 위임을 받은 권위자도 사용하는데, 이 경우에도 능동 피엘형으로 사용하고, '축복하다'라고 번역한다. 한편, 이 동사가 일반적인 인간이 주체가 되어서 사용될 경우는 '칭송하다'로 번역된다. 다음은 구약성경의 BRK동사에 대한 Mitchel의 "The Meaning and Significance of BRK 'To Bless'"에서 행한 구분을 표로서 재정리한 것이다.196)

BRK 동사의 사용례 (구약성경)		
번 역	피 엘	칼(수동분사), 푸알, 니팔, 히트파엘
"축복하다" 하나님 ↓ 사람	1. 하나님이 사람에게 축복을 준다. 창12:2, 17:16,20, 22:17, 23:25, 24:1,35, 25:11, 26:3, 26:24, 27:27, 28:3, 30:27,30, 35:9, 39:5, 48:3, 49:25, 출23:25, 20:24 신2:7, 7:13, 12:7, 14:29, 15:4,6, 15:10,14, 16:15, 23:20,21, 24:19, 28:8, 28:12, 30:16, 33:11, 민6:24,27, 23:20, 수17:14, 삿13:24 룻3:10, 삼하6:11, 대상4:10, 13:14, 17:27, 26:5, 대하31:10, 욥1:10,11, 2:5, 42:12, 시5:13, 29:11, 45:3, 67:2,7,8, 107:38, 109:28, 115:13,15, 128:5, 132:15, 134:3, 147:13, 잠3:33, 사51:2, 19:25, 61:9, 겔3:12 2. 천사가 사람을 축복하다. 창32:27,30 3. 하나님이 세상과 사물을 축복하다. 창1:22,28,9:1, 2:3, 5:2, 39:5, 출20:11, 23:25, 시28:9, 65:11, 115:12, 학2:19	1. 하나님께로 사람이 복을 받는다. 창18:18, 22:18, 24:31, 26:4, 26:29, 27:29, 출18:10, 신7:14, 28:3-6, 33:13,24, 민22:12, 24:9 룻2:19, 4:14, 삼상23:21, 25:33, 삼하2:5, 대하2:11, 6:4, 9:8, 왕상1:48, 2:45, 스7:27, 욥1:21, 시37:22, 72:17, 112:2,113:2, 115:15, 118:26, 119:12, 128:4, 잠5:18, 20:21, 22:9, 사65:16,23, 19:25,렘4:2, 17:7, 20:14, 슥11:5 2. 천사가 사람이 축복받을 것을 말하다. 삿5:24 3. 하나님께로 땅과 사물이 복을 받다. 신28:4,5, 33:13
"축복하다" 권위자	1. 권위자가 위임 받아 사람을 축복하다. 1)족장:창27:4,7,10,23,25,27,30,31,33,34,38,41 28:1,6, 48:9,15,16,20,28 2)제사장: 레9:22,23, 21:5, 민6:23, 22:6,	1.권위자가 사람이 복 받을 것을 말하다. 창27:33, 창28:14

194) F. Brown, S. R. Driver, and C. A. Briggs, *A Hebrew and English Lexicon of the Old Textament*, 138b-139a. : Christopher Wright Mitchel, "The Meaning and Significance of BRK 'To Bless' in the Old Testament," 25에서 재인용.

195) Mitchel, "Meaning and Significance of BRK 'To Bless'," 14-15.

196) Mitchel, "The Meaning and Significance of BRK 'To Bless'," 56-320.

&사람 ↓ 사람	23:11, 23:20,25, 24:1,10, 신10:8, 수24:10, 삼상2:20, 9:13, 삼하6:18,20, 대상16:2, 23:13, 대하30:27, 시118:26, 129:8	
	3)왕(지도자):출39:43,수14:13, 22:6,7, 대상 16:2,43, 왕상8:14,55, 대하6:3, 삼하6:18	민22:6, 민24:9, 시72:17
	2. 백성들이 축복하다: 왕상1:47, 8:66, 느11:2, 렘31:23	
	3.기원:창24:60,신1:11,26:15,출12:32,룻2:4, 3:10,삼하6:20,7:29,14:22,21:3,시49:19,129:8	2.기원:창14:19,룻2:19,20,삿17:2,삼상 23:21,25:33,삼하2:5,렘20:14,시118:26
	4.인사:창32:1,창47:7,10,룻2:4,삼상13:10, 25:14, 삼하8:10,13:25,19:40,왕하4:29,10:15, 잠27:14	3.인사: 삼상15:13
	5. 감사와 칭찬의 축복: 잠30:11, 신24:13, 삼상25:33	4.감사 칭찬의 축복 : 잠5:18,삿5:24, 삼상23:21, 26:25,
"칭송 하다" 사람 ↓ 하나님 권위자 우상	1. 사람이 하나님을 찬양하다. 창24:48, 시63:5, 16:7, 115:18, 26:12, 63:5, 115:18, 34:2, 145:1,2,10,21, 삿5:2,9, 삼상 25:32, 대상16:36, 29:10,20, 대하20:26, 31:8, 왕상5:21, 8:15, 10:9, 느8:6, 9:5, 단2:19	1. 하나님이 사람으로부터 찬양 받는다. 신33:20, 삼하18:28, 22:47, 대하9:8, 왕상8:56, 10:9, 시18:47, 28:6, 31:22, 66:20, 68:20,36, 72:18, 106:48, 113:2, 124:6, 135:21, 144:1, 욥1:21
	시16:7, 34:2,4, 53:5, 66:8, 68:27, 100:4, 103:1, 104:1, 106:48, 115:18, 135:19-20, 104:35, 103:1, 134:1,2,3, 145:1,2,10,21	사65:23, 단3:28
	2. 사람이 우상을 찬양하다. 시115:17, 사66:3	
	3. 사람이 주인 혹은 권위자(왕)를 칭송하다. 창12:3, 27:29, 민24:9, 시72:15	2.열방이 이스라엘 향하여 칭송하다. 렘4:2
	4. 저주하다. 왕상21:13, 욥2:9 (거꾸로 권위자를 축복할 경우의 번역)	

③ 귀속 주체에 따라 달라지는 בְּרָכָה 의 개념

우리는 창세기 12:2b의 בְּרָכָה의 의미를 좀더 면밀하게 규정하기 위하여 BRK의 어원을 찾고자 하여 관련된 동사들을 살펴보았다. 이 בְּרָכָה라는 명사는 동사에 명사형 어미가 추가된 것으로서 동사의 의미에 따라서 그 명사의 의미가 달라지기 때문이다. 한편, בְּרָכָה는 BRK 피엘형 동사에 명사형 어미 ה가 첨가되어서 이루어진 명사이다.197)

구약 성경 속에서 בְּרָכָה 개념의 용례를 분석하였을 경우, 그 사용하는 주체에 따라서 '축복', '축복함(혹은 축복의 말)', 및 '예물'로 각각 번역되는 것으로 나타난다. 즉, בְּרָכָה라는 용어는 동사의 명사화이므로 동사가 귀속되는 주체에 따라서 그 명사는 각기 다른 의미로 해석되고 있음을 보여준다.

다음은 구약성경에서 בְּרָכָה가 사용된 용례를 요약 정리하였다. 이때 בְּרָכָה의 귀속 주체에 따라서 그 개념이 달라지는데, 그 용례의 구분은 Mitchel의 "The Meaning and Significance of BRK 'To Bless'에서 행한 것을 따랐다.

---

197) Jenni · Westermann, "BRK," *TLOT*, 275 ; Botterweck · Ringgren, "BRK," *TDOT*, 279.

동사의 주체	성 경 본 문 상 의 번 역	구체적 의미
하나님 ↓ 사람	(출32:29) 모세가 이르되 각 사람이 그 아들과 그 형제를 쳤으니 오늘날 여호와께 헌신하게 되었느니라 그가 오늘날 너희에게 '복'을 내리시리라.	축복(직분)
	(신28:8) 여호와께서 네 창고에 '복'을 명령하고, 네게 복을 주실 것이다.	축복
	(욜2:14) 주께서… 그 뒤에 복을 끼치사 너희 하나님 여호와께 소제와 전제를 드리게 하지 아니 하실는 지 누가 알겠느냐	축복
	(시 133:3) 헐몬의 이슬이 시온의 산들에 내림 같도다 거기서 여호와께서 '복'을 명하셨나니 곧 영생이로다	복=영생
	(시24:5) 저는 여호와로부터 '복'을 받고, 구원의 하나님께 '의'를 얻으리니	복=의
	(시37:26) 저는 종일토록 은혜를 베풀고 꾸어주니 그 자손이 복이 된다.	축복
	(잠11:26)곡식을 내지 않는 자는 백성에게 저주를주고, 파는 자는 그 머리에 '복'이다.	축복
	(시37:26) 저는 종일 은혜를 베풀고 꾸어주는, 그의 자손이 '복'이다.	축복
	(겔34:26) 언덕 모든 곳이 '복'이게 하여, 비를 내리되 '복'의 장마비를 내리리라	복의장마비
	(말 3:10) 내가 하늘문을 열고 너희에게 '복'을 쌓을 곳이 없도록 붓지 아니하나 보라	축복
사람, or 권위자 ↓ 사람	(창 27:12,29,35,36,38,41) 아버지께서 나를 만지실진대 내가 아버지께 속이는 자로 뵈일지라 '복'은 고사하고 저주를 받을까 하나이다.…만민이 너를 섬기고 열국이 네게 굴복하리니,…네게 저주하는 자는 저주를 받고 네게 축복하는 자는 복을 받기를 원하노라…이삭이 가로되 네 아우가 간교하게 와서 네 복을 빼앗았도다…전에는 나의 장자의 명분을 빼앗고 이제는 내 복을 빼앗았나이다. 또 가로되 아버지께서 나를 위하여 빌 복을 남기지 아니하셨나이까.…빌 복이 하나뿐입니까.…그 축복을 인하여 에서가 야곱을 미워하여	축복의 말
	(신11:26-27,29) 내가 오늘날 '복'과 '저주'를 네 앞에 둔다. 너희가 내 명령을 들으면 '복'을 놓을 것이다.…네 하나님 여호와께서 네가 가서 얻을 땅으로 너를 인도하여 들이실 때에 너는 그리심산에서 '축복'을 선포하고…	축복의 말
	(신23:5)네 하나님 여호와께서 너를 사랑하시므로 발람의 말을 듣지 아니하시고 그 저주를 변하여 '복'이 되게 하셨나니	축복의 말
	(신27:12) 너희가 요단강을 건넌 후에, …백성을 '축복'하기 위하여 그리심산에 서고	축복의 말
	(신30:1)내가 네게 진술한 모든 복과 저주가 네게 임하므로 네가 네 하나님 여호와께서 쫓겨간 모든 나라 가운데서 이 일이 마음에 기억이 나거든	축복의 말
	(신30:19) 내가 생명과 사망과, '복'과 저주를 네 앞에 놓았은즉, 너는 살기 위하여 생명을 택하고, 내가 생명과 좋음을 네 앞에 두었나니 구원이 되라	축복의 말
	(신33:1) 모세가 죽기 전에 이스라엘 자손을 위하여 '축복함'이 이러하니라	축복의 말
	(수8:34) 여호수아가 율법책에 기록된 모든 '복'과 '저주'의 율법의 모든 말씀을 낭독하였다.	축복의 말
	(민22:6)우리보다 강하니 청컨대 와서 나를 위하여 이 백성을 저주하라 내가 혹 쳐서 이기어 이 땅에서 몰아내리라 그대가 복을 비는 자는 복을 받고 저주하는 자는 저주를 받을 줄을 내가 앎이니라.	축복의 말
	(느13:2) 이는 저희가 양식과 물로 이스라엘 자손을 영접지 아니하고 도리어 발람에게 뇌물을 주어 저주하게 하였음이라 그러나 우리 하나님이 그 저주를 돌이켜 복이 되게 하셨다 하였는지라	축복의 말
	(시109:17) 저가 저주하기를 좋아하더니 그것이 자기에게 임하고 '축복하기'를 기뻐아니하더니 복이 저를 멀리 떠났으며	축복의 말
	(잠11:25) '복을 행하는 사람'은 풍족해질 것이고, 남을 풍족하게 하는 자는 윤택하여질 것이다.	축복하기
	(사19:24)그날에 이스라엘이 애굽과 앗수르로 더불어 셋이 세계 중에 '복'이 되리니	복의중개자
	(사 65:8) 포도송이에는 즙이 있으므로 혹이 말하기를 그것을 상하지 말라 거기 '복'이 있느니라 하니 나도 내종들을 위하여 그같이 행하여 다 멸하지 아니하고	남은 자
	(겔 44:30) 너희 모든 예물 중에 각종 거제 제물을 다 제사장에게 돌리고 너희가 또 첫 밀가루를 제사장에게 주어 그들로 네 집에 복이 머물게 하도록 하게 하라	축복의 말
	(슥8:13) 너희가 이방가운데서 저주가 되었으나, 이제 너희로 '축복'이 되게 하	복의중개자

	리니	
사람 ↓ 하나님 or 권위자	(수15:19)가로되 내게 복을 주소서 아버지께서 나를 남방 땅으로 보내시오니 샘물도 내게 주소서 하매 갈렙이 윗샘과 아랫샘을 그에게 주었더라	보상
	(삿1:15)가로되 내게 복을 주소서 아버지께서 나를 남방으로 보내시니 샘물도 내게 주소서 하매 갈렙이 윗샘과 아랫샘을 그에게 주었더라	보상
	(삼상25:27)여종이 내 주에게 가져온 이 예물로 내 주를 좇는 소년들에게 주게 하고	예물
	(삼상30:26)다윗이 시글락에 이르러 탈취물을 그 친구 유다 장로들에게 보내어 가로되 보라 여호와의 원수에게서 탈취한 예물을 너희에게 선사하노라 하고	예물
	(왕하5:15) 나아만이 모든 종자와 함께 하나님의 사람에게로 도로 와서 그 앞에 서서 가로되 내가 이제 이스라엘 외에는 온 천하에 신이 없는 줄을 아나이다 청컨대 당신의 종에게서 '예물'을 받으소서	예물
	(왕하18:31, 사36:16) 너희는 히스기야의 말을 듣지 말라 앗수르 왕의 말씀이 너희는 내게 '공물(בְּרָכָה)'을 만들고, 내게로 나아오라 그리하고 너희는 각각 그 포도와 무화과를 먹고 또한 각각 자기의 우물의 물을 마시라.	공물[198]
	(잠10:7) 의인의 기념은 '칭찬'이거니와, 악인의 이름은 썩으리라.	칭찬

한편, בְּרָכָה의 복수형인 בְּרכֹת의 용례도 또한 그 동사의 주체에 따라 번역이 달라진다. 한편, בְּרָכָה가 복수형으로 사용될 경우에는 그것이 구체적인 형태를 띤다.

동사의 주체	성 경 본 문 상 의 번 역	구체적 의미
하나님 ↓ 사람	(창28:4) 아브라함에게 허락하신 복을 네게 주시되 너와 너와 함께 네 자손에게 주사 너로 하나님이 아브라함에게 주신 땅 곧 너의 우거하는 땅을 유업으로 받게 하시기를 원하노라.	구체적 축복
	(창49:25) 네 아비의 하나님께로 말미암나니 그가 너를 도우실 것이요 전능자로 말미암나니 그가 네게 복을 주실 것이라. 위로 하늘의 복과 아래로 원천의 복과 젖먹이는 복과 태의 복이리로다	축복
	(레25:21) 내가 나의 '복'을 너희에게 명령하여, 그 소출이 족하게 할 것이다.	축복→소출
	(시3:8) 구원은 여호와께 있사오니 주의 복을 주의 백성에게 내리소서(셀라)	복=구원
	(시21:6) 저로 영영토록 지극한 복을 받게 하시며 주의 앞에서 기쁘고 즐겁게 하시나이다	축복
	(시129:8) 지나가는 자도 여호와의 '복'이 너희에게 있을지어다 하거나 우리가 여호와의 이름으로 너희에게 축복한다 하지 아니하느니라.	축복
	(사44:3) 대저 내가 갈한 자에게 물을 주며 마른 땅에 시내가 흐르게 하며 나의 신을 네 자손에게, 나의 '복'을 네 후손에게 내리리니	성령=복
	(잠20:20)충성된 자는 '복'이 많아도, 부하고자 하는자는 형벌을 면치 못하리라.	구체적 축복
	(잠10:22) 여호와께서 '복'을 주시고, 그를 부하게 하신다.	구체적 축복
	(잠24:25)오직 그를 견책하는자는 기쁨을 얻을것이요 또 좋은 '복'을 받으리라.	축복
	(잠28:20) 충성된 자는 '복'이 많아도 속히 부하고자 하는 자는 형벌을 면치 못하리라.	축복
	(말2:2) 내가 너희에게 저주를 내려 너희의 '복'을 저주하리라.	축복
사람→ 사람	(잠11:11) 정직한 자의 '축원들'로 성읍은 진흥하고, 악한 자의 입으로 인하여 망하느니라.	축복의 말
	(잠10:6) 의인의 머리에는 복이, 악인의 입에는 독을 담는다.	축복의 말
사람→ 권위자	(창33:11)하나님이 내게 은혜를 베푸셨고 나의 소유도 족하오니 청컨대 내가 형님께 드리는 예물을 받으소서 하고 그에게 강권하매 받으니라	'예물'

---

198) 재인용 : Mitchel, "The Meaning and Significance of BRK 'To Bless'," 173-174.

위의 분석을 기준으로 하여 בְּרָכָה라는 명사의 특징을 열거하면 다음과 같다.

먼저, 하나님께서 사람에게 사용할 때의 בְּרָכָה는 대체로 "성령, 생명, 의, 구원 등의 축복"을 의미한다. 이때 사용되는 בְּרָכָה는 우리가 일반적으로 이해하고 있는 "하나님의 직접적인 축복"을 의미한다. 이때 בְּרָכָה와 בִּרְכַת의 차이는 구체성 여부이다. 단수로 쓰일 때는 포괄적이며 영적인 축복이고, 복수로 쓰일 때는 구체적인 축복들을 의미한다.

두 번째, 하나님께로부터 권위를 위임 받은 사람에게 적용되는 בְּרָכָה는 '축복의 말' '축복함' 등으로 번역된다. 왜냐면 그 '축복'을 사람이 직접적으로 베푸는 것이 아니라, 다만 하나님을 대신하여 축복의 말을 하기 때문이다. 실제 실행하는 자는 하나님이기 때문에 이렇게 표현되는 것으로 보인다. 따라서 '제사장이 하는 말'이 곧 בְּרָכָה이다.(겔44:30) 따라서 위의 용례분석에 근거하여 볼 때, 여호와께서 아브라함에게 "너는 בְּרָכָה가 되라"고 한 것은 "너는 '축복의 말(혹은 축복함)'이 되라"고 한 것이다. 사람이 사람에게 '축복'을 준다는 것은 '축복의 말'을 준다는 것이다. 이때 그 '축복'을 실행하시는 이는 여호와이시다. 즉, 여호와께서는 이 '축복의 권세'를 아브라함에게 주고, 그 행위를 그의 삶을 통해서 펼치라고 명령하신 것이다. 즉 그의 삶을 통해 '축복의 행위'를 하라고 하신 것이다. 이것이 가장 적나라하게 나타난 경우가 소돔과 고모라를 위한 중보기도였다. 이것이 아브라함 차원에서는 '율례와 규례'였는데, 그의 본분이 '축복'하는 자이기 때문이다. 일반인에게는 이것이 '율례와 규례'로 자리하지 않을 수 있다. 그러나 제사장적 권위를 입은 자의 중보기도는 이와 같이 '율례와 규례'의 차원으로 다가온다.

세 번째, 권세자와의 관계 속에서의 'בְּרָכָה'는 '칭송' 혹은 '예물, 공물'로 번역된다. 이러한 번역은 'בְּרָכָה'가 그 귀속되는 주체에 따라 해석이 달라진다는 것을 더욱 분명하게 보여준다.

라. '축복함'의 의미를 내포하고 있는 בְּרָכָה 의 개념

창세기 12:2b에서 사용된 בְּרָכָה의 개념은 하나님께로부터 권위를 위임 받은 자가 일반 사람들을 향하여 사용하는 경우에 해당한다. 그렇다면 이 경우 בְּרָכָה라는 명사는 '축복함, 축복의 말' 등으로 번역될 수도 있다. 더 나아가서는 '축복하는 자'의 번역도 가능한 것으로 본다. 이 용어는 하나님께로부터 축복권을 위임받은 제사장들에게 적용되는 용어이다. 따라서 "너는 בְּרָכָה가 되라"에 대한 해석은 "너는 축복함이 되라" 혹은 "너는 축복의 말이 되라"의 번역도 가능하다고 본다. בְּרָכָה가 이렇게 해석되는 이유는 "축복을 주는 분은 오직 하나님 한 분"199)이시며, "축복의 실제적인 주체는 하나님"200)이시기 때문이다. 인간으로서 권위를 위임 받은 자는 복의 중개자로서, 축복의 말을 하기 때문이다. 따라서, 이 בְּרָכָה는 '복'이라는 표현도 적절하지만, 명령형 동사와 결합된 것을 보았을 때, 그 보다 더 능동성을 부여하여서 '축복함' 더 나아가서는 '축복하는 자'라는 번역이 더욱 적절해 보인다.

아브라함에게 "너는 בְּרָכָה가 되라"고 하는 것은 인격적 존재를 향한 명령이다. 이것은 이제 그에게 어떤 행위를 요구하고 있다. 아브라함의 생애 속에는 이와 같은 בְּרָכָה적 행위에 대한 사례가 구체적으로 나타난다. 소돔과 고모라를 위한 중보기도가 대표적이다. 즉, 창세기 18:19에서 "내가 그로 그 자식과 권속에게 명하여 여호와의 도를 지켜 의와 공도를 행하게 하려고 그를 택하였나니"라고 말하며, 그리고 그 '의와 공도'로서 '소돔과 고모라를 위한 중보기도'를 다한다. 창세기 26:5에서는 "이는 아브라함이 내 말을 순종하고 내 명령과 내 계명과 내 율례와 내 법도를 지켰음이니라"201)고 말하여 여기에 평생 힘을 쏟았다. 즉 "너는 בְּרָכָה가 되라"의 의미는 "너는 제사장으로서 축복하는 자가 되라"는 명령으로 발전시켜 해석될 수 있다.

마. 제사장 직분의 의미를 내포하고 있는 'בְּרָכָה'의 개념

199) Westermann, *Blessing in the Bible and the Life of the Church*, 27.

200) Westermann, *Blessing in the Bible and the Life of the Church*, 43.

201) Sailhamer, *The Pentateuch as Narrative* (Michigan: Zondervan Publishing House, 1992), 67 ; 세일해머는 "이 구절은 비평주의 학자와 보수주의 학자를 포함한 대개의 성경학자들에 의해서 '신명기적 본문'으로 여겨진다"고 말하는데, 이 글에서는 JEDP 가설을 채택하지 아니한다.

여호와와 아브라함 간의 언약조항 중에서 아브라함은 여호와께로부터 "너는 축복함(בְּרָכָה)이 되라"는 명령을 받았다. 이에 따라 아브라함이 가나안 땅에 들어오자 곧바로 실행한 행위는 '단'을 쌓고, '여호와의 이름을 부르는 것'이었다. 즉, '제사장적 행위'였다. 그런데 그 이후에는 한번도 '너는 בְּרָכָה가 되라'는 말씀은 등장하지 않는다. 그러나 지속적으로 제사장적 행위는 나타난다. 동물을 쪼개는 행위, 양피를 쪼개는 행위, 및 이삭을 쪼개는 행위는 어떻게 보면 모두 제사장적 행위이다. 창세기 22:2에서 이와 같은 '쪼개는 행위'를 가리켜 '이삭 번제'라는 용어를 사용하고 있기 때문이다. 카이저(Kaiser)는 창세기 12:2b의 구절을 해석할 때, "아브라함이 구원의 제사장적 중개자가 되는 것이었다"고 말한다.[202]

4. 아브라함 안에서 받게 될 '열방의 복'

가. 창세기 12:2b와 창세기 12:3의 관계

아브라함에게 "너는 בְּרָכָה가 되라"고 여호와의 명령은 여호와께서 세상을 축복하기 위한 '축복의 도구'[203]로서 아브라함을 선택한 것으로 이해된다. 아브라함의 정체성은 "열방을 위한 복이 되는 것"이었다. 웬함(Wenham)과 베스터만(Westermann)은 창세기 12:2b의 "너는 בְּרָכָה가 되라"에 이와 같은 능동적 의미를 부여하였을 경우, 창세기 12:3의 "아브라함으로 말미암는 열방의 복"[204]이 성립한다고 말한다. 이에 대해 카이저(Kaiser)도 창세기 12:2b에 대해서 "아브라함은 누구에게 대하여 복이 될 것인가"[205]라고 물으며, 그 복의 대상은 창세기 12:3의 "주위 사람들, 곧 열방"이라고 말한다. 창세기 12:2b의 "너는 בְּרָכָה가 되라"를 이와 같이 '복의 통로', '복의 중개자', '복을 끼치는 자', '축복함', 및 '축복하는 자' 등으로 해석 할 때, 그 다음에 이어지는 창세

---

202) Kaiser, 「구약성경신학」, 48.

203) Kaiser, 「구약성경신학」, 115 ; J.H. Sailhamer, 「서술로서의 모세오경」, 김동진·정충하 역 (서울: 크리스챤 서적, 2007), 266 ; Walter Brueggemann·Tod Linafelt, 「구약개론」, 김은호·홍국평 역 (서울: 기독교문서선교회, 2014), 118-119.

204) Westermann, *Genesis 12-36*, 150 ; Wenham, *Genesis 1-15*, 276.

205) Kaiser, 「구약성경신학」, 47.

기 12:3의 '열방이 복을 받는 것'으로 연쇄고리가 형성된다. 카이저(Kaiser)는 이에 대해 "아브라함이 구원의 제사장적 중개자가 되는 것"이라고 말한다.[206] 즉 모든 열방은 아브라함의 기도와 제사 행위를 통하여서 하나님의 복 안에 들어오며, 더 나아가서 하나님의 경륜도 이루어진다. 만일 아브라함의 이러한 축복자, 중보기도자, 혹은 제사장으로서의 בְּרָכָה 역할이 없다면, 3절은 그것의 의미를 잃게 된다. 랑게(J.P. Lange)는 아브라함에게 부여된 이러한 명령 덕분에 "아브라함은 가나안의 족장들과 평화롭게 지낼 수 있었다"[207]고 말한다.

나. 언약의 성취로서 '열방이 갖는 유익' (창 12:3)

브로디(Brodie)는 아브라함의 언약을 '온 땅을 위한 축복'으로서 정의한다.[208] 그는 아브라함의 언약의 결론을 해석하며, 아브라함의 언약은 아브라함 자신의 축복보다 온 땅을 위한 것이었다고 말한다. 즉, 창세기 12:1-3에 나타난 아브라함의 언약에는 '열방의 복'이 그 결론으로서 나타난다. 여호와는 모든 열방과 온 세계 위의 하나님이시다. 맥케온(McKeown)은 창세기 1-11장의 문맥과 창세기 12장을 연결시켜 보면, 아브라함은 "타락한 온 세상에 복을 가져오는 존재이다"[209]고 말한다.

이에 대해 왈톤(Walton)은 "이것은 아브람을 하나님의 복의 통로로 간주하는 것이다"[210]고 한다. 3절에서 "너를 축복하는 자(혹은, 너를 칭송하는 자)에게는 내가 복을 내리고"[211]는 1인칭 명령형(청유형)이며, "땅의 족속 모두가 네 안에서(혹은, 너를 통하여) 복을 얻을 것이다"는 장래에 궁극적으로 이루어질 미완료형 혹은 재귀형이다.[212] 터너(Turner)는 이곳에서 사용된 동사의 용

206) Kaiser, 「구약성경신학」, 48.

207) J.P. Lange, 「창세기, 랑게주석, Vol.2」, 김진홍 역 (서울: 로고스, 2010), 15.

208) Brodie, *Genesis as Dialogue*, 215.

209) McKeown, *Genesis*, 73.

210) Walton, 「창세기」, 574.

211) 앞의 BRK의 동사 분류표에 의하면, 일반적인 사람이 권위자에게 대하는 태도로서의 BRK 동사는 "칭송하다"라고 번역되어야 한다.

212) Claus Westermann, *Genesis*, A Practical Commentary Vol. 1, Trans. by

법을 모호하다고 말하며, 여기에는 미완료형의 해석형태와 재귀형의 해석형태가 존재한다고 말한다.213) 터너(Turner)는 창세기 12:2b과의 관련성에 비추어 전자의 해석을 선호하지만, 이 글에서는 재귀적 용법으로 해석하는 것도 가능하다고 보는데, 그 이유는 그들에게 주어진 자유의지에 대한 책임을 존중하기 때문이다.

이 '모든 사람들의 축복'에 관한 조항은 "너는 축복함(בְּרָכָה)이 되라"는 아브라함의 역할과 직접적으로 연결되어 진다.214) 여호와 하나님은 자기 자신에게 "아브라함에게 땅과 신민을 주라"고 권고를 하고, 언약 대상인 아브라함에게 "축복함이 되라"고 명령을 하고 있다. 그리고 이제 아브라함의 순종과 열방의 아브라함을 향한 태도에 따라 그 복이 열방 가운데 흐른다. 이와 같이 하여 하나님의 경륜 구조가 완성되는 것이다.

5. '떠남'을 통해 부르심에 응답하는 아브라함 (창 12:4)

가. 부르심에 대한 믿음의 순종으로서의 '떠남'

아브라함은 그의 부친 때에 이미 갈대아 우르를 떠나 하란에 거하다가 그의 부친이 죽자 그곳을 떠났다. 이때 히브리서 저자는 아브라함이 갈 바를 알지 못하고 떠났다고 말한다. 그 구체적인 지역은 그가 떠난 이후에 나타난다. 그들이 도착한 지역은 가나안이었으며, 이때의 가나안까지의 거리는 약 800키로에 해당하며, 하루 30키로의 속도로 이동한다 해도 한 달은 족히 걸리는 거리였다.215) 그 내용은 다음과 같다.

이에 아브람이 여호와의 말씀을 좇아 갔고 롯도 그와 함께 갔으며 아브람이 하란을 떠날 때에 그 나이 칠십 오세였더라.(창 12:4)

David E. Green (Michigan : William B. Eerdmans, 1987), 99.

213) Turner, *Genesis*, 64.

214) 김의원, 「하늘과 땅, 그리고 족장들의 톨레돗」, 260.

215) Walton, 「창세기」, 576.

이 구절은 명령을 통한 부르심에 대한 믿음의 응답(순종)을 말하고 있다. 여기에는 다음과 같은 의미가 존재한다.

먼저, 이것은 1절의 '가라'는 부르심이 명령형으로 구성된 것을 보았을 때, 여기에 순종하는 것은 '주종관계'의 부르심이었다.216) 아브라함이 여기에 순종한다는 것은 여호와의 종이 되는 것을 의미했다. 따라서, 여기에서의 '떠남'은 부르심에 대한 순종으로서 그의 정체성 변화를 수반한다. 이것은 부르심(소명)에 대한 응답으로서, 이제 그의 정체성은 여호와의 종으로 변화되었다. 따라서 그 이후의 그의 언약조항에 대한 이행은 그의 정체성에 대한 확인이지, 그 언약의 이행여부에 따라서 그 주종의 관계의 정체성이 변화되는 것은 아니다.

두 번째, 이와 같은 '부르심'에 대한 응답으로서 '갈 바를 알지 못하고 떠난 행위'는 믿음의 행위였다.217) 아브라함이 여호와를 믿지 않았다면 아브라함은 떠나지 못했을 것이다. 월키(Waltke)나 칼빈(Calvin)도 또한 이 '떠남'을 '믿음'으로 표현하고 있다.218)

세 번째, 아다르(Adar)는 이 믿음의 행위로 인해 "아브라함은 성경적인 문화로 새롭게 되었고, 완전한 믿음의 사람으로 나타났다"219)고 말한다. 그릴(Grill)은 이 아브라함의 믿음에 대해 "이 아브라함의 부름은 하나님께서 이 세계로부터 하나님의 은혜에 의해 인간을 부르는 그 부름의 상징이다"220)고 말한다. 그리고 여기에 나타난 '아브라함의 믿음'은 모든 그리스도인의 '믿음'에 대한 하나의 양식으로 보고 있다. 따라서 이것은 신약신학에 있어서의 구원의 '믿음'과 평행을 이룬다고 볼 수 있다.

나. '부르심에 대한 순종'과 '언약 본문'의 관계

여호와의 부르심에 대한 순종과 그가 수행하여야 할 언약조항의 관계는 어떠한가? 곧 이 양자의 우선순위는 무엇인가의 문제가 존재할 수 있다. 아브라

---

216) Currid, *A Study Commentary on Genesis*, 251.

217) Waltke, *Genesis*, 206.

218) Calvin, *Genesis*, 344 ; Waltke, *Genesis,* 205에서 재인용.

219) Adar, *The Book of Genesis*, 49.

220) Grill, *Genesis through Numbers*, 93.

함의 떠남을 통한 순종, 즉 믿음의 응답은 이제 그로 하여금 여호와의 종이 되게 하였고, 그는 자연스럽게 그 축복의 언약에 참여하게 되었다. 이와 같이 아브라함은 여호와를 믿음으로 그의 종이 되었고, 그 종의 본분으로서 언약의 내용에 참여하게 된 것이다.

　이와 같이 '부르심'(1절)과 '순종의 믿음'(4절)이 '언약 본문'(2-3절)을 감싸고 있다. 따라서 그 언약 본문 안에 "너는 בְּרָכָה가 되라"는 명령이 있을지라도 이 명령은 '부르심'과 '순종의 믿음' 안에 포함되어 있다. 즉, 부르심과 순종의 믿음이 이미 그 언약 내용을 감싸고 있으므로, 그 언약의 내용은 그의 순종의 믿음을 통해서 이미 완성된 것이나 다름없다. 즉, 언약의 내용은 '부르심에 대한 순종'에 이미 포함되어 있다. 따라서, 창세기 12:1,4과 창세기 12:2-3의 관계는 전자가 하나님을 영접하여 그의 종이 되는 것이라면, 후자는 이 종으로서의 계명을 의미하는 것으로 보인다. 또한 이것을 신약과의 평행관계 속에서 본다면, 전자는 예수 그리스도를 주로 영접(믿음)하는 것이며, 후자는 이 예수 그리스도의 계명을 준행하는 것으로 이해할 수 있다.

다. '나의 언약'으로서의 아브라함의 언약

　아브라함의 언약 본문이 이와 같이 그의 부르심에 종속된다면, 아브라함에게 주어진 명령은 '종'의 정체성에 대한 표현임을 알 수 있으며, 그 명령의 내용은 '주(여호와)'의 성품을 나타낸다. 그리고 만일 아브라함이 이 주종의 언약관계를 지키고 있다면, 이제 이 언약적 명령을 이루시는 주체는 여호와가 된다. 창세기 17장에 나타나는 '할례' 혹은 '마음의 할례'(신약시대의 '거듭남')는 이러한 작업의 일환이다. 그렇기 때문에 창세기 17장에서 여호와께서는 아브라함에게 여호와와 아브라함 간의 계약에 대해서 '나의 언약'이라는 말을 아홉 번이나 반복해서 말씀하신다.

　마치 창세기 12:2-3이 양자 간의 언약 같지만 그 본질은 주종관계의 표현이며, 그 일을 이루실 자는 그 언약의 주권자 된 여호와이다. 아브라함은 여호와께 순종하여서 이 언약에 들어왔으며, 이에 대한 순종의 태도로서 "너는 בְּרָכָה가 되라"는 명령을 좇을 것이다. 그래서 정작 그 일을 이루실 이는 여호와이시다.

6. 보충 : '언약의 구조'를 통한 아브라함 언약 이해

가. '아브라함 언약'의 '종열형' 이해

여호와 하나님께서 아브라함을 부르시어 창세기 12장 2-3절의 언약을 말씀하신 것은, 이제 자신의 나라를 이 세계 속에 건설하고자 하는 계획의 일환이었다.[221] 천지의 창조자이신 여호와 하나님께서는 이 세계 속에 자신의 나라를 세우고, 자신의 신민을 이루어서, 이 세계의 안녕이라는 자신의 고유의 목적을 이루고자 하시는 것이었다. 이러한 차원에서 아브라함의 언약은 기존의 원 역사(창1-11장)에 나타나는 언약질서와 연속선상에 있다.[222] 이 아브라함의 언약은 분명히 하나님의 경륜에 관한 것이었다. 따라서, 아브라함의 언약에서 가장 중요한 요소는 "땅의 모든 족속이 축복을 받는 것'이다.[223] 이것을 가장 잘 나타내는 것은 '아브라함의 언약'을 '하나님의 복'이 위에서 아래로 흐르는 '종열형'으로 이해하는 것이다.

정석규가 말하는 것처럼, 아브라함의 언약은 세 가지 축복으로서, 첫 번째는 아브라함이 창대케 되는 복이며(창12:2a)[224], 두 번째는 아브라함이 בְּרָכָה(복)가 되는 것이며, 세 번째는 아브라함이 복의 통로가 되는 것이다.[225] 이것을 정일오는 ①은 '현세에서의 축복' ③은 '영원한 세계에서의 축복'[226]이라고도 말한다. 이때 우리는 여기에 ②의 '도덕적 축복'을 반드시 그 양자 사이에 삽입하여야 한다. 즉, 아브라함이 'בְּרָכָה가 되는 행위'로 인해서 그 '복'이 '열방'에 흐르기 때문이다. 이것을 '도식'으로 표현하면 다음과 같다. 이에 의하면,

---

221) 우리는 이것을 본장의 서론 "1. 아브라함의 언약에 대한 역사적 배경이해"에서 개략적으로 '양식비평적 방법'을 통해서 살펴보았다.

222) 스택, 「구약신학」, 98-110.

223) Laurence A. Turner, *Genesis*, A New Biblical Commentary, (Sheffield: Sheffield Academic Press, 2000), 63.

224) Claus Westermann, 「창세기 주석」, 160 : 베스터만은 "언약의 내용중 '큰 이름'은 왕들에게 붙이는 호칭이다"고 말한다.

225) 정석규, 「구조로 읽는 창세기」 (서울: 프리칭 아카데미, 2006), 165.

226) 정일오, 「창세기 해설」, 273.

'아브라함'은 '여호와의 제사장'이다.

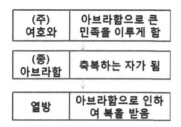

나. 아브라함 언약에 나타난 하나님의 경륜

이것은 기본적으로 아브라함의 언약은 아브라함 선대들에게 여호와께서 한 언약과 배치되지 않는다. 모세오경의 저자가 동일인이라면, 이 '언약'이라는 용어는 문예비평적 전제에 의하면, 한 가지 의미를 지니고 있다. 아브라함의 선대들과 맺은 모든 언약은 여호와가 어느 누구를 선택하는 것은 항상 열방과 만유가 여호와 하나님의 복안에 들어오는 것을 위해서였으며, 아브라함의 언약도 이와 마찬가지였다.227) 아브라함은 "복을 나르는 자"228)이다. William J. Dumbrell은 창세기 1장 27-28절의 아담 언약과 창세기 12장 2-3절의 아브라함의 언약을 연속선에서 파악한다.229) 그는 아브라함을 "복을 나르는 자"라고 표현한다. 크라우스 베스터만도 아브라함의 세 가지의 복을 "아브라함을 넘어서서, 그가 더불어 살고 있는 집단에 미칠 것이며, 마지막에는 땅의 모든 족속에게까지 미칠 것이다"230)고 말한다. 따라서 아브라함의 언약은 다음과 같이 도식화가 가능한데, 이것은 '하나님의 경륜'을 말한다고 보아야 한다.231) 언약의 본질이 같은 것이라면, 이것은 아담의 언약이나 아브라함의 언약도 다음과 유사하게 도식화될 수 있을 것이다.

---

227) 스택, 「구약신학」, 98-110.

228) William J. Dumbrell, *"The Covenant with Abraham,"* 47.

229) William J. Dumbrell, *"The Covenant with Abraham,"* The Reormed Theological Review, 41 No. 2 (May-Aug 1982), 47 of 42-50.

230) Claus Westermann, 「창세기 주석」, 159.

231) 김홍전, 「하나님의 백성 아브라함」, (서울: 성약, 2006), 19.

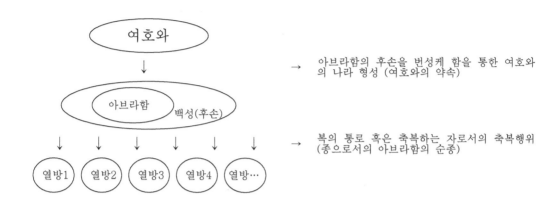

다. '하나의 언약'으로서의 '아브라함의 언약'

여기에서 우리는 유념하여야 할 것이 있는데, 우리가 서론에서 살펴본 바와 같이 여기의 창세기 12장 2-3절 전체가 '여호와의 언약'으로서 '하나의 약속'이지, '세 개로 구분된 약속'이 아니라는 것이다. '여호와'와 '아브라함' 사이에 이 '세 개'의 언약적 명제가 있는데, "①내가 아브라함을 큰 민족으로 만들며, ②아브라함은 'בְּרָכָה'가 되고, ③그 결과 내가 열방을 축복하여서, 열방이 아브라함 안에서 복을 받는다"이다.

먼저, 이 세 개의 언약적 명제는 각각의 축복명제가 아니라 하나의 축복명제이며, 서로 분리적으로 존재하는 것이 아니라 서로 유기적으로 연결되어 있다. ①은 '땅의 축복'과 관련되는데, 이것은 ②의 '도덕적 축복'과 관련이 없을 경우 이것은 도리어 '재물'과 같은 '우상'으로 전락한다. 그리고 ③의 '열방의 아비'가 되는 축복은 ① '땅의 축복'에 반드시 ②의 '도덕적 축복'이 수반되어야 한다. 아브라함은 하나님과 위의 '세 가지'를 하나로 인식하고 '한 언약'을 체결하였다. 위의 언약의 구도 속에서 특히 ③'열방의 아비' 명제에는 항상 ②의 'בְּרָכָה가 되라'는 명제가 내포되어 있었던 것이다. 이 ②의 'בְּרָכָה가 되라'는 명제를 전제하지 않고는 ③'열방의 아비'라는 명제는 '잘못된 논리구조'가 되어 버린다. 이것은 이제 다음과 같은 형태로 도형화될 수 있다. 위의 '종열형'의 언약도식이 '여호와'와 '아브라함' 사이에 들어오는 것이다.

라. '각각'에게 할당되는 '언약조항'

일단은 아브라함은 이의 세 가지 약속을 한 약속으로 받은 것은 분명하다. 그리고 이제 그 한 약속 안에서 '자신의 역할'이 더욱 구체화 된다. 즉, 아브라함이 ①②③을 한 언약으로 받았을 때, 그 결과 ②는 자연스럽게 자신의 역할로 인식하게 된다. 따라서 여호와 혹은 언약의 말씀에 대한 '믿음'은 자신이 'בְּרָכָה가 될 것이다'라는 '정체성'을 유발하게 되며, 여기에 맞추어서 행하게 된다. 따라서 아브라함의 '언약'에 대한 '믿음'은 자연스럽게 자신의 역할을 'בְּרָכָה가 되라'는 명제에 집중되게 되어 있다. 이것을 도식으로 나타내면 다음과 같다. 다음 그림에서 ①③은 1인칭 청유형으로 되어 있으며, ②인칭 명령형으로 되어 있다.

마. '언약'을 주제로 한 여호와의 '대화'패턴

여호와께서 나타나셔서 아브라함과 대화를 할 때에는, 먼저 ①'큰 민족'을 이루는 것과 ③'열방의 아비'가 되는 것을 언급하며, 그 다음에는 ②'너는 בְּרָכָה가 되라'는 명제에 대한 다른 모습들이 항상 따라나온다. ①과③은 1인칭 청유형이며, ②는 2인칭 명령형이기 때문에, 대체적으로 ①과③이 동시에 언급된다. 아브라함의 언약적 생애는 모두 이 범주에서 움직인다. '제사언약'이나 '할례언약'이나 '방문언약' 모두에서 여호와는 항상 ①과 ③을 먼저 언급하고, 그 다음에 아브라함의 태도를 지켜보신다. 제사언약에서의 ①과 ③는 각각 창세기 15장 4절과 5절을 통해서 말씀하시고, 할례언약에서 ①과 ③는 각각 17장 2절과 5-6절을 통해서 말씀하신다. 그리고 이에 대한 ②'בְּרָכָה적 태도'는 '제사언약'에서는 15장 1절의 '나는 너의 방패와 상급이라'와 6절의 '아브라함이 여호와를 믿은 것'이며, '할례언약'에서는 '나는 전능하신 하나님이라, 너는 내 앞에서 행하여 완전하라'였다. 그리고 이러한 것이 '제사'와 '할례'로 이어진다. 그리고 이러한 '대화패턴'은 '아브라함의 언약'을 각자의 역할을 강조한 병렬형으로 이해할 수 있게 해준다. 다만, 여기에서 유의하여야 할 것은 아브라함의 역할은 '종'으로서의 역할이며, '믿음'의 역할이지 어떤 '행위'의 역할이 아니라는 것이다.232)

바. '언약 당사자' 간의 역할을 강조한 '언약의 형태'

Zvi Adar에 의하면, 여호와께서는 인생들 중에서 믿음의 사람을 선택하여 언약을 맺으시는데, 이것은 특별한 임무를 부여하기 위해서였다.233) 그리고 이러한 부르심에 대해서 인간은 이 부름을 받아들일 수도 있고 거절할 수도 있는데, 이것을 수용하는 것은 그에게 '큰 신성한 압박'에 직면하게 하며, 이것은 그를 어떤 행동의 과정 속으로 몰아간다.234) 아브라함은 이것을 수용하

---

232) 이와 같은 '병렬형'의 도식을 우리는 '서론'에서 이미 개략적으로 살펴보았다. 아브라함의 역할은 어떤 '행위적 역할'이 아니라, '믿음과 신뢰'의 역할이었다. '자기부인'이나 '포기'는 이 '믿음'에 대한 표현일 뿐이었으며, 그 '포기'도 또한 대체로 '여호와의 자기계시'로 말미암는다. 예컨대, 창15장의 '나는 너의 방패와 상급이다'는 '자기계시'에서 '엘리에셀의 포기'라는 '믿음'이 나타난다. 창17장에서는 '나는 전능한 하나님이다'는 '자기계시'에서 '이스마엘의 포기'라는 '믿음'이 나타난다.

233) Zvi Adar, *The Book of Genesis : An Introduction to the Biblical World*, Trans. by Philip Cohen (Jerusalem: Magnes Press, 1990), 48.

여 '여호와'와 '아브라함'의 언약이 성립하게 되었다. Zvi Adar는 이러한 사람을 선지자라고 표현한다. 이러한 목적으로 그는 선택을 받았으며, 이것이 그가 즐거워함으로 그가 탄생한 땅을 버린 이유였다.[235] 한편, 이때 아브라함의 생애 속에서 나타난 양자 간의 관계는 먼저 아주 긴밀한 '주종관계'였다.[236]

이러한 관계성 속에서 '여호와'께서 '아브라함'에게 약속한 것은 ①'큰 민족을 이루는 것'이었으며, 아브라함에게 부여된 명제는 ②'축복하는 자가 되는 것'이었다. 이와 같은 양자 간의 언약은 ③'열방'에 여호와의 복이 흐르는 결과를 가져온다. 이때 '열방'은 아브라함을 축복함을 통해서 자신들이 축복을 받게 된다. 한편, 아브라함이 이 언약에 참여한 것은 ①'큰 민족'을 이루는 '자신의 축복'을 위해서가 아니라, ③'열방'에 여호와의 복'이 흐르는 거룩한 소명을 위해서 이 언약에 참여하였다고 보아야 한다. 아브라함은 이와 같은 거룩한 소명을 위해서 선택을 받았으며, 아브라함도 이것을 처음부터 인식하였다고 보아야 한다. 이와 같이 아브라함의 언약은 '여호와', '아브라함', 및 '열방'의 세 인격적 존재가 존재하며, 이들 모두에게 어떤 역할이 부여된다. 이에 따라 위의 '창세기 12:2-3'의 '언약도식'은 다음과 같이 '병열형'으로 체계화할 수 있다.

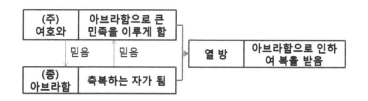

한편, 위의 '병열형' 도식에서 유의하여야 할 것은 '아브라함'의 역할은 '여호와의 뜻'을 이루기 위한 '여호와의 종'으로서의 역할이었다는 것이다. John

---

234) Zvi Adar, *The Book of Genesis*, 48.

235) Zvi Adar, *The Book of Genesis*, 48 : Zvi Adar에 의하면, 그러한 행동은 그것을 수행해내는데 있어서 전혀 쉽지 않으며, 그것은 망명자가 되는 것을 의미하였으며, 친숙한 삶으로부터 뿌리가 뽑히는 다른 삶으로의 전향을 의미했다.

236) Bruce K. Waltke, *Genesis*, 241. 그렇다고 하여서, 월키가 '병열형'언약구조를 주장하는 것은 아니다.

D. Currid에 의하면, 여호와께서 아브라함을 창세기 12:1에서 처음에 불러낼 때 "그의 부름은 명령이었다"[237]고 말한다. Waltke는 '제사언약'을 나타내는 창세기 15:2에서 아브라함이 '여호와 나의 주여'라는 표현을 통해서 아브라함은 자신이 '여호와의 종'이다는 사실을 주장하고 있다고 말한다.[238] 그리고 '방문언약'을 나타내는 창세기 18:3에서는 '나의 주' '당신의 종'이라는 표현을 통해 이 '언약'을 어떤 관계로 이해하고 있는지를 잘 보여주고 있다.[239] 우리는 위의 병렬형의 언약을 볼 때, 이와 같은 관계로서의 '상호언약'이라는 것을 이해하여야 한다. 이러한 상호관계는 창세기 15장의 '제사언약'에서는 서로의 '혼인' 혹은 '하나 됨'의 관계로 까지 발전한다. 어떤 평등한 관계의 '역할'에 대한 '언약'이 아니라, '종' 혹은 '제사장'의 관계로서의 '언약'인데, 이것을 여호와께서는 '혼인'의 관계로까지 발전시킨다는 것이다.

따라서, 이 '종' 혹은 '제사장'의 역할은 항상 '믿음'으로 표현된다. 이 양자의 역할에 대해 John D. Currid는 하나님의 편에서는 '약속(promise)'이라고 말하고, 인간(아브라함)의 차원에서는 '의무(obligation)'라고 까지 표현하는데,[240] 아브라함의 생애를 통해 보면 이것이 '의무'로 표현되기 보다는 오히려 '믿음'으로 표현되어 나타나는 것이 바람직 해 보인다. 왜냐면, 그 '믿음'은 여호와의 '자기계시'를 통해서 주어지는 '선물'이기 때문이다.

아브라함의 언약 본문은 위와 같이 도식화 될 수 있다. 여호와는 아브라함과 열방을 축복한다. 그리고, 아브라함은 여호와를 향하여 'בְּרָכָה'가 되지만, 열방을 위한 'בְּרָכָה'가 된다. 열방은 여호와와 아브라함으로 인하여 축복을 받는다. '종열형'으로 배열된 '아브라함의 언약'은 위와 같이 '병렬형'으로 구조화될 수 있다.

한편, 이에 대해 Paul Brogman은 '아브라함의 언약'은 대부분 여호와께서

237) John D. Currid, *A Study Commentary on Genesis*, 251.

238) Bruce K. Waltke, *Genesis*, 241. 그렇다고 하여서, 월키가 '병렬형'언약구조를 주장하는 것은 아니다.

239) Waltke, *Genesis,* 267.

240) John D. Currid, *A Study Commentary on Genesis*, 290.

주도하시는 언약이지만, 아브라함에게도 역할은 있었으며, 여호와와 Partnership을 가지고 있었다고 말한다. 그는 일곱 번의 신현 사건 속에서 나타난 아브라함의 역할에 대해서 지속적으로 언급하며, 이때 아브라함에게 요청되는 역할은 '믿음'이었다고 하며,241) 이것이 곧 여호와의 파트너로서의 자질이었고,242) 이 '믿음'이 성장하여서 상호간에 긴밀한 관계를 형성하였다고 한다. 이러한 관점에서 그는 아브라함의 생애를 조명하고 있다. 그에 의하면 공식적인 언약체결로서의 창세기 15장의 언약체결은 "the requirements of a partnership ritual"로 응답한 것이었다.243) 이에 대해 Paul Brogman은 "하나님이 이 예식의 대부분의 역할을 하지만, 아브라함도 쪼개어야만 했고, 고기를 먹으려는 솔개를 쫓아야만 했다.…그리고 아브라함은 그의 후손의 400년동안의 종살이에 대해서도 기꺼이 즐거운 마음으로 파트너쉽에 대해서 '예'라고 말했다"고 한다.244) 즉, 그는 이 계약을 '상호관계'로 보고 있는 것이다.

John D. Currid의 경우에는 창세기 17장의 '할례'에 대해서 이것은 중요한 인간(아브라함)의 차원에서는 '의무(obligation)'이며 역할이라고 까지 표현한다.245) 그런데 우리가 본문을 면밀히 검토해보면, '할례'는 '의무'가 아니라 '믿음'의 표현으로 보아야 할 것이다. '믿음'의 역할인 것이다.

Bruce K. Waltke도 아브라함을 '믿음직스러운 언약 파트너'246)라고 말한다. Zvi Adar도 또한 아브라함의 언약을 "Covenant of between the parts"라고 하며, 아브라함의 생애 안에서 일어나는 이야기에서 연속되어지는 것은 "이러한 두 차원들(dimension)을 풀어나가는 과정이다"247)고 말한다. 그에 의하면, 이러한 특징들이 '제사언약' 체결을 위한 창세기 15:1-7의 대화 속에서 잘 나타난다고 말한다.248)

---

241) Paul Brogman, *Genesis*…, 68.

242) Paul Brogman, *Genesis*…, 68.

243) Paul Brogman, *Genesis*…, 68.

244) Paul Brogman, *Genesis*…, 68.

245) John D. Currid, *A Study Commentary on Genesis*, 310.

246) Bruce K. Waltke, Genesis, 204.

247) Zvi Adar, *The Book of Genesis*, 60.

사. '믿음'에서 '믿음'으로 ('원언약'과 '이후언약'의 관계)

여호와와 아브라함의 관계는 '여호와' 자신에 대한 '믿음'으로 형성된 관계이다. 이것이 '아브라함의 언약'의 중요한 본질이다. 따라서 아브라함의 여러 가지 언약적 사건들은 모두 이 '믿음의 발전과정'으로 파악할 수 있으며, 이것은 분명하다.

처음에 위의 '언약'에 대한 아브라함의 '믿음'은 자신이 'בְּרָכָה(축복하는 자)'이다는 '믿음'으로 나타났고, 이것이 행위로서는 '단을 쌓고, 여호와의 이름을 부르는 행위'로 나타났는데, 아브라함은 이 '제단'에서 분명히 '여호와의 제사장'으로서 '여호와의 이름을 부르며' 여호와께 속한 '열방'을 축복하는 행위가 있었을 것이다.[249] 이것이 처음에 아브라함이 이 '언약'에 참여했을 때 나타났던 태도였다.

그리고, 창세기 15장의 '제사언약'에서 이 '언약'에 큰 변화가 나타나는데, 이 창세기 12:2-3의 '언약의 내용'은 여호와와 아브라함 간의 외형적인 매개체에 불과하며, 오히려 그 '언약의 본질'은 여호와와 아브라함이 상호 하나가 되는 것이었다. 즉, 여호와가 아브라함의 '방패와 상급'(창 15:1)이 되는 것이었으며, 이와 같은 '믿음'으로서 '여호와 안에 거하는 믿음'(창 15:6)이었다. 이것은 '여호와'와 '아브라함'의 하나 됨이라는 메타포를 제공하는데, 여호와께서도 '쪼갠 동물' 사이를 '지나가심'을 통하여 자신의 생명을 아브라함에게 내어 주기 때문이다.[250] 이제 '믿음'은 이와 같은 '위탁과 신뢰'의 '하나 됨'의

---

248) Zvi Adar, *The Book of Genesis*, 60.

249) 아브라함은 열방이 여호와께 속하여있다는 '지식'을 가진 것은 분명하며, 또한 그가 이러한 여호와의 제사장이라는 소명이 분명했다면, 그가 단을 쌓고 여호와의 이름을 부렸을 때, 분명히 그는 '열방의 평화와 축복'을 기원했을 것으로 우리를 추정하게 한다. 아브라함의 생애를 고찰해 보면, 특히 단을 지속적으로 쌓았고, 롯에 대해 소유를 초월하여 관대하였으며, 그돌라오멜 전투에서 나타난 희생정신 등을 고찰해 보면, 아브라함은 그의 생애 속에서 이와 같은 행위를 적극적으로 한 것 같다.

250) 여호와께서 '쪼갠 동물'사이를 지나가는 것에 대해 많은 학자들은 나중에 그 약속을 지키지 않았을 경우의 '자기저주의 맹세'라고 해석하는데 반하여, 이 글에서는 이것은 장래의 이야기가 아니라, '쪼갠 동물' 사이를 여호와께서 지나갈 '그때'에 이미 여호와께서는 자신의 생명을 아브라함에게 주신 것으로 해석한다.

믿음으로 발전하고 있다.

'할례언약'은 이 '제사언약'의 명제인 '믿음(창 15:6)'을 '완전하게 하라(창 17:1)'는 명령이었던 것이다. 아브라함은 여호와 만을 의지하겠다던 기존의 언약에 불완전하여서 또 다시 이스마엘을 후사로 세우고자 하였기 때문에 발생한 언약적 사건이었다. '믿음'이 이와 같이 발전한 것이었다. 이것을 통해서 우리는 'בְּרָכָה가 되라'는 '믿음' 명제의 진정한 의도를 알게 되는데, 여호와는 부단히 아브라함에게 '아브라함의 생명'을 원한 것이었다. 이것은 대체로 '후손'의 문제로 나타났는데, '후손'이란 당시의 '치안 공백'의 상황에서 '힘의 근원'이자 '생존'의 문제였던 것이다. '후손'을 바쳐버리고, '여호와를 방패와 상급'으로 삼는 것은 아브라함의 '생명을 바치는 행위'였다. 그리고 아브라함이 이 일에 있어서 '믿음'(창 15:6)에 이르르자, 이것은 곧 바로 '제사의식'으로 이어졌으며, '할례언약'으로 이어졌던 것이다.

이 '믿음'의 그 다음 단계는 '방문언약'에서 고스란히 드러나는데, 아브라함이 행해야 할 'בְּרָכָה적 행위'는 '여호와의 도'였다. 이것은 '여호와'와 같은 전능한 '신'만이 행할 수 있는 도덕적 수준이었다. 이것은 오직 '여호와와 하나된 믿음'에서만 나오는 것이었다. 이에 대해 아브라함은 '여호와의 도'가 흘러나오는 것을 '지켜볼' 따름이다.

그리고 이 '믿음'의 완전함을 나타내는 것이 '이삭번제언약'이었다. 불완전하던 아브라함의 믿음이 '아들 이삭'을 드리기까지 나타났던 것이다. 이와 같이 아브라함의 언약은 '믿음에서 믿음으로' 나아가는 사건의 연속이었다.

아. '양식비평 입장'에서 바라본 '아브라함 언약'의 성격

국어사전적 의미로 "'계약'란, 관련되는 사람이나 조직체 사이에서 서로 지켜야 할 약속에 대하여 글이나 말로 정하여 두는 것"을 말하며, 법률적인 의미에서 "계약이란, 사법상 일정한 법률 효과를 목적으로 하는 당사자 간의 의사표시 합치에 의한 법률행위이다"고 표현된다. 이러한 계약의 개념은 우리에게 상식적으로 받아들여진 통념이다. 한편, 이 계약 중에서 신과 인간 사이에 맺어진 계약을 우리는 언약이라고 부르고 있다. 이와 같이 계약의 가장 기본적인 형태는 이해관계자가 둘 이상인 경우를 의미하고, 이러한 차원에서 아브라함과 하나님 간의 계약도 이에 속한다. 이러한 계약은 대체로 주체 A와 주체 B가 서로에 대해서 책임과 의무를 다함을 통해서 공동목적 C를 달성하고자 하는 것이다. 일반적으로 모든 계약은 이 틀 안에 있다.

이때, 모세오경의 저자에게 이 아브라함의 언약의 틀을 기존의 일반적으로 당대에 통용된 언약적 틀을 통해서 이해하려는 경향이 있었던 것은 분명하다. 그렇다면, 아브라함의 언약은 고대근동역사를 감안하였을 때, 어떤 형태의 언약적 틀을 이용하여 이해하려고 하였을까? 주체 A와 주체 B의 위치가 동등할 경우에는 이것을 계약으로서 협정이라고 부르는 것이 타당하며, 이러한 예가 아비멜렉과 아브라함 사이에도 존재하였다. 그런데, A가 우월한 경우로서는 왕과 제후 사이에 이루어지는 '왕의 하사 조약', 혹은 '종주-봉신 조약'이 있는데, 대체로 학자들은 아브라함의 언약을 이해할 때, '왕 하사 언약'에서 그 모델을 찾으려 한다.251) 한편, 이와 같이 아브라함의 언약을 '왕 하사 조약'이나 '종주봉신 조약'에서 찾으려 하는데, 이것을 통해서도 아브라함의 언약을 다 설명하지 못하는 몇 가지 문제들이 존재한다. 그 대상이 '신'이기 때문이다. 따라서 이렇게 모세가 당대의 조약을 참조하여 언약책을 작성한 데에는 하나의 의사소통적인 측면이 강하다고 하겠다.

먼저, 아브라함 언약이 '왕 하사 조약'이라면 땅과 신민에 대한 하사가 이루어져야 하는데, 아브라함에게 하사된 것은 아무것도 존재하지 않는다. 그러면서도 아브라함에게도 위에서 우리가 살펴본 바와 같이 '열방을 축복하는 자'로서의 분명한 역할이 존재한다.252) 따라서 '왕 하사 조약'만을 가지고 아브라

---

251) 김영숙, "아브라함의 언약에 관한 연구," 안양대학교 신대원 석사 (1998), 7 ; 강성호, "창세기15장, 아브라함 언약에 관한 연구," 감리교신학대학원 석사 (2012), 53. 어떤 학자들은 바인벨트의 영향 아래에서 노아언약, 창15장의 아브라함의 언약, 다윗언약을 '왕 하사 언약'이라고 하며, 창17장의 아브라함의 언약이나 모세언약을 종주권조약이라고 하는데, 필자의 견해로는 성격상 모세오경 속의 모든 언약은 오히려 종주권조약의 성격과 유사한 것으로 보인다. 성경 속에 나타나는 모든 언약들 중에 그렇게 아무런 책임이 없는 일방적인 선물로서의 '왕 하사언약'이 있는지에 대해서는 면밀한 검토가 요청된다고 말하고 싶다. 노아언약에도 어떤 측면에서는 "땅에 충만하고 번성하라…이는 하나님이 자기형상대로 지으셨음이니라"(창9:1-7)는 명령조항이 존재하는데, 이것은 '무지개 언약'(창9:8-17)과 어떤 관계를 가지고 있는 것으로 보이기 때문이다.

252) 현대의 신학자들이 말하는 '왕 하사 언약'은 "힛타이트왕 핫투실리스 3세와 그의

함의 언약을 모두 설명할 수는 없다.

두 번째, 그리고 더 나아가서 당시에 '왕 하사언약'이 '종주 봉신 언약' 처럼 고대근동사회에서 일반화되어 유행하였던 것 같지는 않다. 왕의 땅 하사언약 은 고대근동사회에서 언약의 패턴으로 유행한 적은 없고 간헐적으로 그 흔적 을 찾아볼 수 있을 뿐이었다. 특히, 모세의 시대에 큰 의미 있게 다가온 언약 의 패턴은 BC17-12세기에 히타이트 제국의 평화를 가져오고 고대근동사회의 평화를 가져오는데 큰 영향력을 행사하였던 히타이트의 종주-봉신언약이었다. 이와 같은 종주-봉신조약은 고대근동세계 특히 히타이트 제국에서의 왕들의 지역에 대한 통치방법이었다.[253] 그리고 모세는 이러한 것을 준용하여 시내산 언약서를 작성한 것으로 보인다.[254] 그렇다고 하여서 이 '종주 봉신'언약을 아 브라함의 언약에 접목시키기도 어렵다. 아브라함에게 주어진 것은 아무것도 없었고, 약속만이 존재할 뿐이었다.

세 번째, 아브라함 시대에 유행하던 언약의 패턴은 '마리 문서'에 나타난 '조 약'이다. 이 패턴이 창세기 15장의 '제사언약'에 반영 되어 있다. 우리는 이 양식에 나타난 '자르다'의 의미가 창세기 15장에 반영된 것으로 보아야 한다.
이때, 이 마리문서에 나타난 '자르다'에 대한 해석에서 문제가 되고 있다. 그 마리문서의 본질이 어떠하든지 간에 창세기 15장에 나타난 '자르는 행위' 혹 은 '쪼개는 행위'는 분명히 훗날의 '시내산 제사언약'의 모태가 되었으며, 이것 은 이스라엘의 '제사제도'로 자리 잡았다. 따라서 창세기 15장의 '쪼개는 행

가신인 다타샤의 울미-테숩과 맺은 조약"과 같은 경우인데, 여기에는 아무런 조건 없이 땅이 봉신에게 주어진다. 바른 통치를 원하는 조약이 아니며, 그냥 축복자체의 선물이다. 그런데 아 브라함의 언약은 이러한 형태의 언약이 아니다. '축복하는 자가 되라'는 명령형이 존재하며, 하 나님의 세계에 대한 바른 통치를 요구한다.

253) 강성호, "창세기15장, 아브라함 언약에 관한 연구," 감리교신학대학원 석사 (2012), 53-54. 강성호는 "고대 서아시아에서 BC 2400-650년 사이에 이루어진 조약들 중 약 80-90개가 지금까지 전해진다. 이 조약들은 BC 1400-1200년 사이에 히타이트 제국과 체결 된 조약들과 BC 900-700년 사이에 신 앗시리아 제국의 영향국가들 사이에 맺어진 조약들, 이 렇게 두 가지 그룹으로 나뉘어진다"고 말한다.

254) 발터 침멀리, 「구약신학」, 김정준 역 (서울: 한국신학연구소, 1990), 48-49.

위'와 이 쪼갠 동물 사이로 지나가는 '여호와의 불'은 상호헌신을 나타낸다. 그리고 마리문서의 본질은 '상호 헌신'이었으며,255) 이것이 아브라함 언약의 본질과 일치한다. 한편, 마리문서에서는 그 언약 당사자도 둘 다 '인간'이라는 점이다. 그런데, 아브라함의 언약의 대상은 한 쪽은 신이기 때문에 마리 언약을 접목시킬 때에는 무엇인가의 차별성이 존재할 수 있다. 그 결과 '마리문서'의 '언약체결 행위'는 결과적으로 '제사'로 발전하여 모세오경에 흡수된 것으로 보인다.256) 이것은 '할례예식'도 마찬가지이다. 기존에 존재하던 고대근동의 '할례예식'을 흡수하여 '언약'으로 발전시켰다. 아브라함의 언약은 상호간의 믿음과 헌신을 근거로 한 '상호의 헌신맹세'인 것이다. 그리고 이것이 이스라엘의 제사제도의 기원을 이루는 것으로 보인다. 따라서 아브라함의 '쪼개는 행위'는 '제사와 언약'이 결합되는 '바로 그 시점(분기점)'에 서 있었으며, 이것은 이제 '이삭번제'의 사건을 통해서 분명하게 이스라엘 내의 '제사'로 자리잡은 것으로 보인다.

4절 땅에 관한 약속과 단을 쌓는 아브라함

1. 가나안 땅으로 들어온 아브라함 (창 12:5-6)

가. 모레네 상수리나무에 이른 아브라함

아브라함이 하란을 떠나 가나안에 들어옴으로 인해 이제 그는 언약적 삶을 시작하게 되었다. 아브라함은 롯을 데리고 왔는데, 터너(Turner)에 의하면, 롯은 단순한 조카가 아니라, 자녀가 없는 아브라함에게 마치 아들과 같았다고

---

255) ANET, 482-490 ; 마리문서의 편지들은 한결같이 그 시작을 "내 주께 말하라, 당신의 종 ᄂ로부터"로 시작하며, 그 내용이 '자발적인 충성'이 근거되어 있다. 또한 주전 14세기의 아마르나의 편지도 그러하다. 이 문서들은 앗수르의 에살핫돈 문서와 그 성격이 다르다.

256) 한편, BC 8세기경의 앗수르의 에살핫돈 문서를 통해서 BC 20세기경의 마리문서를 해석하려는 경향이 존재하는데, 이 글에서는 이 시도를 받아들이지 않는다. 에살핫돈 문서는 '당사자 간의 상호헌신'개념보다는 '언약의 내용 준수'에 초점을 두고 있다. 이들에게 '쪼개는 행위'는 '자기저부의 맹세'로서 그 '언약'을 준수하지 않으면, 그 '당나귀의 목과 같이 네 목이 떨어질 것이다'는 의미인 것이다. 이에 반하여 로버트 배노이에 의하면, '히타이트 문서'의 '양식'은 '상호헌신'이다.

말한다.257) 그 내용을 성경은 다음과 같이 소개하고 있다.

> 아브람이 그 아내 사래와 조카 롯과 하란에서 모은 모든 소유와 얻은 사람
> 들을 이끌고 가나안 땅으로 가려고 떠나서 마침내 가나안 땅에 들어갔더
> 라. 아브람이 그 땅을 통과하여 세겜 땅 모레 상수리나무에 이르니 그 때
> 에 가나안 사람이 그 땅에 거하였더라.(창 12:5-6)

아브라함의 가나안 정착은 여호와의 언약에 아브라함이 참여하였음을 의미
하였다. 이에 따라 그는 가나안 땅에 들어오자마자 곧 바로 새로운 신앙인으
로서의 그에 타당한 언약적 삶을 시작하여야만 했다.

한편, 아브라함이 들어와서 기거한 모레 상수리나무 지역은 가나안에서도
특별한 지역이었는데, '모레'라는 단어가 '신탁'과 관련한 단어였기 때문이다.
웬함(Wenham)에 의하면, 그 지역은 신탁과 특별한 관련이 있었다.258) 알더스
(Allders)에 의하면, 고대 세겜은 팔레스틴 지역의 수도였으며, 모레 상수리나
무 지역이 성스럽게 여겨지는 현상은 가나안에서 일반적인 일이었다고 말한
다. '모레'는 '예언하는'259) 혹은 '가르치는'260)이라는 의미를 내포하고 있다.
베스터만(Westermann)에 의하면, 고고학적으로 이곳은 BC 17세기에 크게
번성하였으며, 아브라함의 도착 전부터 이곳은 거룩한 장소로 활용되고 있었
고, 상수리 나무는 신탁을 받는데 사용되었다.261) 이에 따라 그는 '모레 상수
리나무'를 '신탁의 상수리나무'라는 번역을 선호하며, "상수리나무들은 사람의
손으로 만들지 않은 초기 형태의 성소를 대표한다"262)고 말한다. 폰 라드

---

257) Turner, *Genesis*, 65.

258) Wenham, *Genesis 1-15*, 279.

259) Gerhard Charles Aalders, *The Book of Genesis*, Bible Studnt's
Commentary Vol. 1, Trans. by William Heynen (Michigan: Zondervan Publishing House,
1981), 270.

260) Waltke, *Genesis*, 207 : Leupold, 「창세기(상)」, 359 : Brogman, *Genesis*,
61.

261) Westermann, *Genesis*, 100.

262) Westermann, 「창세기 주석」, 162.

(Von Rad)도 "이 지역은 제의의 중심 장소였다"[263]고 말한다.

아브라함이 메소보다미아에 있을 때에는 여호와를 위한 제단을 쌓고, 여호와의 이름을 부르는 것이 불가능하였다. 그곳 하란은 '달의 신'을 섬기는 곳이었고, 그 신전이 있었다. 따라서 그곳에서 별도의 신을 위한 종교적 행위는 금지되었다. 그런데, 당시의 가나안 땅은 다른 지역과 같이 정치나 종교의 중앙집중화가 이루어지지 않았던 것으로 보인다. 아비멜렉이 사용하는 신의 호칭을 보았을 때, 그곳에서는 보통명사로서의 '하나님(אֱלֹהִים)' 신이 통용되었다. 이곳에서는 다신교가 인정된 것으로 보인다. 이곳에서는 아브라함의 여호와 신앙이 용인될 수 있었던 것이다.

나. 나그네로서의 삶

아브라함이 가나안에 들어왔을 때, 성경은 "그 때에 가나안 사람이 그 땅에 거하였더라"고 말하는데, 이 말씀에는 시사하는 바가 존재한다. 가나안은 함의 후예로서 홍수 후에 악하고 이기적인 인물로 묘사되었는데, 그의 후손들에 의해 그 땅은 점유되고 있었다.[264] 즉 아브라함이 점유할 땅은 없었던 것이다. 모든 땅이 창조자의 것인데, 창조자를 섬기는 자로서 그가 점유할 땅은 하나도 없었다.[265] 아브라함은 온 땅의 창조자를 섬기면서도, 기존 거민들에게 그 땅의 소유권을 인정하고 나그네로서의 지위를 고스란히 수용한다.

다. 가나안 문화에 흡수되지 않은 아브라함

당시의 문화 속에서 일반적으로 이 땅 저 땅으로 유랑하는 나그네들은 어떤 지역에 이르면 그 지역의 신들을 섬겼다.[266] 그런데 아브라함이 가나안에 이르렀을 때 그는 '여호와의 단'을 쌓았다. 이것은 아직 그 땅에 중앙집권적인 나라가 서지 않았거나, 혹은 그 지역이 이러한 종교적 행위를 허용하는 지역

---

263) Von Rad, *Genesis*, 162.

264) Currid, *A Study Commentary on Genesis*, 254.

265) Adar, *The Book of Genesis*, 50.

266) Adar, *The Book of Genesis*, 50.

이었음을 시사한다. 아다르(Adar)는 아브라함이 이와 같이 '여호와의 단'을 쌓은 것에 대해, 아브라함을 매우 독특하고 초연하고 숭고한 인물이라고 말하며, 아브라함은 이러한 신앙 때문에 이 민족 저 민족 사이를 떠돌면서 방랑자의 삶을 살았다고 말한다.267) 그는 그의 삶 내내 이러한 삶을 계속해서 살았다.268) 아브라함은 사실 이와 같은 종교적 목적으로 가나안에 들어왔다. 당시 가나안에는 이러한 종교의 자유가 어느 정도 주어져 있었던 것으로 보인다.

2. 신현을 통한 씨와 땅에 관한 약속 (창 12:7a)

가. 씨와 땅을 약속하시는 여호와

아브라함이 이렇게 가나안 땅에 들어가자 또 다시 하나님께서 아브라함에게 나타나시었다. 이것은 어떻게 보면 언약 성립을 선언하는 신현의 의미를 지니고 있다. 이때 땅과 씨에 대한 약속을 하시는데, 그 내용은 다음과 같다.

> 여호와께서 아브람에게 나타나 가라사대, 내가 이 땅을 네 자손에게 주리라 하신지라. (그가 자기에게 나타나신 여호와를 위하여 그곳에 단을 쌓고…)(창 12:7)

아브라함이 메소보다미아를 떠난 이유를 일반적으로는 우상을 떠난 것에 많은 의미를 두고 있지만, 창세기 15:7에 의하면 그보다는 오히려 건립되는 여호와의 나라와 이곳에 세워지는 '여호와의 성전(제단)'에 더 큰 의미를 두고 있음을 알 수 있다. 왜냐면, "나는 이 땅을 네게 주어 업을 삼게 하려고 너를 갈대아 우리에서 이끌어 내었다"(창 15:7)고 말하고 있기 때문이다. 여기에서 '땅'은 제사장 국가의 성립을 의미하며, '제단'은 열방을 위한 제사장의 역할을 의미한다. 우리는 앞에서 "너는 בְּרָכָה가 되라"의 개념에 제사장적 의미가 담긴 것으로 보았는데, 땅과 제단은 이러한 제사장적 역할의 또 다른 표현으로 보인다.

---

267) Adar, *The Book of Genesis*, 50.

268) Adar, *The Book of Genesis*, 50.

한편, 아브라함의 언약적 사건 속에서 땅에 관한 약속은 항상 씨에 관한 약속과 병행하여 나타나는데, 이 '큰 민족'은 그 '씨'의 후손에 의하여 이루어질 것이고, 그 땅은 그 씨의 후손의 나라로서 주어질 것이기 때문이었다. 즉, 씨와 땅이 이와 같이 동시에 언급되는 이유는 '제사장 국가'의 비전이 하나님께 이미 있었기 때문으로 보인다.

나. 언약 성취를 의미하는 땅에 관한 약속

고대세계에서 모든 땅의 주인은 그 지역의 수호신들이었다. 더 나아가 그 지역의 왕은 그 신의 아들 혹은 그 신이 임명한 자로서 그 땅을 대신 다스렸다. 이때 왕은 왕궁 옆에 신전을 건립하였으며, 그 신전에 신의 형상을 두었고, 사람들은 이곳에서 예배 또는 제사를 드렸다. 이러한 고대근동지역의 양식 속에서 아브라함을 가나안으로 부른 것은 그곳에 여호와의 나라를 세우고자 함이었다. 그리고 여호와께서는 그 땅을 아브라함에게 주고 그곳에 여호와의 성전(신전)을 세우며, 이 성전의 제사장으로 아브라함과 그의 후손을 임명하여 이곳에서 בְּרָכָה로서의 소임을 다하게 하기 위해서였던 것으로 보인다.

따라서 이 땅의 약속이 실현된 것은 창세기 12:2-3의 언약 본문이 성취된 것을 의미한다. 이때부터 본격적인 열방을 위한 제사장의 구원행위가 시작된다. 이와 같이 땅에 관한 약속은 언약의 성취를 의미한다.

따라서 아브라함 언약의 최종적인 성취 시기는 땅이 주어지고, 그곳에 제단이 세워지며, 그곳에서 예배와 제사를 '업'으로 삼을 때이다.(창 15:7) 그리고 이때부터 본격적인 열방을 위한 제사장행위가 시작된다. 아브라함에게 땅의 문제는 아브라함에게 이와 같은 '언약의 성취'로서의 의미를 갖는다. 그렇기 때문에 땅에 관한 언급은 항상 아브라함의 언약적 사건의 결론부에 등장한다. 그리고 아브라함의 '언약 본문'은 항상 '땅과 제단'이라는 주제와 함께 짝을 이루어 등장한다. 이것은 언약 성취의 문제이기 때문이다.

다. 'זֶרַע, 자손, 씨'의 갖는 의미

여호와께서는 아브라함에게 "이 땅을 네 자손(씨, זֶרַע)에게 주리라"고 하신다. 여기에서 사용된 '씨'는 단수형으로서 이삭 한 사람을 지칭한다. 이삭은 이와 같이 탄생하지도 않은 상태에서 언약의 수혜자로 나타난다. 이 씨는 훗날 창세기 17장을 통해서 언약의 당사자로 나타난다. 여기에는 많은 복선이 깔려 있으며, '씨'에 관한 문제는 창세기 17장의 "할례를 통한 언약의 확장"에서 구체적으로 드러난다.

3. 단을 쌓고 여호와의 이름을 부르는 아브라함

가. 단을 쌓고 여호와의 이름을 부르는 아브라함

성경은 아브라함이 "자기에게 나타나신 여호와를 위하여" '단'을 쌓았다고 말한다. 로스(Ross)는 이것을 "하나님의 계시에 대한 아브라함의 응답이다"[269]고 말하며, 알더스(Aalders)도 "이 신현의 장소에서 예배가 이루어졌다"[270]고 말한다. 더 나아가서 데오도르(Theodor)는 창세기에 나타난 단의 용례들을 살펴보면서, "제단은 하나님과 교통하는 장소이며…, 아브라함의 삶을 상징해 주는 행위이며…, 하나님에 대한 경배를 상징하는 것이고…, 하나님께 자신을 드리는 예배와 경배의 의미가 있다"[271]고 말한다. 그 내용을 성경은 다음과 같이 소개한다.

> …그가 자기에게 나타나신 여호와를 위하여 그곳에 단(מִזְבֵּחַ)을 쌓고, 거기서 벧엘 동편 산으로 옮겨 장막을 치니 서는 벧엘이요 동은 아이라 그가 그곳에서 여호와를 위하여 단을 쌓고 여호와의 이름을 부르더니, 점점 남방으로 옮겨 갔더라.(창 12:7b-8)

아브라함의 최종적인 비전은 여호와의 나라(땅)에 여호와의 성전을 세우고 그 성전을 섬기길 원한다. 따라서 땅의 약속과 성전의 건립은 서로 직결되어 있다. 완전한 '땅'은 아직 주어진 것이 아니기 때문에 이제 아브라함은 '성전' 대신에 '제단'을 그곳에 쌓았으며, 그곳에서 '여호와의 이름'을 불렀다.

---

269) Ross, *Creation and Blessing*, 267.

270) Aalders, *The Book of Genesis*, 272.

271) Theodor, 「복의근원이 된 사람 아브라함」, 50-51.

나. 최종 언약의 선취를 의미하는 땅과 제단

아브라함의 언약에서 '땅'과 '제단'은 앞에서 언급한 바와 같이 이것이 최종적인 비젼이며 언약의 성취이다. 이것이 여호와의 부르심의 최종적인 목적이다. 알더스(Aalders)는 이곳에 나타난 '땅과 제단'에 관한 말씀을 "창세기 12:1에 주어진 약속의 성취"[272]로 본다. 요르단(Jordan)은 "제단을 세움으로써 아브라함은 그곳이 여호와의 땅임을 선언하였다"고 말한다.[273] 이에 반하여, 이 글에서는 이것을 창세기 12:3의 '온 백성들이 받는 복'이 시작된 것을 의미하는 것으로 보고자 한다. 창세기 12:1-3의 선취인 것이다. 이 안에는 이 세가지 약속 모두가 담겨져 있다. 모세오경의 저자는 이것을 아브라함에게 하신 최종 약속의 선취로 보고 있다. 이와 같이 땅의 약속은 최종적인 언약의 선취를 의미하기 때문에 '안식'과 '제사'와 함께 언급된다.

> 너희가 요단을 건너 너희 하나님 여호와께서 너희에게 기업으로 주시는 땅에 거하게 될 때 또는 여호와께서… 너희에게 안식을 주사 너희로 평안히 거하게 하실 때에, 너희는 너희 하나님 여호와께서 자기 이름을 두시려고 한 곳을 택하실 그곳으로… (신 12:10-11)

따라서, 여호와께서 아브라함에게 "땅을 주어 나라를 이루어 준다"면, 아브라함의 해야 할 일은 여호와를 위하여 단을 쌓고, 그의 이름을 부르며 열방을 위한 제사를 할 것이다. 그리고 이것이 이스라엘에게는 '안식'이 될 것이며, 이것이 모세오경의 관점에서 구원의 개념이다. 그리고 이 안식의 때에 행해질 일들은 열방을 위한 예배 행위일 것이며, 이 행위를 지금부터 한다는 것은 언약의 선취를 의미하기도 하였다.

다. 단에서 행해지는 일들

---

272) Aalders, *The Book of Genesis*, 272.

273) Jordan, 「창세기의 족장이야기」, 83.

아브라함은 그 제단에서 무엇을 하였을까? 성경에서는 "여호와의 이름을 불렀다"고 말한다. 이러한 "여호와의 이름을 부르는 행위"는 창세기 12, 13장에서 다섯 차례나 반복적으로 소개된다. 모세오경 저자는 이 행위를 매우 중시 여기고 있다. 브로그만(Brogman)은 이 단은 마치 다른 이방의 나라들에서 자신의 신들에게 제사를 지내듯이 여호와와의 지속적인 교통의 장이었다고 말한다.[274] 월키(Waltke)에 의하면, 이때 아브라함의 세운 제단은 가나안의 제단이 아니라, 노아를 계승한 제단을 쌓았다고 말한다.[275] 아브라함은 이방신들에게 하는 행위를 대체하는 어떤 행위를 이 제단에서 수행하였다.

이 '단을 쌓음'에 대해서 왈톤(Walton)은 "아브라함이 그의 예배의 필요들을 채우려는 것으로 보인다"[276]고 말하며, 베스터만(Westermann)도 "이것은 예배행위를 나타내는 전형적인 표현이다"[277]고 말하며, 심지어 어떤 사람들은 이것을 '복음전파행위'[278]로 까지 설명하려한다. 웬함(Wenham)은 이것은 분명한 예배행위로 라고 말한다.[279] 브루그만(Brueggemann)은 "이 구절은 의심의 여지없이 일정한 제의행동에 대해서 언급하고 있다"[280]고 말한다.

아브라함은 분명히 이 '제단'에서 여호와의 제사장으로서 모종의 행위를 하였음이 분명하다. 그는 제사장적인 행위를 한 것으로 보이는 데, 그것은 곧 창세기 12:2b의 명령을 좇은 'בְּרָכָה적 행위'로 추정될 수도 있겠다. 이 'בְּרָכָה'의 의미를 아브라함이 바르게 이해했다면, 그는 이 의미와 연결되는 창세기 12:3의 '열방의 축복'과 관련된 행위를 이곳에서 실행하였다. 즉, "열방과 이웃을 축복하는 행위"를 한 것으로 추정된다. 이것은 창세기 14장의 그돌라오멜로부

---

274) Brogman, *Genesis*, 62; Leupold, 「창세기(상)」, 360 : H.C. 류폴드에 의하면, 'מִזְבֵּחַ (단, 제단)'은 '살륙을 위한 장소' '희생제사를 위한 장소'로서의 의미를 가지고 있으며, "족장들의 종교는 희생제사였다"고 말한다.

275) Waltke, *Genesis,* 208.

276) Walton, 「창세기」, 577.

277) Westermann, 「창세기 주석」, 163.

278) Jordan, 「창세기의 족장이야기」, 83.

279) Wenham, *Genesis 1-15*, 280.

280) Walter Brueggemann, 「창세기」, 강성열 역 (서울: 한국장로교출판사, 2000), 203.

터 소돔과 고모라를 구원한 사건과, 창세기 18:18-19에서 나타난 "소돔과 고모라를 위한 중보기도"에서도 드러난다.

라. '단(מִזְבֵּחַ)'의 용례에 대한 이해

'단(מִזְבֵּחַ)'에 대한 이해를 좀더 면밀하게 하기 위해서 그 용례를 문예비평적 관점에 따라 살펴볼 필요성이 있다. '단'에 대한 이해는 이곳에서 아브라함이 어떤 행위를 했는지를 추정하게 한다. 모세오경의 저자는 오경 내에서는 동일한 의미를 가지고 이 '단(מִזְבֵּחַ)'이라는 용어를 사용했을 것이기 때문이다.

먼저, 이 '단(מִזְבֵּחַ)'이라는 용어는 맨 먼저 노아의 제사에서 나타난다. 창세기 8장에는 이곳에서 행해진 행위가 '번제'(창 8:20)였다고 표현한다. '번제'라는 용어는 이미 사용되고 있었다.

두 번째, 이 '단(מִזְבֵּחַ)'은 이곳 창세기 12:7의 아브라함의 언약을 확정할 때 나타난다. 그리고 더 나아가 창세기 22장에서는 '이삭 번제'라는 용어가 나타난다. 이것은 창세기 15장, 17장, 및 22장 등의 행위를 제사의 일환으로 파악할 수 있는 가능성을 제시한다.

세 번째, 이 '단(מִזְבֵּחַ)'은 시내산 언약체결시와 레위기의 제사가 진행되는 곳으로서 나타난다. 이곳에서 '번제단'이라는 구체적인 이름으로 나타난다. 그리고 "언약을 체결하다"에서 '체결하다'의 동사가 כָּרַת(창 15:18)인데, 이것은 '쪼개다, 자르다'의 의미로서 제사의 제물을 '자르는 행위'를 의미한다. 그렇다면, 이 '제단'과 '제사' 그리고 '언약'은 서로 연계된 용어임을 추정하게 한다. 제단은 언약체결의 장소였으며, 아브라함은 이것을 이해했을 수도 있다. 그래서 그는 그가 머무는 곳에서는 어디에서든지 단을 쌓고 여호와의 이름을 불렀다.

5절 언약의 위기로서의 사래 사건 (창 12:10-20)

1. 가나안에 발생한 기근과 애굽으로 피신하는 아브라함

가나안에서 언약적 삶을 시작한 아브라함에게 갑작스러운 위기가 찾아 왔다. 가나안 땅에 큰 기근이 온 것이다. 류폴드(Leupold)에 의하면, "태고적부터 가나안 땅에는 기근들이 정기적으로 있어왔다"[281]고 말한다. 아브라함은 기근을 피하여 물이 풍부한 애굽으로 피난을 가야만 했는데, 이때 아브라함은 많은 소유들을 수반하고 갔을 것으로 추정된다.[282] 이러한 위기를 모세오경의 저자는 '공백'으로 처리하고 있다. 이 기근은 가나안 전역에 일어난 것으로서, 이런 피난은 하나의 난민을 이루어 애굽으로 유입되었다.

이때 아브라함에게 가장 난처한 것은 아내 사라의 미모였다.[283] 터너 (Turner)는 "그녀의 아이 없음이 그녀를 여전히 아름답게 한 것으로 보인다"고 말한다.[284] 아브라함이 이제 망명객이 되면 그 곳에서 방랑자의 처지에 있게 되며, 그 나라의 불법자들은 나그네 된 자신을 죽이고 그의 아내를 차지해도 아브라함은 하소연할 곳이 없어 보였다.[285] 당시의 정황에서 이러한 것은 빈번했을 수 있는데, 이러한 두려움에 처한 아브라함은 아내를 누이라고 속이기에 이르렀다.[286] 한편, 이것은 처음 출발시부터 서로 약속되었거나,[287] 아니면 남편의 생명을 지키기 위한 사래의 지혜로운 처사였을 것으로 추정된다.[288] 따라서 이것은 거짓말임에도 불구하고, '기술적인 진실'[289]로 말해질 수도 있었다. 그럼에도 불구하고 하워드 보스(Howard F. Vos)는 이것은 여호와의 시험이었으며, 아브라함은 여기에서 실패하였다고 말한다.[290]

2. 애굽의 궁전에서 일어난 사래 사건

---

281) Leupold, 「창세기(상)」, 362.

282) James G. Murphy, *Commentary on the Book of Genesis* (Boston: Estes and Lauriat, 1873), 271.

283) Wenham, *Genesis 1-15*, 288.

284) Turner, *Genesis*, 65.

285) Westermann, 「창세기 주석」, 166.

286) Wenham, *Genesis 1-15*, 288.

287) Lange, 「랑게주석, Vol. 2, 창세기」, 44.

288) Skinner, *Genesis*, 249.

289) Derek Kidner, *Genesis*, An Introduction and Commentary (Downers Grove: Inter-Varsity Press, 1973), 116.

290) Howard F. Vos, *Genesis* (Chicago: Moody Bible Institute, 1982), 62.

아브라함 당시의 애굽은 고도로 발달한 사회였다. 이 시기의 애굽은 이미 고왕국 시대를 지나서 중왕국 시대 혹은 중왕국 시대를 지난 제2중간기에 해당한다.291) 이미 그곳은 신정국가로서 존립하고 있었으며, 이미 대국으로서의 위치를 점하고 있었다. 이미 피라미드가 세워지는 지역이었으며, 문명이 고도로 발달하였다. 바로는 애굽의 태양신 로의 아들이었으며, 바로라는 이름은 구약에 나오는 모든 애굽 왕에 대한 히브리 명칭이다.292) 이러한 상황 속에서 아브라함 시대의 기근은 오리엔트 지역 전역에 확산되었던 것 같다. 요셉의 때와 같은 기근으로 보인다.

이렇게 제국과도 같은 규모 국가의 수장인 바로가 어떻게 사라를 알게 되었는지는 모르지만, 그녀는 바로 왕의 구애로 인하여 바로의 궁에 들어가게 되었으며, 그녀는 왕을 만나기 위해 대기 중이었던 것으로 보인다.293) 이때 사라의 처지에 대해서 저자는 '공백'으로 두고 있다.

다만, 여기서 저자의 강조하고자 하는 것은 여호와의 직접적인 개입으로 아브라함의 잃어버린 아내를 다시 찾은 것이다. 이와 같은 여호와의 직접적인 개입으로 인하여 여호와와 아브라함의 언약적 위기가 극복되었다는 것이다. 성경본문은 이것을 다음과 같이 소개하고 있다.

이에 바로가 그를 인하여 아브람을 후대하므로 아브람이 양과 소와 노비와 암 수 나귀와 약대를 얻었더라. 여호와께서 아브람의 아내 사래의 연고로 바로와 그 집에 큰 재앙을 내리신지라. 바로가 아브람을 불러서 이르되 네가 어찌하여 나를 이렇게 대접하였느냐 네가 어찌하여 그를 네 아내라고 내게 고하지 아니하였느냐. 네가 어찌 그를 누이라 하여 나로 그를 취하여 아내를 삼게 하였느냐 네 아내가 여기 있으니 이제 데려가라 하고 바로가 사람들에게 그의 일을 명하매 그들이 그 아내와 그 모든 소유를 보내었더라. (창 12:16-20)

---

291) 문희석, 「구약성서배경사」, 116.

292) Keil C. F. · Dellich, 「구약주석, Vol. 1, 창세기」, 고영민 역 (서울: 기독문화사, 1979), 217.

293) Wenham, *Genesis 1-15*, 289.

여호와가 애굽 왕으로부터 직접 사라를 구원한 사건은 이스라엘 자손에게 있어서 대대로 기념이 되는 사건이었다. 한편, 이때 많은 사람들은 아브라함의 거짓말과 도덕성에 많은 문제를 제기하나,294) 실질적으로 모세오경의 저자는 이 사건에 대해 그런 관점에서 소개하고 있지 않으며, 또한 이 사건을 가리켜서 아브라함의 믿음 없음이라고도 말하지 않는 것이 특이하다. 스페이서 (Speiser)는 이 이야기가 족장사에서 세 차례나 하나의 양식을 이루어서 발생한다고 하면서 "나래이터는 이 사건을 소개하면서 그다지 놀라지도 않는다"295)고 말한다. 왈톤(Walton)도 이것은 "다만 언약에 대한 장애를 하나님께서 어떻게 극복하셨는가를 보여주고만 있다"296)고 말한다.

그러나, 브로그만(Borgman)이나 터너(Turner)는 궁극적으로 그의 '거짓말'로 인하여서 하마터면 애굽에 재앙이 일어날 뻔 하였으며, 이 일과 관련하여서 "그는 '복'이 아니라, 도리어 '저주'를 불러올 뻔 하였다"297)고 한다. 아다르(Adar)에 의하면, 이 사건으로 인해서 아브라함의 연약함이 드러났으며, 바로는 오히려 칭찬 받을 만한 행동을 하였다고 말한다.298)

3. 사래사건이 갖는 의미: 자손(씨)에 대한 소유권 주장

족장들의 전통 속에서 반복되는 이러한 '족장 아내의 위협' 사건에 대해서 스페이서(Speiser)는 이것을 "족장 이야기로서 반복되는 하나의 양식"299)으로 파악하고 있다. 따라서 이 사건은 중요한 사건이어서 어떤 의미 있는 해석이 요청되어진다.

---

294) Ross, *Creation and Blessing*, 273.

295) Speiser, *Genesis*, 91.

296) Walton, 「창세기」, 582.

297) Paul Borgman, *Genesis: the Story We haven't Heard* (Downers Grove: Intervarsity Press, 2001), 42 : Turner, *Genesis*, 66.

298) Adar, *The Book of Genesis*, 51.

299) Speiser, *Genesis*, 91.

가. 씨에 대한 위협으로서의 사라사건

이 사건은 분명히 씨를 위협하는 사건이었으며, 나아가서 언약전체에 대한 위협이었다.300) 앤드류 힐(Andrew E. Hill)은 이 문제를 '상속'과 관련하여 바라본다.301) 만일 애굽 왕이 사라를 탐내 그의 후궁으로 삼고, 사라가 그 사람의 아이를 낳으면 여호와와 아브라함 사이의 언약은 파기되기 때문에, 힐(Hill)은 이와 같이 문제를 상속권 쟁탈전이라는 이슈로 파악한다. 더 나아가서 그는 아브라함의 생애 속에서 일어난 롯, 엘리에셀, 이스마엘, 및 이삭 번제의 사건 등 모두를 이와 같은 상속권의 문제로 바라본다.

세일해머(Sailhamer)에 의하면, 족장 이야기에서 반복되는 족장 아내들의 사건들은 모두 "이주, 속임, 탈취, 구원, 대면, 결론"으로 이루어진 공통적 양식을 이루고 있으며, 이 사건들의 공통점은 모두 씨에 대한 위협이었다고 한다.302) 이 사건을 베스터만(Westermann)은 '위기에 처한 조상의 어머니'303)라고 부른다.

나. 출애굽의 모형으로서의 사라사건

로스(Ross)는 이 사건을 출애굽에 대한 모형이라는 관점에서 그 신학적 의미를 부여하며,304) 카이저(Kaiser)는 "여호와의 능치 못함이 없음을 보여주는 것"305)이라는 데에 의미를 부여한다. 즉, 웬함(Wenham)은 애굽에서 나온 이 사라 사건을 훗날 이스라엘의 출애굽과 연결시킨다. 그는 이 사라를 통한 보상도 출애굽시에 이스라엘 백성들이 받은 은금과 평행을 이룬다고 말하며,306) 코터(Cotter)도 바로를 경책하는 도구로서의 '전염병'도 이 사건과 평행을 이

---

300) Adar, *The Book of Genesis*, 53.

301) Andrew E. Hill · John H. Walton, 「구약개론」, 엄성옥 · 유선명 · 정종성 역 (서울: 은성, 2001), 73.

302) Sailhamer, 『서술로서의 모세오경』, 269.

303) Westermann, *Genesis*, 101.

304) Ross, *Creation and Blessing*, 274.

305) Kaiser, 「구약성경신학」, 123.

306) Wenham, *Genesis 1-15*, 296.

룬다고 말한다.307) 많은 학자들이 이 사건을 출애굽의 모형으로 연결시킨
다.308)

다. 여호와의 소유권 주장으로서의 사라사건

이 사건은 씨에 대한 위협으로서 언약의 내용 전체에 대한 위협이었으며,
사라가 애굽의 궁궐로 들어갔을 때 아브라함의 씨는 죽음을 경험하였다. 그리
고 이어서 일어난 사라의 구원은 그 씨의 부활을 의미한다. 이것은 출애굽의
취지와 동일하다. 따라서 이 사건은 출애굽의 취지를 좇아서 해석하는 것이
바람직할 수 있다.

그럴 경우 이 여호와의 구원사건은 그 씨에 대한 '여호와의 소유권주장'으로
직결될 수 있다. 이 사건으로 말미암아 그 씨는 이제 여호와에게 속한다. 이제
그 '씨'와 그 '대대의 후손'은 출애굽기 19:5,6의 시내산 언약에서 천명되는
바와 같이 '여호와의 소유, 여호와의 백성'이 되어야 한다. 이러한 출애굽의
정신이 여기에서부터 나타난 것이다. 여호와께서는 아브라함을 통해서 나라를
세우시되, 아브라함의 나라가 아닌 여호와의 나라를 세우고자 하신다. "여호와
의 소유된 제사장 국가"(출 19:5-6)를 세우고자 하는 비전이 이미 여기에서
부터 나타나고 있었다. 이러한 아브라함의 후손에 대한 '여호와의 소유권 주
장'은 창세기 17장의 할례사건과 창세기 22장의 이삭 번제에서도 동일하게
반복하여 나타난다.

6절 '언약적 삶'을 시작한 아브라함 (창 13장)

1. 가나안으로의 복귀한 아브라함 (창 13: 1-4)

하나님의 큰 기적이 기근시에 발생했던 사라사건을 통해서 나타났다. 바로
는 전폭적으로 변하였고, 도리어 아브라함을 후대하며, 그에게 상당한 가축들
을 주었다. 그리고 이로 인해 도리어 아브라함이 애굽에서 나올 때, 많은 은금
이 풍부하게 되었다. 아브라함은 애굽으로 내려갔다가(went down to Egypt)

---

307) Cotter, *Genesis*, 92.

308) Sailhamer, *The Pentateuch as Narrative*, 142.

다시 가나안으로 올라온(went up from Egypt) 것이다.309) 그런데, 모세오경 저자의 판단에 아브라함에게 중요한 것은 "처음 단을 쌓고 여호와의 이름을 부른 곳에 돌아왔다"는 사실이다. 즉, 이 '제단'은 언약에 대한 보증이기 때문이다. Bruce K. Waltke는 이것은 아브라함이 육체적으로 영적으로 그의 처음 약속과 믿음으로의 회복된 것을 의미한다고 말한다.310) 그 내용은 다음과 같다.

> 아브람이 애굽에서 나올새 그와 그 아내와 모든 소유며 롯도 함께 하여 남방으로 올라가니, 아브람에게 육축과 은금이 풍부하였더라. 그가 남방에서부터 발행하여 벧엘에 이르며 벧엘과 아이 사이 전에 장막 쳤던 곳에 이르니, 그가 처음 단을 쌓고 여호와의 이름을 부른 곳으로 돌아왔다. (개역성경: 그가 처음으로 단을 쌓은 곳이라 그가 거기서 여호와의 이름을 불렀더라) (창 13:1-4)

위의 본문 해석과 관련하여서 4절의 본문에 대한 해석을 "처음 단을 쌓고 여호와의 이름을 부른 곳에 돌아왔다"로 하고자 한다. 마소라 본문은 다음과 같다.

אֶל־מְקוֹם הַמִּזְבֵּחַ אֲשֶׁר־עָשָׂה שָׁם בָּרִאשֹׁנָה וַיִּקְרָא שָׁם אַבְרָם בְּשֵׁם יְהוָה :

위에서 4절의 맨 뒤에 '씰룩'이 있으므로 이 문장은 두 문장이 아니라 한 문장인데, 그 첫 단어가 אֶל־מְקוֹם הַמִּזְבֵּחַ 곧 '제단의 장소로 (돌아왔다)'로 되어있으며, 그 뒤에 '관계사' אֲשֶׁר 가 있다. 따라서 그 이후의 전체 문장이 이 '제단의 장소로 (돌아왔다)'로 종속되어야 하는 것으로 보인다. 즉, '쌓았다'라는 동사와 '여호와의 이름을 불렀다'라는 동사가 이 한 단어 '제단의 장소로 (돌아왔다)'를 수식하고 있다. 여기서 중요한 단어는 오히려 אֶל 이라는 단어인데, 이것은 아브라함이 '언약이 실행되던 장소'로 돌아왔음을 강조하고 있는 용어

---

309) Laurence A. Turner, *Genesis*, 67.

310) Bruce K. Waltke, *Genesis*, 220.

이다. 즉, 그 이전에 행하던 '제사장적인 삶'의 그 장소로 돌아온 것이다. 이것은 그 전에 그가 계속 이러한 '제사장적인 삶'을 살고 있었음을 반증하는 것이다.

앞에서 우리는 살펴본 것과 같이 '땅'과 '제단'은 항상 함께 따라다닌다. 여호와께서 '땅'을 확보하는 이유는 그 '땅'에 여호와의 나라를 세우기 위한 것이었다. 이에 따라 그 '땅'에는 '신전'이 반드시 건립되어야 한다. 또한 아직 완전하지는 않지만 잠정적으로라도 주어진 '땅'일지라도 그곳에서도 '단'은 건립되고, 여호와를 향한 '제사장'행위는 시작되어야 한다. 이러한 의미에서 '땅'과 '제단'은 항상 함께 따라다닌다. 위의 본문은 이러한 '땅'과 '제단'에 아브라함이 다시 돌아왔다는 사실이다.

2. 롯과의 분리에서 나타난 아브라함의 בְּרָכָה 로서의 태도 (창 13:5-13)

아브라함의 언약에 대한 '믿음'과 '순종'의 태도는 '단'을 쌓고, "여호와의 이름을 부르는 행위"에만 나타난 것은 아니다. 그의 언약에 대한 이러한 태도는 '열방'을 대신하고 있는 '이웃'을 향하여 분명히 나타나고 있다. 가나안으로 복귀한 후, 아브라함의 재산은 크게 증식이 되어서 개인적인 사병을 기를 수 있을 만큼 되었다. 그런데 이때 조카 롯과의 관계에서 문제가 발생하였는데, 아브라함의 종들과 롯의 종들 간의 다툼이 일어난 것이었다. 이것은 서로가 소유가 많아서 발생하게 된 다툼으로서 '축복'이 그 원인이었으며,311) 이것은 창세기의 여러 족장들 사이에서도 지속적으로 나타난다.

롯은 어떻게 보면 아브라함의 신앙 동역자이자, 아들 같은 조카였으며, 서로 의지하여 주변 국가들의 위협을 방어할 수 있는 동료였다.312) 어떤 학자는 아브라함은 그의 조카 롯을 아브라함은 무자하여 양자처럼 생각하고, 후사처럼 생각했을 것이라고 말한다. 그럼에도 불구하고, 생업에서의 충돌은 지속적인 고통을 산출하고 있었다. 이러한 사태를 접하면서 아브라함은 자신들의 노력으로는 해결할 수 없는 부득이한 사항이 발생했음을 깨닫는다. 이에 대해 베

---

311) Wenham, *Genesis 1-15*, 296.

312) 칼빈, 「창세기 주석」, 352.

스터만은 "싸움이나 전쟁은 영토와 양식의 문제에서 발생하며,"313) "족장 아브라함은 자신의 권리를 포기함으로써 분쟁을 평화롭게 해결하였다"314)고 말한다.

　Waltke에 의하면, 이때 아브라함은 그의 '관대함'으로 'peace maker'로서 행한다.315) Zvi Adar는 아브라함은 롯에게 이곳에서는 '평화의 사람'이다고 말하며, 다음에는 '구원의 사람'으로 나타난다고 말한다.316) 이것은 아브라함이 여호와 앞에서 'בְּרָכָה'로서의 삶을 추구하여 '축복하는 자'로서의 '이웃사랑'을 추구하는 자가 되어 있었다고 보아야 한다.317) 이에 따라 최선을 다하여서 롯을 사랑으로 배려한다.318) Waltke에 의하면, 그는 아들과 같은 롯을 평등하게 '형제, אָח'로서 대한다.319) 그리하여 롯에게 다음과 같이 말한다.

　아브람이 롯에게 이르되 우리는 한 골육이라 나나 너나 내 목자나 네 목자나 서로 다투게 말자. 네 앞에 온 땅이 있지 아니하냐 나를 떠나라 네가 좌하면 나는 우하고 네가 우하면 나는 좌하리라. (창 13:8)

'축복하는 자, בְּרָכָה'로서의 삶은 이와 같이 기도행위 속에서 뿐 아니라, 삶 속에서의 '덕과 관용'으로 자리 잡는다. 이러한 것을 보더라도 아브라함은 'בְּרָכָה적 삶'에 자신의 인생의 방향을 정하고 살고 있음을 알 수 있다. 아브라함의 삶에 대해서 창세기에서는 언약과 관련된 것 외에 별다른 것에 대해서는 침묵하고 있다. 그러면서도 우리는 몇 가지의 소개를 통해서 이 '여백'을 메울 수 있다. 이러한 삶의 태도는 단지 롯이 아니라, 모든 사람에게도 이와 같은 축복자로서의 태도를 견지한 것으로 보인다. 여호와의 방문언약(창 18:1-5)에

313) Westermann, *Genesis*, 107.
314) Westermann, *Genesis*, 109.
315) Waltke, *Genesis*, 224.
316) Zvi Adar, *The Book of Genesis*, 54.
317) Wenham, *Genesis 1-15*, 300.
318) 칼빈, 「창세기 주석」, 356.
319) Waltke, *Genesis*, 221.

나타난 '부지중 천사를 대접한' 아브라함에 대한 후대의 평가(히 13:2)도 이와 같으며, 궁극적으로는 창세기 26:5에서는 아브라함의 생애 전체를 요약하면서 "아브라함은 내 말에 순종하고 내 명령과 내 계명과 내 율례와 내 법을 다 지켰다"고 선포하기에 이른다.

사후적으로 볼 때, 롯은 모압과 암몬족속의 조상이다. 그리고, 모압은 다음에 이스라엘이 출애굽하여 가나안으로 돌아올 때에 그 길을 막았던 민족이었다. 이에 대해 모세오경의 저자는 롯을 언약에서 배제시키고자 한다.[320] H.C. 류폴드는 소돔과 고모라를 선택하는 롯을 향하여 '롯의 타락'을 말한다.[321] 이에 대해 여호와께서는 그를 그 약속의 땅에서도 배제시키고자 한다. 그래서, 오경의 저자는 아브라함과 롯의 다툼을 소개하며, 이와 같은 연유로 인하여 롯은 풍요로 가득 차 보이는 소돔을 향하여 떠나게 된다.

롯과의 분쟁은 아브라함으로 하여금 "하나님께서 일찍이 보여주신 그 약속의 땅"에 이르게 하였다. 하나님께서 세상을 사랑하였던 롯을 약속의 땅에서 배제하신 것이었다. 그리고, 이제 헤브론에 있는 마므레 상수리 수풀 근처에서 아브라함은 또 다시 'בְּרָכָה'적 임무를 실행할 수 있는 '제단'을 세우고, 이제 정식으로 그의 삶은 'בְּרָכָה'로서의 삶으로 진입하였다. 마므레 상수리 수풀 지역은 상수리 나무의 위용으로 인해 당시에 종교적으로 유명한 장소였다. 아브라함이 이 지역을 떠나지 않은 것은 아마 이러한 종교적 행위와 관련된 것으로 보인다.

3. '땅'과 '제단'을 통해 언약을 '확증'하는 여호와

가. 약속을 확증하시는 여호와 (창 13:14-17)

여호와께서는 아브라함의 언약의 결론을 항상 '땅'과 관련하여서 맺으신다. 이것은 앞에서도 언급한 바와 같이 최종적인 '언약성취'의 모습이기 때문이다. 아브라함의 비전은 그의 '후손'과 백성들이 '땅'을 소유하고, 그곳에 '신전'을

---

320) Wenham, *Genesis 1-15*, 299.

321) H.C. Leupold, 「창세기(상)」, 370.

건립하고, 그곳에서 '열방의 아비'로서 '제사와 예배' 등의 'בְּרָכָה로서의 행위'를 하는 것이었다. 이것은 '땅'과 '신전'으로 표현되었다. 따라서, '땅'에 관한 약속이 있는 곳에서는 '단'에 관한 이야기가 나와야 한다.322) 이것은 예언의 선취와 같은 역할을 한다. 다음의 본문은 이것을 잘 말해 주고 있다.

> 롯이 아브람을 떠난 후에 여호와께서 아브람에게 이르시되 너는 눈을 들어 너 있는 곳에서 동서남북을 바라보라 보이는 땅을 내가 너와 네 자손에게 주니(혹은, 주리니) 영원히 이르리라. 내가 네 자손으로 땅의 티끌 같게 하리니 사람이 땅의 티끌을 능히 셀 수 있을진대 네 자손도 세리라. 너는 일어나 그 땅을 종과 횡으로 행하여 보라 내가 그것을 네게 주리라. 이에 아브람이 장막을 옮겨 헤브론에 있는 마므레 상수리 수풀에 이르러 거하며 거기서 여호와를 위하여 단을 쌓았더라(창 13:14-18)

위의 '땅' 약속에는 이미 '언약의 내용'이 모두 포함되어 있다. 위에서 '너의 זֶרַע, 씨, 자손'의 의미하는 바가 '너로 큰 민족을 이루고'를 나타내고 있으며, '땅의 티끌'이 '모든 민족들이 받는 복, 혹은 열방의 아비'를 나타내고 있다. '땅'에 대한 약속은 창세기 12:2a의 '큰 민족'과 3절의 '열방의 아비'의 약속의 성취를 나타낸다. 그렇다면, 12:2b의 'בְּרָכָה가 되라'는 내용은 어디에 있나? 그것은 "여호와를 위하여 단을 쌓았더라"가 이에 대한 반응이다. 한편, 마므레와 헤브론은 아브라함 이야기의 중심지가 되며, 상수리 나무는 당시 종교적 관점에서 그 상수리 나무로 인하여 '신탁'과 관련한 장소로 유명하였다.323)

미래에 주어질 '약속의 땅'을 임시적으로나마 지금 확보하여 누리며, 그곳에 세워질 '신전'을 대신하여 '단'을 쌓고, 지금부터 'בְּרָכָה'로서의 소명을 이행하고자 한다. 즉, 아브라함의 구원은 '이미' 성취되어 시작되었으나, '아직' 그 완성에 이르지는 아니하였다. 그러나 지금부터 누릴 수 있게 된 것이다. 위의 '땅'

---

322) 한편, '제사언약'에서는 '땅'에 관한 약속(창 15:8)이 후에 '제사'(창 15:9) 자체가 나타난다. 그리고 '할례언약'에서는 '땅'에 관한 약속(창 17:8) 후에 '할례'(창 17:9)가 나타난다. 따라서 '제사'나 '할례'는 모두 '단'과 관련한 사건이다. (필자)

323) Wenham, *Genesis 1-15*, 299.

과 '제단'에 관한 말씀은 이것을 의미하고 있다.

이제 '사라사건' 이후에 흉년도 잦아들었고, 이젠 다시금 이전의 '약속의 땅'으로 복귀한 것이다. 아직은 아브라함의 소유가 아니지만 여호와께서 주시겠다고 약속한 그곳이었다.

나. 너는 일어나 그 땅을 종과 횡으로 행하여 보라

Bruce K. Waltke는 아브라함이 여호와의 말씀에 따라 그 땅을 종과 횡으로 '걷는 것'은 그것에 대한 '법적인 습득 행위'를 상징한다고 말한다. Bruce K. Waltke에 의하면, 당시의 왕들은 그들의 영토를 이와 같이 걷는 것을 통해서 그의 영역임을 주장했다고 한다. 기록에 의하면, BC 3000년경의 이집트 파라오가 그리하였고, BC 1300년경에 히타이트의 왕이 그와 같이 하였으며, BC 1400년경의 우가릿시에 의하면 바알신이 다른 신들과 인간들에게 그의 새로운 왕권을 주장하기 위해서 그렇게 하였다. 또한 성경 속에서의 유사한 예로서는 여호와의 명령을 받은 여호수아가 여리고성을 점령할 때 그와 같이 하였다.[324] John D. Currid는 그러한 걷는 행위는 그 땅에 대한 '소유와 권리'를 주장하기 위한 예식적 행위로서 '군주의 존재'에 대한 상징이었다고 한다.[325]

다. 'בְּרָכָה'와 아브라함의 '업'과의 관계

이것은 이 단에서 '예배 행위'가 일어났음을 의미하며, 아브라함이 이것을 '업'처럼 삼았음을 시사하고 있다. "בְּרָכָה가 되라"를 이 글에서는 "축복하는 자가 되라"고 해석할 것은 제안하고 있는데, 이러한 행위는 '제단'에서 '여호와의 이름'을 부르며 시작된다. "בְּרָכָה가 되라"에는 '믿음과 행위' 등의 명제를 의미하지만, 이것을 외적으로도 표현가능한데, 그럴 경우 이것은 "제사장이 되라"는 의미와도 상통한다. 창세기 18:19에서는 여호와께서 아브라함에게 '중보기도'를 요청하며, 이것을 위해 '너를 불렀다'고 말하고 있기 때문이다. '중보기도'가 아브라함을 부른 이유이며, 이것은 '업'으로도 불리울 수 있다.

---

324) Waltke, *Genesis*, 223.

325) Currid, *A Study Commentary on Genesis*, 273.

이 '제단'과 "여호와의 이름을 부르는 것"을 합하여 우리는 'בְּרָכָה적 삶의 시작'이라고 말할 수 있겠다. 이것은 아브라함의 삶 자체가 이제는 '여호와의 제사장'이 되었음이 보여준다.

한편, 이 다음 부터는 이러한 행위가 직접적으로 소개되지 않을 수 있다. 그래도 우리는 아브라함에게 이러한 삶이 지속되었음을 전제하여야 한다. 왜냐하면, 만약 아브라함이 이러한 행위를 중단했다면, 저자는 이것은 '언약을 위반'한 것이기 때문에 이에 대해서 언급하여야 한다. 그래서, 이러한 언급이 없다면, 이러한 삶은 지속되고 있다고 전제하여야 할 것이다. 그리고 이것은 그에게 '업'이 되었을 가능성이 매우 높다.

라. '땅'과 병행하여 나타나는 '제단'

아브라함에게 있어서 '제단'은 항상 '땅'과 병행하여 나타난다. 아브라함의 비전은 바로 '여호와의 나라'가 세워지면, 그곳에서 '신전'을 세우고, 그곳에서 열방을 위해 기도하는 '왕 같은 제사장'이 되는 것이었다. 이것을 '업'으로 삼는 것이었다. 이것이 그에게는 '구원'이었다.326)

그래서, 여호와께서는 아브라함에게 '언약의 내용'을 말씀하시고, 이 '언약의 내용'은 '씨'로 대체되기도 한다. 그리고 그 '언약의 내용, 혹은 씨' 다음에는 항상 '땅'을 말씀하신다. 왜냐면, 이것은 그 '언약의 내용'의 성취에 해당하기 때문이다. 그리고 그 '땅'이 언급된 다음에는 항상 '제단'이 언급되어야 한다.327) 이것은 '여호와의 신전'이었으며, 아브라함의 '열방'을 위한 '제사'를 통한 통치행위가 시작되는 곳이기 때문이다. 아브라함이 다시 그 '약속의 땅'으로 돌아오자 이제 아브라함은 곧바로 '제단'을 다시 쌓는다.

이와 같이 '땅'과 '제단'은 아브라함이 바라보는 '최종적인 비전'이었으며, '구원'의 개념이었다. 그리고 지금 '땅'이 잠정적으로라도 주어진다면, 이곳에

---

326) 그리고 이러한 '구원'의 개념은 현대의 기독교적 구원의 개념이 되어서 '새 하늘과 새 땅'의 개념으로 발전하였다.(필자)

327) '제사언약'에서는 '제단'에서 '여호와의 이름을 부르는 행위' 대신에 '제사행위'가 이어지고, '할례언약'에서는 '할례행위'가 이어지는데, 이것은 곧바로 '제단'에서 '여호와의 이름을 부르는 행위' 혹은 '예배'의 일환이었던 것으로 보인다. (필자)

서 '단'을 쌓고 '여호와의 이름을 부르는 행위'는 시작되어야 한다. 이것이 아브라함의 '사역'이었으며, 여호와를 섬기는 방법이었다.

마. '창세기 12:1-8'와 인크루지오를 이루는 '창세기 13:14-18'

창세기 12:1-4에서는 여호와께서 아브라함에게 언약을 제안하며 갈대아 우르를 떠나라고 하시며, 이에 응답하여 가나안으로 들어오는 모습을 제시한다. 그리고 이제 일련의 사건들을 접하면서, 특히 사라사건을 접하면서 이러한 언약에 대한 위기를 극복하고 다시금 아브라함이 이제 언약적 삶을 가나안에서 시작하였다.

이제 여호와께서는 창세기 13:15-18에서 위에서 설명한 바와 같이 다시 한번 그 언약을 언급함을 통해서 그 언약의 확실성을 강조하고 있다. 이것은 문예적인 인크루지오 기법으로서 어떤 이슈를 강조할 때 사용되는 기법이다. 그리고 여기에서 아브라함의 가나안 정착단계의 초기생애는 마무리된다.

7절   창세기 12,13장의 요약

1. 언약조항으로 구성된 언약 본문

창세기 12:1-4에 나타난 아브라함 언약의 사건은 1절은 여호와의 부르심이며, 2-3절은 그 부르심의 내용, 혹은 언약의 내용이고, 4절은 이에 대한 아브라함의 순종을 통한 응답이다. 즉, 창세기 12:1의 부르심은 여호와께서 아브라함을 종으로 부르신 것이었으며, 창세기 12:2-3의 부르심의 내용은 이러한 주종관계가 언약적 내용으로 전개된 것이고, 창세기 12:4의 아브라함의 응답은 아브라함이 이에 순종하여 여호와의 종이 된 것을 의미한다.

한편, 언약 본문으로서의 창세기 12:2-3은 일반적으로 여호와의 아브라함을 향한 축복의 약속으로만 간주되어 왔다. 이에 반하여 이 글은 이 언약 본문들이 여호와와 아브라함 및 열방까지도 언약의 당사자로 나타나는 언약 조항으로 구성된 것으로 보고 있다. 창세기 12:2-3에 나타난 여호와와 아브라함 및 열방이라는 세 주체 각각에게 적용된 명령형 혹은 재귀형 동사가 이것을 의미하는 것으로 보이기 때문이다.

즉, 창세기 12:2a의 "내가 너로 큰 민족을 이루고 네게 복을 주어 네 이름을 창대케 하리니"는 여호와가 자신에게 권고(혹은 명령)하는 1인칭 청유형으로 구성되어 있는데,328) 이것은 여호와 편에서 아브라함에게 행하실 일로 파악된다. 창세기 12:2b의 "너는 בְּרָכָה가 되라"는 여호와의 아브라함을 향한 2인칭 명령형으로 구성되어 있는데,329) 이것은 여호와를 주인으로 삼은 '종'의 역할이었다. 그리고 이러한 양자 간의 언약조항 이행은 열방에 여호와의 복이 흐르게 하는데, 12:3의 "너를 축복(칭송)하는 자에게는 내가 복을 내리고, 너를 저주하는 자에게는 내가 저주하리니, 땅의 모든 족속이 너를 인하여 복을 얻을 것이니라"는 말씀으로서, 이것은 여호와에 해당되는 1인칭 청유형과 열방에 해당되는 3인칭 재귀형으로 구성되어 있다.330) 열방은 아브라함을 축복(혹은 칭송)함으로 복을 받을 것이다. 한편, 위의 명령형의 동사들은 여호와의 의지가 담긴 것이어서 혹자는 창세기 12:2-3 전체를 1인칭 미완료형으로 해석하기도 한다.331)

2. 창세기 12:2b의 בְּרָכָה에 대한 용어 이해

아브라함의 언약 본문에 있어서 가장 중요한 구절은 "너는 בְּרָכָה가 되라"인데, 이것이 아브라함에게 주어진 역할(명령)이기 때문이다. 따라서 여기에 나타난 בְּרָכָה에 대한 정확한 해석이 이 언약을 이해하는 데에 중요한 것으로 보인다. 보통 이 단어는 기존의 개역 성경에서는 '복'이라고 번역 되었는데, 어떤 경우에는 아브라함이 복을 받는 것으로 받아들여서 수동태의 동사가 명사화된 것처럼 오해를 불러일으킬 수 있다. 이에 대해 베스터만(Westermann)은 능동형 동사의 명사화임을 밝힌다.332) 따라서 이것은 בְּרָכָה에 대한 번역이 창세기 12:3의 '열방이 받는 복'과 연결되어야 하므로 오히려 '축복함'이라는 능

---

328) Wenham, *Genesis 1-15*, 266; Kaiser, 『구약성경신학』, 120.

329) Wenham, *Genesis 1-15*, 275.

330) Wenham, *Genesis 1-15*, 275.

331) Wenham, *Genesis 1-15*, 275.

332) Westermann, *Genesis 12-36*, 150.

동성이 강조되어야 할 것이다. 이에 따라 최근에 이르러 이 בְּרָכָה라는 용어는 '복, 복의 통로, 복을 끼치는 자',333) '복의 중재자',334) 혹은 '복을 나르는 자'335)등으로 번역되고 있으며, 이 단어는 다른 사람 특히 '열방'을 위한 복과 연계되고 있다.

이에 따라, 아브라함에게 해당되는 언약 문구인 "너는 בְּרָכָה가 되라"에서의 '되라'는 2인칭 명령형으로 볼 필요성이 존재한다. 2인칭 명령형도 화자의 '강한 의지'336)를 나타내기 때문에 '1인칭 미완료형'337)으로 해석할 수도 있지만, 여기에서는 오히려 원문 그대로 '2인칭 명령형'338)으로 볼 때, 오히려 그 의미가 더욱 분명하여 진다. 즉, 단순한 비인격적인 존재로서의 '복, 혹은 복의 통로 등'이 아니라, 독자적 실체를 갖춘 인격적 존재에게 "너는 '복, 혹은 복의 통로 등'이 되라"는 명령이 주어진 것으로 보자는 것이다. 그럴 경우 이 문장의 의미가 더욱 명료해진다.

특히 미첼(Mitchel)은 이 בָּרַךְ동사의 유형을 분석하면서 이것의 명사화인 בְּרָכָה라는 용어의 개념을 분명히 하는데 도움을 주고 있는데, 그는 하나님이 사람에게 이 용어를 사용할 경우에는 일반적으로 인식하고 있는 것처럼 בְּרָכָה는 '축복'으로 번역 되며, 일반 사람이 하나님이나 권위자를 향하여 이 용어를 사용할 경우에는 '칭송'이나 '예물'로 번역되고,339) 권위를 위임 받은 사람이 일반적인 사람에게 사용될 때에는 '선언적인 축복', 혹은 '발화의 표현'으로서 '축복의 말'을 의미한다고 말한다.340) 이에 따라 창세기 12:2b의 בְּרָכָה는 권위

---

333) 현대인의 성경에서는 הַבְּרָכָה를 "복을 끼치는 자"라고 번역한다.

334) 김진섭, 「모세오경」, 42.

335) Waltke, *Genesis*, 205.

336) Essex, "The Abramic Covenant," 195.

337) Baden, "The Morpho-Syntax of Genesis 12:1-3," 229.

338) Turner, *Genesis*, 64.

339) Mitchel, "The Meaning and Significance of BRK 'To Bless' in the Old Testament," 245-252.

340) Mitchel, "The Meaning and Significance of BRK 'To Bless' in the Old Testament," 147, 178.

를 위임받은 사람이 일반인을 향하여 사용된 용례를 적용하여야 한다. 이 경우 여기에서의 בְּרָכָה는 여호와께로부터 위임 받은 사람에게 적용되는 용어로서 '축복의 말' 혹은 '축복함' 등으로 번역되는 것이 타당하다.

이에 따라, 카이저(Kaiser)는 아브라함은 '열방을 위한 제사장'으로 부름을 받았다고 하며,341) 창세기 12:3의 "아브라함 안에서 열방이 복을 받는 것"은 창세기 12:2b의 "너는 בְּרָכָה가 되라"의 결과라고 말한다. 아브라함이 가나안에 들어온 후에 항상 '제단'을 쌓고, '여호와의 이름'을 부른 것은 이것을 의미하는 것으로 보인다.342) 더 나아가서 '소돔과 고모라를 위한 중보기도'(창 18장)도 그 일환으로 보인다.343) 이러한 일련의 행위들은 분명 아브라함의 제사장적 행위로 보이는데, 이것은 "너는 בְּרָכָה가 되라"의 명령과 관련이 있어 보인다.

3. 언약 성취를 의미하는 땅과 제단

아브라함의 언약적 사건들 속에는 결론 부분에서 항상 땅의 이야기가 반복적으로 나타난다. 특히 이 땅의 주제는 항상 제단 혹은 제의적 행위와 관련하여 함께 나타난다. 예컨대, 창세기 12:7-8에서는 '땅'에 관한 이야기와 '단'을 쌓고 '여호와의 이름'을 부르는 행위가 함께 나타난다. 이러한 현상은 창세기 15, 17장에서도 마찬 가지로 '땅'과 '쪼개는(제사) 행위' 혹은 '할례 행위'는 서로 병행하여 나타난다. 이것은 '땅'에 관한 주제와 '제단, 혹은 제의'에 관한 주제가 서로 밀접한 관련이 있음을 보여준다.

여호와께서 아브라함에게 '큰 민족 등'을 약속하시고, 또한 '땅'을 약속하셨다면, 땅은 곧 아브라함을 통한 나라 건설을 의미한다. 그리고 이것이 항상 제사와 짝을 지어서 나타난다면, 이 나라는 제사장 나라임을 알 수 있다. 그리고 아브라함 당시의 고대 세계에서 이러한 신의 부름은 대체로 그 신의 제사장을 삼고자 함이었다. 여호와께서 아브라함과 그의 후손들에게 '땅'을 준다는 것은

---

341) Kaiser, 「구약성경신학」, 48.

342) Waltke, *Genesis*, 208.

343) Dumbrell, "The Covenant with Abraham," 47.

그들로 하여금 열방을 위한 제사를 '업'으로 삼게 하기 위해서였다.(창 15:7)

따라서 만일 아브라함과 그의 후손이 열방을 위한 בְּרָכָה로 부름을 받았다는 것은 그가 열방을 위한 제사장 나라로 부름 받았다는 의미를 내포하고 있다. 결론적으로 여호와의 땅 약속은 여호와께서 아브라함과 그의 후손을 통해 열방을 위한 제사장 나라의 설립을 계획하고 있다는 것이 드러난 것이다.

4. 여호와의 소유권 주장으로서의 사라 사건

족장들의 아내가 이방 나라의 왕에게 사로잡히는 사건은 아브라함에게서 두 차례 발생하며, 이삭에게서 한 번 더 발생한다. 이것은 씨와 언약에 대한 위협이었다. 이것은 족장사에 있어서 중요한 양식을 이루고 있다. 그렇다면 여기에는 어떤 신학적 의미가 담겨 있을까? 이 글은 이 사건을 출애굽 사건에 대한 예표로서 여호와의 '씨에 대한 소유권 주장'으로 파악하였다. 즉 여호와께서는 여호와의 나라를 세우고, 이 나라를 제사장 국가로 세우고자 하시므로, 그 후손들을 여호와의 소유된 백성으로 삼고자 하신다는 것이다. 이러한 여호와의 소유권 주장은 창세기 17장의 '할례 명령'과 창세기 22장의 '이삭 번제'에서도 또 다시 등장한다.

3장 '동물 쪼갬'을 통한 '언약의 인증' (창 14,15장)

1절 서 론

1. 창세기 15:1과 관련한 역사적 배경

가. 마므레 상수리 수풀 근처에서의 아브라함의 삶

창세기 14-15장에 나타나는 신현사건은 '쪼개는 행위'를 통한 '언약 인증'의 사건이다. 이 사건은 마므레 상수리 수풀 근처에서의 아브라함의 삶 속에서 이루어졌는데, 이 시기가 아브라함의 생애에서 그의 위상이 가장 크게 드러났던 때로 보인다. 아브라함이 거한 이 지역은 상수리 나무를 통한 신탁으로 유명한 종교적 장소였으며, 창세기 13장에 의하면 아브라함은 여기에 '단'을 쌓고, '여호와의 이름'을 부르는 삶, 마치 여호와의 제사장과 같은 삶을 살았다.

① 사라사건의 교훈

성경본문에서는 '사라사건'에서의 교훈이 아브라함의 생애와 그의 사상에 어떤 교훈을 미쳤는지 밝히지 않고 있으나, 이것은 아브라함에게 대대에 이르는 교훈으로 작용하였을 것을 추정해 보아야 한다. 그는 사라사건에 대한 기억과 여기에서 나타난 교훈을 그는 분명히 기억하고 강화시키고 있었을 것이다. 그는 여호와를 향하여 종의 태도를 견지하였을 것이다. 모세오경 저자는 이 사건을 인크루지오 형태로 하여서 아브라함 생애의 시작과 끝에 각각 배치한다.

② '제단' 중심의 삶

이 지역은 앞에서 살펴본 바와 같이 상수리 나무를 통한 신탁을 기대하게 하는 종교적 장소였다. 여기에서 "여호와를 위하여 단을 쌓았더라"는 말씀은 앞에서 살펴본 바와 같이, 아브라함의 'בְּרָכָה' 혹은 여호와의 '제사장'으로서의 역할을 성실하게 수행하였음을 의미한다. 당시에는 족장들이 이러한 제사장의 역할을 수행한 것으로 보인다. 그는 제단을 세우고 성실함으로 여호와를 섬기고 있었는데, 그의 섬김은 'בְּרָכָה적 삶'이었다. 그의 축복의 대상은 창세기 12장 3절에 나타난 "여호와께 속한 모든 열방 곧, 주변의 부족들과 뭇 열방들"

로 보아야 한다. 우리는 아브라함이 언약에 충실하였다고 보아야 한다. 이것은 그의 도덕적 성숙을 의미한다. 그의 선함은 그의 삶 속에서 도처에서 나타난다. 앞에서 롯에 대한 태도나, 또 얼마 후 나타나게 될 롯과 그가 속한 동맹국들을 돕는 행위 등에서 나타난다. 그는 이웃을 향하여 거룩한 사람으로 변하고 있었던 것이다.

③ 아브라함의 부요

이 시기에 그에게는 큰 부요와 축복이 넘쳐났다. 여호와의 약속의 관점에서 바라보면, 이러한 부요는 창세기 12:2a에 약속된 '세상에서의 축복'이 나타나기 시작한 것으로 볼 수 있을 정도였다. 그는 사병을 삼백 십 팔 인이나 기를 만큼 부와 능력을 소유하고 있었다. 알더스(Aalders)는 "아브라함은 아마도 상당한 규모의 사막 부족의 족장이었을 것이다"[344]고 말한다. 그는 지략과 능력으로 네 나라 왕들의 동맹체를 무찌르기도 한다.[345] 가나안 지역의 나라들은 씨족국가 형태를 벗어나지 못한 것으로 추측되지만, 그럼에도 불구하고 아브라함은 거의 맹주의 지위에 까지 그 위상이 상승되어 있었다.

나. 그돌라오멜과의 전투 (창 14:1-16)

아브라함의 인생에서 이와 같은 위상은 그돌라오멜과의 전투와 관련하여 나타난다. 이집트 바로 앞에서 유약하던 그 아브라함이 이곳에서는 두려움을 모르는 전사로서 나타나며, 주변국들에 대한 구원자로서 나타나고 있다.[346] 평화로워 보이는 가나안 땅에 대대적인 전쟁이 발발하였는데, 이 전쟁은 열방국가들이 모두 참가한 국제적인 전쟁이었다.[347] 월키(Waltke)에 의하면, 이 사건과 관련하여 언급된 왕의 이름이 28번이 나타나는데, 가나안 주변의 모든 나라의 이름이 이곳에서 열거된다.[348] 여기에 구체적인 많은 이름들이 명기된

---

344) Aalders, *The Book of Genesis*, 280.

345) Wenham, *Genesis 1-15*, 305.

346) Adar, *The Book of Genesis*, 56.

347) Edword J. Young, 「구약총론」, 홍반식 · 오병세 역 (서울: 개혁주의신행협회, 1990), 59.

것은 이것이 분명한 역사적 사건이었음을 말해주고 있으며,349) 글렉은 "고고학의 증거에 의하면 BC 1900년경에 이 지역에 침략에 의한 큰 파괴가 있었다"350)고 말한다.

창세기 14:4에 의하면, 이러한 전쟁이 발발하게 된 것은 조공으로 인한 문제 때문이었다. 그돌라오멜을 비롯한 네 왕이 연합하여, 이미 인근 족속들을 모두 침략하였으며, 이에 대응하여 소돔 왕 베라를 비롯한 다섯 왕의 연합군이 싯딤 골짜기에서 네 왕과 교전을 하게 되었다.351) 그러나 소돔 왕과 고모라 왕은 달아나고 군사들은 도망하였으며, 침략군은 소돔과 고모라의 모든 재물과 양식을 빼앗아 가고, 소돔에 거하는 아브라함의 조카 롯도 사로잡고 그 재물까지 노략하여 갔다. 이에 도망한 자가 와서 아브라함에게 고하였고 아브라함은 그 조카의 사로 잡혔음을 듣고, 집에서 길리고 연습한 자 삼백 십 팔 인을 거느리고 단까지 쫓아가서, 모든 빼앗겼던 재물과 자기 조카 롯과 그 부녀와 인민을 다 찾아오게 되었다.352) 폰 라드(Von Rad)에 의하면, 이것은 "기적 중에서도 가장 기적적인 일"353)이었다. 한편, 이러한 야간기습에 대해 왈톤(Walton)은 "이것은 문헌적으로 입증된 전술중의 하나"354)라고 표현한다. 이러한 큰 사건에 대해서 월키(Waltke)는 "하나님의 신실한 전사로서의 아브라함은 왕의 타이틀은 없지만, 지상에서 실질적으로 가장 큰 왕이었다"355)고 말한다. 그는 구원자로서 행하였으며, 이것은 "열방이 아브라함을 통해서 복을 받는 모습"(창 12:3)이다. 즉, 아브라함은 열방에 대하여 "בְּרָכָה적인 행위"(창

---

348) Waltke, *Genesis*, 226.

349) Aalders, *The Book of Genesis*, 281.

350) Young, 「구약총론」, 59.

351) Gleason L. Archer, 「구약총론」, 김정우 · 김은호 역 (서울: 기독교문서선교회, 2002), 232.

352) Claus Westermann, 「창세기 주석」, 강성열 역 (서울: 한들, 1998), 179.

353) Von Rad, *Genesis*, 178.

354) John Walton · 빅터 메튜스 · 마크 샤발라스, 「IVP 성경배경주석」, 정옥배 외 3 (서울: 한국기독학생회 출판부, 2001), 65.

355) Waltke, *Genesis*, 226.

12:2b)를 하였던 것이다. 전쟁 후에 아브라함은 멜기세댁과 소돔의 왕을 만나는데, 이들의 아브라함에 대한 태도는 창세기 12:3의 약속을 떠 올리게 한다.356)

그럼에도 불구하고 아브라함은 이 전쟁을 계기로 하여 여러 나라들에 노출되었으며, 이러한 전쟁 이후의 상황은 아브라함을 두려움에 떨게 하였다. 특히 스스로 경찰력을 보유하여야 하는 당시의 상황에서 아브라함에게 '후사'가 없다는 것은 이러한 상황에 대한 무방비 상태를 의미했다. 여호와께서 아브라함에게 "두려워 말라, 내가 너의 방패이다"(창 15:1)고 말씀하시며 나타나신 것은 바로 이러한 시대적 정황을 잘 반영하고 있다.

다. 멜기세댁의 축복 (창 14:17-24)

아브라함이 그돌라오멜과 그와 함께 한 왕들을 파하고 돌아올 때에 소돔 왕이 사웨 골짜기에 나와 그를 영접하였고, 살렘 왕 멜기세댁도 또한 떡과 포도주를 가지고 나왔는데, 그는 지극히 높은 하나님의 제사장이었다. 이 용어의 의미하는 바에 따르면, 그는 아브라함과 동일한 하나님을 섬기고 있었으며,357) 알더스(Aalders)에 의하면 그는 참 하나님을 섬기는 사람이었다.358) 그는 아브라함을 축복하였고, 이에 아브라함은 이 그 얻은 것에서 십분의 일을 멜기세댁에게 주었는데, 멜기세댁의 이름은 '의의 왕'이라는 의미를 가지고 있으며 이 사람은 성경에 언급된 최초의 제사장이다.359)

천지의 주재시요 지극히 높으신 하나님이여 아브람에게 복을 주옵소서. 너희 대적을 네 손에 붙이신 지극히 높으신 하나님을 찬송할지로다.(창 14:20)

이 멜기세댁의 정체는 무엇이며,360) 그가 한 행위는 무엇인가? 우리는 아브

---

356) Turner, *Genesis*, 71.

357) Aalders, *The Book of Genesis*, 289.

358) Aalders, *The Book of Genesis*, 289.

359) Wenham, *Genesis 1-15*, 317.

라함에게서 발생하는 모든 사건들은 그와 하나님 사이의 체결된 언약을 기반으로 하여서 이해되어야 한다. 이것이 모세오경 저자의 의도로 보인다.

먼저, 이러한 멜기세덱의 축복은 아브라함의 언약에 대한 모든 열방의 확인이라는 의미를 지닌다. 멜기세덱은 מַלְכִּי와 צֶדֶק의 합성어로서 '의의 왕'이라는 의미를 지니고 있다.[361] 이 사람이 나와서 축복의 말을 한 것은 아브라함의 행위가 단순히 자신의 혈육에 속한 롯을 구원한 행위가 아니라, 이것은 열방을 위하여 악을 응징한 'בְּרָכָה'적 행위였음을 말한 것으로 보여진다. 의의 왕 멜기세덱의 등장과 선포는 아브라함의 행위가 이러한 의의 행위였음을 선포하는 것이었다.

더 나아가서 이때 멜기세덱의 아브라함을 향한 축복문구는 "천지의 주재시요 지극히 높으신 하나님이여 아브람에게 복을 주옵소서. 너의 대적들을 너의 손에 붙이신 지극히 높으신 하나님을 찬송할지로다"였다. 이것은 아브라함을 향한 여호와의 축복이 적절함을 공인된 제사장이 선언한 것이었다. 즉, 아브라함은 공적으로도 여호와와 언약을 체결할 만하다. 창세기 15장에 나타난 여호와와아브라함의 언약체결의 적절성이 멜기세덱을 통해 선언된 것이다.

라. 전리품의 상급을 거절한 아브라함

아브라함은 다른 나라로부터 조공을 받을 정도로 강대한 네 나라의 연합군을 물리쳤다.[362] 이것은 당대의 구원자적인 역할이었다. 이때 소돔 왕은 아브람에게 "사람은 내게 보내고 물품은 네가 취하라"고 말하였다. 세상 왕들 사이에서의 전쟁의 이유는 오직 전리품이었다. 이 전쟁이 발발한 이유도 조공 때문이었다. 따라서 아브라함이 그돌라오멜을 이기었기 때문에 소돔 왕이 아브라함에게 그 전리품들을 취하라고 하는 것은 자연스러운 것이었다. 그런데 이에 대하여 아브라함은 단호하게 거절하였다.

아브람이 소돔 왕에게 이르되 천지의 주재시요 지극히 높으신 하나님 여호

---

360) Walton, 「창세기」, 615.

361) Wenham, *Genesis 1-15*, 316.

362) Westermann, 「창세기 주석」, 183.

와께 내가 손을 들어 맹세하노니, 네 말이 내가 아브람으로 치부케 하였다 할까 하여 네게 속한 것은 무론 한 실이나 신들메라도 내가 취하지 아니하리라. (창 14: 22-23)

아브라함의 위와 같은 태도는 아마 자신의 행위는 בְּרָכָה로서의 행위, 곧 복을 베푸는 행위로서 전쟁이었음을 시사하고 있는 것으로 보인다. 그렇기 때문에 이 상황에서 아브라함이 재물을 받게 되면, 자신의 행위는 세상의 왕들과 마찬가지로 복을 취하기 위해서 한 행위로 전락된다. 그의 순수성이 쇠락한다.[363] 이에 대하여 아브라함은 "지극히 높으신 여호와께 손을 들어 맹세하며", 소돔 왕의 제안을 단호히 거절한다. 한편, 토마스 만(Thomas W. Mann)은 이에 대해 "아브라함이 소돔 왕에게서 보답을 받는 것을 거절하고 여호와로부터 보답 받게 될 것이다는 모습을 보여준다"[364]고 말한다. 즉, 만(Mann)은 "아브라함은 이러한 전리품으로서의 상급을 거절함을 통해서 여호와 자신을 상급(창 15:1)으로 받게 되었다"고 말한다.

위의 멜기세덱의 아브라함을 향한 태도와 소돔 왕에 대한 아브라함의 태도는 아브라함의 בְּרָכָה적 태도를 주변 모두에게 알린 사건이 되었다. 이 사건을 계기로 많은 부족들이 아브라함의 정체성을 이해하게 되었다. 이것은 창세기 12:3의 말씀이 예시적으로 성취된 것을 가리킨다. 이 멜기세덱의 축복사건으로 인해서 이제 아브라함은 명예로워지게 된다.[365]

한편, 창세기 12:3에 언급된 열방의 축복과 저주와 관련하여서는 이제 아브라함을 축복하는 멜기세덱은 번성할 것이고, 아브라함을 힐난하는 소돔왕은 하나님의 저주를 받을 것이다.[366] 그돌라오멜 사건과 관련하여서 보인 소돔 왕과 살렘 왕의 상반된 태도는 마치 창세기 12:3의 예언에 대한 설명으로 보

---

363) Westermann, 「창세기 주석」, 179 : 김의원, 「하늘과 땅, 그리고 족장들의 톨레돗」, 293.

364) Thomas W. Mann, *The Book of the Torah* (Atlanta: John Knox Press, 1988), 34.

365) Calvin, *The Book of Genesis*, 386.

366) Wenham, *Genesis 1-15*, 317.

인다.367) 향후, 멜기세덱의 거하던 처소인 예루살렘은 훗날 하나님의 성전이
되고, 소돔은 멸망을 당한다.

2. 창세기 15장에 대한 문예적 구분

아브라함 당시에 동물을 쪼개는 행위는 일반적인 국가 간의 계약체결 행위
였다. 이에 근거하여 메리데스 크라인(Meredith G. Kline)은 "창세기 15장의
사건은 맹세의식을 통해 그 언약을 공식적으로 비준하는 것이었다"368)고 말
한다. 한편, 아브라함의 생애 속에서 창세기 15장의 '동물 쪼개는 행위'는 창
세기 17장의 '양피 쪼개는 행위'를 통해 궁극적으로 '이삭의 쪼갬'에까지 이르
는데, 창세기 22:2에서 이 행위는 '이삭 번제(제사)'라고까지 불리운다.

이 계약체결 사건의 문예적 구분과 관련하여 웬함(Wenham)은 "이 일화는
밀접하게 평행을 이루는 두 장면이다"고 하며, 다음과 같이 구분한다.369)

		전 반 부		후 반 부
여호와의 말씀	1절	상급에 대한 약속	7절	땅에 대한 약속
아브라함의 말	2-3절	자식 없음에 대한 보증요구	8절	보증요구
여호와의 반응	4절	상속자에 대한 약속	9절	맹세의식이 명령되다
공개적 행위	5절	밖으로 나가다	16-17절	맹세의식이 수행되다
여호와의 말씀	5절	수많은 자손에 대한 약속	13-16절	자손이 살 땅에 대한 약속
종결부	6절	아브라함의 믿음	18-21절	여호와의 언약

코터(Cotter)는 창세기 15장을 두 번의 대화로 보아서 다음과 같이 문예적
구분을 한다.370) 첫 번째 대화(1-6절)는 밤에 이루어진 후손의 약속과, 두 번
째 대화(7-20절)는 해질녘에 이루어진 땅의 선물에 관한 약속이다.371)

---

367) Sailhamer, *The Pentateuch as Narrative*, 147.

368) Meredith G Kline, 「하나님 나라의 서막」, 김구원 역 (서울: 개혁주의신학사, 2007), 369.

369) Wenham, *Genesis 1-15*, 325.

370) Cotter, *Genesis*, 98.

첫 번째 대화 (밤) : 아들의 약속
  제시(Exposition) : 15:1a
  발전(Development) : 15:1b-5
  전환(Turning point) : 15:6
두 번째 대화 (저녁) : 땅의 선물
  해결(Resolution) : 15:7-16
  절정(Climax) : 15:17
  결말(Conclusion) : 15:18-20

스키너(Skinner)도 또한 창세기 15장을 두 번의 장면으로 나누는데, 첫 번째 장면은 후사(씨)에 대한 주제이며, 이것은 '방패' 이미지와 연결된다고 말한다. 두 번째 장면은 땅에 관한 주제이며, 이것은 '상급' 이미지와 연결된다고 말한다.372)

한편, 여호와와 아브라함 간의 대화에 있어서, 씨에 관한 주제는 창세기 15:1-6이지만, 씨와 땅까지 포함하면 창세기 15:1-8에 해당한다. 이것은 창세기 12장의 경우에도 마찬가지인데, 창세기 12:1-3은 씨를 중심으로 한 언약이지만, 씨와 땅 모두를 포함한 언약 내용은 창세기 12:1-8에 나타난다. 이에 따라 창세기 15장의 경우에도 창세기 15:1-6의 씨를 중심으로 한 대화를 한 대단락으로 구분할 수도 있지만, 창세기 15:1-8의 씨와 땅 모두를 대상으로 한 대화를 한 대단락으로 구분할 수도 있을 것이다. 그럴 경우에는 창세기 15:1-8은 언약의 전체 내용을 말하며, 이 내용 전체에 대해서 창세기 15:9-11의 '동물을 쪼개는 행위'의 인증절차가 시작된다. 이 경우에는 창세기 15:9-11의 '동물을 쪼개는 행위'가 내러티브의 중심이게 된다. 따라서 창세기 15장은 이 '동물 쪼개는 행위'를 중심으로 하여 다음과 같은 궁형의 문예적 구조를 구성할 수 있다. 즉, '동물 쪼개는 행위'가 중심이 되어서 전반부는 '아

---

371) Cotter, *Genesis*, 97.

372) Skinner, *Genesis*, 276.

브라함의 믿음(위탁)', 후반부는 '여호와의 위탁'을 나타내는 '상호헌신'의 관계로 표현될 수 있다. 다음은 필자의 구분이다.

A. 두려워 말라, 나는 너의 방패와 상급이라 (창 15:1)
  B. 엘리에셀의 포기를 통한 아브라함의 위탁(믿음) (창 15:2-6)
    C. 땅에 대한 약속 (창 15:7-8)
      D. 공식적인 계약체결 위한 동물 쪼갬 (창 15:9-11)
    C'. 땅을 얻는 시기에 관한 말씀(창 15:12-16)
  B'. 여호와의 불의 지나감을 통한 여호와의 위탁(창 15:17)
A'. 땅의 구체적 언급을 통한 언약 성취의 확증 (창 15:18-21)

한편, 위의 문예적 구분이 이야기식으로 재구성되면 그 내용은 다음과 같다. 본 글은 다음의 구분을 좇아 본문을 살펴보고자 한다.

A. 발단, 언약에 대한 표현으로서의 방패와 상급 (창 15:1)
B. 전개, 엘리에셀의 포기 요구 (창 15:2-5)
C. 위기, 믿음의 결단과 의롭다하심 (창 15:6)
D. 절정, 하늘의 뭇별 같은 자손과 땅 약속 (창 15:7-8)
E. 결말, 아브라함의 쪼개는 행위와 여호와 불의 지나감 (창 15:9-21)

2절 표제: "두려워 말라 나는 너의 방패이며 상급이다"

1. '두려워 말라'(창 15:1a)에 대한 이해

창세기 15:1의 "두려워 말라, 나는 너에게 방패이며, 너의 큰 상급이다"[373]는 본문 말씀은 '쪼개는 행위'를 통한 언약체결 사건의 표제와 같은 역할을 한다. 그런데 이 말씀의 시작을 '이 일들이 있은 후에'라고 한 것을 보았을 때,

---

373) 창 15:1의 번역과 관련하여 마소라 본문은 "나는 너에게 큰 상급이다"로 번역되지만, 70인역이나 사마리아 오경은 "내가 너에게 큰 상급을 줄 것이다"로 번역된다. 본 글에서는 마소라 사본의 본문을 선택한다.

이 본문은 그돌라오멜 전투의 사건과 관련이 있다고 보아야 한다.374) 따라서 터너(Turner)의 말처럼, 이 본문은 앞에서의 그돌라오멜 사건과 멜기세덱의 축복 사건과 관련한 '그 빛 아래에서'375) 이 본문을 이해하는 것이 바람직할 것이다. 한편, 그 본문의 내용은 다음과 같다.

이 후에(私譯: 이러한 일들 후에) 여호와의 말씀이 이상 중에 아브람에게 임하여 가라사대 아브람아 두려워 말라 나는 너의(私譯: 너에게) 방패요 너의 지극히 큰 상급이니라.(창 15:1)

אַחַר הַדְּבָרִים הָאֵלֶּה הָיָה דְבַר־יְהוָה אֶל־אַבְרָם בַּמַּחֲזֶה לֵאמֹר
אַל־תִּירָא אַבְרָם אָנֹכִי מָגֵן לָךְ שְׂכָרְךָ הַרְבֵּה מְאֹד׃

먼저 '두려워 말라'는 "두려워 말라 아브라함아, 나는 너에게 방패이며 너의 큰 상급이다"376)는 한 구절에 속해 있는 소절이다. 보통 하나의 구절 내에서 소절을 구분할 때, 분리 액센트인 '아트나나 씰룩'으로 구분하는데, 위의 문장 앞에 있는 '가라사대' 아래에 아트나가 있으며, 문장 맨 끝에 씰룩이 있기 때문이다. 따라서, 위의 구절들은 한 문장이며, 그 안에 있는 소절들도 한 문장으로 해석하는 것이 바람직하다. 그렇다면, "두려워 말라, 아브라함아"와 "나는 너에게 방패이며 너의 상급이다"는 하나로 연결해서 생각해야 할 것이며, 따라서 후자는 전자의 이유에 해당한다.

즉, 이와 같이 위의 문장을 한 문장으로 판단하고, 맨 앞에 나타나는 אַחַר (이 후에, 이러한 일들 후에)를 감안한다면, 여기에서의 두려움은 창세기 14장과 이어서 발생하는 현실적인 두려움이지 신현시 나타나는 경외의 두려움은 아닌 것으로 보인다. 이때의 두려움을 신현시의 양식으로서의 두려움으로 보는 학자도 있으나, 대부분의 경우 이때 사용되어진 용어가 방패라는 군사적 용어임을 감안하여 군사적인 두려움으로 보고 있다.377)

---

374) Jukes, *Types of Genesis*, 203.

375) Turner, *Genesis*, 73.

376) Turner, Genesis, 73.

377) Calvin, *The Book of Genesis*, 399.

즉, 여기에서의 두려움은 주변의 위협으로부터 '방패'를 이루어야 할 씨족공동체로서의 '자손들' 혹은 '후사'가 없음에 대한 두려움이었다. 즉, 이것은 "아브라함의 무자(無子)함에 대한 두려움"378)이었는데, 이것은 전형적인 "나그네로서 사는 자의 두려움"379)이었다. 당시에는 지금과 같은 국가와 같은 경찰력이 신변을 보호해주는 것도 아니고, 스스로가 스스로의 힘에 의해서 자신의 생명을 지켜야 하는 시대였다. 따라서 당시의 시대는 오직 후손들만이 자신을 보호하기 위한 수단이었으며, "자식은 장사의 수중의 화살"(시 127:4)과 같았다. 현대적으로 보면, 아브라함의 신분은 '불법체류하는 이방인'380)과 같은 신분이었다. 학자들은 아브라함이 그돌라오멜 왕과의 전투 이후에 이들의 보복에 대한 두려움 등이 있었을 것으로 추측하며,381) 스키너(Skinner)는 당시의 아브라함의 이와 같은 상황을 "방어체계가 없는 아브라함의 모습"382)에 대한 묘사로 본다. 본문에 나타난 '이 일들 후에'라는 단어가 이것을 증명한다.383) 브로그만(Brogman)에 의하면, 이러한 상황 속에서 여호와께서 말씀하신 "두려워 말라"는 명령은 생존의 위협을 받는 이 세계 속에서 아브라함에게 하나의 큰 도전을 던진 것이라고 말한다.384) 이 "두려워 말라"가 의미하는 '믿음명령'은 큰 용기를 필요로 하기 때문이다.

2. 방패와 상급에 대한 이해

가. אָנֹכִי מָגֵן לָךְ שְׂכָרְךָ הַרְבֵּה מְאֹד 에 대한 번역

이 본문에 대한 번역과 관련하여 마소라 원문과 70인역이 서로 다르다. 먼저 창세기 15:1의 본문을 "나는 너에게 방패이며, 너의 지극히 큰 상급이다"

---

378) Leupold, 「창세기(상)」, 407.

379) 염명수, 「창세기」 (서울: 요나미디어, 1997), 142.

380) Torre, *Genesis*, 139.

381) Jordan, 「창세기의 족장이야기」, 85 ; Calvin, *Genesis*, 398.

382) Skinner, *Genesis*, 278.

383) Jukes, *Types of Genesis*, 203.

384) Brogman, *Genesis*, 67.

라고 해석을 해야 할 지, 아니면 "나는 너에게 방패이며, 너의 상급이 지극히 클 것이다"로 해석해야 할지를 먼저 결정하여야 한다. 대체로 개역성경에서는 전자의 번역을 취하며, 공동번역이나 표준 새번역이나 현대인의 성경에서는 후자의 번역을 취한다.385) 그리고 학자들도 그들이 선택한 성경 번역본에 따라 이와 같이 두 부류로 나뉜다. 이때 전자의 해석은 마소라 원문에 의한 것이며, 후자는 사마리아 오경과 70인역에 의한 것이다.386)

위의 본문에서 중요한 분기점이 되는 것은 שְׂכָרְךָ הַרְבֵּה에 대한 번역이다. 먼저 마소라 원문을 그대로 직역하면, "(I am) your reward to make great"이다. 이때 위의 문장 위에 I am을 삽입한 이유는 히브리어 평행법에 의해서이다. 즉, "나는 너에게 방패이며, (나는 너를) 심히 크게 만드는 너의 상급이다"로 번역된다. 여기에서 민감한 것은 הַרְבֵּה은 히필 부정사 절대형이다. 부정사 절대형은 보통 명사형(이 경우 '크게 만드는 것'으로 번역됨)으로 많이 쓰이는데, 주용 무라오까에 의하면 한정적 용법(이 경우 '크게 만드는'으로 번역됨)으로 쓰이기도 한다.387) 이 본문에서는 특수하게 한정적 용법으로 쓰인 것이다.

이에 반하여 사마리아 오경은 הַרְבֵּה대신에 אַרְבֶּה로 되어 있어서 1인칭 청유형이 된다. 그리고 70인역도 이것을 좇아 ο μισθος σου πολυς εσται σφοδρα 인데, 이것을 직역하면 "내가 너의 큰 상급을 더하게 할 것이다"라고 번역된다. 이때 εσται가 'shall be, 혹은 will be'로 직역되어야 하기 때문이다.

어떤 성경은 전자(마소라 원문)의 번역을 취하고, 또 어떤 성경은 후자의 번역(70인역)을 취한다. 이 경우 양자에는 큰 차이가 존재하는데, 전자는 '여호

---

385) 사마리아 오경과 70인역을 따르는 영어 역본들은 NASB, RSV, NRSV, YLT, BBE, DOUAY 이며, 마소라 사본을 따르는 영어 역본들은 KJV, NKJV, NIV, ASV, DBY, WEB, Webster 이다.

386) 일반적으로 인식할 때, 70인역이나 사마리아 오경이 마소라 사본보다 더 고대의 사본을 참조한 것으로 본다. 그런데, 반드시 그것만이 기준이 될 수는 없고, 어떤 경우에는 의미를 더 분명하게 한 후대의 것이 채택될 수도 있을 것이다. 이 글에서는 마소라 본문을 선택하는데, 마소라 본문이 '제사언약'의 취지와 더욱 부합하기 때문이다.

387) Paul Jouon-T · Muraoka, 「A Grammar of Biblical Hebrew」, 김정우 역 (서울: 기혼, 2012), 461.

와=상급'이 되며, 후자는 '여호와≠상급'이고 다만 "여호와는 상급을 크게 만드는 자"이다. 이때 이 후에 가능한 해석의 차이는 커지는데, 전자는 여호와가 아브라함에게 소유를 당하는 이미지이며, 후자는 여호와가 아브라함에게 소유 당하는 것과는 무관한 이미지가 된다. 그런데 궁극적으로 이 양자는 상호헌신으로 서로에게 속하여 하나가 된다.

이때 본 글에서는 본문의 흐름을 반영하여 마소라 본문의 해석을 취한다. 이것이 창세기 15장의 쪼갠 동물 사이로 지나가는 여호와의 모습과 일치하기 때문이다. 여호와는 쪼갠 동물 사이를 지나감을 통해서 아브라함에게 자신의 생명을 내어 주기 때문에 '상급=여호와'이기 때문이다. 여호와는 아브라함에게 방패로서 아브라함을 둘러싸서 아브라함이 여호와 안에 들어가며, 반대로 또한 아브라함 안에 여호와 자신이 상급으로서 아브라함 안에 들어오신다. 상급이란 '품삯'을 말하는 것으로 '소유, 소득, 혹은 급여'로서 우리의 '양식'이기 때문이다. 사람들은 이 상급을 그돌라오멜 전투에서 아브라함이 포기한 전리품 대신 주어진 것으로 해석한다.

이 이미지가 창세기 15장의 동물 쪼개는 행위의 이미지와 같다. 이것은 궁극적으로 언약체결과 연결되어지는데, 여호와와 아브라함이 하나가 되는 과정을 말한다. 그리고 이것이 진정한 계약의 본질이다. 계약의 본질은 나중에 그 조항을 어겼을 때, 내 목숨을 바치는 '자기 저주의 맹세'가 아니라, 나중의 언약조항의 준수보다는 계약을 맺으면서 서로에게 서로의 생명을 내어주는 '상호 헌신의 맹세'가 더 계약의 본질과 일치한다.

나. '언약의 내용'(창 12:2-3)을 상징하는 '방패와 상급'(창 15:1)

월키(Waltke)나 랑게(J. P. Lange)에 의하면, 창세기 15:1에서 "이러한 일들 후에"라고 언급하며 "나는 너에게 방패이며, 너의 상급이다"라는 문장이 나타나는 것을 보았을 때, '방패'는 그돌라오멜 전투 이후의 군사적인 두려움에 상응하는 말씀이며, '상급'은 그돌라오멜 전투에서의 상급을 포기한 것에 대한 보상의 말씀이다.[388] 브루그만(Brueggemann)에 의하면, 여기에서의 '방패'는 '후사'의 문제와 연결되며(창 15: 2-5), '상급'은 '땅'에 관한 문제(창

---

388) J. P. Lange, 「창세기, 랑게주석, Vol.2」, 김진홍 역 (서울: 로고스, 2010), 86.

15:7-21)와 연결된다.389) 그렇다면, '방패와 상급'은 창세기 12:2-3에서의 세 가지 언약조항 중에서 여호와가 아브라함에게 베푸실 '큰 민족 등'(창 12:2a)의 축복과 '아브라함을 통한 열방의 복'(창 12:3)을 나타내는 것으로 보인다.

아브라함이 후사를 갈망하는 이유는 당시의 사회에서 후사가 곧 방패이기 때문인데, 이 '방패'는 아브라함이 세상에서 받을 축복으로서 창세기 12:2a의 '큰 민족 등'을 상징한다. '상급'은 영적인 하늘에 속한 보상으로서 창세기 12:3의 '아브라함으로 인한 열방의 복'을 상징한다. 그래서 창세기 15:1의 '방패와 상급'은 창세기 12:2-3의 언약본문을 상징한다. 이것은 다음과 같이 도식화 될 수 있다.

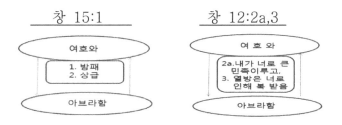

위의 도식에서 '1.방패'와 '2.상급'은 창세기 12:2-3의 아브라함의 언약 본문과 이어지는데, '방패'는 "1.내가 너로 큰 민족을 이루고(창 12:2a)"와 연결되며, '상급'은 "3.모든 족속이 너로 인하여 복을 얻을 것이다"(창 12:3)와 연결된다. 이 방패와 상급에 대해 이와 같은 해석을 해야 하는 이유는, 여호와께서 "내가 방패와 상급이다"고 말씀하시자, 아브라함이 곧 바로 창세기 12:2-3의 '언약 본문'에서 약속한 것이 어떻게 되었느냐(창 15:2)고 여호와께 되묻고, 여호와께서는 그에 대한 답변을 말씀하고 있기 때문이다. 즉, 창세기 15:1의 "두려워 말라, 내가 너의 방패와 상급이다"고 말한 직후에 곧바로 아

---

389) Brueggemann, 「창세기」, 226; 본 글은 브루그만과는 달리 창 12:2a의 '큰 민족 등'에 관한 약속은 창 15:5의 '하늘의 뭇별들'을 의미하며, 이것이 곧 '방패'의 이미지이다. 그리고 창 12:3의 '열방의 아비'에 관한 약속은 '네 후사'(15:3,4)와 평행을 이루며, 이것은 1절의 '상급'을 의미하는 것으로 본다. 한편, 창 15:2-3에는 '상속자(בֶּן-מֶשֶׁק)'와 '후사(יוֹרֵשׁ)'가 나타나는데, 전자의 '상속자'는 지금의 아브라함의 재산을 '소유할 자'를 의미하며, 후자의 '후사'는 아브라함의 진정한 언약 승계자이다.(창 15:3,4) 한편, 15:3에서 '후사'는 יָרַשׁ동사의 분사형이, 15:4에서는 칼 미완료형이 사용된다.

브라함이 "나는 자식이 없사오니"(15:2)라는 본문이 나오기 때문이다. 이때 창세기 12:2a의 '큰 민족 등'에 관한 약속은 창세기 15:5의 '하늘의 뭇별들'을 의미하며, 이것이 곧 '방패'의 이미지이다. 그리고 창세기 12:3의 '열방의 아비'에 관한 약속은 '네 후사(זרעך)'(15:3-4)와 평행을 이루며, 이것은 1절의 '상급'을 의미한다. 따라서, 창세기 12:2-3과 창세기 15:1은 평행본문이다.

다. 언약 내용물로서의 여호와 자신

궁극적으로 '방패와 상급'은 창세기 12:2-3의 '언약 본문'에 대한 여호와의 자기계시이다. 그런데, 여기에 언약에 관한 큰 전환이 내재해 있는데, 여호와 자신이 곧 방패와 상급이라고 말한 것은 12:2-3의 '언약적 축복'이 '자기 자신'임을 밝힌 것이었다. 창세기 12:2-3에서의 여호와께서 아브라함에게 주실 "큰 민족 등의 땅의 축복"(12:2a)과 "열방의 아비로서의 하늘에 속한 축복"(12:3)이 '여호와 자신'으로 대체되고 있는 것이다. 즉, 여호와는 '자기 자신'을 내어 줌을 통해서 그 '언약의 내용'에 갈음하고자 하시는 것이다. 이것은 언약의 본질과 관련하여서 매우 중요한 것으로 보인다.

언약의 내용물이 "큰 민족 등(창 12:2a)과 열방의 아비(창 12:3)"에서 "방패와 상급(창 15:1)"으로 대체되고, 이제 이 '방패와 상급'이 '여호와 자신'으로 대체되고 있는 것이다. 즉, 언약의 내용물이 이제 여호와 자신으로 대체되었다.

라. '방패'(15:1), '하늘의 뭇별'(15:5)과 '큰 민족 등'(12:2a)의 관계

'큰 민족 등'(창 12:2a)을 의미하는 '방패'(창 15:1)의 이미지는 이제 창세기 15:5의 '하늘의 뭇별'과 연결된다. '큰 민족 등'에 대한 아브라함의 갈망은 현실적인 두려움 문제가 구조적으로 해결되는 것을 의미한다. 그리고 이것은 아브라함의 후손이 '하늘의 뭇별'과 같이 되어지는 때이다. 따라서 '방패'(창 15:1)와 '큰 민족 등'(창 12:2a)과 '하늘의 뭇별'(창 15:5)은 서로 평행을 이루는 구절이다.[390]

---

390) 모세오경에서 아브라함의 육체적 자손을 이를 때는 항상 '하늘의 뭇별'(창 15:5; 22:17; 26:4; 22:7)이나, '땅의 티끌'(창 13:16)로 비유된다.

한편, 여기에서 '큰 민족 등'의 개념이 '방패'라는 개념을 통해서 '여호와'로 대체되는데, 이것이 갖는 중요한 의미는 이제 아브라함이 믿고 의지해야 할 대상은 '큰 민족 등'(창 12:2a)이 아니라 '여호와 자신'이 된다는 것을 의미한다. '여호와'가 '방패'로 표현되기 때문이다. 이것은 궁극적으로 여호와께서 아브라함을 감싸서 아브라함이 여호와 안에 거하는 이미지를 제공해 준다. 아브라함의 후손이 아브라함을 보호하는 것이 아니라 여호와께서 보호하신다.

마. '상급(15:1)', '나의 후사(15:3,4)'와 '열방의 복(12:3)'의 관계

'상급'을 의미하는 שָׂכָר은 '급여, 품삯, 소득'[391)의 의미인데, '용병의 임금'이나 '군사적 약탈물'을 나타내는 용어이다.[392) 그런데, 여기에서 언급하고 있는 상급은 이보다 더 고차원적인 '영적(진정한) 양식'의 의미를 담고 있는 것으로 보인다. 즉, 여기에서의 상급은 '하늘의 축복'을 의미하는 것으로서, 이것이 믿는 자들의 진정한 양식이다. 아브라함이 그돌라오멜로부터 가나안 열국을 구원했을 때, 땅에서 주어지는 전리품 대신에 하늘에서 주어질 보상으로서의 '상급'이다. 즉, 이것은 창세기 12:3의 '열국의 아비'[393)로서의 복을 말한다.

따라서 창세기 15:1에서 "나는 너의 큰 상급이다"고 하시는 말씀은 창세기 12:3의 "땅의 모든 족속이 너를 인하여 복을 얻을 것이다"에 대한 언약적 문구와 평행을 이룬다. 그리고 이것이 여호와와 아브라함 사이에 맺은 언약의 궁극적 목적이다. 이 궁극적인 목적이 여호와에게 있었고, 아브라함은 여기에 참여한 것이었다. 아브라함이 여호와께로부터 받을 '상급'은 이러한 '열국의 아비'로서의 복이었다. 아브라함은 이것을 여호와께 궁극적으로 기대하였으며, 창세기 15:3의 "내 집에서 길린 자가 내 후사(יוֹרֵשׁ)가 될 것이니이다"에서의 '후사(יוֹרֵשׁ)'는 바로 이것을 의미하였다.

391) Von Rad, *Genesis*, 183 ; 폰 라드는 이 단어를 '소득'이라고 표현하였다.

392) Wenham, *Genesis 1-15*, 327.

393) 여기에서 '열국의 아비'라는 용어는 창 17:5에 나타나며, 이것은 창 12:3의 "열국이 아브라함으로 인하여 복을 받는 것"을 의미한다. 한편, 여기에서는 용어사용의 편의상 창 12:3의 "열국이 아브라함으로 인하여 복을 받는 것"을 '열국의 아비'라는 용어로 간략하게 혼용하여 사용하고자 한다.

즉, 만일 아브라함이 무자하면 여호와의 그 궁극적 비전은 사라지게 된다. 이때 아브라함은 엘리에셀을 '후사(יוֹרֵשׁ)'로 세움을 통해서 자신은 그의 세대에서 끝나더라도 그 '여호와의 비전'은 이어가게 하고자 했던 것으로 보인다. 그는 엘리에셀을 이 하늘의 축복으로서의 '상급(창 15:1)', 즉 '열국의 아비'(창 12:3)의 '후사(יוֹרֵשׁ)'로 세우고자 하는 것이다. 그러면 자신은 이제 뒤로 물러가더라도 하나님의 열방을 향한 뜻은 엘리에셀을 통해서 여전히 진행될 것이기 때문이었다. 이에 대해 여호와는 "그 사람이 네 후사가 아니라 네 몸에서 날 자가 네 후사가 되리라"(창 15:4)고 말한다. 따라서 창세기 15:1의 '상급'은 창세기 12:3의 '열방의 아비'와 창세기 15:3-4의 '후사'는 평행을 이룬다.

마. '창세기 15:1-5'과 '창세기 12:2-3'의 평행관계 비교

위에서 언급한 것들을 종합하여 창세기 15:1-5의 언약 본문과 창세기 12:2-3의 언약 본문의 평행관계를 도식으로 표현하면 다음과 같다.

위의 평행본문이 우리에게 시사해주는 것이 있는데, 아브라함에게 부여된 명령과 관련한 언약조항이다. 창세기 12:2-3의 '언약본문'에서는 12:2b의 "너는 בְּרָכָה가 되라"가 추가적으로 언급되어야 하며, 이와 대응되는 명령이 창세기 15:1-6의 언약 본문에서는 무엇에 해당하는지를 찾아야 한다.

3. '두려워 말라'(창 15:1b)와 '믿음으로 말미암는 의'(창 15:6)의 관계

창세기 15:1-6은 대화를 통해 나타나는 '언약본문'인 것으로 보인다. 그렇다면, 이때 이 본문 중에서 아브라함의 역할에 해당되는 본문은 무엇인가? 즉 창세기 12:2-3의 '언약본문'에 나타나는 "너는 בְּרָכָה가 되라(창 12:2b)"는 말씀이 창세기 15:1-6에서는 어떤 본문과 관계되어지나? 우리는 먼저 이 중에서 명령문을 찾아야 한다. 그리고 그것은 창세기 15:1의 "너는 두려워 말라" 이다. 그리고 이 명령에 대한 응답이 창세기 15:6의 "아브람이 여호와를 믿으매"이다. 그렇다면 창세기 15:1과 창세기 15:6이 창세기 12:2b와 평행을 이루는 것이 본문이 될 것이다. 그것은 창세기 15:1의 "두려워 말라"는 명령과 창세기 15:6에 나타나는 "아브람이 여호와를 믿으니"(이를 '믿음으로 말미암는 의'라 칭하고자 함)와 관계된 것으로 보인다. 창세기 15:1-6의 본문에서 1절의 '두려워 말라'는 6절의 '믿음'과 인크루지오를 이루고 있다.[394] 그리고 만일 창세기 15:1-6이 창세기 12:2-3의 '언약본문'과 평행관계라면, 창세기 15:1b와 창세기 15:6의 "믿음으로 말미암는 의"[395])는 창세기 12:2b의 "너는 בְּרָכָה가 되라(창 12:2b)"의 평행본문이 된다.

이것은 창세기 15:1의 "너는 두려워 말라, 내가 너의 방패와 상급이다"는 한 문장에 아브라함의 언약조항 세 가지가 모두 담겨 있다. 따라서 이것의 평행관계를 이해하면 더 분명하게 드러난다. 즉, 뒤에서 살펴보겠지만, '방패'는 창세기 12:2a와 평행을 이루고, '상급'은 창세기 12:3과 평행을 이루는데, 그와 함께 '너는 두려워말라'가 나타난다. 그렇다면, '두려워 말라'는 명령은 창세기 12:2b의 "너는 בְּרָכָה가 되라"와 평행을 이루고 있음을 알 수 있다. 그리고 더 나아가서 창세기 15:6의 "믿음으로 말미암는 의"는 이 "두려워 말라"와 인크루지오의 관계에 있다.

이에 따라 본 글에서는 이 창세기 15:1의 '믿음 명령'과 창세기 15:6의 '믿음으로 말미암는 의'를 "너는 בְּרָכָה가 되라"의 발전적 개념으로 보고자 한다. 즉, בְּרָכָה의 본질적인 속성은 곧 '여호와에 대한 믿음'이었다. 그것은 그의 제사장을 의미하고 있기 때문이었다. 이것은 마치 '여호와의 이름'으로 '축복함(축복의 말)'의 행위를 하는 자가 בְּרָכָה에 해당하는데, 그 '축복의 말'을 하는 자는 '믿음의 사람'이어야 할 것이기 때문이다. 따라서 창세기 15:1과 15:6의 '믿음을 말미암는 의'는 창세기 12:2b의 'בְּרָכָה 명령'과 평행관계이며, 이 '믿음'은

---

394) McKeown, *Genesis*, 90.

395) 창 15:1의 "두려워 말라…"와 이와 인크루지오를 이루는 창 15:6의 "아브람이 여호와를 믿으니…"의 두 구절을 합하여서 본 글에서는 '믿음으로 말미 암는 의'이라고 불렀는데, 엄밀히 말하면 창세기 15:1은 '믿음명령'이며, 창세기 15:6은 '믿음으로 말미암는 의'로 부르는 것이 타당할 것이다.

곧 'בְּרָכָה'의 속성이어야 할 것이다. 이에 따라 각 언약 본문의 평행관계는 다음과 같이 정리된다.

위의 그림에 의하면, 창세기 12:2b의 "너는 בְּרָכָה가 되라"는 명령은 창세기 15:1,6의 '믿음으로 말미암는 의'와 서로 평행을 이루고 있다. 그렇다면 여기에서 "너는 'בְּרָכָה'가 되라"는 명제의 진정한 해석이 무엇인지가 나타난다. "너는 בְּרָכָה가 되라"는 명령은 '행위명령'이 아니라 '믿음 명령'이었으며, 진정한 'בְּרָכָה, 곧 축복'의 사람은 '믿음의 사람'이라야 한다. 우리는 창세기 12:2b의 בְּרָכָה를 이해할 때, '제사장'과 같은 '축복함'의 행위를 하는 자로 이해하였는데, 이제 이 בְּרָכָה의 본질이 '믿음'으로 나타나고 있다.

4. 언약의 본질을 나타내는 '방패와 상급' 이미지

가. '하나 됨'의 이미지를 제공하는 '방패와 상급'

창세기 15:1 후반부의 "나는 너에게 방패이며, 너의 지극히 큰 상급이다"는 히브리어는 אָנֹכִי מָגֵן לָךְ שְׂכָרְךָ הַרְבֵּה מְאֹד 로 표기된다. 이것은 두 문장의 합성인데, "나는 너에게 방패이다"는 문장과 "나는 너의 지극히 큰 상급이다"라는 문장으로 구성되어 있다. 이때 '방패'를 언급할 때에는 '너에게'라는 대상을 의미하는 전치사 לְ를 사용하고 있으며, '지극히 큰 상급'을 언급할 때에는 '너의'라는 소유격 접미사 ךָ를 사용하고 있다. 앞에서 언급한 바와 같이 전자의 방패는 "전투에서 아브라함을 보호하는 하나님"을 비유하며,[396] 아브라함을 감

---

396) Waltke, *Genesis*, 240.

싸는 이미지이다.

후자의 '상급'은 '용병의 급여'와 같은데, 아브라함이 큰 군사적 성과를 거두고도 그 유익을 취하지 않은 것에 대해 그것을 대신하여 아브라함에게 주어지는 대가로서 '여호와 자신'이다.397) 이것은 여호와가 아브라함에게 소유되어지는 이미지이다. 그리고, 이 양자를 합하면 여호와와 아브라함이 서로에게 소유되는 하나 됨의 이미지를 나타내고 있다. 약속과 믿음은 이 양자를 하나로 엮어주는 매개체이다. 그 본질은 이 양자의 '하나 됨'이다.

이와 같은 해석은 이제 '쪼개는 행위'에 대한 해석의 방향을 제시해준다. 아브라함이 동물을 쪼개고, 여호와께서 여기에 지나가시는데, 이것은 서로가 자신의 생명을 쪼갠 것으로서 '상호헌신 맹세'를 통한 '하나 됨'으로 해석되어야 할 필요성을 보여준다. 그리고 이와 같이 '쪼개는 행위'가 '하나 됨'을 지향한다면, 이 행위는 '제사'의 시원을 이루는 행위로 볼 수 있다. 후대에 제정된 이스라엘의 제사제도가 이와 같이 '하나 됨'을 지향하고 있기 때문이다.

나. 언약의 본질로서의 하나 됨

우리는 앞에서 아브라함의 '언약본문'(창 12:2-3)에 나타난 세 가지 명제 중에서 창세기 12:2a에 나타난 아브라함의 땅의 축복에 해당하는 '큰 민족 등'에 관한 약속과, 창세기 12:3의 '아브라함을 통해 열방이 복을 받는 것'은 각각 '방패'와 '상급'이라는 이미지로 대체되고 있었다. 그리고, 창세기 15:1의 '방패와 상급'의 이미지는 이와 같은 축복을 베푸시는 '여호와'로 대체되어 표현이었다. 그렇다면, 이제 창세기 12:2a와 창세기 12:3의 '언약본문'의 본질은 사실은 여호와 자신에게로 이끌기 위한 도구였음이 드러난 것이다. 그래서, 아브라함 언약의 진정한 본질은 '아브라함의 축복'이나 '열방의 구원'과 같은 행위적인 열매가 아니라, 여호와와 아브라함이 '하나 되는 것'이 진정한 '언약의 본질'이었음이 드러난 것이다.

즉, 아브라함의 언약의 본질적인 목표는 아브라함이 여호와 안에(방패), 여호와가 아브라함 안에(상급) 서로의 생명을 상호 교환하여 서로에게 거하는 체계라는 것이다. 그리고 이것을 계승한 것이 이스라엘 제사였다. 시내산 제사

---

397) Waltke, *Genesis*, 241.

언약에 의하면, 제물의 피를 양푼에 담아서 반절은 제단에 뿌리고, 반절은 이스라엘 백성들에게 뿌리는 데, 이것은 곧 생명의 상호교환을 의미하기 때문이다. 이것은 "나는 네 하나님이 되고, 너는 내 백성이 되리라"는 시내산 언약의 본질과도 연속선에 있다.398) 이것이 곧 아브라함 언약의 본질이었다.399) 그리고 이러한 메타포가 이미 '쪼개는 행위'에서 나타나고 있었던 것이다.

다. '방패와 상급'(창 15:1)과 '쪼개는 행위'(창 15:9-17)의 관계

창세기 15:1은 15장 전체에 걸쳐 나타나는 언약체결식 혹은 언약의 인증 사건의 표제와 같은 역할을 한다. 그리고 이와 같은 하나 됨을 예식으로 표현한 것이 창세기 15:9-17에 나타난 '언약 체결식' 혹은 '쪼개는 행위'였다. 이에 대한 논의가 분분한데, 기존의 일반적인 해석은 오직 여호와 만 '쪼갠 동물' 사이로 지나갔다고 말해진다. 그러나 창세기 15:1의 '방패와 상급'이 주는 이미지는 양자의 헌신이다. 따라서 이 쪼개는 행위는 '자기저주의 맹세'가 아니라, 서로를 향한 '상호헌신의 하나 됨'임을 말해주고 있다.

3절 후사 등과 관련한 대화 (창 15:2-5)

우리는 창세기 15:1의 "두려워 말라, 나는 너에게 방패이며, 너의 큰 상급이라"는 말씀을 통해서 이미 창세기 15:1-6 내용의 대략을 살펴보았는데, 다음에 나타나는 대화들을 통해서 이것을 좀더 구체적으로 확인할 수 있겠다.

아다르(Adar)는 처음의 '아브라함의 언약 사건'(창 12:1-3)과 이곳에서의 '언약사건'(창 15:1-6)에는 하나의 방법적 차이가 존재하는데, 여기에서는 양자 간의 대화 속에서 서로의 필요가 오가면서 그 언약이 공식화되고 있다고 말한다.400) 그는 아브라함의 언약이 이와 같은 대화 패턴으로 진행되는 것을 예의 주시함을 통해서, 아브라함의 언약은 "두 당사자 간의 언약(Covenant

---

398) 김성수, 「내가 너로 큰 민족을 이루게 하리라」 (서울: 합동신학대학원 출판부, 2003), 91.

399) 김성수, 「내가 너로 큰 민족을 이루게 하리라」, 91.

400) Adar, *The Book of Genesis*, 60.

of between the parts)"라고 한다. 아브라함의 언약적 사건들 안에서 일어나는 이와 같은 이야기 패턴의 언약 나눔은 "이러한 두 (언약 당사자의) 요구들을 풀어나가는 과정이다"[401]고 말한다.

1. 언약에 관한 질문을 제기하는 아브라함 (창 15:2-3)

가. 무엇을 내게 주시려나이까 (창 15:2a)

여호와께서 아브라함에게 "두려워말라, 나는 너에게 방패이며 상급이다"(창 15:1)고 말씀하시며 나타났을 때, 여기에는 당시의 그돌라오멜 전투라는 역사적인 정황이 존재한다. 그 사건 후에 아브라함은 두려움에 빠졌는데, 아브라함의 판단으로는 신속히 종족을 생산하여서 자위권을 형성하여 이러한 주변국들의 위협으로부터 벗어나야 했다. 그런데 자신은 연로하고 무자하였으므로 신속히 엘리에셀을 후사로 세워서 이 일을 추진하고자 하였다. 그리고 이렇게 해서라도 자신에게 주어진 '열방의 아비'(창 12:3)로서의 사명을 이루는 것이 여호와를 위한 일이기도 하였다. 우리는 이러한 아브라함의 갈등과 고통이 여호와와의 대화에서 물씬 풍겨나고 있음을 느낄 수 있다.[402] 아브라함은 다음과 같이 질문한다.

> 아브람이 가로되 주 여호와여 무엇을 내게 주시려나이까 나는 무자하오니 나의 상속자(בֶּן־מֶשֶׁק בֵּיתִי)는 이 다메섹 엘리에셀이니이다. 아브람이 또 가로되 주께서 내게 씨(זֶרַע)를 아니주셨으니 내 집에서 길리운 자가 나의 후사(יוֹרֵשׁ)가 될 것이니이다.(창 15: 2-3)

위의 문장은 얼핏 보면 당시의 상황을 반영한 일상적인 이야기로 보일 수 있다. 그러나 위의 문장을 엄밀히 바라보면, 위의 문장은 언약에 관한 내용이 대거 반영되어 있다.

여호와께서 아브라함에게 나타나셔서 "두려워 말라, 나는 너의 방패와 지극

---

401) Adar, *The Book of Genesis*, 60.

402) Adar, *The Book of Genesis*, 61.

히 큰 상급이라"는 말씀에 대해 아브라함이 "주 여호와여 무엇을 내게 주시려
나이까"라고 한 것은 여호와의 언약이 진행되지 않았음을 시사하는 내용이다.
즉, 창세기 12:2-3의 언약에는 여호와 켠에서의 약속이 있는데, 여호와께서
'씨'를 주시지 않아서 여기에 차질이 생겼다는 것이다. 여호와 켠에서의 약속
이 이행되지 않았음에 대한 아브라함의 생각을 나타낸 것이다.403) 이에 대해
웬함(Wenham)은 아브라함의 불평이 섞인 목소리라고 한다.404) 그리고 이것
의 시사하는 또 하나의 의미는 아브라함 자신은 자신의 언약조항에 충실하였
다는 것이다. 그런데 여호와 켠에서의 응답은 아직 없는 것 같은데, 오히려
"너는 בְּרָכָה가 되라"라는 언약 문구 대신에 또 하나의 요구사항이 들어온 것이
다. 그렇기 때문에 그는 의문문을 써서 "주 여호와여 무엇을 내게 주시려나이
까"라고 한 것이다. 이것이 '언약 본문'(창 12:2-3)과 관련한 아브라함의 생각
이었다. 아브라함 자신은 언약에 충실하였고, 여호와는 그렇지 못했다고 생각
하였다.

나. 엘리에셀을 나의 상속자(בֶּן־מֶשֶׁק בֵּיתִי)라고 하는 아브라함 (창 15:2b)

이렇게 여호와 켠에서의 약속이 진행되지 않음으로 인해, 우선적으로 창세
기 12:2a의 '큰 민족 등'(창 12:2a)의 '세상적 축복'의 모든 것을 소유할 자가
엘리에셀이 되었다고 말한다. 창세기 15:2b의 "나는 무자하오니 나의 상속자
(בֶּן־מֶשֶׁק בֵּיתִי)는 이 다메섹 엘리에셀이니이다"는 바로 이것을 의미한다. 여기에
서 'בֶּן־מֶשֶׁק בֵּיתִי'을 직역하면 "나의 집을 소유하는 아들"이라는 의미이다. 이것
은 '현재의 집', 즉 아브라함의 현재의 재산을 소유하게 되는 자가 엘리에셀임
을 밝힌 것이다. 여기에서 '상속자'로 번역된 בֶּן־מֶשֶׁק에서 מֶשֶׁק는 소유하는 자, 청
지기 등의 의미를 지니며, בֵּן은 아들을 의미한다. 이것은 청지기를 아들로 삼
음을 통해서 자신의 모든 소유를 이양 받게 되는 자를 말한다.

따라서 창세기 15:2에 나타난 '상속자'는 창세기 12:2a의 '큰 민족 등'에 관
한 현실적인 이 세상적인 언약적 축복이 이행되지 않은 것을 가리킨다. 이에
대해 아브라함은 본인이 지금 소유하고 있는 '세상적인 축복'에 대한 '상속자'

---

403) Adar, *The Book of Genesis*, 61.

404) Wenham, *Genesis 1-15*, 328.

는 엘리에셀이 될 것임을 밝힌 것이다. 이때 아브라함이 사용한 단어는
'בֶּן־מֶשֶׁק, 상속자'라는 용어였다.

다. 내 집에서 길리운 자가 나의 후사(יוֹרֵשׁ) (창 15:3)

아브라함은 위의 말에 계속하여, 창세기 15:3에서 "주께서 내게 씨를 아니
주셨으니 내 집에서 길리운 자가 나의 후사(יוֹרֵשׁ)가 될 것이니이다"라고 말한
다. 이것은 훗날 자신의 '씨'가 궁극적으로 땅을 소유하고, 그곳에 나라를 세
우고, 성전을 짓고, 그곳에서 열방을 위한 제사장 국가의 소임을 다함을 통해
서 '열방의 복'이 되리라고 생각했는데, 이제 이 일의 후사(יוֹרֵשׁ)가 엘리에셀이
될 것이다고 말하였다. 이러한 '후사'라는 용어의 용례에 대하여 웬함은 "이
어휘는 신명기의 곳곳에 나오며 이스라엘이 가나안 땅을 소유하는 것을 가리
킨다"405)고 말한다. 그리고 땅을 엘리에셀이 소유한다는 것은 '제사장 나라'의
비전이 넘겨지는 것을 의미하기 때문에 궁극적으로 창세기 12:3의 "아브라함
으로 말미암은 열방의 복"의 약속이 이제 엘리에셀에게 넘겨지고 있음을 말하
고 있는 것이다.

창세기 15:3의 '씨(זֶרַע)'와 '후사(יוֹרֵשׁ)'가 이러한 장래의 궁극적 비전을 말하
고 있음은 창세기 12:7과 창세기 13:15에 나타난 '씨'에게 주어진 약속을 통
해서 알 수 있다. 즉 여호와께서는 "여호와께서 아브람에게 나타나 이르시되
내가 이 땅을 네 씨(זֶרַע)자손에게 주리라 하신지라 자기에게 나타나신 여호와
께 그가 그 곳에서 제단을 쌓고"(창 12:7)라고 하시며, 또한 "보이는 땅을 내
가 너와 네 자손(זֶרַע)에게 주리니 영원히 이르리라"(창 13:15)고 하신 말씀이
다. 이 씨는 궁극적인 약속의 성취자로서, 그는 땅을 얻고 그곳에 나라를 세우
고 성전을 세워서, 궁극적인 여호와의 비전인 '열국을 위한 제사장'의 역할을
할 자였다. 그래서 온 열방을 위한 복의 역할을 할 자였다. 그런데, 이제 그
씨가 생산이 안되어서 자신의 모든 가업을 엘리에셀이 소유하게 되므로, 이제
는 그 일도 또한 엘리에셀이 할 것이라고 말한 것이다.

한편, 아브라함이 언약에 대해서 이렇게 생각한 이유는 길리운 자를 상속자

---

405) Wenham, 「창세기 1-15」, 571.

나 후사로 세우는 것은 당대의 관행이기도 하였기 때문에,406) 아브라함은 이 문제를 심사숙고한 것으로 보인다.407) 이 즈음에 이르러서는 아브라함이 롯을 그의 상속자나 후사로 생각했던 문제는 완전히 정리되었던 것 같다.408)

2. 기존의 언약을 반복하시는 여호와 (창 15:4-5)

여호와의 말씀 '창세기 15:4-5'은 아브라함의 질문 '창세기 15:2-3'에 대한 답변이다. 창세기 15:4은 창세기 15:3의 '씨'가 소유하게 될 '땅'과 '열방의 복'으로서의 '후사(יוֹרֵשׁ)'에 관한 답변이고, 창세기 15:5은 창세기 15:2의 '내 집의 상속자'(בֶּן־מֶשֶׁק בֵּיתִי)에 관한 답변이다.

가. 네 씨가 네 후사가 되리라 (창 15:4)

아브라함은 자신에게 주어진 모든 사명, 혹은 여호와의 비전을 엘리에셀의 입양을 통해서라도 이루고자 한다. 이에 대해 이어지는 여호와의 대답은 "그 사람은 너의 후사가 아니라"고 하시며, "네 몸에서 날 자가 네 후사"라고 하시는데, 그런데 그것은 기존의 약속에 대한 반복이었다. 그 내용은 다음과 같다.

> 여호와의 말씀이 그에게 임하여 가라사대 그 사람은 너의 후사가 아니라 네 몸에서 날 자(네 씨)가 네 후사가 되리라 하시고, (창 15:4)

위의 "네 몸에서 날 자(네 씨)가 네 후사가 되리라"(창 15:4)는 말씀은 창세기 12:7의 "내가 이 땅을 네 씨(자손, זֶרַע)에게 주리라"는 말씀의 반복이다. 여기서 그 '씨'는 바로 '땅'을 받는 자이다. 그리고 여기에서 '땅'에 관한 약속은 '제사장 국가'의 건립을 의미한다. 따라서 여기에서의 창세기 15:4의 '후사'는 바로 '최종적언 언약의 성취자'로서, 그가 '제사장 국가'를 설립하고 그곳에

---

406) Wenham, *Genesis 1-15*, 328 : Torre, *Genesis,*, 167.

407) Von Rad, *Genesis,* 184.

408) Turner, *Genesis,* 75.

서 열방을 위한 제사장적 기도를 하는 자이다. 따라서 창세기 15:4에서의 '후
사'는 창세기 12:3의 "열국이 그로 인하여 복을 받는 것"에 대한 '후사'인 것
이다. 이 두 구절을 비교해 보면 다음과 같다.

　내가 이 땅을 네 씨(자손, זֶרַע)에게 주리라.…그곳에 단을 쌓고 (창 12:7)
　네 몸에서 날 자(네 씨)가 내 후사가 되리라 (창 15:4)

즉, 창세기 15:4에서의 '후사'란 '땅에 대한 후사'였던 것이다. 그런데, 이것
만 가지고는 그 의미가 명확하지 않다. "이 땅을 네 씨에게 주리라"의 말씀에
이어지는 "그곳에 단을 쌓고"도 함께 고려하여야 한다. 이 제단은 그 땅에 세
워지게 되는데, 이 제단으로 인해서 이 땅(나라)은 이제 "열방을 위한 제사장
국가"가 된다. 이곳에서 열방을 위한 제사가 실행되는 것이다. 이것이 아브라
함의 비전이었다. 아브라함은 이 "열방을 위한 제사장 국가"의 상속권을 엘리
에셀에게 양도하려고 하였던 것이다. 한편, 엘리에셀은 그와 같이 신실하였던
것으로 보인다. 이 엘리에셀이 나중에 이삭의 배우자를 찾아 떠났던 그 노종
으로 추정되기도 한다.409)

나. 하늘의 뭇별과 같은 네 씨

이제 여호와께서는 아브라함을 밖으로 데리고 나가 하늘의 뭇별을 보게 하
고, "네 씨(자손, זֶרַע)의 수가 이와 같으리라"고 한다. 그 내용은 다음과 같다.

　그를 이끌고 밖으로 나가 가라사대 하늘을 우러러 뭇별을 셀 수 있나 보라
　또 그에게 이르시되 네 자손(씨,זֶרַע)이 이와 같으리라. (창 15:5)

창세기 15:5의 "하늘을 우러러 뭇별을 셀 수 있나 보라, 또 그에게 이르시
되 네 자손(זֶרַע)이 이와 같으리라"는 말씀은 창세기 12:2a의 '큰 민족 등'의
약속과 평행을 이루는 것은 분명하다. 그리고 이 구절은 창세기 13:16에서
"내가 네 자손으로 땅의 티끌 같게 하리니 사람이 땅의 티끌을 능히 셀 수 있

---

409) Mathews, *Genesis 11:27-50:26*, 164.

을진대 네 자손도 세리라"고 하신 말씀과도 평행을 이룬다.410) 여기에서의 '네 자손'은 분명히 아브라함의 육적인 후손을 의미하며, 모세오경에서 '하늘의 별들'은 항상 육적인 이스라엘 자손을 의미하였다.(참조: 창 22:17, 26:4, 출 32:13, 신 10:22, 28:62)

다. 처음의 '언약 본문(창 12:2-3)'과 창세기 15:4-5의 관계

베스터만(Westermann)은 "위의 두 구절은 두 가지 약속이 한 장면에 형성된 것이다(In vv. 4-5 two promises have been shaped into a scene)"고 말한다.411) 그리고 두 가지 약속이라면, 분명히 하나는 창세기 12:2a의 '큰 민족 등'의 '세상에서의 축복'412)이며, 또 하나는 창세기 12:3의 '아브라함을 통한 열방의 복'으로서 '하늘의 축복'으로 귀착될 수 있을 것이다.

이때 분명한 것 하나는 위의 창세기 15:5의 "네 씨가 하늘의 뭇별과 같으리라"는 말씀은 육적인 자손에 관한 것이다. 이것은 세일해머(Sailhamer)가 잘 말하고 있는데, 그에 의하면 창세기 22:17, 창세기 26:4, 출애굽기 32:13, 신명기 1:10 에서 하늘의 뭇별이 아브라함의 '육적인 자손'을 의미하는 것으로 나타나기 때문이다.413)

그리고 창세기 12:3의 "아브라함을 통해 열방이 복을 받는" 궁극적이고도 원래적인 약속은 앞에서 살펴본 것처럼 창세기 15:3-4의 '후사'라는 개념에 속한 것으로 보아야 할 것이다.

라. 각 언약적 사건들의 평행관계 이해

위의 관계에 대해 브루그만(Brueggemann)도 창세기 12:2-3과 창세기 15:1-6은 같은 언약의 내용으로서 이것이 새로운 약속이 아니라고 말한다.414) 그리고 더 나아가서 이러한 관계는 창세기 17장의 할례를 통한 언약

---

410) Boice, *Genesis 12-36*, 536.

411) Westermann, *Genesis 12-36*, 222.

412) 정일오, 「창세기 해설」 (서울: 솔로몬, 2004), 273.

413) Sailhamer, *Genesis~Leviticus*, 171 : Mathews, *Genesis 11:27-50:26*, 166.

의 확장, 창세기 18장의 소돔 위한 중보기도를 통한 언약실행, 및 창세기 22 장의 이삭번제를 통한 언약의 완성과 승계의 사건에서도 동일하게 이 언약조 항은 반복되고 있다. 우리는 앞으로도 계속하여 이러한 관계들을 파악할 것인데, 이것을 미리 비교하여 표시하면 다음과 같다. 본 글은 앞에 있는 세 번의 사건만을 다룬다.

		언약본문 (창12:2-3)	제사통한 언약인증 (창15:1-6)	할례통한 언약확장 (창 17:1-6)	중보기도의 언약이행 (창18:18-19)	이삭번제 통한 언약완성 (창22:16-18)
여호와	큰민족	내가 너로 '큰 민족'을 이루고 (창 12:2a)	하늘의 뭇별들을 보라. 네 자손이 이와 같으리라 (창 15:5)	너로 심히 번성케 하리라 (창 17:2)	아브라함은 강대한 나라가 되고 (창 18:18a)	내가 네게 복을 주고 네 씨로 크게 성하여 하늘의 별과 같고 바닷가의 모래 같게 하리니 (창 22:17)
	열방	모든 족속이 너로 인하여 복을 받으리라.(창 12:3)	네 몸에서 날 자가 네 후사가 되리라 (창 15:4)	너는 열국의 아비가 될지라. (창 17:4)	천하만민은 그를 인하여 복을 받게 될 것이 아니냐 (창 18:18b)	또 네 씨로 말미암아 천하만민이 복을 얻으리니 (창 22:18)
아브라함		בְּרָכָה가 되라 (창 12:2b)	두려워 말라… 그 믿음을 그의 의로 여기시고 (창 15:1,6)	나는 전능한 하나님이라, 너는 행하여 완전하라 (창 17:1)	여호와의 도를 지켜 의와 공도를 행하게 하려고 (창 18:19)	네가 이같이 행하여 네 아들 네 독자를 아끼지 아니하였은즉 (창 22:16)

3. 씨에 대한 약속으로 엘리에셀을 거절하시는 여호와

여호와께서는 아브라함에게 창세기 15:4을 통하여, "그 사람은 너의 후사가 아니라, (כִּי, 왜냐면) 네 몸에서 날 자가 네 후사가 되리라"고 하심을 통해 아브라함이 엘리에셀을 후사로 세우는 것을 거절하셨는데, 이것은 명백한 '거절의 말씀'[415]이었다. 아브라함에게 창세기 15:4-5을 통해 주어진 '그 씨에 대한 약속'은 '세상의 힘(방패)'[416]을 의미하는 엘리에셀에 대한 거절의 말씀이다.

브로그만(Brogman)에 의하면, 이것은 축복이라기 보나는 분명한 거절이며,

---

414) Walter Brueggemann, 144.

415) Westermann, *Genesis 12-36*, 221.

416) Westermann, *Genesis 12-36*, 221.

만일 여호와께서 아브라함에게 "두려워 말라, 내가 너의 방패와 상급이다"라는 믿음을 심어주지 않았더라면, "이 말씀은 아브라함에게 큰 걸림으로 작용하였을 것이다"고 한다.417)

　여호와께서는 '씨(후손)에 대한 약속'(창 15:4,5)을 통해 엘리에셀을 거절하는데, 그렇기 때문에 이 '씨의 약속'에 대한 해석은 매우 중요하다. 만일 아브라함이 이 씨를 해석할 때, 엘리에셀과 유사한 또 다른 육적인 후손으로 해석을 하면 안 된다. 그렇게 해석할 경우 이와 유사한 사건으로서 이스마엘 사건이 또 다시 발생하게 된다. 따라서 이때 여호와의 진정한 메시지는 후손 없이 두려움을 극복하는 것이었다. 즉, 세상적인 힘을 의존하지 않고, 오직 여호와만을 믿음을 통해서 두려움을 극복해야 한다. 이 양자의 차이는 명확하여야 한다. 창세기 15:4,5의 '씨에 대한 약속'을 믿는다는 것은 오히려 모든 세상적인 힘을 주는 '세상적 후손'에 대한 거절의 말씀을 수용하는 것이다. 이것을 수용한다는 것은 이제 또 다시 무자함으로 돌아가서 홀홀단신으로 두려움을 극복하여야 한다. 따라서 아브라함이 이 약속을 '후손의 축복'으로만 단순히 이해하면 큰 착각 속에 빠지게 된다. 즉, 이제 아브라함은 세상의 두려움을 극복할 '후손의 축복' 대신에 '현실적인 죽음'을 선택하여야 하고, 오직 '여호와에 대한 믿음'(창 15:6)만으로 그 두려움을 극복하여야 한다. 따라서 이것은 '세례'와 그 성질이 같다. 아브라함에게 이러한 상태는 앞으로 20여 년 동안 더 지속될 것이기 때문이다.

4절　아브라함의 믿음과 의롭다함 (창 15:6)

1. 여호와를 믿은 아브라함 (창 15:6a)

가. 믿음의 대상으로서의 여호와

　창세기 15:1-6에 나타난 믿음의 대상은 얼핏 보면 둘이라고 할 수 있는데, 하나는 '여호와'이고 또 하나는 '언약의 말씀', 곧 '씨와 하늘의 뭇별과 같은 후손에 대한 약속'이다. 문맥의 흐름에 의하면 아브라함은 여호와의 '언약의 말씀'을 믿은 것으로 이해될 수도 있다. 그런데 창세기 15:6은 "아브람이 여

---

417) Brogman, *Genesis*, 67.

호와를 믿으니…"418)라고 말하고 있다.

믿음의 대상이 이와 같이 문맥의 흐름과 일치하지 않는 것에 대해, 혹은 둘로 묘사될 수 있는 것에 대해, 코터(Cotter)는 창세기 15:6의 믿음이 "왜 아브라함이 여호와를 믿었는지, 이 본문은 무슨 믿음인지"419) 애매하게 보일 수 있다고 말한다. 터너(Turner)도 창세기 15:4,5에 나타난 약속들은 이 '여호와를 믿으니'(창 15:6)라는 문장과 아무런 동등한 관계가 없으며, 아브라함은 이 언약의 말씀으로 순식간에 그의 믿음이 논쟁에서 절대적인 확신으로 변했을 뿐이라고 말한다.420) 토마스(Thomas)도 "이 믿음은 이성적으로 이해될 수 있는 문제가 아니다"고 말하며, 이러한 경우는 "욥의 사례에서나 찾아볼 수 있다"421)고 한다. 그것은 '씨에 대한 약속'이 '엘리에셀에 대한 거절'이라는 현실적 어려움을 의미하고 있기 때문이었다.

그런데, 우리가 창세기 15:6의 '믿음'의 대상을 알기 위해 그 문맥을 자세히 보면, 여호와의 '씨, 혹은 하늘의 뭇별'(창 15:4,5)에 대한 약속의 말씀은 '엘리에셀의 거절'로 대체될 필요성이 제기된다. 즉 '씨에 대한 약속 = 세상 축복에 대한 거절'이다. 그렇다면, 여기에 나타난 '세상 축복에 대한 거절'은 믿음의 대상이 될 수 없다. 이것은 그 보다 윗 단계에 있는 '여호와에 대한 믿음'을 통하여 인내로 수용하여야 할 말씀인 것이다. 따라서 이 문맥에서 믿음의 대상을 둘로 보는 것은 적절하지 않다. 그렇기 때문에 그 다음에 이어지는 창세기 15:6은 아브라함이 "이 씨에 대한 약속을 믿었다"고 하지 않고, "여호와를 믿었다"고 말하는 것이 문맥적으로도 타당하다. 아브라함은 '하늘의 뭇별과 같은 그 씨'를 믿음을 통해서 두려움을 극복한 것이 아니라, '여호와를 믿음'으로 그 두려움을 극복해야만 했다. 이 씨에 대한 소망으로 두려움을 극복한 것이 아니었다. 따라서 현실적인 측면에서의 창세기 15:6의 말씀은, "아브라

418) 이 글에서는 창 15:6의 "חשׁב, 생각하다, 평가하다, 간주하다"를 70인역에 따라 수동태로 번역하였다. 한편, 마소라 원문은 능동태로 표기되어 있어서 다른 번역을 가져온다. 이에 대한 구체적인 해설은 뒤에서 언급하고자 한다.

419) Cotter, *Genesis*, 100.

420) Turner, *Genesis*, 74.

421) Brodie, *Genesis as Dialogue*, 228.

함은 여호와의 엘리에셀에 대한 거절의 말씀을 듣고, 도리어 여호와를 믿었다"고 이해할 필요성이 제기되고 있다.

나. 약속의 씨가 가진 역설(Paradox)

창세기 15:4-5의 '약속의 씨'는 우리에게 분명히 하나님을 향한 소망을 주지만, 이것은 동시에 '세상적 축복에 대한 거절'을 준다. 이 창세기 15:2-5의 '약속을 통한 거절'에 대해서 큐리드(Currid)는 "이 '씨'에 관한 약속은 단순하게 역설(paradox)을 증가시키며 약속은 반복된다.… 그러나 그것은 여전히 약속으로만 남아있다. 아브라함은 여전히 나이가 들고 아이는 없다."[422] 베스터만(Westermann)도 "이것은 거절의 말씀이다[423]고 한다. 이것은 그 시사하는 바가 크다. 이 씨는 세상의 축복을 거절하는 역할을 하고 있기 때문이다. 이 씨는 아브라함으로 하여금 여전히 죽음과 같은 고통 가운데 거하게 하는 그러한 씨이다. 이 씨는 세상을 거절하고, 오직 여호와만을 의지하게 하는 씨이다. 따라서 아브라함이 이 씨를 '세상적 축복'으로 받아들이면, 여호와의 의도와는 정반대의 결과를 가져온다. 자칫 아브라함이 이것을 불완전하게 해석하면, 그는 또 다시 이스마엘 사건과 같은 사례에 빠져든다.

여호와의 씨에 대한 약속은 아브라함의 믿음을 축복의 신앙으로 이끄는 것이 아니라, 여호와 자신에게로 인도하는 씨이다. 이 씨에 대한 약속은 이렇게 아브라함으로 하여금 세상의 힘과 축복에서 돌이켜 여호와를 향하게 한다. 아브라함으로 하여금 세상을 향하여 죽음에 이르게 함과 동시에 여호와를 향하여 살게 한다. 이러한 역할을 하는 것이 곧 '씨에 관한 약속'(창 15:4,5)이었다. 아브라함의 언약에 나타난 이 '씨에 관한 약속'의 특성은 다음과 같다.

먼저, 이 '씨'는 창세기 12:2-3의 '아브라함의 언약' 중에서 여호와 켠의 약속 전체를 대체한다. 이것은 소위 '큰 민족 등'의 아브라함의 육신적인(세상의) 축복과 '열방의 아비'로서의 영적인(하늘의) 축복'이 모두 이 '씨'에게 귀속된다.

두 번째, 이 씨는 아브라함의 세상적 소원을 모두 거절함으로서 아브라함으

---

422) Currid, *A Study Commentary on Genesis*, 292.

423) Westermann, *Genesis 12-36*, 221.

로 하여금 세상을 향하여 죽음에 이르게 한다. 이때 아브라함은 세상을 향하여 죽는다. 아브라함에게 마음의 할례는 이때 발생한다. 그런데 만일 또 다시 아브라함이 세상적인 축복으로서의 후사를 원하게 되면, 이것은 불완전한 믿음으로서 다음에 이스마엘 사건 등을 일으킨다. 이 진정한 씨는 이삭으로 드러나는데, 심지어는 이 진정한 씨도 번제로 드려진다. 모든 '언약의 씨'가 아브라함을 죽음에 이르게 한다. 한편, 이 씨는 먼 훗날에는 예수 그리스도께서 이 직분을 맡으시는데, 그 세례의 원리는 이때의 이삭의 원리와 동일하였다.424)

세 번째, 그렇기 때문에 이 씨는 아브라함으로 하여금 언약적 축복에 집중하게 하지 않고, 여호와 자신에게 집중하게 한다. 이 씨는 아브라함의 원하는 형태의 방법을 거절함을 통해서, 아브라함으로 하여금 그 현실적 두려움을 피하여 여호와에게 마음을 '위탁(믿음, trust, אָמַן)'하게 한다. 이와 같이 하여서 '여호와'께서 아브라함의 진정한 '방패와 상급'이 되게 한다.

네 번째, 이 씨는 이와 같이 하여 '언약의 본질'이 드러나게 한다. 언약의 본질은 여호와와 아브라함의 '하나 됨'이었다. 즉, 아브라함이 받게 될 창세기 12:2-3의 '하늘과 땅의 축복'은 하나의 매개체 였던 셈이다. 아브라함이 '하늘과 땅의 축복'을 받는 것이 언약의 진정한 목적이 아니라, 이것은 본질을 나타내는 표상이었다. 언약의 진정한 본질은 여호와와 아브라함의 '하나 됨'이었다. 이것은 '쪼개는 행위'의 해석의 방향성을 잘 제시해 준다.

씨에 관한 약속을 이와 같이 이해할 때, 즉 아브라함이 세상적 축복의 거절을 수용할 때, 이 씨는 아브라함으로 하여금 자신의 생명을 하나님께 바치게 한 것이다. 그리고 이때 하나님께서도 여기에 반응하여 자신의 생명을 아브라함에게 주신다. 그리고 이것이 구체적인 행위로 표현된 것이 아브라함의 '동물을 쪼개는 행위'(창 15:9-10)와 여호와의 그 '쪼갠 동물 사이로 지나가는 불'(창 15:17)이었다. 이 씨는 이와 같은 역설을 내포하고 있으며, 여호와와 아브라함을 연합시키는 신비로운 씨였다.

다. 여호와를 주로 믿는 믿음

---

424) Leupold, 「창세기(상)」, 412.

　창세기 15:6에 나타난 '여호와에 대한 믿음'은 왜 '세상 축복에 대한 거절'을 항상 수반하고 있을까? 이 '세상 축복에 대한 거절', '생명 드림', 혹은 '죽음'은 '믿음'과 지속적으로 병행하여 나타난다. 신약에 이르러서도 이 '믿음'은 '세례(죽음)'와 함께 나타난다. 왜 '믿음'은 '가난'이며 '죽음'인가? 그 이유를 우리는 살펴볼 필요가 있다.

　우리는 '여호와에 대한 믿음'을 "여호와에 대한 어떤 믿음인가?"를 검토 해 보아야 한다. 즉, "여호와께서 축복하실 것(혹은 아들을 주실 것)에 대한 믿음인가?" 아니면 "여호와께서 주(보호자)이시다는 믿음인가?" 이때 15:1에 의하면, "여호와는 방패와 상급이다"고 말한다. 따라서 창세기 15:6a의 "아브람이 여호와를 믿으매"는 "아브람이 여호와를 방패와 상급으로 믿으매"로 바꿀 수 있다. 그리고 여기에서의 '방패와 상급'은 '보호자' 혹은 '주'로 바꾸어 쓸 수 있다. 그래서 결국 이 구절은 "아브람이 여호와를 주로 믿으매"로 바꾸어 쓸 수 있는 것이다. 그러면 우리는 왜 여호와에 대한 '믿음'이 항상 '생명 드림'을 수반하는 지를 이해할 수 있다. 주종관계에서 종의 일차적인 행위는 자신의 생명을 드리는 것이기 때문이다. 그러면 주께서 자신의 생명을 내어 줄 뿐만 아니라, 그가 보호자가 되어 주신다. 그와 같이 하여서 이 양자는 서로 하나가 된다. 이러한 사상적 흐름은 아브라함의 언약적 사건 전체에 흐르고 있다.

　먼저, 창세기 12:1-4에 나타난 아브라함의 언약은 '부르심'(1,4절)과 '언약의 내용'(2-3절)의 두 구조로 되어 있다. 이때의 '부르심'은 명령형으로 이루어진 주종관계로의 부르심이었음을 앞에서 살펴보았다. 그리고 '언약의 내용'은 여호와의 종으로서 수행할 언약 조항이었다. 따라서 '부르심'에 '언약의 내용'이 종속되고 있었던 것이다.

　이러한 내용은 창세기 15:1-6의 내용에도 충분히 반영되어 나타나는데, 15:1의 여호와의 말씀에 대해 아브라함은 "주 여호와여(אֲדֹנָי יֱהֹוִה), 무엇을 내게 주시려나이까"라고 응답한다. 여호와께서는 '자신'을 곧 '방패와 상급'이라고 함을 통해서 자신을 소유하라고 하신다. 이것은 '주종 관계'의 연합을 의미하고 있었다. 그렇다면, 창세기 15:6의 '여호와에 대한 믿음'은 '여호와를 주로 믿는 믿음'을 의미한다고 보아야 할 것이다.

　이러한 여호와와 아브라함의 '주종관계'는 모든 언약적 사건들에서 지속적으

3장 '동물 쪼갬'을 통한 '언약의 인증'

로 나타난다. 창세기 17장의 '할례 언약'의 사건 속에서도 아브라함은 여호와
의 말씀에 대해 "아브라함이 엎드렸더니 하나님이 또 그에게 말씀하셨다"(창
17:3)고 말하고 있다. 창세기 18장의 '방문 언약'의 사건 속에서도 아브라함은
"내 주여 내가 주께 은혜를 입었사오면"(창 18:2)이라고 말한다. 그리고 궁극
적으로 창세기 22장의 '이삭번제 언약'의 사건에서는 "내가 여기 있나이다"
(창 22:1)라고 말하는데, 이것은 종으로서의 주인의 말씀을 기다리는 태도를
말한다.

따라서 창세기 15:1의 "나는 방패와 상급이다"라는 말씀에 대한 응답으로
아브라함은 '믿음'을 가졌는데, 이것은 여호와를 소유하는 믿음이었으며, 아브
라함이 여호와를 소유하는 방법은 여호와를 '주'로 섬기는 것이었다. 따라서
"아브라함이 여호와를 믿으매"는 "아브라함이 여호와를 주로 믿으매"로 해석
하는 것이 바람직 해 보인다. 그리고 아브라함이 여호와를 '주'로 믿는다는 것
은 바로 자신의 '생명 드림'을 의미하였다. 이것이 '믿음'과 '생명 드림'이 항상
동전의 양면과 같이 나타나는 이유로 보인다.

라. 창세기 15:1과 창세기 15:6의 관계

아브라함의 "여호와에 대한 믿음"(창 15:6)은 창세기 15:1의 "너는 두려워
말라, 내가 너에게 방패와 상급이다"와 인크루지오를 이룬다. 즉, 창세기 15:1
에서 "너는 두려워 말라"로 시작된 여호와와 아브라함 간의 대화는 창세기
15:6에서 "아브람이 여호와를 믿으니"로 마무리 되기 때문이다. 아브라함이
현실적인 상황의 두려움에 갇혀 있다가, 여호와를 방패와 상급으로 삼음으로
그 안에 믿음으로 거하게 된 것을 의미한다. 이에 대해 브로그만(Brogman)도
이 믿음의 성격을 "하나님을 믿을 만하게 붙잡고, 그리고 그를 의지하는 것"
이라고 표현하여, '여호와에 대한 믿음'으로서 '두려움을 극복하는 믿음'이었다
고 말한다.[425]

우리는 앞에서 "두려워 말라, 내가 너의 방패와 상급이다"(창 15:1)는 말씀
은 전체의 표제적인 역할을 한다고 했는데, 이 한 구절은 아브라함의 언약 전
체에 대한 포괄적인 이미지를 제공한다. 먼저, 창세기 15:1b의 '방패'는 창세

---

425) Brogman, *Genesis*, 68.

기 12:2a의 '큰 민족 등'과 창세기 15:5의 '하늘의 뭇별'을 상징한다. 그 다음, 창세기 15:1의 '상급'은 창세기 12:3의 '열방의 복'과 창세기 15:3-4의 이 복을 상속할 '후사'를 상징한다. 그리고 더 나아가서는 '방패'와 '상급'은 "내가 너의 방패와 상급이다"는 말씀을 통해 '여호와'로 대체되었다.

이러한 모든 아브라함의 언약의 내용이 창세기 15:1에서는, "두려워 말라 ∵(왜냐면) 방패와 상급"이라는 공식으로 표현되었고, 창세기 15:6에서는 "믿음으로 인한 여호와와의 연합"으로 발전하여 나타난 것이다. 즉 1절의 "두려워 말라"와 "나는 너에게 방패이며 너의 상급이다"의 두 명제가 6절에서는 "믿음으로 여호와 안에 거함"으로 귀결되었다.

라. '믿음'의 이미지

이때의 방패와 상급의 이미지는 앞에서도 언급하였다시피, 방패는 아브라함을 감싸는 이미지이며, 상급은 아브라함에게 속하는 이미지이다. 그리고 아브라함은 여호와를 믿음으로 이 이미지 안에 들어가게 되었다. 여기에서의 '믿음'은 여호와를 '방패와 상급'으로 믿는 믿음이며, 그리고 이것은 여호와와 아브라함 상호간에 하나가 되는 이미지이다.

이 이미지는 기독교 신앙에서 "우리가 여호와 안에 거하고, 여호와가 우리 안에 거하는" 이미지와 동일하다. '믿다'라는 동사 אָמַן의 사전적 의미는 "믿다, 신뢰하다, 확신하다, 견고하다"라는 의미가 있는가 하면, "세우다, 지탱하다, 양육하다"의 의미가 있다. 또한 TDOT는 이러한 의미를 종합적으로 판단하여 '믿음'을 "어떤 상태나 존재 안으로 들어가서 같아지는 것"[426]이라고 말한다.

창세기 15:1~6이 제공해 주는 '믿음'의 이미지는 이와 같은 '방패와 상급'의 이미지이며, 더 나아가서는 '상호 간의 연합'을 의미하는 이미지를 제공해 주고 있다.

마. הֶאֱמִן בַּיהוָה (여호와를 믿으니)에 대한 이해

창세기 15:4,5에 나타난 '씨(자손)의 약속'은 오히려 아브라함으로 하여금

---

426) A. Jepsen, "aman," *Theological Dictionary of the Old Testament*, Vol. 1, Tr. by D. Green, ets. (Grand Rapids: Eerdmans, 1974), 298-309.

이제 여호와를 믿게 한다. '여호와를 믿으니'로 번역된 히브리어 הֶאֱמִן בַּיהוָה를 정확하게 이해하기 위해서는 먼저 הֶאֱמִן을 이해하여야 하며, 그 다음에 이 단어와 בַּיהוָה를 결합하여 이해할 필요성이 있다. 이때 הֶאֱמִן은 אָמַן(믿다, …라고 확신하다, 신뢰하다)의 히필 완료형이다. 이것을 70인역에서는 πιστεύω (참되다고 생각하다, 믿다, 확신을 두다, 맡기다)의 3인칭 단수, 직설법, 과거, 능동형인 ἐπιστευσεν 으로 표기하고 있다.

① אָמַן의 히필 완료형으로서의 הֶאֱמִן

윌리암 할러데이(William Hallerday)에 의하면, אָמַן이라는 동사는 일반적으로 니팔형으로 쓰이거나 히필형으로 사용된다. 이때 니팔형으로 사용될 경우에는 "자신의 확실함을 증명하다, 견고하다" 등의 의미를 지니며, 히필형으로 사용될 경우에는 "믿다, …라고 확신하다, 신뢰하다" 등의 의미로 번역된다.427) 해밀턴(Hamilton)에 의하면, 창세기세기에서 אָמַן이라는 동사는 세 번 등장하는데, 이곳에서 처음 등장한다. 그에 의하면 "아브라함은 창 12:1에서도 여호와에 대한 믿음의 행위를 보였는데도 '믿었다'는 용어는 사용하지 않고 여기에서 비로소 사용되고 있다"고 말한다.428)

창세기 15:6의 본문에서는 히필형으로 쓰였다. 해밀턴(Hamilton)은 6절a의 해석에 대해서 "그는 여호와에게 확고하게 되었다"라고 번역한다.429) 한편, 이 신뢰는 "자신을 상대에게 맡기는 것(위탁)"에 까지 이른다. 스페이서(Speiser)는 "그의 신뢰를 두다 (put his trust)"430)라고 번역하며, 코터(Cotter)는 "그 자신을 위임하다, 맡기다(commit himself)" 혹은 "위탁하다, 신뢰하다(trust)"라고 번역한다.431)

한편, 우리는 창세기 15:6의 '믿음'을 해석할 때, 위와 같이 직설법의 번역

---

427) William L. Halladay, 「히브리어 아람어 사전」, 손석태 · 이병덕 공역 (서울: 솔로몬, 2005), 27.

428) Hamilton, *The Book of Genesis 1-17*, 422.

429) Hamilton, *The Book of Genesis 1-17*, 422.

430) Speiser, *Genesis*, 112.

431) Cotter, *Genesis*, 97, 100-101.

만 고려할 것이 아니라 이 동사가 히필형으로 사용된 것을 고려하여 번역해 볼 필요가 있다. אמן동사가 수동형이나 히필형으로만 사용된다는 것은 우리로 하여금 창세기 15:6의 '믿음'은 스스로에 의해서 생겨난 것이 아니다는 판단을 하게 하기 때문이다. 그 믿음이 수동형이나 히필형으로 사용되었다는 것은 '~에 의해서' 믿음을 갖게 되었음을 의미하고 있다. 이 히필형의 주체는 누구인가? 누구에 의해서 이 믿음이 생성되었는가의 문제이다. 이 해석을 위해서 우리는 먼저 הֶאֱמִן동사와 함께 사용된 전치사 בְּ의 용도를 이해할 필요성이 존재한다.

② הֶאֱמִן과 בְּ의 관계

히브리어의 동사 אמן은 타의에 의한 수동형이거나 사역형이다.[432] 히브리어는 이런 점에서 상당히 논리적이다. אמן이 니팔로 쓰인 경우에는 대체로 '믿어지다'라는 의미이다. 그리고 히필형으로 사용되었을 경우에는 "믿어지게 만들다(to make a man true)"로 번역된다.[433] 한편, 이곳의 본문에서는 아브라함의 믿음을 살펴보기 위하여 구약성경에 나타난 모든 אמן의 히필형의 사용례를 살펴볼 필요성이 있다. 다음은 윌리암 할러데이 사전에서 열거한 단어들이다.[434]

먼저, הֶאֱמִן은 목적어가 없이 자동사처럼 단독으로 사용되기도 하며(예: 시 116:10; 출 4:31), הֶאֱמִן은 전치사 없이 곧바로 목적어를 받기도 한다(예: 출 4:5; 욥 15:22; 시 27:13). 이것은 הֶאֱמִן 동사에 전치사가 빠지기도 하고 첨가되기도 한다는 것은 그때 그때의 상황에 따라 동사의 용도가 달라진다는 것을 의미한다.

두 번째, הֶאֱמִן은 전치사 לְ와 연결되기도 한다. 그런데, 이 경우는 "…을 믿지 않았다"일 경우에 사용되는 용도이다. 따라서 이 경우에는 대부분 믿는 자와

---

432) 히필이 사용되는 이유는 누군가의 믿게 하는 사역행위가 그 이면에 있어야 한다. 이에 대한 연구는 진행하지 아니 한다.

433) G. Johannes Botterweck · Helmer Ringgren, "aman," *Theological Dictionary of the Old Testament*, Vol. 2 (Grand Rapids: William B. Eerdmans Publishing, 1975), 294-198.

434) Halladay, 「히브리어 아람어 사전」, 25-26.

그 믿음의 대상이 분리되어 있다. 즉 주체로부터 그 믿음의 대상이 밖에 있을 때에 לְ가 사용된다. 이 경우는 특히 부정의 의미로 הֶאֱמִין이 사용될 때이다.(창 45:26; 출 4:8; 신 9:23)[435] הֶאֱמִין이 부정의 의미로 사용될 경우에는 당연히 그 대상은 밖에 존재하여야 하므로 전치사는 לְ가 사용된다.

세 번째, הֶאֱמִין은 전치사 בְּ와 연결되어 사용된다. הֶאֱמִין이 긍정적인 의미에서 목적어와 함께 사용될 때 전치사 בְּ가 오는데, 이것은 창세기 15:6에서 "아브람이 여호와를 믿었다"와 삼상 27:12에서의 "아기스 왕이 다윗을 믿었다"에서만 나타난다. 이것은 신뢰로 인하여 그 대상 안에 자신을 내려놓는 것을 의미한다. 그 대상과의 결합을 의미하고 있다. 따라서 이것은 "그 대상 안에(בְּ) 자신의 마음 혹은 믿음을 세웠다(위탁하였다)"라는 의미를 담고 있다. 따라서 '목적격 전치사'로서의 בְּ는 '안에(위치의 בְּ)'라는 의미를 내포하고 있는 것이다. 왈톤(Walton)은 בְּ는 보통 전치사 in으로 대체된다고 말한다.[436] 해밀턴도 또한 여기에서의 전치사의 사용에 대해서는 시편 106:12,24의 구문을 인용하여 '믿었다'는 긍정적인 의미로 쓰여질 때에는 'בְּ'가 사용되고, '믿지 않았다'는 의미로 사용될 때에는 'לְ'가 사용된다고 말한다.[437]

위의 용어 이해를 통해 확인할 수 있는 것은 בְּ הֶאֱמִין을 해석할 경우, 일반적으로는 "~을 믿다"라고 해석하겠지만, 좀더 부연하여 번역을 한다면 "그의 마음이 ~안에 위탁하여 세월지다"로 해석 가능하다. 이에 따라 우리는 בַּיהוָה הֶאֱמִין을 "그의 마음이 여호와 안에 위탁하여 세월지다"로 번역할 수 있겠다. 그렇다면, 이러한 사역행위를 하게 한 이는 בְּ 다음에 나타나는 '여호와'이다. 따라서 사역형 '믿음'을 말할 때에는 곧바로 목적어가 등장하는 것보다 이와 같이 전치사와 함께 사용되어지는 것이 더욱 적절할 수 있겠다.

③ הֶאֱמִין בַּיהוָה에 대한 이해

일반적으로 הֶאֱמִין בַּיהוָה이라는 단어는 "여호와를 믿었다"로 번역되지만, 여기에 나타난 동사가 히필형이라는 것과 그 다음에 나타나는 전치사 בְּ의 용도를

435) Hamilton, *The Book of Genesis 1-17*, 422.

436) Walton, *Genesis*, 420.

437) Hamilton, *The Book of Genesis 1-17*, 422.

보았을 때, 이 믿음을 생성시킨 이는 '여호와'였으며, 그 결과 아브라함은 '여호와 안에' 자신을 '위탁'하게 되었다. 이때 "나는 너의 방패와 상급이다"는 여호와의 자기 계시가 그 믿음을 생성시키는 역할을 하였을 것으로 우리는 추정된다. 이에 따라 이 문장은 "아브라함은 여호와의 자기 계시에 의해서 여호와 안에 자신을 위탁하게 되었다"라고 '사역형'으로 번역할 수 있겠다.

만약, 창세기 15:1-6이 모든 신자들에게 '아브라함의 믿음'이 '믿음'의 시원을 이루는 사건이라면, 이제 앞의 '믿음 문장'에 아브라함이 처한 환경을 배경으로서 삽입해 넣으면 된다. 즉, "아브라함은 여호와의 자기 계시에 의해서 여호와 안에 자신을 위탁하게 되었다"에 그 당시의 환경을 넣어서 배열하면, 이것은 이야기 형태로 구성된 믿음의 개념이라고 말할 수 있겠다.

즉 아브라함은 혈육들이 없음으로 인해서 현실적인 두려움에 쌓여 있었으며, 더 나아가서 열방의 복이라는 비전 또한 위협을 받는 상황이었다. 이때 여호와께서는 여호와 자신이 '방패와 상급'이라는 것을 아브라함에게 보여주었고, 아브라함은 현실적인 두려움이라는 '생명의 위협'을 감수하며, '여호와에 대한 믿음'을 가졌다. 즉, 그의 믿음은 여호와께 자신의 '생명을 위탁함'을 통해서 이루어졌는데, 이것은 궁극적으로 '여호와 안에 거하는 것'으로 나타났다. 그래서 결국 '믿음의 모습'은 '여호와'를 '방패와 상급'으로 삼기 위하여 '그의 생명을 여호와께 위탁'하여 '그 안에 거하는 것'으로 정의할 수 있겠다.

따라서 창세기 15:6에 나타난 '여호와에 대한 믿음'은 '생명의 위탁'이라는 결과를 산출하여 두 실체로 하여금 하나 됨에 이르게 한다. 즉 "아브라함이 여호와 안에 거하는 것"에까지 이른다. 이에 따라 하바크(Harbach)는 창세기 15:6을 "아브라함이 여호와 안에 거함으로, 여호와는 그를 의롭다고 했다"라고 번역을 한다. 그에 의하면, "여호와 안에 거하는 그것이 믿음이며, 그를 신뢰하는 것이다"라고 하며, "그리고, 이것이 그에게 의롭다고 간주되었다"고 말한다.[438] 즉, 믿음은 여호와 안에 자신의 생명을 위탁함을 통해서 여호와 안에 거하는 이미지를 가져온다. 이것이 곧 여호와를 방패와 상급으로 삼은 이미지라고 말할 수 있겠다.

---

438) Harbach, *Studies in the Book of Genesis*, 293.

2. 의롭다함을 얻은 아브라함 (창 15:6b)

가. 믿음으로 의롭다함을 얻은 아브라함

여호와께서는 아브라함이 갖게 된 믿음을 보고 아브라함을 의롭다고 여기시는데, 그 내용은 창세기 15:6b에 나타난다. 한편, 다음은 70인역을 번역한 것인데, 70인역이 더욱 명쾌하게 번역하고 있다. 70인역에서는 '간주하다'를 수동태로 번역하여 '간주되다(여겨지다)'라고 번역한다. (한편, 마소라 사본은 이것을 달리 소개하고 있다.)

> 아브람은 여호와에게 의로 여겨졌다 (창 15:6b) - 私譯
> και ελογισθη αυτω εις δικαιοσυνην

우리는 위의 번역을 먼저 70인역으로 하고자 한다. 위에서 και는 '그래서' 혹은 '그리고'로 번역될 수 있다. ελογισθη는 어간 λογισ 에 과거를 의미하는 접두사 ε와, 3인칭 수동태를 의미하는 접미사 θη가 추가된 것이다. 따라서 이것은 "그가 간주되었다, 그가 여겨졌다, 그가 계산되었다, 그가 평가되었다" 등으로 번역될 수 있다. 이때의 '그'는 앞에 있는 소절과 평행관계이므로 아브라함이다. 따라서 ελογισθη는 "아브람은 간주(평가)되었다"라고 번역될 수 있다. 이에 이어지는 αυτω는 3인칭 남성 혹은 중성 여격으로서 'to it' 혹은 'to him'으로서 '그것에 대해'라고 번역함이 타당해 보인다. εις는 대격(목적격)을 지배하는 전치사인데, '～안으로' '～에게로'로 번역된다. δικαιοσυνην는 '의, 올바름(righteousness)'으로 번역된다. 이에 따라 70인역의 문장을 직역하면, "그래서, 아브라함은 그것에 대해 의롭다고 간주(평가)되었다"고 번역 될 수 있다. 즉, 아브라함은 그가 "여호와를 방패와 상급으로 삼는 믿음", 즉 "여호와 안에 자신의 생명을 위탁하는 믿음"으로 말미암아 '의롭다함'을 얻은 것이다.

우리는 아브라함의 믿음을 정의할 때, 아브라함이 현실의 두려움에 대해서 엘리에셀과 같은 세상의 후사를 의지하는 태도를 내려놓고, 여호와만을 방패와 상급으로 삼아 여호와 안에 자신의 생명을 위탁한 것이라고 하였다. 브루그만(Brueggemann)은 이 믿음에 대해 "죽음의 현실에서 하나님의 미래를 확신하며 사는 것을 의미한다"[439]고 말한다. 따라서 '믿음'에는 이와 같은 '세상을 향한 죽음'이 그 매개체로 존재한다. 따라서 이 사건 이후에 이어지는 '동물을 쪼개는 것'(창 15:9,10)은 바로 이 '믿음'(창 15:6)의 표현이었다.

나. (보충) '의롭다함'에 대한 마소라 원문의 해석

창세기 15:6b의 번역과 관련하여 마소라 원문은 70인역 해석과 상당히 다르다. 마소라 원문에서는 "간주하다, 생각하다, 계산하다, 평가하다"를 의미하는 חשׁב가 능동태의 동사로 쓰이고 있기 때문이다. 한편, 70인역에서는 수동태로 쓰이고 있다. 따라서 마소라 원문에 따라 이것을 번역하면 "아브라함이 여호와를 의롭다고 여겼다"가 된다. 여기에서 아브라함이 주어가 되는 이유는 평행법에 의해서 창세기 15:6b의 주어는 창세기 15:6a의 주어와 같은데, 창세기 15:6a의 주어는 아브라함이기 때문이다. 이것을 번역하면 다음과 같다.

    아브라함이 여호와를 의롭다고 여겼다. (창 15:6b)

    וַיַּחְשְׁבֶהָ לּוֹ צְדָקָה

위에서 וַיַּחְשְׁבֶהָ 는 חָשַׁב 의 3인칭 와우 완료형에 '단수명사 3인칭 여성 접미사'이 הָ가 추가되어 있다.[440] 이것을 사역(私譯)하면 "그가 그것을 간주하였다"가 된다. 이때의 '그'는 앞의 소절과 평행관계이므로 '아브라함'이다. 다음에 לוֹ는 '그에게'로 번역되며 이때의 '그'는 '여호와'이다. 그리고 צְדָקָה는 '정의, 의로움'을 의미한다. 이에 따라 이것을 번역하면, "그리고, 그(아브라함)가 '그것을(הָ)' 그(여호와)에게(לוֹ) 의롭다고 간주하였다"[441]가 된다. 로이드 가스톤(Lloyd Gaston)은 "아브람이 여호와를 의롭다고 여겼다"고 해석하여서,[442]

---

439) Brueggemann, *Genesis*, 145.

440) 3인칭 여성 단수명사 접미사는 הָ이며, 3인칭 여성 복수명사접미사는 הָ'ֶ이다.

441) Lloyd Gaston은 이 문장을 "And he(Abraham) counted it to him(YHWH) righteousness"이라고 번역하며, 이 글에서는 이것을 우리 말로 번역한 것이다. (참조: Lloyd Gaston, "Abraham and the Righteousness of God," 41.)

442) Lloyd Gaston, "Abraham and the Righteousness of God," *Horizons in*

창세기 15:6a는 '아브라함의 신앙고백'이 되며, 위의 15:6b는 여호와를 향한 '아브라함의 찬양'이 된다고 한다.[443]

한편, 위의 가스톤(Gaston)의 본문해설에서는 '그것을(ה)'이 누락되어 있다. 아브라함은 여호와의 어떤 행위를 지칭하고 있는 것으로 보인다. 그런데 가스톤(Gaston)은 이것을 무시한다. 만일 ה를 반영하여 번역한다면, "아브라함은 '그것에 대하여' 여호와를 의롭다고 간주하였다"가 된다. 이때 이제 ה를 의미하는 '그것'이 무엇이냐가 관건이 된다.

① 창세기 15:6b의 주어를 여호와로 보는 견해들

위의 창세기 15:6b의 주어를 대부분의 해석자들은 여호와로 본다. 문맥을 놓고 보았을 때, 창세기 15:2-3은 아브라함의 말이고, 창세기 15:4-5은 여호와의 말이다. 그리고 창세기 15:6은 나래이터의 해설인데, 창세기 15:6a는 아브라함의 행동변화를 말하며, 창세기 15:6b는 여호와의 행동변화로 보이기 때문이다. 이것이 본 글의 취하는 태도이다.

한편, 이에 대해 해밀턴(Hamilton)은 "여기서 어느 정도 모호함이 있다. 누가 누구에게 (의롭다고) 여겼다는 말인가? 물론 신약이 이 문제를 해결한다고 말할 수 있다. 바울이 분명하게 롬 4:3에서 하나님이 주어이며 아브람이 간접 목적라고 말한다"[444]고 한다. 이 경우 위의 히브리어 문장은 다음과 같이 해석이 가능하다.

여호와가 아브라함에게 그의 믿음을 의롭다고 여겼다. (창 15:6 b)
וַיַּחְשְׁבֶהָ לּוֹ צְדָקָה

또한 위와 같이 해석하면, 위에서 문제가 되었던 ה의 문제가 해결 된다. 지시대명사 접미사 ה가 지시하는 것은 창세기 15:6a에 나타났던 '아브라함의 믿음'이 된다.

Biblical Theology (2, 1980), 42 of 39-68.

443) Gaston, "Abraham and the Righteousness of God," 46.

444) Hamilton, *The Book of Genesis 1-17*, 424.

② 창세기 15:6b의 주어를 아브라함으로 보는 견해

마소라 원문과 70인역의 해석적 차이는 너무도 커 보인다. 이에 대해서 가스톤(Gaston)은 히브리어 문법해석에 따르면 70인역 처럼 번역된 적이 없으며, 70인역과 탈굼에서만 능동형 동사로 해석한다고 말한다. 그리고 마소라 텍스트에서 제시하는 위의 해석이 가장 이른 텍스트의 해석이며, 다른 대부분의 역본들이 이와 같이 해석한다고 말한다.445)

그에 의하면, 특히 시편과 제2이사야는 의(righteousness)를 대부분 여호와에게 귀속시킨다. 사 45:25은 공개적으로 "이스라엘 자손은 모두 여호와 안에서 의롭다는 인정을 받고, 영예를 받을 것이다.(표준 새번역)"고 말하며, 그 의를 사람에게 귀속시킨 경우도 존재한다(시 106:31)고 말하지만 거의 나타나지 않는다고 한다.446)

만일, 사도 바울과 야고보 등이 사용한 성경은 70인역이었으므로 위는 70인역의 성경을 활용하여 위의 구절을 번역하였을 것인가? 그렇다면, 이 70인역과 마소라 원문 사이의 간격은 어떻게 해소될 수 있을 것인가? 마소라 원문은 '여호와의 의'를 칭송하고 있으며, 70인역은 '여호와 안에 거하는 믿음'을 '아브라함의 의'라고 말하고 있기 때문이다. 형식은 그렇다고 하더라도 내용에 있어서 이 양자의 화해는 가능한가를 우리는 검토 해보아야 하겠다.

③ 대명사 접미사 ָה 가 지시하는 것에 대한 이해

창세기 15:6의 해석의 결론은 해밀턴(Hamilton)이 말한 것처럼 반드시 '바울의 해석'447)이 궁극적인 귀착점이어야 한다. 이 해석이 이 구절에 대한 진위의 판별기준이다. 우리는 이제 이 기준을 놓고 마소라 텍스트가 70인역 텍스트와 동일한 의미를 가질 수 있느냐의 여부를 판단하여야 한다.

먼저, 마소라 텍스트에서 생략된 창세기 15:6b의 주어를 여호와로 놓았을

---

445) Gaston, "Abraham and the Righteousness of God," 46.

446) Gaston, "Abraham and the Righteousness of God," 42.

447) Hamilton, *The Book of Genesis 1-17*, 424.

경우, 이에 대한 해석은 의는 여호와에게 귀속되고, 아브라함은 이것을 칭송하게 된다. 이것이 롬 4:3과 일치되기 위해서는 그 하나님의 의가 아브라함에게 전가되어야 하며, 이것을 시사하는 어떤 해석이 창세기 15:6에 반영되어야 한다. 이때 우리는 그 가능성을 חָשַׁב 에 첨가된 대명사 접미사 הָ 가 지시하는 것이 무엇인지를 밝힘을 통해서만 가능해진다. 우리는 이제 접미사 הָ 가 지시하는 바를 마소라 텍스트에 삽입한 후 해석을 해 보아야 한다. 그리고 그 해석은 롬 4:3과 일치해야만 한다.

이때 접미사 הָ 가 지시하는 것은 무엇인가? 그것은 창세기 15:6a의 '아브라함의 믿음'이 된다. 이것 외에 다른 것을 지시할 수 없는 것으로 보이므로, 이 문장을 창세기 15:6의 해석에 삽입하여 해석을 해 보고자 한다. 이 경우 창세기 15:6은 다음과 같이 해석이 되어진다.

아브람이 그의 마음(혹은 믿음)을 여호와 안에 세우고, 그는 이것을 이루신 여호와를 의롭다고 여겼다. (창 15:6)

הֶאֱמִן בַּיהוָה וַיַּחְשְׁבֶהָ לּוֹ צְדָקָה

위의 해석에서 문제가 되는 것은 여호와의 의가 아브라함에게 전가된 근거가 전혀 없다는 것이다. 롬 4:3과 불일치가 이루어진다. 따라서 이 견해를 받아들이기에는 많은 무리가 따른다.

그런데, 여기에서 중요한 한 가지 단서가 주어지는데, 만일 대명사 접미사 הָ 가 창세기 15:6a의 '아브라함의 믿음'을 지시하는 것이라면, 창세기 15:6b의 주어는 여호와라야만 한다. 이 접미사 הָ 에 의해서 창세기 15:6b의 주어가 여호와이신 것이 명백하게 되는 것으로 보인다.

그렇다면, 생략된 주어에 대한 히브리어의 평행법은 어떻게 설명되어야 하는가? 이에 대한 근거를 굳이 찾아보자면, 창세기 15:6a의 주어는 창세기 15:2,3의 주어와 평행을 이루며, 창세기 15:6b의 주어는 창세기 15:3,4의 주어와 평행을 이룬다고 추정해 볼 수 있겠다. 그럴 경우 여기에서의 주어는 여호와가 되며, 마소라 텍스트와 70인경의 일치가 이루어진다.

3. '믿음'(창 15:6)과 '동물을 쪼개는 것'(창 15:9,10)과의 관계 이해

가. 믿음과 세상을 향한 죽음의 관계

여호와를 향한 아브라함의 믿음은 어떻게 생성되었는가? 그것은 창세기 15:4-5에서 나타난 그 씨에 대한 약속이 아브라함으로 하여금 엘리에셀을 포기하게 하였다. 창세기 15:4-5에 나타나는 그 '씨'에 관한 약속은 아브라함으로 하여금 엘리에셀을 포기하게 만들고, 그로 하여금 세상을 향하여 죽은 자가 되게 하고, 오직 힘의 근원으로 여호와를 향하게 한다. 그 결과 그 씨에 대한 약속은 '여호와에 대한 믿음'(창 15:6)과 '세상을 향한 죽음'을 동시에 발생시킨다. 즉, '믿음'의 본질은 '세상을 향한 죽음'이었다.

에섹스(Essex)에 의하면, 여호와께서 아브라함을 의롭다고 한 것은 "아브라함의 여호와를 향한 신뢰"를 의롭다고 한 것이다.[448] 그런데 이 믿음은 단순한 신뢰에 그치지 않는다. 팔머 로버트슨(O. Palmer Robertson)에 의하면, 야고보는 창세기 22:12-18의 이삭 번제사건을 창세기 15:6과 함께 고려하고 있다고 말한다. 믿음은 이와 같이 "세상을 향한 죽음과 같은 행위"를 산출한다.[449] 그리고 이것이 반영되어 나타난 것이 '쪼개는 행위'이다.

나. '쪼개는 행위'로 나타난 '믿음' (창 15:6과 15:9의 관계)

아브라함의 '믿음'(창 15:6)과 '동물을 쪼개는 행위'(창 15:9) 사이의 관계는 어떠한가? 아브라함의 엘리에셀 포기의 사건은 세상적인 후사의 죽음을 상징하고 있으며, 이것이 '동물을 쪼개는 행위'로 나타난 것으로 보인다. 그리고 창세기 17장에서의 이스마엘의 포기는 '양피를 쪼개는 것'으로 나타났고, 창세기 22장에서 이삭의 포기는 '이삭을 쪼개는 것'으로 나타났다. 그리고, 창세기 22:2에서는 이것을 '번제'로 표기하고 있다. 이것을 '제사'의 시원으로 본 것이다. 즉, 모세오경의 저자는 아브라함의 엘리에셀 포기의 사건을 '세상을 향한 죽음'으로서 '동물을 쪼개는 것'으로 나타낸 것이다. 그렇다면 이제 이 '쪼개어

---

448) Essex, "The Abramic Covenant," 200.

449) O. Palmer Robertson, "Genesis 15:6 : New Covenant Expositions of an Old Covenant Text," *The Westminster Theological Journal*, 42 No. 2 (Spr. 1980), 285 of 259-290.

진 동물'은 '그 사이를 지나간' 여호와만을 상징하는 것이 아니라 아브라함도 함께 상징하게 된다.

이 '세상을 향한 죽음'의 각오가 '여호와 안에' 자신을 '세우게' 한다. 아브라함이 처한 두려움은 매우 컸던 것으로 보인다. 군사력이 없는 나그네로서의 아브라함은 사라를 누이라고 속여야만 살 수 있는 그러한 세상이었다. 이러한 불안한 상황 속에서도 엘리에셀을 포기한다. 또한 지속되는 두려움 속에서 여호와만을 힘의 근원으로 삼아야 한다. 이 '약속의 씨'는 이러한 태도를 아브라함에게 요청하고 있다. 그 '약속의 씨'가 현실적으로 오기까지는 아브라함은 오직 믿음만으로 모든 두려움을 극복하여야 한다. 엘리에셀 포기의 사건을 통해서 아브라함에게는 이러한 믿음이 생성된 것이었다. 그리고 이것이 '동물 쪼개는 행위'로 표현되었는데, 그 행위는 바로 '아브라함의 믿음'의 고백이었던 것이다.

다. 상호간의 믿음 (창 15:7-8, 9, 17절의 관계)

창세기 15:9에서 '쪼개어진 동물'은 아브라함만 의미하는 것이 아니라, 계약 당사자 모두를 의미하여 여호와도 의미한다. 본문의 문맥 흐름을 보았을 때, 창세기 15:7-8의 아브라함이 "어떻게 이 땅에 관한 약속을 믿을 수 있습니까"라는 질문에 대한 반응으로서, 9절에서 여호와께서 동물을 가져오라고 하시고, 17절에서는 그 '쪼개어진 동물 사이'를 지나갔기 때문이다. 이와 같이 하여서 여호와 자신도 그의 생명을 아브라함에게 내어주었다. 따라서 창세기 15:6의 '아브라함의 믿음' 이면에는 창세기 15:7-8의 '아브라함을 향한 여호와의 믿음'도 함께 있었다는 것을 가정하여야 한다. 즉, '상호간의 믿음'이었다.

코터(Cotter)는 창세기 15:6에 나타난 '믿음'은 아브라함의 언약의 본질인데, 이 '믿음'은 상호관계여서 "아브라함이 하나님을 신뢰하는 것으로 나타나고, 하나님은 아브라함을 신뢰하는 것으로 나타난다"고 말한다.[450] 또한 그는 창세기 15:1-6과 15:7-21의 두 대화는 서로 주제적으로나 구조적으로나 유사하다고 말한다.[451] 즉 전자의 '믿음'에 대한 표현으로서의 '쪼개는 행위'로

---

450) Cotter, *Genesis*, 100.

볼 수 있다. "어떻게 내가 그 약속을 알 수 있습니까"에 대한 답변으로서 여호와께서 '쪼개는 행위'를 말씀하시고, 그곳을 또한 자신도 지나가시기 때문이다.452)

라. 여호와와 하나 됨으로 이어지는 아브라함의 믿음

창세기 15:6의 "아브람이 여호와를 믿으니"라는 구절은 아브라함이 여호와께 자신의 생명을 내어주는 '전적인 위탁(믿음)'을 한 것을 의미한다. 그는 여호와를 '방패와 상급'으로 삼기로 작정한 것이었다. 이에 따라 이제 여호와께서도 자신의 말처럼 자신의 생명을 아브라함이 '방패와 상급'으로 삼을 수 있도록 내어 주어야 할 것이다. 그 결과 이루어진 것이 여호와의 '쪼개어진 동물' 사이의 '지나감'(창 15:17)이었다. 즉, 여호와께서는 자신의 생명을 아브라함에게 내어주는 행위로서 '쪼갠 짐승' 사이를 지나간 것이다. 그리고 이와 같이 하여서 '공식적인 언약체결'이 성립된다.453) 즉, 아다르(Adar)에 의하면, 창세기 15:7-21의 '공식적인 언약체결'은 15:6의 '아브라함의 믿음'과 '그의 의롭다함' 때문이었다.454)

이것은 분명히 상호 간에 자신의 생명을 서로에게 내어주는 '상호헌신 맹세'였다. 따라서 '쪼갠 짐승'은 아브라함과 여호와의 생명 모두를 상징하고 있다. 이것은 상호헌신으로 하나 되는 것을 의미한다.

5절 땅에 관한 약속과 '쪼개는 행위' (창 15:7-9)

1. 땅을 약속하시는 여호와 (창 15:7)

아브라함이 세상적인 안정을 상징하는 엘리에셀을 포기하고 여호와를 향한 믿음을 선택함으로써 아브라함의 언약은 절정의 국면에 이르렀다. 아브라함이 그 믿음을 여호와께 보였던 것이다. 그러자 여호와께서는 이제 '언약 성취'를

---

451) Cotter, *Genesis*, 100.

452) Cotter, *Genesis*, 101.

453) Turner, *Genesis*, 74.

454) Adar, *The Book of Genesis*, 63.

의미하는 '땅의 약속'(창 15:7)을 하신다.

가. 아브라함의 언약에서 땅에 관한 약속이 갖는 의미 (창 15:7)

아브라함의 언약 사건들에서 땅에 관한 약속은 항상 언약의 절정 국면에서 등장한다. 왜냐하면, 창세기 12:1-9에서 살펴본 바와 같이 '땅에 관한 약속'은 '언약성취'의 모습이기 때문이다. 즉, 땅에 관한 약속은 여호와의 나라가 이 세상에 구체적으로 세워지는 것을 의미한다. 따라서 제사는 아브라함의 후손들이 그 땅에서 업으로 삼고 지속적으로 할 일이다. 이것이 언약성취의 진정한 모습이다. 단순히 땅의 축복이 아니다. 그래서, 이 땅에 관한 약속에는 항상 제단이나 제사와 같은 행위가 함께 나타난다. 창세기 15장에서도 제사를 의미할 수 있는 '쪼개는 행위'(창 15:9-10)가 '땅에 대한 약속'(창 15:7-8)에 이어서 나타난다. 이것은 아브라함이 그 '땅'에 들어가서 행하게 될 '업'을 상징하기도 한다. 여호와께서는 아브라함에게 다음과 같이 말씀하신다.

> 또 그에게 이르시되 나는 이 땅을 네게 주어 업을 삼게 하려고 너를 갈대아 우르에서 이끌어낸 여호와로라 (창 15:7)

따라서 땅에 관한 약속은 아브라함에게 안정을 제공한다는 측면도 존재하지만, 그 보다 더욱 거룩한 의도가 우선적으로 존재하는데, 그곳에서 열방을 위한 제사장적 행위를 수행하기 때문이었다. 즉, '땅'과 '제사'가 항상 같이 등장하는 이유는 땅에 들어가서 행한 업이 열방을 위한 제사행위이기 때문이었다.

나. 성전건립 장소로서의 땅

니하우스(Niehaus) 등에 의하면, 고대 세계에서 땅의 주인은 신이었으며, 그 신은 그의 땅을 그가 세운 봉신인 지상의 왕에게 주었으며, 그 왕은 그의 왕궁 곁에 신전을 건립하였다. 그리고 그 신은 그 신전에 이름을 두었으며(임재) 그의 땅에 안식을 주었다. 이와 같이 하여서 그 신의 나라가 세워졌다. 이러한 것은 고대세계의 일반적인 양식이었다.455)

여호와께서 아브라함에게 땅을 주는 것은 이러한 이유 때문이었으며, 이와 같이 하여 여호와의 나라를 세우고자 함이었다. 그런데, 이 나라는 약간 특별하였다. 여호와는 온 땅의 주인이었다. 그 중에 아브라함을 통해 온 땅을 위한 제사장 국가를 세우고자 하였던 것이다. 그는 여호와의 이름이 있는 그 신전에서 '열방의 아비'로서 열방을 위한 בְּרָכָה로서의 일을 '업'(창 15:7)으로 삼고자 하였다. 혹은 '열국의 아비'가 되어서 온 열방을 위해 제사하는 거룩한 소명을 행하고자 하였다. 이때 여호와께서는 온 열방에 안식을 주실 것이다. 이 땅은 이와 같이 최종적인 구원의 성취를 의미하는 용어였다. 즉, 땅에 관한 약속은 창세기 12:3의 '열국의 아비' 약속의 성취를 의미하는 용어였던 것이다.

카이저(Kaiser)는 땅을 안식과 여호와의 이름을 둔 장소로서의 성전의 개념을 연결시킨다.456) 따라서, 이 땅은 성전이었으며, 여호와의 임재였고, '안식'이었으며, '에덴의 회복'이었고,457) 아브라함에게는 구원의 개념이었다. 이 땅이 훗날의 '하나님 나라'를 의미하는 용어가 된 것으로 보인다.

다. 땅 약속이 의미하는 바

여호와의 땅에 관한 약속은 모든 여호와의 아브라함을 향한 약속의 실현을 의미한다. 여호와는 이 최종적인 날을 아브라함에게 말씀하셨으며, 아브라함은 이 땅에 관한 약속을 그러한 형태로 이해하였다. 아브라함은 이러한 궁극적인 것을 어떻게 보증할 수 있겠느냐고 묻고 싶은 것이다. 이제 아브라함은 만일 자신이 자신의 생명으로 드리기까지 온전함으로 언약을 따르고 있다면, 이제 여호와께서도 이 약속에 대해 보증하기를 원하고 있다. 그래서 이제 그는 "이것(땅 약속)을 어떻게 믿을 수 있습니까"라고 여호와께 질문을 하게 된다.

2. 땅 약속에 관한 보증을 요구하는 아브라함 (창 15:8)

여호와는 아브라함을 의롭다고까지 말하였다. 그렇다면 이에 대한 응답으로서 여호와께서도 자신을 향한 최종적인 언약의 성취 여부를 확정해 주어야 한

---

456) Niehaus, 「시내산의 하나님」, 120-148; 문희석, 「구약성서 배경사」, 34-44.

456) Kaiser, 「구약 성경신학」, 175, 182.

457) Beale, 「성전신학」, 88.

다. 이에 따라 아브라함은 당연히 이것을 "어떻게 믿을 수 있습니까"라고 여호와께 질문을 한 것이다. 그 내용은 다음과 같다.

그가 가로되 주 여호와여 내가 이 땅으로 업을 삼을 줄을 무엇으로 알리이까 (창 15:8)

아브라함은 땅이 주어지고 성전(신전)이 건립되며, 그곳에서 열방을 위한 'בְּרָכָה'로서의 제사장의 일을 직업으로 삼는 이 원대한 일이 이루어지는 것을 어떻게 믿을 수 있느냐고 물은 것이다. 이것은 불확실성으로 가득한 세계 속에서 아무도 장담할 수 없는 장래의 일에 대한 보증요구였다. 이것은 그의 생명을 내어주겠다고만 보증이 될 수 있었다.

3. '동물을 쪼개라'고 말씀하시는 여호와 (창 15:9)

가. 언약 체결을 위해 '쪼개어진 동물'

아브라함이 여호와께 "주 여호와여 내가 이 땅으로 업을 삼을 줄을 무엇으로 알리이까"라고 물은 것은 최종적인 언약성취에 대한 보증이 무엇인지를 물은 것이다. 이에 대해 여호와께서는 '동물을 쪼개라'고 하신다. 그리고 이것은 언약을 확증하기 위한 것이었다. 그 내용은 다음과 같다.

여호와께서 그에게 이르시되 나를 위하여 삼년 된 암소와 삼년된 암염소와 삼년 된 수양과 산비둘기와 집비둘기 새끼를 취할지니라. (창 15:9)

아브라함 언약 사건과 관련하여서 이것은 약속에 대한 보증으로서의 공적인 언약예식을 위한 것이었다.[458] 터너(Turner)는 이러한 공적인 언약체결은 창세기 15:1-6의 사건에 대한 여호와의 답변이라고 말한다.[459] 이 "동물을 쪼개는 것"은 분명히 고대의 언약 양식을 의미하였다. 이때, "동물을 쪼갠다"는

---

458) Turner, *Genesis*, 74.

459) Turner, *Genesis*, 75.

것은 "생명을 준다"는 의미를 가지고 있다. 그런데 여기에서 중요하게 대두되는 문제는 그 '쪼개어진 동물'은 여호와를 상징하는가, 아니면 아브라함을 상징하는가 여부이다. 기존의 양식비평학자들의 견해에 의하면, 여기에서 '쪼개어진 동물'은 여호와 만을 의미하게 되는데, 이에 대한 가장 큰 근거는 창세기 15:17에서 이 '쪼개어진 동물' 사이를 지나가시는 이는 오직 여호와 한 분이기 때문이었다.

대부분의 학자들은 창세기 15:9의 '쪼개는 행위'를 당대의 언약체결식을 좇은 것으로 본다.460) 그것은 적절하다. 그러면서도 혹자는 이것을 노아의 언약 사건과 평행을 이루는 것으로 보아 노아의 번제를 모델 삼은 제사였다고 말한다. 그들은 이 '동물 쪼갠 행위'를 제사로 본다.461) 이러한 양식에 대한 이해는 이 '쪼개어진 동물'이 누구인지의 분별과 관련하여 중요한 출발점일 수 있다.

나. '쪼개어진 동물'의 갖는 의미

① '자기저주의 맹세'와 이에 대한 비판

아브라함의 '동물 쪼갠 행위'는 단순한 계약체결로 간주되어 '자기저주의 맹세'로 이해하는데, 그것의 가장 큰 이유는 (물론 고대의 노아의 제사가 있기는 하였지만) 족장 시대에는 제사가 존재하지 않았기 때문이었다. 따라서 이러한 상황에서는 당시의 아브라함 시대의 계약의 양식을 좇아 본문을 해석할 수 밖에 없었으며, 이러한 '동물 쪼개는 것'은 당대의 일반적인 국가 간의 계약행위였다. 한편, 현대의 대부분의 학자들은 당대의 동물쪼개는 행위를 자기저주의 맹세로 해석하였는데, 이 글은 이 해석에 대한 반론을 제기한다.

일반적인 학자들의 말에 의하면, 당시의 계약체결 양식에서 '동물 쪼개는 행위'는 그 언약조항 불이행시에 형벌을 받겠다는 '자기 저주의 맹세'로 이해되었다. 이때 맹세의 의미로 두 계약당사자는 그 '쪼개어진 동물' 사이를 지나갔다. 이러한 시대적인 배경 속에서 언약체결식이 이루어졌는데, 창세기 15:17

---

460) Currid, *A Study Commentary on Genesis*, 295.

461) Jukes, *Types of Genesis*, 206.

에 의하면, 오직 '여호와의 불'만 그 '쪼갠 동물' 사이를 지나갔다. 그래서, 이것은 양식비평학자들에게 중요한 '일방언약'의 근거가 되었다.

그런데, 이러한 양식비평학자들의 자료인용에 문제가 존재한다. "지나가는 여호와의 불"에 대한 연구는 양식비평학자들에 의해 대거 이루어졌다. 이들은 '쪼개어진 동물' 사이를 지나가는 것은 고대근동의 계약양식이라고 말한다.462) 이것은 특히 BC 20세기경 아브라함 당시의 '마리 문서'에 나타난 고대근동의 계약 방식이다. 그런데 문제는 양식비평학자들이 이것을 해석 할 때, BC 8세기 경의 '에살핫돈 문서'의 조항을 인용하여, 이 행위는 '언약조항의 준수'를 위한 '자기저주의 맹세'였다고 말한 것이다. 이때 그들은 '쪼갠 동물' 사이로 지나간 것은 '여호와의 불' 혼자 이므로 이것은 아브라함 언약의 '일방성'463)을 나타낸다고 말하였다. 이 견해는 문서가설에 의해 더욱 지지를 받는데, 문서가설에 의하면 J문서는 6세기경의 문서이다. 따라서 BC 8세기 경의 에살핫돈 문서의 양식이 여기에 반영되었다고 말한다.464)

이에 반하여, 양식비평의 대가인 조지 멘델홀(George E. Mendelhall)은 이 마리문서와 에살핫돈 문서의 조약은 그 본질이 다르다고 말한다. 그는 마리문서는 오히려 BC 17-12세기경의 힛타이트 문서와 그 본질이 같고 그것은 사랑과 충성이 그 본질이다고 한다. 반면, BC 8세기경의 에살핫돈 문서는 공포와 폭력이 그 본질이다고 한다.465) 이때 멘델홀은 마리문서의 해석은 히타이트 문서의 정신을 따라야 한다고 말한다. BC 17-12세기경의 히타이트 문서는 고대세계에서 유명한 문서였는데, 히타이트 제국은 국제조약을 통해서 제국의 평화를 이루어냈으며, 애굽과도 평화를 유지할 수 있었다. 따라서 이 문서는 모세에게 결정적인 작용을 하였다. 모세는 이 문서를 기반으로 하여서 시내산 언약책으로서의 출애굽기를 저술한 것으로 보이기 때문이다. 한편, 이 히타이트 문서의 계약 정신은 충성과 사랑의 '상호헌신맹세'였다. 이에 반하여

---

462) Zimmerli, 「구약신학」, 61.

463) Brogman, *Genesis*, 68 : Waltke, *Genesis*, 243.

464) Zimmerli, 「구약신학」, 63.

465) 출처 : http://blog.daum.net/jungts0187/1852 ; 로버트 배노이는 "에살핫돈의 봉신조약과 헷족속의 종주권조약의 비교"를 통해서 이것을 구체적으로 밝혔다.

마리문서 후에 1000년이 경과한 에살핫돈 문서의 정신은 '자기저주의 맹세'였다. 그는 마리문서를 해석할 때 1000년이 경과한 후대의 에살핫돈 문서의 정신을 모세에게 적용시키면 안 된다고 말한다. 따라서 그는 이 언약의 본질은 '자기 저주의 맹세'가 아니라 '상호헌신의 맹세'라고 말한다.

한편, 많은 학자들이 언약의 본질로서 '자기저주의 맹세'는 뭔가의 문제가 있다고 말한다. 웬함(Wenham)의 말처럼 "여호와는 자신의 사심을 가리켜서 맹세하는 분"(신 32: 40)이시다.466) 월톤(Walton)도 또한 이것을 "하나님의 자기 저주"로 보는 것은 "그다지 만족스럽지 못하다"467)고 말한다. 이에 따라 이러한 결론의 모호성을 말하는 많은 견해들이 출현하고 있다.

② '상호헌신 맹세'의 견해

창세기 15:9의 본문을 면밀히 살펴보면, "여호와께서…나를 위하여 삼년 된 암소…를 취할지니라"고 하고 있다. 이것은 오히려 "제사를 받겠다"는 의미로 들린다. "나를 위하여 취하라(לִי קְחָה)"는 이렇게 '여호와를 위한 음식'처럼 사용되어질 수 있다. 서로 간의 계약을 위한 것이었다면 "너와 나를 위하여 취하라"라고 말씀했을 것이다. 이에 따라 오히려 이것을 제사로 보는 견해가 존재한다. 양식비평학자들이 출현하기 전까지 모두 이와 같이 해석하였었다.468)

양식비평 이후에도 혹자는 이 언약체결 행위를 '자기저주의 맹세'가 아닌 '제사'로 보고자 하는 견해들이 나타났는데, 이것은 이 언약을 '상호헌신의 맹세'로 보고자 함이었다. 이것이 오히려 계약의 본질에 더 일치한다는 것이다. '자기저주의 맹세'는 언약조항의 이행이 강조된 데 비하여, '상호헌신맹세'는 양자의 하나 됨이 그 언약조항의 이행보다 더 앞서서 존재하기 때문이다. 이들은 여호와만 자신을 '쪼갠 것'이 아니라, 아브라함도 자신을 '쪼개었다'고 말한다.

Brogman은 이 사건에 대해 여호와께서 아브라함에게 '동물을 쪼갤 것'을 말씀하신 것은 분명히 '파트너로서의 요구'였으며,469) 이 사건에 대해 그는

---

466) Wenham, 「모세오경」, 79.

467) Walton, 「창세기」, 611.

468) Matthew Henry, 「창세기」, 287.

"하나님이 이 예식의 대부분의 역할을 하지만, 아브라함도 쪼개어야만 했고, 고기를 먹으려는 솔개를 쫓아야만 했다.…그리고 아브라함은 그의 후손의 400년 동안의 종살이에 대해서도 기꺼이 즐거운 마음으로 파트너쉽에 대해서 '예'라고 말했다"고 한다.470) 즉, 그는 이 계약을 '상호관계'로 보고 있다. 그리고 만약 이 행위를 '상호관계'로 본다면, 이 행위는 '자기저주의 맹세'가 아니라 '상호헌신의 맹세'로 보는 것이 적절할 것이다.

③ 제사의 시원적 사건

양식비평이 발달한 이후 대부분의 일반적인 학자들은 '쪼개는 행위'를 '자기저주의 맹세'로 본다. 이에 대한 가장 강력한 이유는 '제사'라는 개념이 모세 이후에 출현하기 때문이었다. 그런데, 문제는 '제사'라는 용어는 노아의 때부터 사용되었으며(창 8:20), 더 나아가서 아브라함은 이삭을 드릴 때 '번제'(창 22:2)라는 용어를 사용하고 있다는 것이다. 즉, 아브라함이 '동물을 쪼개는 행위'(창 15장)는 그후 '양피를 쪼개는 행위'(창 17장)로 이어졌고, 최종적으로는 '이삭을 쪼개는 행위'(창 22장)로 이어졌는데, 이때 아브라함은 이 '쪼개는 행위'를 '번제'라고 말한다. 그렇다면, 아브라함과 그의 후손들은 이 때의 '동물을 쪼개는 사건'을 후에 제사로 발전시켰다는 것에 대한 반증이 된다.

한편, 시내산 언약(출 24장)에서 '동물 쪼갠 것'은 제사를 위해서였다. 이곳에서는 정식으로 이 '동물 쪼개는 행위'를 '번제와 화목제의 제사'로 부른다.471) 아다르(Adar)는 이 본문의 아브라함 제사와 시내산의 제사가 평행을 이룬다고 말한다.472) 즉, 창세기 15장의 아브라함의 '쪼개는 행위'를 모세는 출애굽기 24장에서 시행한 것이었는데, 그 근거는 아브라함의 '쪼개는 행위'의 언약이 창세기 17장의 '후손'과의 언약을 통해 그 후손들에게 승계되었기 때문이었다. 이와 같이 '쪼개는 행위'를 성경 속에서 '상호 본문성'을 통해서 바라보면, 그것은 '제사'의 본질과 동일하다. 아브라함은 '여호와의 신전'을 제사

469) Brogman, *Genesis*, 68.

470) Brogman, *Genesis*, 68.

471) 김성수, 「내가 너로 큰 민족을 이루게 하리라」, 105-107.

472) Adar, *The Book of Genesis*, 64.

로 섬기기 위해서 가나안 땅으로 들어온 것이었다.

베스터만(Westermann)은 "창세기 15:6의 '이를 그의 의로 여기시고'라는 표현 자체가 받아들여질 수 있는 희생제의의 제사장적 용어이다"473)고 말한다. 김홍전은 아브라함의 이러한 희생제의 행위에 대해서 "모세적인 제도의 원형, 즉 종자의 형태"474)로 보고 있는데, 이 표현이 적절한 것으로 보인다. 카일과 델리취(Keil & Delitzsch)는 특히 준비된 제물들이 레위기의 제물과 정확하게 일치하며, 특히 "선택된 동물들은 비둘기가 통째로 남겨졌던 사실과 마찬가지로 정확하게 제사의 의식과 부합되었다"475)고 말한다. 이에 의하면, 훗날의 이스라엘의 제사제도가 아브라함의 이 사건을 기념하기 위한 것으로 간주 될 수 있다. 천사무엘은 이것을 제사로 보고자 하여 "계약체결에 왜 이러한 종류의 동물들이 필요한 지 알 수 없지만, 이들은 모두 고대 이스라엘에서 제사에 사용되었다."476)고 말한다. 베스터만(Westermann)은 "이 본문의 전승자가 그것을 제사행위로 변형시켰을 것이다"477)고 말하는데, 이것이 가장 적절한 견해로 보인다. 크리스토퍼 베그(Christopher T. Begg)에 의하면, 고대 유대교의 모든 문헌들, 예컨대 주전 2세기 경의「Jubilees」, 주후 1세기 경의 「요세푸스」, 주후 1세기 경 Pseudo-Philo 의 「Biblical Antiquities」, 및 주후 2세기 경의 「Apocalypse of Abraham」 등은 모두 아브라함의 창세기 15장의 '언약체결 사건'을 '희생제사'로 다루고 있다고 말한다.478)

④ 예레미야 34:18에 대한 올바른 해석

'쪼개는 행위'를 '자기저주의 맹세'로 보는 학자들이 가장 중요하게 여기는 근거 구절은 렘 34:8에 나타난 "송아지를 둘로 쪼개고 그 두 사이로 지나서

---

473) Westermann, *Genesis*, 119.

474) 김홍전, 「하나님의 백성 아브라함」 (서울: 성약, 2006), 280.

475) Keil & Delitzsch, 「창세기…」, 236.

476) 천사무엘, 「창세기, 성서주석」 (서울: 대한기독교서회, 2001), 230.

477) Westermann, 「창세기 주석」, 189.

478) Christopher T. Begg, "Rereading of the 'Animal Rite' of Genesis 15 in Early Jewish Narratives," *The Catholic Biblical Quarterly*, 50 No.1 (Jan. 1988), 36-46.

내 앞에 언약을 세우고 그 말을 실행치 아니하여 내 언약을 범한 너희를"이라는 문구이다. 이 문구에 의하면, 여기에서의 '쪼개는 행위'는 얼핏 보면, '자기저주의 맹세'로 보인다. 그런데, 그 앞뒤의 문맥을 볼 때, 이것은 '자기저주의 맹세'가 아니라, 시내산 제사언약과 이때 주어진 율법을 의미하며, 이때 세워진 이스라엘 내의 제사제도를 의미한다. 시내산 제사언약은 이스라엘 내에 제사제도로 자리 잡았으며, 이스라엘을 매년 이러한 제사를 통해서 그 당시의 시내산 제사에 참여하였다. 그렇다면, 이 구절은 율법에 대한 헌신약속을 저버린 것을 의미한다.

위의 구절에서 "송아지를 둘에 쪼개고 그 두 사이로 지나서 내 앞에 언약을 세우고"가 의미하는 바는, 이스라엘 방백들이 기존에 존재하던 제사와 별도로 "송아지를 쪼개며" 노예해방에 대한 계약을 체결했다는 것이 아니다. 이것은 시드기야가 시내산 언약의 율법을 기반으로 한 선포를 의미한다. 따라서, 여기에서 말하는 계약은 렘 34:13-15에서 말하는 바와 같이 시내산에서 맺은 계약, 즉 출애굽기 24:5-7을 의미한다. 출애굽기 24:5-7에 의하면, "여호와께 소(수송아지)로 번제와 화목제를 드리게 하고,… 언약서를 가져다가 백성들에게 낭독하여 듣게 하니"라고 말하고 있다. 여기를 보면 분명히 송아지를 드림을 통한 화목제가 언급되어 있다. 이것은 '자기저주의 맹세'가 아니라, 양자간의 '헌신의 맹세'였다. 이스라엘 백성들은 시내산 언약시 맺은 언약을 제사제도로 승화시켜서 유지해 오고 있었으며, 매번 드리는 이스라엘의 제사는 이 시내산 제사언약의 연속이다. 예레미야는 이것을 지칭하고 있었던 것이다.

시드기야와 그의 방백들은 이 언약을 저버려서 바벨론에 의해 함락을 당하였는데, 이때 이들이 심판을 받은 것은 위의 '쪼갠 짐승' 사이로 지나가고도 '노예해방 약속'을 지키지 않았기 때문이라고 한다. 그런데, 이때 이스라엘이 심판을 받은 것은 그 '노예해방의 언약조항' 때문이 아니라 '제사의 정신'을 저버렸기 때문이었다. 그들은 여호와에 대한 '상호헌신의 맹세' 곧 '믿음'을 지키지 않아서 심판을 받았지, '언약의 구체적인 조항'(혹은 '율법의 행위')를 지키지 않아서 멸망 당한 것은 아니었다.

따라서 위의 렘 34:18의 본문은 오히려 아브라함의 '쪼개는 행위'가 오히려 이스라엘의 제사였다는 것을 뒷받침해준다. 오히려 아브라함의 언약을 제사의 메타포를 활용하여 해석할 수 있는 가능성을 제시해 주고 있다. 이에 따라 아다르(Adar)는 이 구절을 '자기저주의 맹세'로 보는 것은 옳지 않다고 말한다.479) 렘 34장을 보면 예레미야의 이 발언은 시내산 언약에서 제사로 맺은 율법의 준수를 의미하는 것이었는데, 이스라엘의 매년 드리는 제사가 바로 이 시내산 언약의 제사를 승계하였기 때문이다.480) 예레미야 34장의 전후관계를 자세히 고찰해 보면 '송아지를 쪼갠 것'은 시내산 제사언약을 지칭하는 것임을 알 수 있다. '제사' 외에 별도로 '노예해방'이라는 이슈를 가지고 유대 고관들이 '시내산 제사언약'과 다른 송아지를 쪼개고 그리고 지나가지는 않은 것으로 보이기 때문이다. 예레미야 34장에 의하면, 그들의 노예해방은 시내산 제사언약과 관련이 있다. 어떤 해의 속죄제의 때에 이 일을 하였을 것이다. 왜냐면 율법에 이미 그러한 취지가 담겨 있으며, 이것을 회개하는 측면에서 이러한 대명절일에 그러한 선포를 하였을 것이다. 그렇다면, 이제 예레미야 34장을 '시내산 제사언약'을 통해서 해석해야 하는데, 보통 시내산 제사언약은 상호헌신맹세의 혼인예식으로 간주되지, 자기저주의 맹세일로 간주되지는 않는다.

정일오가 파악하고 있는 것처럼, 이 아브라함의 쪼개는 것과, 모세의 시내산에서의 제물의 피(언약의 피)를 제단과 이스라엘 백성들에게 뿌리는 것과, 렘 34:18에서 쪼개어진 송아지 사이를 지나는 것과, 예수 그리스도의 십자가에서 자신의 생명을 내어주신 것은 모두 서로 상호본문성을 가지고 있다.481) 따라서 이 아브라함의 쪼개는 행위는 제사의 모형임은 분명한 것으로 보인다.

다. 아브라함 언약의 본질: 상호헌신의 합일 vs 언약조항의 이행

우리가 '쪼개는 행위'의 본질에 집중하는 이유는 아브라함 언약의 추구하는 바가 '상호헌신 맹세'를 통한 '합일(여호와와 아브라함의 하나 됨)'이냐, 아니면 '언약조항의 이행'이냐의 문제를 검토하고자 함이다. 굳이 기존학자들의 구분법에 따르면, 만일 전자라면 이것의 본질은 제사이며, 후자라면 일반적인 계

---

479) Adar, *The Book of Genesis*, 64.

480) 예레미야 34장에 대한 성경본문에 대한 면밀한 고찰은 이러한 해석을 더욱 가능하게 하는데, 여기에서는 이에 대해 더 이상 고찰하지는 않는다.

481) 정일오, 「창세기 해설」, 193-194.

약이다. 창세기 15장의 언약체결에서 '제사, 제단, 제물' 등의 용어는 사용되지 않는다. 이 '쪼개는 행위'는 당대의 정황 속에서 일반적인 계약이었다. 그런데, 이것이 이스라엘에 유입될 때에는 제사로 승화한다.

일반적인 계약의 '쪼개는 행위'라고 주장하는 학자들의 견해에 의하면, 이곳 창세기 15:7-17에서 여호와가 아브라함을 위해 해야 할 것은 창세기 15:7에서의 아브라함의 땅에 관한 질문에 대해 창세기 15:17에서 언급한 그 땅을 주는 것이다. 양식비평가의 해석에 의하면 이것을 위해서 여호와께서는 자신의 목숨을 건 것이었다. 내가 그 땅을 아브라함에게 주지 않으면 '내 목을 자르겠다'는 것이다. 그 만큼 확실하게 그 땅을 주겠다는 것이다. 이것이 '쪼개다'를 '자기저주의 맹세'로 볼 경우의 해석이다. 이와 같이 '양식비평의 입장'에서는 '언약준수'에 초점을 두고 있다.

그런데, 여호와께서 아브라함에게 이보다 앞서서 '구하라'고 요청한 것은 무엇이었는가? 그것은 창세기 15:1에서 "나는 너의 방패와 상급이다"고 하여서 '나를 가지라'고 하였던 것이다. 이것은 자신의 '생명 나누어 줌'이었다. 창세기 15:1에서 "나는 너의 방패와 상급이다"고 말씀하시며, 자신의 생명을 취하라고 하신 후에, 아브라함이 이에 응하여 '자신의 생명'을 믿음으로 여호와께 내어 드리자, 이에 대한 응답으로서 '자기의 생명'을 아브라함에게 내어 준 것이다. 따라서 '언약조항의 이행'은 부수적으로 따라온다. 이와 같이 '쪼개는 행위'를 '상호헌신'으로 파악한다면, 이것은 곧 제사인 것이다.

계약이 '언약조항의 준수'에 중점을 두고 있다면, 제사는 생명을 서로 교환하는 '상호헌신 맹세'를 통한 하나 됨에 그 중점을 두고 있다. 그런데 이 '상호헌신 맹세'는 '언약조항의 준수'를 포함하고 있다. '상호헌신 맹세'가 곧 '언약준수'로 이어지기 때문이며, 순서상으로도 '상호헌신'이 먼저이다. 특히 우리가 신과 계약을 체결한다면, 이것은 제사를 통해서 하여야 할 것이다. 창세기 15장의 '쪼개는 행위'의 본질이 이렇게 이해되어진다면, 이 사건은 이스라엘 제사와 무관하지 않다. 이스라엘 제사의 본질이 이와 같기 때문이다. 우리는 이 '쪼개는 행위'의 사건을 계기로 하여 '제사=언약'의 형식이 나타난 것으로 본다. 창세기 15:18에 의하면, '제사하다'와 '언약을 체결하다'의 동사를 둘 다 '쪼개다, כָּרַת'로 사용한다. 따라서, 이 글에서는 아브라함의 언약체결을 위한

'쪼개는 행위'가 '상호헌신'의 의미임을 전제로 하고자 한다.

라. 상호헌신을 통한 신비적 연합

창세기 15장의 '동물의례'에 대하여 하젤(Hasel)은 창세기 15:7-21에서 '신비적 합일(Union)'의 어떤 힌트가 제공되는 것은 아니지만, 이 언약은 신과 인간의 관계를 표현하고 있으며, 두 언약 당사자가 하나로 합일(결합, 연합)하는 '신비적인 성례전'이라고 표현한다.482) 그는 이것을 '신비 예전적 합일'483)이라는 개념을 사용하며, 이것을 '언약비준 희생제'로 본다.484) 본 글은 이러한 견해를 따른다. 앞에서 언급한 '방패와 상급'의 메타포와 이와 같은 '신비 예전적 합일'485)과 연결되는 것으로 본다. 이에 따라 창세기 12:1-3의 구절을 언약의 성립으로 본다면, 이제 창세기 15장의 '쪼개는 행위'를 통한 하나 됨은 '언약의 인증' 사건으로 본다.486)

하젤(Hasel)은 이러한 '신비적인 성례전'을 설명하면서, "제물을 자르고 그 사이를 지나가는 예식은 자신의 생명을 다른 계약당사자들에게 흐르게 한다"고 말한다.487) 또한 로버트슨 스미스(W. Robertson Smith)는 "언약 당사자들이 쪼개어진 조각들 사이에 섰는데, 희생제물의 신비적인 생명과 안에 함께 취하여진 상징으로서였다"고 말한다. 졸리(I. Zolli)는 "동물의 조각들은 신이 그곳들 사이를 지나갔을 때, 신적 힘을 흡수하였다. 이 생명력의 힘은 그 뒤에 그 고기를 먹는 사람이 그것을 먹을 때 흡수되었다. 이 방법으로 생명은 계약 상대자로서의 사람에게 전달되었다"고 말한다. 그리고 비커만(E. Bikerman)은 "동물을 자르는 것은 실로 계약 당사자들 간의 피의 교환을 통해서 생명이 연합하는 사건이다"고 말한다.488)

---

482) Hasel, "The Meanning of the Animal Rite in Genesis 15," 61-62.

483) Hasel, "The Meanning of the Animal Rite in Genesis 15," 62.

484) Hasel, "The Meanning of the Animal Rite in Genesis 15," 70.

485) Hasel, "The Meanning of the Animal Rite in Genesis 15," 62.

486) Dumbrell, "The Covenant with Abraham," 42.

487) Hasel, "The Meanning of the Animal Rite in Genesis 15," 62.

488) Hasel, "The Meanning of the Animal Rite in Genesis 15," 62.

사실 위의 견해들은 고대의 모든 희생제사제도의 정신이었을 것이다. 그리고 이것은 이스라엘 제사의 정신이기도 하다. 이스라엘에서도 화목제의 경우 화목제물을 제사장과 제물을 드린 자들이 함께 먹고 마시는데, 이것은 서로간의 생명교환이다. 출애굽기 24장의 시내산 언약의 화목제도 또한 이와 같이 진행된다. 출애굽기 24장의 시내산 제사언약에서는 동물의 피를 받아서 절반은 제단에, 절반은 이스라엘 백성들에게 뿌린다. 그리고 출애굽기 34:25은 여호와께서 이 때 자신의 피를 뿌렸다고 말한다. 즉, 희생제사에서 제물은 자신의 생명을 나누어주는 것을 의미하기 때문이다. 위의 쪼개는 행위가 '동물제사'를 의미하는 것이었다면, 아브라함의 '쪼개는 행위'는 제사의 일환으로 수행되었다는 결론에 도달할 수 있다. 그 결과 우리는 제사언약의 메타포를 이용해서 창세기 15:7-21을 해석할 수 있게 되었다. 한편, 웬함(Wenham) 등을 비롯한 많은 학자들이 "이 제물은 모두 희생제사의 제물이었다"[489]고 말한다.

마. 언약으로서의 제사이해

레알(Leale)은 "이 희생제사는 사람을 하나님과의 결합으로 인도하려는 것이다. 짐승들은 그러한 의식의 관례에 따라 쪼개어졌다.… 속죄를 의미하는 영어 atonement는 우리가 하나님과 하나가 된다는 것을 의미하고 있다"[490]고 말한다. 고대의 모든 제사제도의 본질이 이와 같이 '신비적 합일'에 있었으며, 모든 종교적 행위는 이 '신비적 합일'을 지향한다는 것은 일반적인 이해이다. 그리고 이스라엘의 제사제도도 하나의 종교적 일환으로서 이러한 범주에 속한다고 보아야 한다.

이스라엘의 제사제도는 하나 됨을 지향하는 하나의 혼인 예식이다. 이에 따라 최근의 많은 학자들이 시내산 언약의 제사를 여호와와 이스라엘이 '하나 됨'을 이루는 '혼인예식'으로 파악한다. 호세아 선지자가 출애굽 '시내산 언약'과 더불어서 이스라엘과 여호와가 혼인관계에 들어갔다고 표현하는 데(호 2:15,16), 그 '혼인예식'은 시내산 언약의 제사를 통해서 였으며, 이스라엘은 이것을 레위기를 통해서 이스라엘 내에 정착시킨 것이었다. 우리는 이 시내산

---

489) Wenham, 「모세오경」, 79.
490) Leale, 「창세기(상), 베이커 성경주석(상)」, 656.

제사언약의 모태가 이곳의 창세기 15장의 '제사 언약'임을 논하였는데, 창세기 17장의 '할례 언약'을 언급하는 곳에서 더 구체적으로 논증할 것이다. 따라서, 이곳의 '제사 언약'이 '시내산 제사언약'과 그 본질이 같으며, 그 본질은 곧 '하나 됨'을 위한 '혼인예식'이었다.

우리는 위의 창세기 15장의 계약체결의 본문을 출애굽기 24장의 시내산 언약으로 해석할 수 있는데, 그 근거는 출애굽기 17:7의 '할례언약'에 기인한다. 이 '할례 언약'은 창세기 15장의 '쪼개는 행위'와 출애굽기 24장의 '시내산 제사언약' 사이의 가교 역할을 한다. 여기에서 여호와께서는 아브라함에게 "내가 내 언약을 나와 너와 네 대대 후손의 사이에 세워서 영원한 언약을 삼고 너와 네 후손의 하나님이 되리라"고 하였는데, 아브라함의 후손들은 아브라함과 함께 (혹은 아브라함 안에서) 위의 창세기 15장의 계약에 참여하기 때문이다. 이것은 출애굽기 24장을 통해 창세기 15장을 해석할 수 있는 매우 중요한 근거구절이다. 따라서 이 창세기 15장의 요소들과 출애굽기 24장의 요소들은 평행을 이룬다. 이것이 다음에 나타나는 창세기 15:12-17을 이스라엘 제사의 상호 본문성으로 해석할 수 있는 근거이다.

따라서 이와 같은 '제사'와 '언약'의 관계는 '계약을 맺다'를 '계약을 쪼개다'로 표기하여도 된다. 이것은 '제사'와 '언약'을 시사하는 동사로서 כָּרַת 라는 동사의 용례를 통해서도 확인된다. '제사'와 '언약'의 행위를 표시하는 동사에 같은 כָּרַת 라는 동사가 사용된다. 창세기 15:18에서 '언약을 맺다'라는 표현을 사용하는데, 이때의 '맺다'라는 동사를 사용할 때, '자르다'를 의미하는 כָּרַת 라는 동사를 사용한다. 즉 'כָּרַת בְּרִית, 언약을 맺다'를 직역을 하면 '언약을 자르다'는 형태가 된다. 이때의 כָּרַת는 제사에서 나타나는 '자르는 행위'를 의미한다.491) 이것은 '자르는 제사행위'를 통해 언약을 맺을 때 진정한 계약이기 때문이며, 이스라엘의 제사제도는 이 언약의 지속적인 확인절차로 보인다. 이에 의하면, 언약과 제사는 서로 동전의 양면과 같다. 제사가 바로 언약적 행위이다.

6절 '쪼개어진 동물'과 여호와 (창 15:10-21)

---

491) Zimmerli, 「구약신학」, 60.

1. '제사 개념'을 통한 창세기 15:10-17의 해석

창세기 15:9의 '쪼개는 행위'가 이스라엘 '제사'의 시원적 사건이며, 창세기 17:7의 '대대에 이르는 그 후손'이 출애굽기 24장의 '시내산 제사언약'을 매개하고 있다면, 이제 창세기 15:10-17의 해석을 이스라엘의 제사제도의 빛 아래에서 해석할 수 있게 되었다. 만일 창세기 15장을 '이스라엘 제사'의 시원을 이루는 사건으로 본다면, '쪼개어진 동물'은 아브라함과 여호와 모두를 상징하는 '제물'이 된다. 그리고 그 제물들은 번제와 속죄제와 화목제 모두를 위한 제물이 된다.

먼저, 아브라함은 창세기 15:6을 통해서 나타나듯이, 아브라함이 '믿음'의 결단을 할 그때 '자신의 생명'을 이미 드렸다. 그리고 이 '믿음'이 '쪼개어진 동물'에 '번제'로 반영되었다고 보아야 한다. 이어서 창세기 15:13-16에서의 '400년 동안의 종살이'를 통해서 나타나는 속죄는 레위기 제사의 '속죄제'와 평행을 이룬다. 궁극적으로 창세기 15:17에서 여호와께서 그 제물 사이를 '지나감'을 통해서 여호와께서 자신의 생명을 아브라함에게 내어주는 것은 '화목제'로서 레위기의 화목제에서 그 제물을 제사장과 이스라엘 백성들이 섭취하는데, 이것은 여호와의 생명을 취하는 의미를 지니고 있다. 따라서 창세기 15:17은 레위기의 화목제와 평행을 이룬다. 이와 같이 하여서 상호간에 하나가 된다.

제사나 언약에서 '쪼개는 것'은 서로를 향하여 자신의 목숨을 내어주는 헌신의 용도라면, 이제 결론적으로 이러한 제사는 두 당사자가 한 생명이 되는 '혼인의 메타포'라고 말할 수 있다. 그리고 이것이 '상호헌신의 맹세'로서의 '쪼개다'가 갖는 이미지이다. 번제의 제사에서 제사자가 자신을 의미하는 제물을 '쪼개는 것'은 '헌신의 맹세'를 의미하고, 또한 여호와도 이 '쪼개어진 제물' 사이로 지나감을 통해서 자신도 '헌신의 맹세'를 한다면, 이제 이 제사는 사실상 양자가 하나 되는 '혼인예식'의 메타포를 가지게 된다. 많은 학자들이 시내산 언약에서의 출애굽기 24장의 제사를 여호와와 이스라엘의 혼인을 의미한다고 말하는데, 그렇다면 이제 그 제사의 모델이 되는 창세기 15장의 '쪼개는 행위'로서의 제사의 행위도 이 '혼인 메타포'를 가지고 있다는 것을 의미한다. 이것은 후에 '화목제'로 발달하였다. 이렇게 여호와와 아브라함은 신비적인 연합을 하였던 것이다.

한편, 이렇게 제사 언약의 결과 둘이 하나가 되는 메타포는 여호와가 아브라함의 '방패'와 '상급'이 되는 것이 동일한 메타포를 가지고 있다. 즉, 제사언약은 이 사건의 출발점이었던 "내가 너의 방패와 상급이다"는 신현의 말씀을 실행으로 옮긴 것을 의미한다.

2. '동물을 쪼갬'을 통해 자신을 드린 아브라함 (창 15:10)

가. '상호헌신맹세'를 위해 '쪼개어진 동물들'

아브라함이 제물 쪼개는 방법을 어떻게 알았는지에 대해서 성경에서는 공백으로 처리하고 있다.492) 그렇지만 여호와께서는 이 행위를 통하여 아브라함과 서로 하나가 되고자 하시었다. 따라서, 여호와께서 아브라함에게 '동물을 쪼개라'고 한 것은 서로 '하나 됨'을 통해 자신의 언약을 확증하고자 하는 것이었다. 따라서, 자신들의 생명을 나누는 제사는 하나님께서 인간과 언약을 체결하는 고유의 방식으로 보여진다.

따라서 여기에 동원된 제물의 용도는 여호와와 아브라함 모두를 위한 것이다. 물론 다음에 이스라엘 제사제도가 정형화되었을 때에는 '번제, 속죄제, 화목제'의 제물이 각각 달랐지만, 출애굽기 24장의 시내산 언약 관련 제사에서의 제물은 한 제물이 모두를 위한다. 여기의 제물도 모두를 위한 제물로 보인다.493) 즉, 이 '동물들'은 아브라함을 의미할 뿐만 아니라, 여호와도 의미 한다.

아브라함이 쪼갠 동물들, 혹은 제물들은 창세기 15:9에서 다양하게 열거되어 있는데, 모두 레위기의 번제와 속죄제와 화목제에서 사용되는 제물들 모두가 여기에 열거되어 있다. 즉, 따라서 이 동물들은 번제와 속죄제의 용도에서는 아브라함의 생명을 상징하고, 화목제의 용도에서는 여호와를 상징하기도 한다. 이것은 위에서 살펴본 전제에 따라 '희생제물'을 의미하며,494) 이것은

---

492) Waltke, *Genesis*, 243.

493) 김홍전, 「하나님의 백성 아브라함」, 281.

494) Aalders, *The Book of Genesis*, 294.

'제사'를 위해서였고,495) 이것은 서로의 '하나 됨'을 위해서였다. 월키(Waltke)는 이 제물이 '여호와의 제단'에 모두 드려질 수 있는 것들이었다고 말한다.496)

나. 아브라함의 생명을 일차적으로 의미하는 '쪼개어진 동물들'

'쪼개어진 동물'이 양자를 상징함에도 불구하고, '쪼개어진 동물'의 일차적으로 의미하는 바는 "아브라함의 하나님을 향한 헌신의 믿음"을 표현하며, 아브라함이 자신의 생명을 여호와께 드린 것을 의미한다. 즉, 아브라함이 제물을 쪼개면서 그 자신이 제물 사이로 먼저 지나간 것이다. 그 내용은 다음과 같다.

아브람이 그 모든 것을 취하여 그 중간을 쪼개고 그 쪼갠 것을 마주 대하여 놓고 그 새는 쪼개지 아니하였으며 솔개가 그 사체 위에 내릴 때에는 아브람이 쫓았더라.(창 15:10-11)

히브리식 제사에서의 '쪼개다'는 '생명 드림'과 관련을 지어야 한다. 출애굽기 13:2에 의하면, 드리는 자와 제물은 동일시된다. 짐승을 둘로 '쪼개는 것'은 모세가 바로 앞에서 말한 출애굽의 이슈인 "여호와께 희생을 드리다"(출 5:3)를 의미하는 זבח와 같은 의미이다. 따라서, 제사의 출발은 '헌신'이다. 따라서 위에서 '쪼개다'는 의미는 "아브라함이 자신을 쪼갠 것"으로서, 여호와 하나님을 위한 '희생(זבח)'과 '헌신'의 표현이다. 웬함(Wenham)을 비롯하여 일반적인 신학자들은 이것을 '제사 행위'로 본다.497) 레위기의 번제에서의 그 번제물에 안수하는 것은 "제물과 번제를 드리는 사람 자신과의 동일화"498)를 의미하기 때문이다. 아브라함이 "믿음으로 의롭다함을 얻은 것"은 앞에서 살펴본 바와 같이 이러한 '헌신'에 기반하여 여호와를 신뢰했기 때문이다. 아브라함이 이 행위를 먼저 하였는데, 이러한 헌신으로 표현된 여호와 신뢰가 곧 믿

---

495) Skinner, *Genesis*, 281.

496) Waltke, *Genesis*, 243.

497) Wenham, *Genesis 1-15*, 331.

498) 전정진, 「레위기 어떻게 읽을 것인가」, 31.

음이다. 현실적인 축복을 상징하는 엘리에셀의 거절 속에서도 생명 드리기까지 여호와 만을 신뢰한 것이 곧 믿음이었다.

위의 행위에 대해 브로그만(Brogman)은 "하나님이 이 예식의 대부분의 역할을 하지만, 아브라함도 쪼개어야만 했고, 고기를 먹으려는 솔개를 쫓아야만 했다.…그리고 아브라함은 그의 후손의 400년 동안의 종살이에 대해서도 기꺼이 즐거운 마음으로 파트너쉽에 대해서 '예'라고 말했다"499)고 한다. 즉, 이 '쪼개는 행위'에는 '아브라함의 헌신'이 반영되어 있다는 것이다.500) 따라서 창세기 15:10의 아브라함의 '동물 쪼갠 행위'는 레위기의 번제와 평행을 이루는 행위였다.

양식비평학자들은 생각할 때, '쪼갠 동물' 사이로 여호와만 지나갔다고 말한다. 그런데, '쪼갠 동물'은 제물로서 아브라함도 또한 상징한다는 것을 다른 본문들이 증거하고 있음을 알아야 한다. 이것은 무엇을 통해서도 확인 되냐면, 이 언약의 연장선에 있는 창세기 17장의 '할례 언약'에서 '쪼개어진 것'은 '아브라함과 그의 후손의 살'이었기 때문이다.501) '할례 언약'의 제물은 동물에서 후손의 살로 대체되었을 뿐이다. 더 나아가서 이 '쪼갠 동물'은 창세기 22장에서는 이삭으로 대체되는데, 이삭은 다름 아닌 아브라함의 생명이었다. 이것이 말해주는 것은 '쪼개어진 동물'도 아브라함의 생명을 상징하고 있다는 것이다. 또 이 동물들 사이를 지나가면서 여호와도 또한 자신의 생명을 쪼갠다. 이와 같이 여호와와 아브라함이 각각의 생명을 쪼개어서 상대방에게 내어주는 것이 바로 제사이다.

다. '번제'를 의미하는 창세기 15:10의 '쪼개는 행위'

이 '쪼개어진 동물'에는 창세기 15:6의 아브라함의 '생명드림'의 '믿음'이 반영되어 있다. 따라서, 이 본문은 레위기 제사사건의 번제 메타포와 연결하여 해석하여야 한다. 그렇다면, 아브라함의 위의 행위는 이 짐승들을 올려드리는 것은 자신의 생명을 하나님께 올려드리는 행위가 된다. 단순히 자신의 생명을

499) Brogman, *Genesis*, 68.

500) Brogman, *Genesis*, 68.

501) Adar, *The Book of Genesis*, 66.

'하나님의 양식'으로 올려드리는 것이며, 이것을 통해서 아브라함은 '하나님의 소유'가 된다.

김홍전은 번제는 "자기 자신을 전부 드린다"502)는 의미를 가지고 있다고 말한다. 정석규는 이러한 번제에 대해 "번제란 칼로 제물의 각을 뜨고 제물 전체를 태워서 드리는 희생제사이다. 이 제사는 제물을 드리는 제주가 제물처럼 온전히 하나님께 드려진다는 것과 제주의 죄가 대속된다는 의미가 있다"503)고 말한다.

3. 속죄의 과정으로서의 400년 동안의 고난 (창 15:12-16)
가. '캄캄함'의 의미와 속죄소

아브라함이 제물을 올려드리고, 해가 지고 깊이 잠들었을 때, '캄캄함'이 임하였고 아브라함은 심히 두려워하게 되었다. 그 내용은 다음과 같다.

해질 때에 아브람이 깊이 잠든 중에 캄캄함이 임하므로 심히 두려워하더니, (창 15:12)

이때 우리는 이 '두려움'을 일으키는 '캄캄함'의 정체를 규명할 필요가 있다. 이것을 스키너(Skinner)는 '종교적 경험'504)이라고 말한다. 즉, 이것은 여호와의 임재였으며 '신비체험'이라는 것이다. 세일해머(Sailhamer)는 위의 정황을 모세의 시내산에서 하나님의 계신 흑암에 들어가는 것과 평행을 이룬다고 말한다.505) 그렇다면 이제 이 본문은 모세의 시내산에서의 신비체험을 통해서 해석하여야 한다. 모세의 신비체험을 가장 의미 있게 설명한 사람은 닛사 그레고리(Nissa Gregory)인데, 그는 「모세의 생애」에서 모세가 '흑암으로 나아간 것'을 모세의 '신비체험'으로 밝힌다.506) 따라서 위의 본문은 다음의 출

---

502) 김홍전, 「하나님의 백성 아브라함」, 285.

503) 정석규, 「구조로 읽는 창세기」, (서울: 프리칭 아카데미, 2006), 207.

504) Skinner, *Genesis*, 281.

505) Sailhamer, *The Pentateuch as Narrative*, 152.

애굽기 본문과 평행을 이루고 있는 것이다.

　모세는 하나님의 계신 암흑으로 가까이 가니라. (출 20:21)

　대체로 '캄캄함'은 모세에게 있어서 측량할 수 없는 여호와의 임재를 상징하며, 큰 두려움을 수반한다. 웬함(Wenham)은 이것을 "경외심을 일으키는 신적 활동이다"507)고 하며, 만(Mann)은 이를 "묵시의 순간이다"508)고 표현한다. 한편, 이 내용은 모세가 십계명을 받기 위해 하나님 계신 곳으로 가까이 나아간 내용과 유사한 이미지를 제공한다. 아브라함의 생애를 저술하는 모세가 의도하는 것은, 자신이 시내산에서 경험한 것처럼, 그의 선조 아브라함이 꿈 속에서 하나님의 임재를 경험하고, 그 임재 속으로 아브라함이 들어간 것을 말하고자 하고 있는 것으로 보인다.

　위의 창세기 15:12을 원문 그대로 번역할 때, 이 구절의 맨 앞에 감탄사 '보라(hehold)'를 삽입하여야 한다. 따라서 이 구절은 "보라, 그의 위에 임한 큰 캄캄함의 두려움을", 혹은 "보라, 큰 두려움을, 그의 위에 큰 캄캄함이 임하였기 때문이다."라고 번역하여야 한다. 한편, 모세가 체험한 이 어둠에 대하여 닛사의 그레고리는 이 '암흑의 장소'를 '속죄소'라고 말한다.(『모세의 생애』 II, 164-167) 즉, 이곳이 신비신학에서 추구하는 존재의 맨 끝이다. 이곳은 두려움의 장소이며, 하나님 경외를 불러일으키며, 이곳에서 음성이 들려오고 '속죄'가 이루어진다. 아브라함에게 일어난 흑암과 두려움은 이와 같은 신비주의적 메타포이지 단순한 흑암이 아니었다. 하나님은 대체로 빛으로 언급되지만 하나님께서 이와 같이 흑암으로 다가오는 것은 속죄의 의미가 담겨져 있다. 따라서, '두려움을 일으키는 흑암'의 장소는 속죄가 일어나는 현장(속죄소)으로 보아야 한다. 이러한 모세의 언약(십계명)을 받기 위한 천상 체험에 대한 메타포가 아브라함에게도 동일하게 나타난 것이다.

---

506) Nissa Gregory, 「모세의 생애」, 고진옥 역 (서울: 은성, 2003), 129-130.

507) Wenham, *Genesis 1-15*, 331.

508) Mann, *The Book of the Torah*, 36.

나. 거룩하게 하는 과정으로서의 400년

죄인이 하나님을 만나는 장소는 속죄소이며, 그곳은 '빛'의 장소라기 보다 '캄캄함'의 장소이다. 그리고 이와 같은 속죄소가 펼쳐진 후에 아브라함에게 들려온 음성은 아브라함과 아브라함의 자손들을 거룩하게 하기 위한 속죄에 관한 내용이 된다.

애굽에서의 생활은 바로 이러한 속죄제의 진행과정이었다. 알더스(Aalders) 는 이에 대해 "고난을 통해 영광에 이르는 작업이다"[509]고 말하며, 칼빈 (Calvin)은 "여호와의 다루시는 과정이다"[510]고 하는데, 이것은 아브라함의 자손을 '제사장 국가'로 이끄시기 위해 죄를 씻어내는 과정이다.[511] 모세오경 의 저자는 애굽의 400년을 이와 같이 속죄의 역사로, 혹은 속죄제의 일환으로 보고자 한다. 그 내용은 다음과 같다.

> 여호와께서 아브람에게 이르시되 너는 정녕히 알라 네 자손이 이방에서 객 이 되어 그들을 섬기겠고 그들은 사백년 동안 네 자손을 괴롭게 하리니, 그 섬기는 나라를 내가 징치할지며 그 후에 네 자손이 큰 재물을 이끌고 나오리라. 너는 장수하다가 평안히 조상에게로 돌아가 장사될 것이요, 네 자손은 사대 만에 이 땅으로 돌아 오리니 이는 아모리 족속의 죄악이 아직 관영치 아니함이니라 하시더니(창 15:13-16)

이 구절은 이스라엘이 애굽으로 들어가서 그곳에서 번성하며, 그곳에서 고 난을 받는 400년을 말하고 있다. 만일 이 구절이 제사와 관련한 메타포라면, 모세는 이 400년을 "아브라함의 후손들에 대한 속죄제의 과정"으로 파악하고 있는 것으로 보인다. 한 민족의 속죄를 이와 같이 설명하고 있다. 이스라엘 백 성들의 애굽 종살이의 역사 내에는 이와 같은 속죄의 제사로서의 기능이 존재 하는 것으로 보인다. 이 긴 고통의 과정을 통해서 하나의 거대한 백성들은 하 나님의 한 거룩한 백성이 되는 기적이 일어난 것이다. 왜냐면, 죄인은 여호와

---

509) Aalders, *The Book of Genesis*, 295.

510) Calvin, *The Book of Genesis*, 415.

511) 김홍전, 「하나님의 백성 아브라함」, 301.

의 땅을 소유할 수 없기 때문이다.

다. 죄와 땅의 관계

창세기 15:16에 의하면, 여호와께서는 "가나안의 아모리 족속의 죄악이 아직 관영치 않아서 그 땅을 아직은 줄 수 없다"고 말한다. 이에 의하면, '땅'과 '죄, 혹은 의'의 관계는 밀접한 것으로 보인다. 이스라엘 자손들이 거룩하게 되어야 그 '땅'을 소유할 수 있다. '죄'의 '땅'에 여호와의 신전은 건설될 수 없다. 그 '땅'은 '여호와의 나라'로서 '성전'이 서있는 곳이기 때문이다. 여호와께서는 이스라엘의 애굽 종살이 400년을 통해서 이와 같은 속죄의 작업을 이루어서 그들을 '제사장 국가'에 합당한 거룩한 백성으로 만들겠다는 의지가 있다. 이 땅을 소유할 수 있는 거룩한 백성을 만들겠다는 의지가 여기에 반영된 것이다.

모세가 만일 이것을 이스라엘 제사 안에서 이 사건을 기술한다면, 그것은 속죄제로 기술하여야 할 것이다. 모세는 애굽의 400년 종살이를 속죄제로 보고 있으며, 역사를 하나의 제사로 보고 있는 것으로 보이기 때문이다.

4. '쪼개어진 동물' 사이로 지나가는 횃불 (창 15:17)

가. 여호와도 의미하는 '쪼개어진 동물'

이곳의 '쪼개어진 동물'은 앞에서 언급한 바와 같이 여호와와 아브라함 모두를 상징한다.[512] 이때의 제물로는 3년 된 암소, 3년 된 암염소, 3년 된 숫양, 산비둘기, 집비둘기가 나온다. 출애굽기 24장의 시내산의 언약 제사에서는 어린 수소가 번제와 화목제의 제물로 쓰여진다. 레위기의 번제에서는 숫소, 양, 염소, 새를 제물로 드리며, 화목제에서는 숫소나 암소를 드리며, 속죄제에서는 숫소를 드리며 속건제는 숫양을 드린다. 창세기 15:9에 열거된 제물들은 위의 모든 제물들을 통틀어서 열거되었다.

따라서, 이 동물들은 제물을 통해 자신을 여호와께 드리는 아브라함이면서, 또한 자신의 생명을 아브라함에게 내어줄 여호와이다. 레위기의 사례에 따라

---

512) 김홍전, 「하나님의 백성 아브라함」, 281.

해석할 경우, 바쳐진 제물을 누가 취하는가를 보면 그것을 알 수 있다. 번제는 모두 불태워져서 여호와께서 흠향하신다. 그리고 화목제는 그 제물을 제사장과 제물 드린 자와 그 이웃들이 성전에서 함께 나누어 먹는다. 그렇다면, 이때의 화목제물은 여호와의 생명이다. 이 화목제물을 의미하는 예수 그리스도는 성찬을 통해 자신의 살과 피를 나누어주셨다.

위의 제물이 누구를 의미하는 지 알게 해주는 것은 시내산 제사언약에서 인데, 이때의 수소는 양자 모두를 상징한다. 모세는 수소를 잡아 그 피의 절반을 한 양푼에 담고, 또 절반을 다른 양푼에 담아서 하나는 제단에 다른 하나는 이스라엘 백성들에게 뿌리며, "이것은 언약의 피이다"(출 24:8)고 말하였다. 그리고 이 시내산 제사는 레위기의 제사제도를 이룬 것으로 보인다. 출애굽기 34:25에서는 유월절 제사를 지칭할 때, '내 희생의 피, זִבְחִי-דַּם'라고 말하는데, 이것은 '여호와의 피'를 의미한다. 그리고 이것은 바로 출애굽기 24:8의 피였다. 그리고 화목제에서 이스라엘은 이 '여호와의 생명'을 먹었다. 여호와가 아브라함 안에 들어오며, 그 제물을 먹는 자 안에 들어온다. 여호와께서는 아브라함에게 '내가 상급이다'고 하였는데, 이것은 '내가 양식이다'와 서로 일치한다. 이와 같이 하여서 아브라함은 여호와를 '상급'으로 삼아 먹었다.

이에 의해서 우리가 알 수 있는 것은 '쪼갠 동물'은 양자 모두를 의미하며, 이 양자 모두는 서로의 생명을 서로에게 내어주었고, 서로는 서로를 먹었다. 그래서 이 양자는 한 생명이 된 것이다.

나. 제물에 대한 열납과 헌신 맹세로서의 '지나감'

여호와께서 '쪼갠 고기' 사이로 '지나간 것'을 월키(Waltke)나 로스(Ross)를 비롯한 많은 학자들이 이것을 '자기저주'를 통한 여호와 하나님의 일방적 맹세언약이라고 말하고 있다.513) 그런데, 이와 같은 주장을 하면서도 월키(Waltke)는 "하나님 혼자서 쪼개어진 조각들 사이를 지나가지만, 언약은 아브라함의 과거의 믿음에 기초를 두고 있다"514)고 말함을 통해서 상호헌신의 요소를 말하였다. 이때의 '믿음'은 창세기 15:6의 '믿음'인데, 이 글에서는 이 믿

---

513) Ross, *Creation and Blessing*, 312.

514) Waltke, *Genesis*, 244.

음의 사건을 위 보다 더 적극적으로 해석하여서 여호와만 자신의 생명을 아브라함에게 내어준 것이 아니라, 아브라함도 자신을 하나님께 내어준 것으로 해석하였다.

'일방적 자기저주'로 보는 것에 대하여 웬함(Wenham)은 여호와는 "자신의 사심을 통해 맹세한다"고 말하면서 이것을 '자기저주의 맹세'로 해석하는 것이 완전하지 않음을 말한다. 또한, 양식비평의 영향을 받지 않은 칼빈(Calvin)과 같은 경우에는 모세오경에서 사용하는 제사의 취지에 따라 '헌신맹세'로 본다. 이 글에서는 앞에서 논증한 것처럼 히브리의 제사개념을 따라서 여호와의 이스라엘을 향한 '헌신맹세'로 본다. 한편, 이 쪼갠 고기 사이에 나타난 '지나가는 길'을 크라인(Kline)은 히브리서에 제시된 '지성소에 이르는 그 길'(히 10:19,20)의 모형이라고 말한다.515) 즉, 이에 의하면, '번제와 속죄제'(히10:6)로 인해 의의 결과 드러나게 된 '새롭고 산 길'(히10:19,20)이 되는 셈이다.

번제가 아브라함의 생명을 의미하는 것이 분명하다면, 화목제 희생의 피는 여호와를 상징한다. 이것은 이 사건의 발전으로 보여지는 출애굽기 24장의 '시내산 언약의 제사'사건에서 '여호와의 피'를 이스라엘 백성들에게 뿌리는 것을 통해서 목격할 수 있다. 즉, 창세기 15장의 사건은 아브라함과 여호와의 '상호간의 생명교환' 행위였다.

그러나, 여기서 간과하여서는 안 될 것이 '불의 지나감'은 여호와의 자신의 내어주는 '헌신맹세'일 뿐만 아니라, 그보다 먼저 아브라함의 번제로서의 제물을 열납하신 것을 의미하기도 한다.516) 엘리야의 제물을 열납하듯이 불이 임하여서 그 번제물을 태우며, 아브라함을 열납하신다.

하나님께서는 아브라함에게 약속한 땅이 있었다. 그리고 이 땅을 통해서 아브라함과 그의 후손들은 '생명양식에 해당하는 상급(שָׂכָר, 임금, 급료)'을 얻게 된다. 그런데 여호와께서는 이러한 형태의 상급에 앞서서 창세기 15:1에서 자신이 곧 상급(שָׂכָר)이라고 하신다. 번제를 통하여서는 아브라함이 자신의 생명을 하나님께 드려서 하나님의 양식이 되게 하고, 이제 속죄가 이루어진 후에

---

515) Kline, 「하나님 나라의 서막」, 373.

516) 김홍전, 「하나님의 백성 아브라함」, 287.

는 하나님이 자신의 생명을 아브라함에게 나누어주신다. 함께 서로를 먹고 마심을 통해서 한 생명이 이루어진다. 이스라엘의 언약이란 이와 같이 생명을 나누는 계약이다. 그 내용은 다음과 같다.

해가 져서 어둘 때에 연기 나는 풀무가 보이며 타는 횃불이 쪼갠 고기 사이로 지나더라. (창 15:17)

위에서 '연기 나는 풀무가 보이며 타는 횃불'을 직역하면, "보라, 연기 나는 용광로와 고기 사이로 지나가는 불타는 빛나는 횃불을"이 된다. 여기에서의 '연기와 불'은 하나님의 임재를 상징한다.[517] 이것은 고대근동언약에서와 같이 그 고기 사이로 지나간 자가 자신의 생명을 내놓는 행위이다. 하나님께서는 그 고기에 자신의 생명을 얹었다. 모세의 화목제에서는 이 음식을 제사장과 제물을 드린 자가 함께 먹는다. 이것은 신약시대의 성찬행위와 같은 행위이다. 그리고, 이 행위를 통해서 제사 드린 자와 하나님이 하나가 된다. 이것은 하나님과 사람들 사이의 화목제의 전형이다.

다. 혼인을 의미하는 화목제로 발전한 '여호와의 지나감'

'쪼갠 동물' 사이로 여호와가 지나간 것은 이스라엘에서 최초의 화목제가 되었다. 화목제라는 용어는 최초에 시내산 언약에서 등장하지만, 그 이전에는 번제 안에 함께 있었던 것으로 보인다. 노아는 하나님과 화목을 기념하면서 번제를 드렸다. 이것은 번제 안에 화목제가 포함된 것을 의미한다. 한편, 속죄제도 또한 번제에서 분화된 것으로 보인다. 레 1:4에 의하면, 이 번제 안에 속죄의 기능이 있기 때문이다. 1년에 1회의 대 속죄는 속죄제를 통해서 하였고, 일상적인 속죄는 번제를 통해서 한 것으로 보인다.

이와 같이 아브라함의 '동물들'에는 이 모든 기능을 포함하고 있다. 아브라함은 번제를 통해서 자신을 드렸고, 이제 화목제를 통해서 여호와께서는 자신의 생명을 내어 주신다. 무엇보다도 화목이라는 용어 자체가 서로가 화목하여 '하나 됨'이라는 의미를 가지고 있다. 특히 이 화목제는 양자 간의 하나 됨이

---

517) Wenham, *Genesis 1-15*, 331.

이루어지는 것을 의미한다.

　이 사건이 시내산 언약의 제사로 발전하였을 것으로 판단하는데, 많은 학자들이 이 시내산 언약의 제사 사건을 혼인예식으로 본다. 왜냐면, 이스라엘 장로들이 시내산에 올라가서 여호와 앞에서 제물을 함께 먹고 마시며 혼인잔치를 하였기 때문이다. 그리고 이러한 것은 이스라엘 내에 제사로 자리 잡았다. 그리고 이에 대해 선지자 호세아는 이때에 여호와가 이스라엘을 '젊은 처녀'로 '알았다'고 말하며, 이때 양자간의 '혼인관계'가 성립되었음을 말한다. 이때 양자 간의 혼인이 이루어진다. 이와 같은 아브라함의 자손과의 혼인은 시내산에서 이루어졌고, 아브라함과의 혼인은 이때 이루어진 것이었다.

5. 언약의 완성을 의미하는 땅 언약 (창 15:18-21)

가. 제사와 언약의 관계 (창 15:18)

　이와 같이 여호와와 아브라함은 '제사'를 통해 서로의 '생명'을 교환하여 '하나'가 되었으므로 이제 그 '언약'이 성립되었다. 즉, '상호헌신맹세'의 '제사'를 통해 '언약'이 성립된 것이다. 따라서 이제 "제사=언약"이라는 공식이 성립된 것이다. 이 양자는 둘이 아니라 하나이다. 그래서, '언약을 체결하다'와 '제물을 쪼개다'의 동사는 모두 'כָּרַת(자르다)'라는 동사를 사용한다. 히브리에서의 '계약을 체결하다'는 '계약'을 의미하는 'בְּרִית'에 '제사로 체결하다'를 의미하는 '자르다'라는 동사를 넣어서 'כָּרַת(자르다)'라는 동사를 사용한다. 따라서 '계약을 자르다, כָּרַת בְּרִית'가 된다. 이 유명한 어휘사용의 본문이 이곳에서 나타난다.

　　그 날에 여호와께서 아브람으로 더불어 언약을 '세워(כָּרַת, 자르다)' 가라사
　　대 (창 15:18a)

　창세기 15:18에서 '언약을 맺다'라는 표현을 사용하는데, 이때의 '맺다'라는 동사를 사용할 때, '자르다'를 의미하는 כָּרַת 라는 동사를 사용한다. 즉 'בְּרִית כָּרַת, 언약을 맺다'를 직역을 하면 '언약을 자르다'는 형태가 된다. 이때의 כָּרַת

는 제사에서 나타나는 '자르는 행위'를 의미한다.518) 이것은 '자르는 제사행위'
를 통해 언약을 맺을 때 진정한 계약이기 때문이며, 이스라엘의 제사제도는
이 언약의 지속적인 확인절차로 보인다. 한편, 류폴드도 또한 "'언약을 체결하
다(자르다)'던 표현은 언약체결시에 수행되었던 의식들에서 살해당한 제물들의
살해에서 기인한다"519)고 말한다. 여기에서 '자르는 것'과 '언약'이 일치되며,
'언약=제사'라는 등식도 성립된다.

그 언약의 본질은 제사와 마찬가지로 '상호헌신을 통한 하나 됨"인 것도 드
러나게 된다. 이 창세기 15:18의 '여호와께서 아브람과 언약을 맺다(כרת, 자르
다), כָּרַת יְהוָה אֶת־אַבְרָם בְּרִית'는 용어는 후에 출애굽기 24:8에 은 후에 시내산 언
약에서 고스란히 다시 등장하여 '여호와께서 맺은(כרת, 자르다) 언약의 피, כָּרַת
אֲשֶׁר דַּם־הַבְּרִית'로 등장한다. 그리고 우리는 앞에서 창세기 15:18과 출애굽기
24:8의 언약은 창세기 17:7의 '할례언약'을 통해서 중계되고 있음을 충분히
살펴보았는데, 훗날 호세아 선지자는 이 출애굽기 24:8의 시내산 제사언약의
메타포를 여호와와 이스라엘이 '하나 됨'을 이루는 '혼인예식'(호2:15,16)으로
파악하였다.520) 그런데 이것의 중요한 출발점은 바로 이곳의 '쪼개는 행위'였
다.

나. 이스라엘의 제사제도의 갖는 의미

창세기 15:18에서는 '자르는 것'과 '언약'을 일치 시킨다. 만약 우리가 앞에
서 살펴본 바와 같이 여기서의 '쪼개는 것'이 '자르는 것'으로서의 '제사'와 일
치한다면, 이제 '언약=제사'라는 등식이 성립한다.

만일 이와 같이 제사가 언약을 의미한다면, 이스라엘에 제도로 자리 잡은
이스라엘의 제사제도는 매년에 이루어지는 여호와와의 언약확인이 되며, 제사
자체가 '언약이행'이 되며, '혼인관계의 확인'이 된다. 이스라엘에서는 제사 자
체만으로도 하나의 언약행위가 되는 셈이다.

---

518) Zimmerli, 「구약신학」, 60.

519) Leupold, 「창세기(상)」, 421.

520) John H. Sailhamer, 「모세오경 신학」, 김윤희 역 (서울: 새물결플러스, 2014),
573.

다. 땅에 관한 약속을 세우시는 여호와

이와 같은 '언약의 내용물'로서 이제 '땅에 관한 약속'을 하신다. 이때 중요한 것은 18절에서 "이 땅을 네 자손에게 주었다"라는 완료형을 사용하고 있다. 그 땅의 소유자인 여호와께서 자신을 주었으니, 그 땅도 이미 주어진 것이었다. נתתי 는 נתן 의 2인칭 완료형으로서 "주는 행위가 이미 마쳐졌다"는 것을 의미한다.

> 그 날에 여호와께서 아브람으로 더불어 언약을 세워 가라사대 내가 이 땅을 애굽강에서부터 그 큰 강 유브라데까지 네 자손에게 주노니 곧 겐 족속과 그니스 족속과 갓몬 족속과 헷 족속과 브리스 족속과 르바 족속과 아모리 족속과 가나안 족속과 기르가스 족속과 여부스 족속의 땅이니라 하셨더라.(창 15:18-21)

여호와와 하나가 되었으며, 그 여호와와 하나가 되었다면 이제 그 나머지의 모든 여호와의 언약은 이미 성취된 것이나 다름이 없다. 위에서의 완료형은 이러한 것을 시사하고 있는 동사의 형태로 볼 수도 있을 것이다.

라. 언약의 완성을 의미하는 땅 언약

위의 언약체결은 땅에 관한 언약이다. 이것은 앞에서도 지속적으로 밝혔듯이 '언약의 완성'을 의미한다. 아브라함과 그의 자손들이 땅을 점유하고, 그곳에서 성전을 건립한 후, '열방을 위한 제사장'의 역할을 '업'으로 삼는 것을 말한다. 우리는 이에 대해서도 앞에서 모두 살펴보았다. 이것은 후에 기독교의 '구원' 개념에 대한 양식이 된 것으로 보인다. 이와 같이 모세오경의 구원의 개념은 '열방을 위한 제사장 국가'의 개념이었다.

7절 창세기 15장에 대한 요약

창세기 15장에서는 이미 시작된 창세기 12장의 아브라함의 언약이 동물을 쪼개는 행위를 통해서 '공식적인 언약'으로 승화되고 있다.521) 이 사건은 특히 창세기 12:2b에서의 "너는 בְּרָכָה가 되라"는 명령 대신에 '믿음으로 말미암는 의'(창 15:6) 개념이 핵심을 이루어 전개되는데, 이것은 그 언약의 본질이 그 언약조항의 이행보다는 언약 당사자 간의 상호헌신이기 때문으로 보인다.522) 즉, 언약인증을 위한 '쪼개는 행위'(창 15:9)는 '자기저주의 맹세'가 아닌 믿음에 근거한 '상호헌신의 맹세'로 보이며,523) 언약의 목표는 '언약 조항의 성취'가 아닌 '상호 헌신의 하나 됨'으로 보인다.524)

1. 창세기 12:2-3의 평행구절로서의 창세기 15:1-6

우리는 아브라함 언약의 발전과정을 살펴보는 가운데 있는데, 가장 우선적으로 검토되어야 할 것은 창세기 12:2-3의 언약 조항들이 창세기 15장에서는 어떻게 발전되는가이다. 창세기 15장에서의 언약 조항은 창세기 15:1-6에서 대화식으로 나타난다. 우리는 이 양자를 비교할 필요가 있다.

창세기 12:2a의 '큰 민족 등'에 관한 약속은 창세기 15:2의 '상속자'와 창세기 15:5의 '하늘의 뭇별들'과 평행을 이루는데, 이러한 요소는 당시의 아브라함 입장에서 자신의 생명 보전과 관련한 자위권과 밀접하게 관련되어 있어서 창세기 15:1의 '방패'로 상징된다.

그리고 창세기 12:3의 '아브라함을 통한 열방의 복'에 관한 약속은 아브라함이 받게 될 궁극적인 복인데, 이것은 창세기 15:3-4의 '후사'라는 용어를 통해 나타나며, 이것이 아브라함이 받을 최종적인 '상급'이었다. 따라서 이것은 창세기 15:1의 '상급'으로 상징된다.525) 그 근거를 좀 더 살펴보자면, 창세

---

521) Brogman, *Genesis*, 68; Waltke, *Genesis*, 243.

522) Adar, *The Book of Genesis*, 60.

523) Brogman, *Genesis*, 68.

524) Harbach, *Studies in the Book of Genesis*, 325, 341.

525) Brueggemann, *Genesis*, 142-144; 본 글은 브루그만과는 달리 창세기 12:2a의 '큰 민족 등'에 관한 약속은 창세기 15:5의 '하늘의 뭇별들'을 의미하며, 이것은 곧 '방패'의 이미지이다. 그리고 창세기 12:3의 '열방의 아비'에 관한 약속은 '네 후사'(15:3,4)와 평행을 이루며, 이것은 1절의 '상급'을 의미하는 것으로 본다.

기 15:3-4의 '후사'와 창세기 12:3의 '아브라함을 통한 열방의 복'은 창세기
12:7-8에 나타나는 '씨'와 '땅'과 '제단'에 의해서 매개되기 때문이다. 즉, 창
세기 15:3-4에 나타난 '씨'가 창세기 12:7-8에 나타난 '씨'가 같은데, 이 '씨'
가 '땅'을 계승하며, 이 '땅'의 계승자를 여호와께서 '후사'라고 지칭하고 있기
때문이다. 따라서 이것은 아브라함의 후손에게 이루어질 궁극적인 모습을 의
미한다. 즉, '땅'과 함께 언급되는 '제단'은 '열방을 위한 제사'의 장소이며, 이
곳에서 이루어지는 행위로 말미암아 열방이 여호와의 복에 들어온다. 그리고
이것이 아브라함의 진정한 '상급'이었던 것이다.

마지막으로 창세기 12:2b의 "너는 בְּרָכָה가 되라"는 언약 조항은 어떻게 발전
하는가? 위의 창세기 15:1-6에서 나타난 유일한 명령은 창세기 15:1의 "너는
두려워 말라"이며, 이 명령이 곧 '방패'와 '상급'의 이유가 된다. 그렇다면 이
명령이 곧 창세기 12:2b와 대응된다고 보아야 할 것이다.526) 그리고 창세기
15:1a의 "너는 두려워 말라"는 창세기 15:6의 "믿음으로 말미암는 의"와 인
크루지오 관계를 이루고 있다. 즉, 창세기 15:1의 '방패'가 창세기 12:2a의
'큰 민족 등'에 대응이 되고, '상급'이 창세기 12:3과 대응이 된다면, 이제 이
'방패'와 '상급'의 이유가 되는 창세기 15:1,6의 "너는 두려워 말라"와 "믿음
으로 말미암는 의"는 자연스럽게 창세기 12:2b와 대응을 이루고 있는 것이다.

웬함(Wenham)이나 터너(Turner) 등은 창세기 12:2b의 "너는 בְּרָכָה가 되라"
는 명령과 창세기 17:1의 "내 앞에서 행하여 완전하라"는 명령을 서로 평행
본문으로 본다.527) 이때 창세기 17:1의 '완전성 명령'은 분명히 창세기 15:1
의 "너는 두려워 말라"의 연장선에 있는데, 양자가 이와 같은 관계라면 이제
창세기 12:2b은 창세기 17:1 뿐만 아니라 창세기 15:1,6과도 또한 평행관계
임을 알 수 있다.

2. '믿음'(창 15:6)과 '쪼개는 행위'(창 15:9)의 관계

창세기 15:6의 '믿음으로 말미암는 의'는 아브라함이 엘리에셀을 통하여 안

---

526) Brueggemann, *Genesis*, 144.

527) Turner, *Genesis*, 81; Wenham, *Genesis 2*, 20.

정을 찾으려는 것을 포기하고, 오직 여호와만 다시금 의지하게 된 것에 대해 말해진 것이다. 아브라함이 엘리에셀에 대한 여호와의 거절을 수용한 것은, 아 브라함의 당시 주변의 위협적인 상황 속에서 아무런 의지처 없이 홀홀단신이 되는 것에 대한 결단이었다. 그리고 이러한 결단은 세상을 향한 죽음을 의미 하였으며, 더 나아가서는 아브라함이 자신의 생명을 여호와께 헌신하여 드린 것을 의미하였다.

이러한 결단 속에서 아브라함은 여호와를 '방패와 상급'으로 믿을 수 있었 고, 여호와께서는 이러한 아브라함의 '여호와에 대한 믿음'을 '의롭다'고 하였 던 것이다. 따라서 창세기 15:6에서 나타난 '믿음'은 축복의 믿음이 아니라, 창세기 15:1에 나타난 여호와를 방패와 상급으로 믿는 '여호와에 대한 믿음' 으로서, 세상을 향한 죽음과 자신의 생명을 여호와께 드리는 것을 의미하고 있었다.

그러므로 이 사건 뒤에 등장하는 아브라함의 '동물 쪼개는 행위'(창 15:9)는 곧 이 '믿음'(창 15:6)의 표현임을 알 수 있다. 이에 따라 창세기 15:9의 '쪼 개어진 동물'은 바로 아브라함의 생명을 여호와께 드리는 것을 상징하고 있었 다. 이와 같이 '쪼개어진 동물'은 먼저 아브라함을 의미하고 있었던 것이다.

3. '상호헌신 맹세'로서의 '동물 쪼개는 행위'

여호와께서는 아브라함의 믿음을 의롭다고 여기신 후에 아브라함에게 동물 을 쪼개라고 하시고, 그 후 그 쪼개어진 동물 사이를 지나가신다. 이것은 여호 와께서 아브라함과의 언약을 인증한 사건이었다. 그리고 이것은 아브라함과 마찬가지로 여호와께서도 자신의 생명을 아브라함에게 내어주신 것을 의미한 다. 이에 따라, 이 쪼개어진 동물은 여호와와 아브라함 모두를 상징하고 있다.

이러한 서로에게 생명을 내어주는 이러한 상호헌신의 과정은 창세기 15:9-17에 잘 나타나는데, 이 문단은 창세기 17:7에 근거하여 출애굽기 24:1-8의 제사 메타포로 해석될 수 있기 때문이다.528) 만약에 창세기

---

528) Adar, *The Book of Genesis*, 64: 아다르는 창세기 15:7-17과 출애굽기 24:1-8은 평행관계라고 말한다. 여기에 필자의 견해를 추가하자면, 창세기 17:7은 창세기 15:9-17의 언약 당사자로서 '대대에 이르는 그의 후손'이 추가적으로 참여함을 말해준다. 그리

15:9-17을 제사 메타포를 이용하여 해석할 경우, 이 '쪼개어진 동물'과 여기에 '지나간 불'이 의미하는 바는 서로에게 자신의 생명을 내어주는 상호헌신 맹세이다. 즉, 창세기 15:9-10은 번제, 창세기 15:11 -16은 속죄제, 창세기 15:17은 화목제의 시원적 의미를 담고 있기 때문이다. 창세기 15:9-10의 '쪼개어진 동물'은 마치 번제와 같이 아브라함이 자신의 생명을 여호와께 드리는 것을 의미한다. 창세기 15:11-16은 속죄에 관한 여호와의 말씀으로서 400년 동안의 종살이를 통해서 그 자손들의 속죄가 이루어질 것에 대한 내용이다. 그리고 창세기 15:17에서는 여호와께서 '쪼갠 동물' 사이를 지나가시는데, 이것은 출애굽기 24:8과 34:25에 나타난 바와 같이, 여호와께서 자신의 피를 언약 상대방에게 뿌린 것을 의미한다. 즉, 자신의 생명을 아브라함에게 내어준 것을 의미한다. 이와 같이 '동물 쪼갠 행위'가 '제사 메타포'로 해석될 수 있다면, 이것은 분명하게 상호헌신 맹세를 의미하고 있다.

한편, 창세기 15:18에서 처음으로 '언약을 체결하다'라는 표현에 'כָּרַת, 자르다'라는 동사가 적용되는데, 이 '자르다'라는 동사는 '제사'를 의미한다. 그리고 이 '제사'용어가 여기에 사용된 것은 '제사'를 통한 '언약'이라는 의미로 보인다. 또한 창세기 15:9-17의 언약체결 사건과 평행을 이루는 출애굽기 24:1-8의 '시내산 제사언약'에 대하여 호세아 선지자는 여호와와 이스라엘의 '혼인'(호2:15,16)의 사건이라고 비유하고 있는데 이것은 '상호헌신의 하나 됨'을 의미한다. 결국 창세기 15:9-17은 이러한 '언약=제사=혼인' 메타포의 출발점인 것으로 보인다.

또한, 이러한 '상호헌신의 하나 됨' 속에는 언약의 성취라는 측면도 담겨 있다. 왜냐면, 창세기 15:1에 의하면, 창세기 12:2a와 12:3의 언약 조항이 모두 '방패'와 '상급'으로 표현되고, 이 '방패'와 '상급'이 '여호와'로 대체되었는데, 바로 이 여호와와 아브라함이 하나가 되기 때문이다. 따라서 여호와와 하나가 되는 것은 곧 바로 그 언약조항의 성취에 해당하기도 한다.

고 이제 그 '대대에 이르는 그의 후손'으로서 이스라엘 백성들이 출애굽기 24:4-8에서 '시내산 제사언약'을 체결한다. 따라서 창세기 15:9-17과 출애굽기 24:4-8은 창세기 17:7에 의해 매개되며, 출애굽기 24:4-8을 근거로 창세기 15:9-17을 석할 수 있게 된다.

4장 '할례 명령'을 통한 '언약의 확장' (창 16,17장)

1절 서 론

1. '할례 언약'의 역사적 배경 (창 16장)

가. '공백'으로 나타나는 '제사언약'에서부터 '할례언약'까지의 기간

'제사언약'에서부터 '할례언약'까지의 기간은 최대 20년 정도에 이를 수 있다. '제사를 통한 언약체결'로부터 7년후 이스마엘 사건이 발생하였고, 이스마엘 탄생후 13년 만에 '할례언약'을 위해 여호와께서 다시 찾으셨다. 따라서 이 시기는 제사언약 체결 후에 20년 정도에 해당할 수 있는데, 아브라함의 여호와 신앙 형성과 관련하여서 절대적으로 중요한 시기이며, 그 생애의 절정기에 해당한다고 볼 수 있다.

그런데 이 오랜 기간에 대한 기록은 오직 이스마엘 사건 외에 다른 정보는 전무하다. 이에 대해 데오도르 H. 에프는 "이 시간은 영적 불모의 시간으로서 무익하게 지나간 것이었다"[529]고 표현한다. 전후에 대한 아무런 정보 없이 중간 즈음에 이스마엘 사건이 기록되어 있을 뿐이기 때문이다. 한편, 이렇게 이 시기의 아브라함의 일반적인 삶을 대거 생략해 버린 것은 모세오경의 저자가 철저히 언약 중심의 사고를 가지고 있기 때문으로 추정된다. 이러한 정확한 태도 때문에 다른 혼잡물들은 여기에 섞지 않는다. 아브라함의 모든 행보를 소개할 때, 모세오경 저자는 하나님과 그가 맺은 언약과 관련하여서만 소개하며, 이러한 것을 통해서 그는 언약책을 쓰고 있다. 이것도 또한 저자가 아브라함의 일반적인 삶을 과감히 삭제할 수 있는 근거 중 하나로 보인다.

그럼에도 불구하고 우리는 제사언약 체결 이후의 여호와와 아브라함의 관계를 이해하기 위해서는 이 오랜 기간에 대해 성경에서 제시하는 본문에 근거하여서 추정해 볼 필요성이 있다. 왜냐면, 우리는 성경본문을 문예비평적 전제에 따라 완전한 글로 보기 때문이다. 이것은 우리로 하여금 성경본문을 통해서 그 '여백'을 채워도 된다는 의미이다.[530] 우리는 이러한 전제를 좇아서 아브라

---

529) Theodor H. F, 「복의 근원이 된 사람 아브라함」, 고광자 역 (서울: 바울서신사, 1988), 120.

함의 생애를 추정해 볼 수 있다.

나. 이 시기에 대한 추정

아브라함의 '제사언약' 후에 이루어진 그의 삶의 모습을 추정할 때, '제사언약'의 사건 외에 다른 내용의 소개가 없다면, 이제 아브라함은 그 '제사언약'에서 아브라함에게 주어진 교훈에 따라 살았음을 가정하여야 한다. 즉, 이 시기의 그의 삶은 '제사언약'에 이어진 삶이었기 때문이다. 만일 여호와와 아브라함이 제사언약을 망각하고 살았다면, 그 언약은 문제가 되었을 것이다. 그런데, 오히려 더욱 '제사언약'이 아브라함의 자손에게 까지 확장되는 형태의 '할례언약'이 체결된다는 것은 여호와와 아브라함이 '제사언약'을 기반으로 하여서 삶을 영위하였다는 것을 알 수 있다.

'제사언약'과 '할례언약'이 연속선에 있다는 것을 우리는 아브라함의 '할례언약'에 대한 사도 바울의 해석을 통해서 알 수 있는데, 사도 바울에 의하면 '할례언약'(창 17:10)은 아브라함의 '의롭다함'(창 15:6)을 '인'친 사건이다. 그런데, 아브라함을 향한 '의롭다함'의 메시지는 '제사언약'을 통해서 이루어졌다. 다만, '할례언약'에서는 창세기 17:1을 통해서 "너는 내 앞에서 행하여 완전하라"[531]는 메시지가 추가되어 있을 뿐이다. 즉, '제사언약'의 심화로서 '할례언약'이다. 즉, '제사언약'의 정신이 아브라함에게 완전하게 이루어지지 않음을 통해서 주어진 말씀이다. 이러한 추이를 볼 때, '제사언약'은 '할례언약'에 이어지고 있으며, 따라서 이 사이의 아브라함의 사고를 지배한 것은 '제사언약'이었다고 말할 수 있다.

따라서, 아브라함은 '제사언약'을 근거로 한 삶을 살았다. 물론 이 두 언약

---

530) 우리는 문예비평적 전제에 따라 성경본문을 보고 있다. 이때 문예비평적 전제라면 성경의 이야기는 역사성을 갖추고 있지만, 역사적 사실에 대한 이야기를 전달하는 것이 목적이 아니라, 어떤 문예적 이야기를 전달하는데, 그 전달하고자 하는 내용에 있어서는 빠진 것이 없다고 본다. 그리고 이러한 전제는 이제 성경본문 만을 가지고 나머지의 기록되지 않은 '여백'들을 추정할 수 있다는 것을 의미한다. 따라서 우리는 성경본문 만을 가지고 이 20년 동안을 추정하여야 한다.(필자)

531) '할례언약'의 표제역할을 하는 "너는 내 앞에서 행하여 완전하라"는 명령을 이 글에서는 창세기 15:6의 '믿음명령'에 대해 '완전성'을 보이라는 '명령'으로 본다. 이것은 뒤에 나타나는 본문 연구에서 다루어질 것이다. (필자)

사이에 이스마엘 사건이라는 큰 굴곡과 위기가 있었지만 언약의 단절은 존재하지 않는다. 이렇게 아브라함이 '제사언약'에 근거한 삶을 살았다면 '제사언약'의 결론적인 메시지가 그의 삶 속에서 지속되었을 것이다. '제사언약'을 통해서 아브라함에게 주어진 신앙적 명제들을 개략적으로 요약하면 다음과 같으며, 이것이 그 기간 동안의 아브라함의 삶이었다.

먼저, 그는 '여호와'를 '방패와 상급'으로 삼고 살기 위해 노력하였다. 이것은 '제사언약'을 한 마디로 나타내는 구절이다. 이에 따라, 이제 그는 후사를 통해 안정을 취하려는 것이 아니라, 하나님을 소유함을 통해서 안정을 취하려고 하였다. 그가 이 문제와 관련하여 이스마엘 사건에서 한계를 보이기는 했지만, 그의 노력은 항상 존재하였다고 보아야 한다.

두 번째, 여호와의 의롭다 하심의 결과 하나님과 아브라함 간에는 제사를 통한 언약이 체결되었는데, 이것은 상호헌신으로 하나가 되는 혼인의 메타포를 제공해 준다. 아브라함은 여호와를 이와 같은 친밀한 관계로 이해하였을 것이다. 아브라함은 제사로 맺은 '하나 됨'의 언약을 마음에 품고 살았다.

세 번째, 세상의 '후사와 땅'을 통한 안정이 아니라, '여호와의 믿음'을 통한 안정감을 찾는 것은 이제 아브라함에게 'בְּרָכָה적 태도'에 대한 해석으로 자리잡았을 것이다. 즉, 아브라함은 처음에 자신을 부를 때 주어진 언약명령인 "בְּרָכָה가 되라"에 착념하여 살았는데, 이 시기의 'בְּרָכָה'에 대한 해석은 세상의 '후사와 땅'을 의존하는 것이 아니라, '여호와'를 의지하는 것으로 자리 잡았다.

우리에게는 별도의 기록이 존재하지 않고, 우리에게 주어진 본문의 최종 텍스트를 통해서만 아브라함의 이 기간 동안의 삶을 추정할 수 밖에 없기 때문에, 이 시기의 아브라함의 신앙에 대한 추정은 위와 같은 형태로만 우리에게 전달되어 진다.

다. 이스마엘 사건을 통해서 드러난 아브라함의 연약함

그럼에도 불구하고 이 시기에 아브라함의 완전하지 못한 것이 드러났는데, 이것은 '할례언약'을 위하여 하나님께서 아브라함에게 다가왔을 때 하나님께서 하신 말씀, 곧 "너는 내(눈) 앞에서 행하여 완전하라"고 하신 말씀에서 드러난다. 이때, "내 눈 앞에서 행하라"고 하신 말씀은 아브라함이 하나님의 관점에서 행한 것이 아니라, 자신의 관점에서 행하여 자신의 생각에 따라 언약을 해석하고 행하였음이 드러난다. 이때, 무엇이 불완전함 가운데서의 인간적인 행동이었던가? 그것은 '이스마엘 사건'이었다. 이것은 '제사언약'을 통하여 주어진 'בְּרָכָה적 태도'[532]로서의 '믿음 명령'에 대한 위배였다.

아브라함이 '씨'에 관한 언약을 '세상의 축복'에 대한 '언약'으로 이해했다면, 이것은 '세상의 축복'에 대한 '죽음'을 정반대로 이해한 것이 된다.[533] 이러한 이해는 '불완전한 이해'로서 '이스마엘'과 같은 사건을 유발시킨다. 여호와가 약속한 축복(예: '재물' 혹은 '후손')을 잘못 이해하여 여기에 '의지'하게 되면, 그것이 '우상'으로 간주되며, 여호와를 향한 '불완전한 믿음'이 되는 것과 같은 논리였다.

따라서 창세기 17장의 '할례언약'은 창세기 15장의 '제사언약'의 명제였던, '믿음명령'의 불완전성에 대한 완전성으로의 명령이었다.

라. '믿음의 불완전성'을 나타내는 이스마엘 사건

아브라함은 인간적인 생각을 받아들여서 '후사' 없음의 불안정한 삶의 위기를 비껴가려고 하였다. 이 사건은 아브라함의 '여호와에 대한 믿음(창 15:6)'의 불완전함에서 발생한 사건으로서,[534] 아브라함은 이 믿음에 있어서 '완전함'을 보이지 못했다. 그런데, 아브라함이 후사를 위해 이렇게 하갈을 통해 이스마엘을 생산하는 조치는 당시의 사회적 관습이었으며,[535] 대리모를 두는 관습은 주전 30-10세기 사이에 대규모로 퍼져있었고,[536] 이것을 제안한 사래의

---

532) 이 글에서는 창세기 12:2 b의 "너는 בְּרָכָה가 되라"는 명령은 아브라함이 맺은 언약으로서 아브라함이 지켜야할 '아브라함의 사명'과 같은 조항이다. 이 조항은 평생에 이르는데, 그에게 나타난 여호와의 모든 명령을 이 글에서는 "너는 בְּרָכָה가 되라"는 명령으로 이해한다. 그리고 이것을 지칭하는 용어를 이 글에서는 "בְּרָכָה적 태도"라고도 지칭하고자 한다.(필자)

533) 우리는 이에 대한 논리를 '3장 제사언약'의 장에서 '신비한 씨'라는 용어를 사용하면서 충분히 다루었다.(필자)

534) Walter Brueggemann, "Genesis 17:1-22," *Expository Article*, 45 No.1 (Jan. 1991), 55 of 55-59.

535) Allern Ross, *Creation and Blessing* (Grand Rapids: Baker Books, 1999), 319.

태도는 당시에 존경받을 만한 태도이기도 하였다.[537] 그래서 아브라함은 자신이 이 사건을 죄로 여기지도 않았으며,[538] 자신이 언약을 위배한 사실도 모르고 있었다. 이때 발생한 '불완전함'은 다음과 같이 요약될 수 있다.

먼저, 자신의 힘으로 안정을 취하려는 의도가 있었다. 하갈을 통해 이스마엘을 낳은 것이 그것인데, 아브라함은 하나님을 '방패와 상급'(창 15:1)으로, 그리고 '힘의 근원'으로 삼는 일, 곧 '믿음'(창 15:6)에 완전하지 못하였다. 그가 '제사언약'의 명제에 해당하는 이 구절들에 성실하였다면, 그의 삶은 '씨'가 없어도 큰 '두려움'에 빠지지 않고 사래의 말을 듣지 않았을 것이다. 그런데 그는 여전히 후사의 문제로 인하여 삶의 불안정을 느끼고 있었으므로, 사라의 제안을 받아 들여서 하갈을 통해 이스마엘을 낳은 것이었다. 이것은 '후사'를 통해 삶의 안정을 취하려는 태도가 에리에셀 사건과 동일한 형태로서 재발된 것이었다.

두 번째, 아브라함은 이 문제를 대수롭게 생각하지 않았으며, 죄로 여기지도 않았다. 17-18절에 의하면 아브라함은 여호와께 다른 후사 문제는 언급할 생각도 없이, "이스마엘이나 하나님 앞에 살기를 원하나이다"라고 말한다. 이 구절에 의하면, 아브라함에게는 여호와를 향하여서 어떠한 거리낌도 존재하지 않는다. 이것은 당시의 관행과 같았으며,[539] 이와 같은 형태로 후사를 취하는 것은 신속히 자신의 후사들을 생산하여서 부족국가를 이루려는 당대의 자연스러운 행위였다. 당시는 스스로의 혈육에 의해서 스스로의 치안을 이루어야 했었다.

세 번째, 그럼에도 불구하고 아브라함의 이러한 행위는 '하나님 보시기에'

---

536) Gordon J. Wenham, *Genesis 16-50*, Word Biblical Commentary Vol.2 (Waco, Texas: Word Books, 1987), 7.

537) Wenham, *Genesis 16-50*, 7.

538) 창 17:17에 의하면, 여호와께서 사라를 통한 후사를 약속하시자, 아브라함이 웃으면서 '이스마엘'이나 잘 되길 원한다고 말한다. 이것은 아브라함은 이미 '씨'의 문제는 포기하였으며, 자신이 '하갈'을 통해 '이스마엘'을 생산한 것을 전혀 문제로 여기지 않는다. (필자)

539) 존 H. 월튼, 「창세기…」, 642 : 월튼은 "누지라는 지역에서 발견된 주전 1500년경의 것으로 추정되는 결혼 계약서에는 부인이 애를 낳지 못하는 경우 남편에게 대리모를 구해주어야 한다는 조항이 명시되어 있다"고 말하며, "이러한 사례는 고대 아시리아 결혼계약서에서도 발견된다"고 말한다. 이것은 어떻게 보면 보편적이었을 수 있다. (필자)

혹은 '하나님의 감춰인 뜻'에 의하면, 심각한 계약위배에 해당하였다. 하나님께서는 아브라함과 사라의 '씨'에서 나온 자손으로 '하나님 나라의 백성'을 구성하려고 했는데, 이 원대한 계획에 차질이 온 것이었다. 그리고 그 후손의 어미가 사라여야 하는 이유는 '그녀의 구속사건' 때문이었는데, 이 구속사건으로 인해 그녀의 자녀는 '하나님의 소유'로 귀속될 수 있었다. 이에 대해 하나님과 모세오경의 저자만이 이 사건이 "하나님과 아브라함 사이의 중대한 계약위배이다"는 것을 알고 있다. 극중 인물인 아브라함은 전혀 인식하지 못하고 있다. 이것은 '하나님의 관점'을 인식할 때, 혹은 '나래이터의 눈으로 볼 때'에만 알 수 있는 사안이었다. 그는 제사언약의 본질인 '하나님과의 연합'에 대해서 소홀하였다. 그래서, 하나님께서는 아브라함에게 첫 신현 메시지로서 "너는 내 앞에서 완전함으로 행하라"(창 17:1)고 하신다.

2. 문예적 구분

아브라함의 생애 속에서 창세기 15장의 '동물을 쪼갬'을 통한 '언약 인증'의 사건은 그가 가나안에 들어온 후 3-4년 정도의 시기에 발생한 것으로 보인다. 언약의 제물로 드린 동물이 3년 정도 되었다는 것은 이것을 의미할 수 있기 때문이다. 그렇다면 이 시기의 아브라함의 나이는 78-79세 정도였다. 그리고 아브라함은 그의 나이 86세에 하갈을 통해 이스마엘을 낳았고(창 16장), 이제 99세 때에 여호와께서 아브라함을 다시 찾은 것이다. 성경본문에 의하면 이 20여년의 기간 동안 아브라함에게는 아무런 신탁도 나타나지 않는다. 길고 긴 침묵일 수 있었으며,[540] 이 시기는 약속이 아직도 여전히 진실한가의 의심이 일어날 수 있는 기간이었다.[541] 이 시기의 아브라함의 생애에 대해 성경에서는 아무런 언급이 없고, 오직 창세기 16장의 이스마엘 사건을 소개할 뿐이다. 그리고 창세기 17장의 서두에 갑작스럽게 여호와께서는 "나는 전능한 하나님이라, 너는 내 앞에서 완전하라"고 하시며 아브라함에게 나타나시었다. 그리고 이 사건을 계기로 하여 여호와와 아브라함 사이의 언약은 여호와와 아브

---

540) Hughes, *Genesis*, 245.

541) Hamilton, *The Book of Genesis 1-17*, 459.

라함과 그의 씨 사이로 '확장되는 언약'542)인 '할례 명령'이 세워졌다.

웬함(Wenham)은 멕 에버뉴의 구분을 좇아서 "창세기 17장은 모두 동심원적 구조 혹은 두 개의 평행구조 형태로 배열되어 있다"고 지적하고, 이것을 다음과 같이 구조화한다.543)

　　A. 99세의 아브람 (1a)
　　　B. 여호와께서 나타남 (1ba)
　　　　C. 하나님이 말씀하심 (1bb)
　　　　　D. 첫 번째 말씀 (1bc-2)
　　　　　　E. 아브람이 엎드림 (3a)
　　　　　　　F. 두 번째 말씀 (이름 변경, 열국, 열왕, 4-8)
　　　　　　　G. 세 번째 말씀 (9-14)
　　　　　　　F′. 네 번째 말씀 (이름 변경, 열국, 열왕, 15-16)
　　　　　　E′. 아브람이 엎드림 (17)
　　　　　D′. 다섯 번째 말씀 (19-21)
　　　　C′. 하나님이 말씀을 마치심 (22a)
　　　B′. 하나님이 그를 떠나 올라가심 (22b)
　　A′. 99세의 아브라함과 13세의 이스마엘 (24-25)

멕에버뉴는 다음과 같이 두 개의 평행구조로도 분석한다.544)

　　A. 자손에 대한 맹세를 하는 여호와의 의지 (1-2)
　　　B. 아브람이 엎드림 (3a)
　　　　C. 열국의 아버지 아브라함 (4b-6)

---

542) Westermann, *Genesis 12-36*, 262 : Bill T. Arnold, *Genesis* (Cambridge: Cambridge University Press, 2009), 167.

543) 재인용 ; Wenham, 「창세기 16-50」, 88.

544) Wenham, 「창세기 16-50」, 88.

  D. 하나님이 자신의 맹세를 영원히 실행하심 (7)

   E. 맹세의 표징 (9-14)

 A´. 자손으로 사라를 축복하시려는 하나님의 의지 (16)

  B´. 아브라함이 엎드림 (17-18)

   C´. 아들, 이삭의 모친 사라 (19)

    D´. 하나님이 자신의 맹세를 영원히 실행하심 (19b, 21a)

     E´. 맹세의 표징 (23-27)

위의 구분들을 참조하여 필자는 다음과 같은 '인크루지오' 구조로 그 문예적 구분을 하고자 한다.

A. 나는 전능한 하나님이라, 너는 내 앞에서 완전하라.(창 17:1)

 B. 내가 너를 심히 크게 번성하게 하겠다.(창 17:2)

  C. 아브라함의 개명과 '열국의 아비'로서의 언약 (창 17:3-6)

   D. '대대에 이르는 후손'으로의 언약대상 확장 (창 17:7-8)

    E. 할례 명령 (창 17:9-11)

   D´. '대대에 이르는 모든 남자'는 할례를 받으라(창 17:12-14)

  C´. 사라의 개명과 '열국의 어미'로서의 언약 (창 17:15-16)

 B´. 이스마엘의 거절과 이삭 탄생 예언 (창 17:17-22)

A´. 할례의 실행 (창 17:23-27)

위의 구조를 해설하자면, 먼저 "A.나는 전능한 하나님이라, 너는 내 앞에서 완전하라(창 17:1)"는 명령이 B~D의 '언약조항'을 통하여 'E.할례 명령'에 이른다. 따라서 B~D는 기존의 '언약조항'의 나열이며, 'E.할례 명령'은 "A.너는 내 앞에서 완전하라"에 대한 다른 표현이다. 그리고 'E.할례 명령'은 D´~B´를 거쳐서 'A´.할례의 실행'이 이루어진다. 이것을 세분하여 설명하면 다음과 같다.

① '완전성 명령'(17:1)과 '할례 명령'(17:9-11)의 관계 (A-E-A´의 관계)

창세기 17:1의 'A.완전하라'는 명령은 창세기 15:1의 '너는 두려워 말라'와 창세기 15:6의 '믿음'과 관련이 있는데, 이 창세기 15:1,6의 '믿음'은 엘리에셀을 의지하던 것을 포기하고 오직 여호와만을 믿는 것이었다. 아브라함의 이 '믿음'은 시간이 경과하면서 아브라함은 또 다시 이스마엘을 의지하게 되었고, 이와 같은 '불완전한 믿음'에 대해 이곳 창세기 17:1에서는 '완전성 명령'으로 요청된 것이다. 따라서 여기에서의 '완전하라'(창 17:1)는 명령은 '믿음'(창 15:6)에 대한 '완전성' 명령이었다. 따라서 이 '완전성'에 대한 요청은 창세기 15장의 '믿음'이 엘리에셀을 포기함을 통해서 이루어졌듯, 이곳 창세기 17장의 '할례 명령'에서는 이스마엘을 포기함을 통해서 이루어진다. 그리고 이와 같이 '후손'을 '쪼개어서' 바치는 행위가 곧 'E.할례 명령'과 'A'.할례의 실행'이었다. 이것이 창세기 17장의 전체적인 구조이다.

② "너를 크게 번성하게 하겠다"는 약속과 '이삭탄생 예언'의 관계 (B-B'의 관계)

"B.너를 크게 번성하게 하겠다"는 말씀은 창세기 12:2a의 "큰 민족 등 (현실적 축복)"에 해당하는 언약문구이다. 그리고 이와 대칭을 이루는 'B'의 이삭탄생 예언'은 "B.너를 크게 번성하게 하겠다"는 언약의 구체화를 말한다. 반면에, 이것은 이스마엘에 대한 공식적인 거절을 의미한다. 아브라함은 이때 이것을 수용하였으며, '할례의 실행'은 혈육을 의지하는 태도의 '포기'를 의미하였고, 이것은 더 나아가서 '죽음'을 의미하였다. 아브라함의 생애 속에서 이 '할례'는 '이삭 번제'로 이어지며, 훗날에는 '죽음'을 의미하는 '세례'로 대체된다.

이에 따라 아브라함은 99세나 되어서 또 다시 무자(無子)한 상태로 돌아가야 했으며, 더 이상 후사를 의지하여 안정을 취할 수는 없고, 또 다시 오직 여호와 안에 자신을 위탁하는 '믿음'을 통해서만 안정을 추구하여야만 하였다. 따라서 이 '할례 명령'은 '쪼개는 행위(제사언약)'와 그 본질이 동일하였다. 아브라함은 "이스마엘이나 하나님 앞에 살기를 원하나이다"(창 17:18)라고 말하였으나, 이 아브라함의 욕구와는 달리 그는 또 다시 '죽음'을 받아들여야 하는 것이었다.

이때 이 '죽음'을 받아들일 수 있는 '믿음'은 "A.나는 전능한 하나님이라, 너는 내 앞에서 행하여 완전하라"는 여호와의 '자기계시'의 말씀으로 말미암아 생성된다. 이것이 'A'와 'B 혹은 B''의 관계이다.

③ '열국의 아비'와 '열국의 어미'의 관계 (C와 C'의 관계)

'C.열국의 아비'에 관한 말씀은 창세기 12:3의 "아브라함 안에서 열국이 받는 복"과 평행을 이루는 언약적 본문이다. 그리고 사라와 관련한 'C'. 열국의 어미' 언약은 C와 서로 인크루지오를 이루는데, 이것은 사라가 애굽 바로 왕으로부터 여호와의 '구원'(창 12:10-20)을 경험한 여인이기 때문일 것이다. 사라를 통해서 생산된 자손이라야 진정한 여호와의 소유된 백성이 될 수 있다. 여호와께서는 아브라함의 나라가 아닌 여호와의 소유된 나라를 세워서 그 나라를 열국의 제사장 국가로 삼으려 하시기 때문이다.

④ '후손'과 '대대에 이르는 모든 남자'의 관계 (D와 D'의 관계)

창세기 17:7의 '후손, 후에 오는 씨, זֶרַע אַחַר'라는 용어는 일반적이지 않은 용어의 사용이다. 이 본문에 이르기까지 한 번도 '자손, 씨'를 의미하는 זֶרַע에 '후, 혹은 후에 오는'을 의미하는 אַחַר가 함께 사용된 적이 없기 때문이다. 그런데, 이 본문들에서만 7-10절 사이에 이 용어가 연속하여 다섯 번이나 사용되고 있다. 그리고 이때의 אַחַר는 단순한 '후손'이 아니라, "זֶרְעֲךָ אַחֲרֶיךָ, 너희의 뒤에 오는 너의 후손"으로서 '지금 있는 씨'인 이스마엘이 아니다. 여기에서의 '너희'는 아브라함과 이스마엘을 의미하는 것으로 보이기 때문이다. 그 '후손'은 '너희들' 뒤에 오기 때문에 지금은 존재하지 않는다. 따라서 이 '후손, 후에 오는 씨, זֶרַע אַחַר'에 대한 구체적인 언급은 창세기 15장의 '언약인증(제사)의 사건'에서 "엘리에셀은 네 후사가 아니다"라고 언급한 것과 동일한 언급이다. 즉 'D'가 의미하는 바는 '이스마엘의 거절'이었으며, 또 다시 자신의 의지처였던 '후사'가 없어지게 되는 말씀으로서 엘레에셀의 포기와 다를 바가 없었다. 그리고 이에 대한 아브라함의 결단의 촉구가 곧 'E. 할례 명령'이었다.

그리고 'D'는 그 '후손'으로 언약 대상이 확장된 것을 의미하는데, 여기에서 그 '후손'은 분명히 단수명사이다. 한 사람 이삭을 지칭한다. 여기에는 '대대에 이르는'이라는 용어가 뒤따르지 않는다. 그런데, 이제 'D''에서는 '대대에 이르는 모든 남자'가 할례대상으로 지목된다. 여기에서는 이제 '그 후손'과 '대대에 이르는 모든 남자'의 관계가 규명된다. 따라서 이 '대대에 이르는 모든 남자'의 받는 '할례'는 '그 후손'에게 속하기 위한 '할례'로 볼 수 있다.

이제 여호와께서는 이 내러티브의 절정에 이르러서 이 '후손'의 정체를 밝히는데, 그는 바로 사라를 통해서 탄생한 아이(C′)로서 이스마엘이 아닌 '이삭'(B′)이었다.

우리는 위의 패턴과 똑같은 패턴을 창세기 15장의 '언약인증(제사)의 사건'에서 살펴보았다. 따라서, 이 '할례 명령'은 창세기 15장의 '언약인증(제사) 사건'의 심화와 확장으로 보는 것이 타당하다. 창세기 17장의 '할례 명령'은 창세기 15장의 '제사언약'에서 언급된 아브라함의 '믿음'에 대한 완전성을 요구하면서 이루어진 언약이다. 그 '동물 쪼개는 것'이 '표피를 자르는 것'으로 바뀌었으며, 특히 '제사 언약'의 당사자가 '할례 명령'을 통해서 그의 '자손'에게로 확장되었다.

한편, '할례 명령' 내러티브의 완성으로서 '이삭번제언약'을 연계하여 고찰하려는 시도도 있지만, 이 '할례 명령' 내러티브 자체로도 문예적 완전성을 갖추고 있다고 보아도 무방할 것이다.[545]

위의 인크루지오적 구조는 이제 내러티브의 특성을 감안하여 다음과 같은 문예적인 구성으로도 이해할 수 있겠으며, 이러한 문예적 구조에 따라 본 글을 전개하고자 한다.

A. 발단, "너는 내 앞에서 완전하라"는 명령 (창 17:1)
B. 전개, 언약대상의 확장에 관한 말씀 (창 17:2-8)
C. 위기, 언약대상의 확장과 관련한 '할례 명령' (창 17:9-14)
D. 절정, 사라 이름 개명과(창 17:15-16) 이삭탄생 예언 (창 17:17-22)
E. 결말, 할례의 실행 (창 17:23-27)

2절 '완전한 믿음'을 요구하시는 여호와 (창 17:1)

---

545) Cotter, *Genesis*, 106.

1. 창세기 17:1의 배경으로서의 창세기 16장

창세기 15장의 '쪼개는 행위'를 통한 '언약의 인증' 사건에서 창세기 17장의 '할례'를 통한 '언약의 확장' 사건 사이의 기간은 최대 20년 정도에 이를 수 있다. 그리고 성경에는 이 오랜 기간에 대해 오직 이스마엘 사건 외에 다른 정보는 없다. 이에 대해 데오도르(Theodor)는 "이 시간은 영적 불모의 시간으로서 무익하게 지나간 것이었다"[546]고 표현한다. 전후에 대한 아무런 정보 없이 중간 즈음에 이스마엘 사건이 기록되어 있을 뿐이기 때문이다.

한편, 우리는 이 시기 동안의 공백에 대해서 문예적인 전제를 좇아서 추정해 볼 수 있겠다. 즉, 아브라함은 창세기 15장의 '언약의 인증' 사건 후에 그 언약의 내용이 말하고 있는 '언약의 내용'을 좇은 삶을 부단히 산 것으로 추정해 볼 수 있다. 따라서 이 시기의 아브라함의 삶은 언약에 근거한 삶이었을 것으로 추정해야 한다. 이에 따라 아브라함은 여호와를 '방패와 상급'으로 삼고 '믿음'으로 살기 위해 노력하였을 것이다. 그는 후사를 통해 안정을 취하려는 것이 아니라, 하나님을 소유함을 통해서 안정을 취하려고 하였을 것이다.

또한 문예적 관점에 의하면 만일 아브라함이 위의 언약적 명령에 충실하지 않은 것이 있다면, 모세오경의 저자는 이것을 기록하였을 것인데, 창세기 16장의 내용이 바로 그것이다. 즉, 그는 언약적 삶을 준행하고자 하였으나 '불완전함'이 있었던 것이다. 아브라함 자신의 생각으로는 이스마엘을 취하는 것이 그다지 큰 걸림이 되지 않았다. 아브라함이 후사를 위해 이렇게 하갈을 통해 이스마엘을 생산하는 조치는 당시의 사회적 관습이었으며,[547] 대리모를 두는 관습은 주전 30-10세기 사이에 대규모로 퍼져있었고,[548] 이것을 제안한 사래의 태도는 당시에 존경받을 만한 태도일 수 있었다.[549] 그래서 아브라함은 자신이 이 사건을 죄로 여기지도 않았으며, 자신이 언약을 위배한 사실도 인식하지 못하고 있다. 이것이 죄이다는 것은 이 사건의 후반부인 창세기

---

546) Theodor, 「복의 근원이 된 사람 아브라함」, 120.

547) Ross, *Creation and Blessing*, 319.

548) Gordon J. Wenham, *Genesis 16-50,* Word Biblical Commentary Vol.2 (Waco, Texas: Word Books, 1987), 7.

549) Wenham, *Genesis 16-50,* 7.

17:18,19에 이르러서 비로소 드러난다.

아브라함은 인간적인 생각으로 '후사' 없음의 문제를 해결하려고 하였다. 이 사건은 아브라함의 '여호와에 대한 믿음(창 15:6)'의 '불완전함'에서 발생한 사건이었는데,550) 아브라함은 그것을 전혀 인식하지 못하고 있다. 이때 여호와께서는 아브라함에게 "너는 내 앞에서 행하여 완전하라"(창 17:1)고 하며 나타난 것이다. 그리고 '할례'를 명령하였는데, 이것은 '자손'을 상징하는 '양피를 베는 행위'로서 힘의 근원으로 삼고 있는 '자손'을 또 다시 제물로 바치라고 하였던 것이다. 이것은 엘리에셀의 사건의 본질과 크게 다르지 않다. 따라서 창세기 17장의 '할례 명령'도 창세기 15장의 '믿음 명령'과 그 본질이 다르지 않다.

2. '전능한 하나님'으로서의 자기계시 (창 17:1a)

여호와께서는 '아브라함에게 나타나서'551) 자신을 'שַׁדַּי אֵל (전능한 하나님)'552)로 소개하는데,553) 이것은 아브라함에게 한 번도 소개되지 않은 여호와에 대한 새로운 '자기계시'554)에 해당한다. 즉, 여기에서의 'שַׁדַּי אֵל (전능한 하나님)'는 출애굽기 6:3에서 소개될 '여호와'였다.555) 그 내용은 다음과 같다.

아브람의 구십 구세 때에 여호와께서 아브람에게 나타나서 그에게 이르시되 나는 전능한 하나님(שַׁדַּי אֵל)이라 너는 내 앞에서 행하여 완전하라 (창 17:1)

---

550) Walter Brueggemann, "Genesis 17:1-22," *Expository Article*, 45 No.1 (Jan. 1991), 55 of 55-59.

551) Harbach, *Studies in the Book of Genesis*, 327.

552) Wenham, *Genesis 16-50*, 19.

553) Westermann, *Genesis 12-36*, 259.

554) Skinner, *Genesis*, 289 : Currid, *A Study Commentary on Genesis*, 311 : Hughes, *Genesis : Beginning and Blessing*, 245.

555) Arnold, *Genesis*, 168.

이 본문에 계시된 '전능한 하나님'이라는 여호와의 자기계시는 문자적으로 이해했을 때 하나님은 모든 것을 알고, 모든 것을 할 수 있는 존재인 것을 상기시킨다. 혹자는, 엘(אֵל)신은 가나안 아모리족 최고신의 이름이었다고도 하는데,556) 그 신의 어원(etymology)은 알 수 없고,557) 원래 엘(אֵל)은 보통명사이다. 보통의 경우 아브라함에게 여호와로 나타나셨는데, 여기에서는 '전능한 하나님'으로 나타났으며, 이 이름은 족장들과 이스라엘 백성들에게 여호와의 위대한 자기계시가 되었다.558) 한편, 이 '전능하신 하나님'은 사라를 통해서 씨를 잉태하게 할 수 있다는 것을 계시하는 사건이기도 하였지만, 근본적으로는 치안부재의 상황 속에서의 아브라함의 의지처로서의 '전능하신 하나님'이었다. 해밀턴(Hamilton)에 의하면, "이 '전능하신 하나님'이라는 성호(聖號, 신의 호칭)가 사용된 6번 중에서 5번이 그 뒤에 '약속'이 따라온다"559)고 말한다.

여기에서의 "나는 전능한 하나님이라"는 분명히 그 뒤에 따라오는 "너는 내 앞에서 행하여 완전하라"와 짝을 이룬다. 즉, 후자의 '완전성' 명령을 할 수 있는 이유는 그가 '전능한 하나님'이기 때문이다. 그렇다면, 이제 그 뒤에 나타나는 '완전하라'는 명령은 이 '전능하신 하나님'에 대한 '행위의 완전함'인가, 아니면 '믿음의 완전함'인가? 이에 대해 '전능한 하나님'과 짝을 이루는 단어는 '도덕적 완전성'이라기 보다는 '완전한 믿음'이 더욱 적절하다.

따라서 "나는 전능한 하나님이라"는 신현 말씀은 역으로 아브라함의 '믿음의 불완전성'에 대한 지적을 복선으로 깔고 있다. 따라서 이 명령 이후에 전개되는 창세기 17장의 주요 주제는 궁극적으로 이스마엘에 대한 거절로 결론이 맺어지는데, 이것은 창세기 15장의 엘리에셀의 거절과 같은 평행관계이다. 즉 아브라함이 이스마엘을 통하여 의지처를 삼으려는 그 '믿음의 불완전성'에 대한 시정 명령으로서 "너는 내 앞에서 행하여 완전하라"(창 17:1)였던 것이다.

---

556) Towner, *Genesis*, 163.

557) Arnold, *Genesis*, 81.

558) Hamilton, *The Book of Genesis 1-17*, 460: Hughes, *Genesis : Beginning and Blessing*, 245: Youngblood, *The Book of Genesis*, 168.

559) Hamilton, *The Book of Genesis 1-17*, 463.

3. 너는 내 앞에서 행하여 완전하라 (창 17:1b)

가. '완전한 믿음'에 대한 명령 : 믿음 명령

"나는 전능한 하나님이라"(창 17:1a)는 말씀 뒤에 이어지는 "너는 내 앞에서 행하여 완전하라"(창 17:1b)는 말씀은 '전능하신 하나님'과 짝을 이루고 있으므로 이것은 '완전한 믿음'의 다른 표현이다. 창세기 15:1,6에서 형성된 그 '믿음'에 대하여 '완전하라'는 명령이었던 것이다. 만일, 이것이 만일 도덕적 명령이라면, "나는 전능한 하나님이라"가 아니라, "나는 거룩한 하나님이라"로 이야기가 시작되어야 더 적절할 것 같다. 따라서 "너는 내 앞에서 완전하라"는 명령은 아브라함에게 '완전한 믿음'을 요청하시는 말씀이며, 그의 '불완전한 믿음'을 지적하는 말씀이다. 즉, 이것은 이스마엘 사건에 대해서 믿음 없이 행한 것을 지칭한다.560)

창세기 17:1의 '완전성 명령'은 엘리에셀 사건으로 말미암은 창세기 15:6의 '믿음으로 말미암은 의'와 동일한 선상에 있다. 따라서 창세기 17:1의 "완전함으로 행하라"는 명령은 '행위명령'이 아니라 '믿음 명령'이다. 터너(Turner)는 이 두 구절이 서로 평행을 이루는 것은 명백하다고 말한다.561)

아브라함은 자신의 현실을 타당화시키고 세상과 타협하고 있었다. 특히 이 말씀에 나타난 바와 같이 '너는 내 앞에서 (행하여 완전하라)'라는 말씀은, 아브라함의 입장에서는 이스마엘 사건이 그의 양심에는 전혀 거리낌이 없었으나 '여호와 보시기에' 이것은 '불완전한 믿음'이다. 즉, 후사 없음에 대한 해석으로서 아브라함은 여호와를 전능한 하나님으로 믿을 수가 없었으며, 이런 상황 속에서도 '후사'는 만들어서 '자신의 안위'와 '여호와의 비전'을 이어가야 했으므로 자연스럽기까지 한 '세상적인 관행'에 따라 대리모를 통한 생산이 이루어졌던 것이다. 그렇기 때문에 아브라함의 눈으로 보기에 이 사건은 아무런 거리낌이 없었다. 그러나 '여호와 앞에서(여호와 보시기에)' 이것은 '전능한 하나님'에 대한 '믿음 없음'이었다. 즉, '불완전한 믿음'이었다.

쥬크(Jukes)는 이것은 "나는 전능한 하나님이라"는 문장과 그 뒤에 이어지

---

560) Speiser, *Genesis*, 124.

561) Turner, *Genesis*, 80.

는 "내가 ﹀할 것이다"는 축복을 놓고 보면, 그 사이에 있는 것은 '믿음 명령'
인데, 그 축복을 이루는 도구로서의 '믿음'을 가르치는 문장이라고 말한다고
말한다.562) 베스터만(Westermann)도 이 명령은 "조건 없이 전적으로 하나님
만을 의지하는 것을 목표로 한다"563)고 말한다. 큐리드(Currid)도 이것은 '도
덕적인 명령'이 결코 아니라고 한다.564) 그는 "히브리 용어에서 'complete /
whole'은 하나님께 솔직하고 제한이 없는 충성을 위한 명령을 의미하며, 아브
라함은 하나님께 그의 전존재를 다하여서 충성스러워야만 한다"565)고 말한다.

나. 행위 명령 vs 믿음 명령

"너는 내 앞에서 행하여 완전하라"(1절)는 문장과 그 다음에 이어지는 "내
가 나와 너 사이에 언약을 세워"(2절)을 연결하여 이 '완전성 명령'을 축복의
약속을 위한 조건절로서의 '행위(도덕)명령'으로 보는 견해가 존재한다. 이 뒤
에 연결되는 축복에 대한 언급은 이것이 어떤 축복을 위한 '조건명령'566)으로
서 '도덕적인 의'로 보이기 때문이다.567) 터너(Turner)는 이 '완전성 명령'(창
17:1b)을 아브라함의 언약을 이루기 위한 '조건'으로 파악한다. 여기에서의 그
'조건'이란 '행위의 완전함'을 의미한다.568) 이에 따라 웬함(Wenham)은 이와
같은 '흠이 없는(blameless)' 혹은 '완전하라'의 용어를 노아에게 하신 여호와
의 명령(창 6:9)과 같은 성격의 '행위 명령'으로 본다.569)

그러나 코터(Cotter)는 이것을 '노아의 언약체결'과 관련하여 했던 말로서
이 '완전성 명령'을 "흠이 없으라"로 해석하지만, 이것은 '믿음'에 대한 것이라
고 한다.570) 즉, 그는 아브라함이 창세기 17:3에서 그의 머리를 땅에 댄 것

---

562) Jukes, *Types of Genesis*, 220-221.

563) Westermann, 「창세기 주석」, 200.

564) Currid, *A Study Commentary on Genesis*, 311.

565) Currid, *A Study Commentary on Genesis*, 311.

566) Wenham, 「창세기 2」, 93.

567) Wenham, 「창세기 2」, 93.

568) Turner, *Genesis*, 81 : Hamilton, *The Book of Genesis 1-17*, 463.

569) Hamilton, *The Book of Genesis 1-17*, 461.

과, 창세기 17:17,18에 나타난 "이스마엘이나 잘되길 원합니다"라고 말하는 것을 보았을 때, 이것은 '이스마엘 사건'을 가리킨다. 그리고 17:1의 "너는 내 앞에서 행하여 완전하라"는 명령은 이에 반하여서 이루어진 말씀이다. 그런데 여기에서 아브라함은 도덕적 거리낌은 없다고 한다.571) 따라서 그는 위의 요청은 분명히 '믿음에 관한 명령'572)이었다고 한다.

하바크(Harbach)도 마찬가지로 "만일 이것을 도덕명령으로 해석하게 된다면, 이것은 '언약관계'를 종속적인 관계로 만든다"고 말한다.573) 이것이 '전능하신 하나님'이신 여호와께서 주도하시는 '나(여호와)의 언약'이라면, 이 일을 가능하게 하시는 분도 여호와이시다.574) 그렇다면 이때 필요한 것은 '믿음'이다. 하바크(Harbach)는 "너는 내 앞에서 행하여 완전하라"는 여호와의 명령은 약속성취를 위한 조건이 아니라, 아버지와 자녀의 관계에 대한 제안이다고 말한다.575) 그는 언약을 '약속의 성취'라기 보다는 여호와와 아브라함 '양자 간의 관계'로 보기 때문이다.576)

이 명령은 언약적 관계 속에서의 '믿음 명령'으로 받아들여야만 하는데, "너는 내 앞에서 행하여 완전하라"의 기준이 이스마엘 사건이기 때문이다. 이 사건이 죄가 되고, 돌이켜야 하는 이유는 이것이 믿음의 기준으로 볼 때에만 죄가 되는 것이고, 그 믿음의 기준이 사라지면, 그것은 죄가 아니기 때문이다. 이것이 도덕적 명령이 아닌 중요한 이유는 창세기 17:17에 나타난 그의 웃음에서 나타난다. 아브라함은 이 사건과 관련한 모든 대화가 끝날 때까지도 이스마엘을 생산한 것에 대해서 잘못된 것이라는 생각을 하지 않고 있다. 이 명령은 "내 앞에서 행하라"일 경우에만, "완전하라"가 성립되어, 아브라함의 '불완전함'이 드러난다. 그리고 "내 앞에서 행하라"는 '믿음명령'이며, 이 경우에

570) Cotter, *Genesis*, 108.
571) Cotter, *Genesis*, 111.
572) Cotter, *Genesis*, 111.
573) Harbach, *Studies in the Book of Genesis*, 328.
574) Harbach, *Studies in the Book of Genesis*, 331.
575) Harbach, *Studies in the Book of Genesis*, 331.
576) Harbach, *Studies in the Book of Genesis*, 326.

만 "완전하라"의 도덕명령이 성립된다. 따라서 전체를 놓고 보았을 때, 이것은 '믿음명령'이며, 그 안에서 '도덕명령'이 성립된다. 이것이 곧 믿음과 도덕의 관계이다. 그러나 이 두 구절을 한 문장으로 볼 경우, 이것은 '믿음 명령'이다.

만일 여호와께서 아브라함이 하갈을 취한 죄를 먼저 지적하였다면, 이것은 아브라함의 '불의'에 대한 '회개'를 지칭할 수 있다. 그런데, 이렇게 대리모를 취하는 제도는 당대의 관행이었고, 17:18에서 아브라함이 "이스마엘이나 잘 살기를 원하나이다"라고 고백한 것을 보면, 이것을 죄로 인식도 하지 못하고 있다. 스페이서(Speiser)도 이 구절은 18절에 나타난 이스마엘에 대한 아브라함의 관점과 관련한 지적으로 보아야 한다고 말한다.577) 이것은 '전능하신 하나님'에 대한 '완전한 믿음'이 성립된 후에만 회개거리가 될 수 있었다. 이 믿음을 갖게 되면 비로소 아브라함은 자신의 불신앙이었음을 알게 되며, 그때 비로소 죄로 드러난다. 그리고 이때에는 동시에 회개도 뒤따라온다. 죄인줄 알고 그 길을 걷지는 않을 것이기 때문이다. 따라서 '완전하라'는 명령은 일단 '믿음 명령'으로 보인다. 혹자는 이것을 '순종명령'이라고 부르기도 한다.578)

다. 창세기 17:1의 '완전성 명령'과 창세기 17:1의 '할례'의 관계

창세기 15:1의 "두려워 말라…"와 창세기 15:6의 "아브람이 여호와를 믿으니…"가 서로 믿음 요청과 이에 대한 순종(응답)의 관계인 것처럼,579) 창세기 17:1의 "너는 내 앞에서 행하여 완전하라(완전성 명령)"와 창세기 17:10의 "너희 중 남자는 다 할례를 받으라(할례명령)"는 서로 연관관계를 가지고 있다.580) 여호와의 '완전성 명령'(창 17:1)은 아브라함의 순종은 궁극적으로 '할례'(창 17:10)로 나타났기 때문이다. 즉, 아브라함은 이 믿음 명령에 대한 순종으로서 자신의 힘의 근원이었던 자손을 여호와께 바치고, 자신은 다시금 여호와만을 의지(믿음)하게 된 것이다. 그에게 자손 없이 산다는 것은 곧 죽음에 대한 각오였다. 할례는 이것을 의미한다. 이에 따라 아브라함의 언약 구조에서

---

577) Speiser, *Genesis*, 124.

578) Calvin, *The Book of Genesis*, 443.

579) Brogman, *Genesis*, 68.

580) Turner, *Genesis*, 80-81; Wenham, *Genesis 16-50*, 20, 92.

창세기 12:2b와 창세기 15:1,6과 창세기 17:1,10은 서로 평행관계이다.

더 나아가서 이렇게 자손을 드리는 믿음은 이제 이삭 번제 사건으로까지 이어진다. Alexander는 이러한 불완전한 믿음의 완전한 믿음으로 나타난 것이 곧 창세기 22장의 '이삭 번제사건'이라고 말한다.[581] 78세 즈음에 '동물 쪼갬'을 통해서 자신의 생명을 바치고(창 15장), 99세 즈음에 '포피를 벰(쪼갬)'을 통해서 후손을 바치고(창 17장), 110세 즈음에 '이삭번제'를 통해서 또 다시 독자를 바쳤다(창 22장). 이것은 모두 믿음의 행위였으며, 이것은 아브라함에게 창세기 17장에서 뿐만 아니라 평생의 작업이었다. 이 모든 행위가 믿음이라고 일컬어져야 한다. 그때에 이르러서야 여호와께서는 비로소 아브라함의 믿음을 인정하시며, 아브라함을 향하여 "이제야 네가 하나님을 경외하는 줄을 알았다"(창 22:12)고 하신다. 따라서 이와 같은 모든 아브라함의 헌신의 행위는 믿음의 결과이다. 그리고 이 할례는 훗날에 세례로 대체되었는데, 이것은 죽음을 의미하였다.

라. 언약조항으로서 '완전함(믿음)'에 대한 명령

'전능한 하나님'의 자기 계시로 말미암아 '믿음'이 주어짐에도 불구하고, 이 '믿음'은 아브라함이 지켜야 할 언약조항에 속한다. '할례 명령(창 17:9-11)'으로 귀착되어 나타나는 창세기 17:1의 '완전함'에 대한 명령은, 처음 창세기 12:2-3에서 "너는 בְּרָכָה가 되라"가 언약조항인 것처럼, 아브라함이 지켜야 할 언약조항에 속한다.

브루그만(Brueggemann)은 이 말씀의 배경에는 "약속의 성취에 대한 길고 긴 불확실성에 대한 기간이 놓여있으며, 거기에는 약속에 있어서 확신을 상실함과 아울러 그 믿음이 뒤틀리는 상황이 놓여 있었다"[582]고 말한다. 이때 아브라함은 히브리서 기자가 말하는 바와 같이 미래에 대해서는 아무런 공간도 가지지 않은 마치 죽은 자처럼 되었다.(히11:12) 이러한 상황 속에서 '전능하신 여호와'의 나타남과 그의 '자기계시'는 아브라함에게 '갑작스럽고, 권위스러운' 나타남이었으며, 이때의 양자의 상황은 매우 드라마틱한 대조를 이루었

---

581) Alexander, "Genesis 22 and the Covenant of Circumcision," 17.

582) Brueggemann, "*Genesis 17:1-22*," 55.

다.583) 그리고, 이러한 상황 속에서의 여호와의 '자기계시'와 '완전하라'는 여호와의 명령은 마치 창세기 1:22,28의 아담을 향한 '창조의 명령'처럼 아브라함에게서 '전적인 새로운 상황'을 창조해 내었다. 이 '믿음'은 '명령'이자 '약속'이었다.584) 이것은 '명령'으로서 아브라함이 반드시 지켜야 할 언약조항이었다.

4. 창세기 17:1-10과 창세기 12:2-3과 창세기 15:1-6의 평행관계

만일 창세기 17:1-10이 창세기 15:1-6과 평행관계라면, 앞에서 살펴본 바와 같이 창세기 15:1-6과 창세기 12:2-3이 평행관계이므로 이 셋 모두 평행관계이다. 또한 창세기 12:2-3이 언약조항이듯 셋 모두 언약 조항이다.

가. 창세기 15:1과 창세기 17:1의 관계

창세기 17:1의 "나는 전능한 하나님이다, 너는 내 앞에서 행하여 완전하라"(창 17:1)는 신현 메시지는 창세기 15:1의 "아브람아 두려워 말라, 내가 너에게 방패이며 너의 상급이다"(창 15:1)과 평행관계이다. 더 나아가 이 두 구절들과 인크루지오 관계들을 이루고 있는 "아브람이 여호와를 믿으매, 이것을 그에게 의로 여기시고"(창 15:6)와 "다 그와 함께 할례를 받았더라"(창 17:27)가 또한 서로 평행관계이다.

따라서, 여기에서의 "나는 전능한 하나님이라, 너는 내 앞에서 행하여 완전하라"(창 17:1) 혹은 이 구절과 인크루지오를 이루는 '할례 명령'(창 17:10)은 어떤 의지적인 결단과 같은 '도덕 명령'이 아니라 '믿음 명령'이다. 여기에서의 '완전성'의 요구는 아브라함이 힘의 근원으로서 엘리에셀 혹은 이스마엘을 후사로 두려했던 데서 발생한 문제였다. 따라서 이에 대한 해결은 어떤 도덕적인 노력이 아니라, 아브라함이 그 믿음의 대상을 엘리에셀이나 이스마엘과 같은 '세상적인 후사'에 두는 것이 아니라, "나는 전능한 하나님이다"라고 말씀하시는 '여호와'로 그 믿음의 대상을 바꾸어야 하는 문제였다. 따라서 첼 윌리

583) Brueggemann, "*Genesis 17:1-22*," 55.

584) Brueggemann, "*Genesis 17:1-22*," 55.

암스(Chet Williams)에 의하면, 창세기 17장의 '할례 명령'은 창세기 15장의 '언약 인증'의 사건과 연속선에 있는 것이지, 이 '할례 명령'을 별도의 '조건적 언약'으로 보는 것은 적절하지 않다.585)

즉, 이와 같은 여호와의 '자기계시'는 아브라함에게 '믿음'을 생성시키고, 불완전한 믿음에 대한 회개를 유발한다. 그리고 그것이 곧 '할례'였으며, 이 '믿음'의 힘으로 그는 '세상적 후사'로서의 이스마엘을 의지하던 태도를 버리고, 다시금 후사가 없는 상태, 곧 여호와 만을 의지하는 상태로 돌아왔다.

나. 창세기 15장과 창세기 17장의 관계이해

창세기 17장의 '할례'는 창세기 15장의 '동물 쪼개는 행위'와 다른 언약이 아니라 동일한 언약의 연속이다.586) 이에 대해 터너(Turner)는 창세기 15:6과 창세기 17:1의 '믿음'이, 창세기 15:9-18의 '언약체결 예식'이 창세기 17:9-14의 '할례 예식'이, 더 나아가서는 '땅과 자손'의 약속 등이 평행을 이룬다고 말한다.587) 빌 아놀드(Bill T. Arnold)도 또한 '할례 명령'은 '동물 쪼갬을 통한 언약체결'과 서로 순환관계라고 말하며, 더 나아가서는 창세기 18:18-20의 여호와의 방문에서 나타난 언약적 발언도 이와 동일한 관계이다고 말한다.588) 이 두 사건의 관계를 비교해 보면 다음과 같다.

	창 15장의 동물쪼갬	창 17장의 할례 예식	해 설
계기가 된 사건	후사 엘리에셀 사건	후사 이스마엘 사건	사건의 성질이 동일
이슈가 된 이유	아브라함의 여호와를 의지하는 것보다 후사에 대한 의존	후사에 대한 믿음 없음과 또 다시 후사에 대한 아브라함의 의존	여호와보다 세상을 힘의 근원으로 삼음
신현이미지	내가 너의 방패와 상급이라(창 15:1)	나는 전능한 하나님이라(창 17:1a)	보호자로 나타난 이미지

---

585) Chet Williams, "Focus : Genesis 17:1-7, 15-16 (A Threefold Promise with Conditions)," *Clergy Journal* (May/Jun, 2008), Vol. 84 Issue 7, 98 of 98-99 ; T. Desmond Alexander, "Genesis 22and the Covenant of Circumcision," 20 ; Ronald F. Youngblood, *The Book of Genesis* (Grand Rapids: Baker Book House, 1980), 168.

586) Torre, *Genesis,* 178.

587) Turner, *Genesis,* 463.

588) Arnold, *Genesis,* 168.

여호와의 요구	여호와 안에 거하는 믿음(창 15:6)	너는 내 앞에 완전하라. (여호와에 대한 믿음 촉구)(창 17:1b)	믿음의 촉구
아브라함의 태도	제사 통해 자신을 드림	할례 통해 자신과 후손을 드림	자신의 생명을 드림
궁극적 모습	제사 통해 여호와와 하나 됨 (여호와께서 제물사이를 지나감을 통해 자신을 내어 줌)(창 15:17)	이스라엘이 여호와의 백성이 됨을 통해 서로 하나가 됨(창 17:8)	여호와와 하나 됨

창세기 15장의 '동물을 쪼개는 행위'와 '양피를 베는 할례 행위'의 이슈가 동일하다는 것을 알 수 있다.[589] 이 두 사건 모두 아브라함이 여호와를 의지하는 것보다 세상적 힘을 상징하는 '후손'을 의지하였기 때문이다. 또한 요구 사항도 두 사건 모두 '믿음에 대한 요구'였으며, 또한 '믿음'의 확인도 두 사건 모두 '죽음의 결단'을 통해서 확인되었다. 그래서, 두 사건 모두 '피'를 통해서 집행된다. 휴즈(Hughes)는 이에 대해 "할례의식 자체가 언약은 피를 통해서 집행된다는 것을 생각나게 한다"[590]고 하며, "할례 자체가 피와 고통을 안겨준다"[591]고 말한다.

따라서 창세기 17:1의 '완전하라'는 명령은 창세기 15, 16장과 동떨어진 내용이 아니라, 그때 주어진 명령에 대한 지속적인 심화와 강화이다.[592] 따라서, "두려워 말라, 나는 너에게 방패이며, 너의 상급이다"(창 15:1)는 말씀과 "너는 내 앞에서 행하여 완전하라"(창 17:1)는 말씀은 동일한 선상에 있고, 더 나아가서는 창세기 12:2b의 "너는 בְּרָכָה가 되라"는 말씀과도 동일한 선상에 있는 명령이다. 따라서 이 세 구절은 모두 '아브라함 언약'에 있어서 아브라함 편에 해당하는 '언약의 한 조항'의 다른 모습들이다.

다. 창세기 12:2-3과 창세기 17:1-10의 구조이해

만일 위에서 언급한 바와 같이 창세기 17:1-10의 '언약 내용'이 창세기

---

589) 김의원, 「창세기 연구」, 325.

590) Hughes, *Genesis : Beginning and Blessing*, 248.

591) Hughes, *Genesis : Beginning and Blessing*, 248.

592) Turner, *Genesis*, 80.

15:1-6의 '언약 내용'과 평행관계라면, 이제 창세기 17:1-10의 언약 본문은 창세기 12:2-3과 평행관계이다.593) 창세기 17:1-10은 아브라함의 언약에 있어서의 계약의 심화와 확장을 말하고자 하는 '신현 본문'이다. 창세기 17장에서의 언약문구는 '나의 언약'이라는 용어를 통해서 각각의 언약조항들을 설명하는데, 이것은 창세기 12:2-3의 내용이 고도로 발전한 형태인 것을 알 수 있다.594) 웬함(Wenham)이나 해밀턴(Hamilton) 및 김의원도 창세기 17:1을 창세기 12:2b와 관련을 시킨다. 이 양자는 동일한 구조를 가지고 있다고 말한다. 특히 이들은 창세기 12:2b와 창세기 17:1의 '완전성'에 대한 명령을 평행으로 본다.595) 그리고 창세기 17:3-6의 '열국의 아비' 약속은 12:3의 '아브라함을 통한 열국의 복'과 평행을 이루고 있음을 알 수 있다. 한편, 창세기 17:1과 17:9-10은 서로 인크루지오를 이룬다. 우리는 이러한 구성의 정확한 이해를 위해서 그 구조를 서로 비교해 보면 다음과 같다.

	창 17:1-10	창 12:2-3
언약의 심화	나는 전능한 하나님이라, 너는 내 앞에서 행하여 완전하라.…너는 할례를 행하라(창 17:1,9-10)	너는 복의 근원이 될지라 (창 12:2b)
	내가 내 언약을 나와 너 사이에 세워 너로 심히 번성케 하리라.(창 17:2)	내가 너로 큰 민족을 이루고 네게 복을 주어 네 이름을 창대케 하리니(창 12:2a)
	내가 너와 내 언약을 세우니, 너는 열국의 아비가 될지라. 내가 너로 심히 번성케 하리니, 나라들이 네게로 좇아 일어나며 (창 17:3-6)	너를 축복하는 자에게는 내가 복을 내리고 너를 저주하는 자에게는 내가 저주하리니 땅의 모든 족속이 너를 인하여 복을 얻을 것이니라 하신지라. (창 12:3)
언약의 확장	내가 내 언약을 나와 너와 네 대대 후손의 사이에 세워서…이 땅 곧 가나안 일경을 주어 영원한 기업이 되게 하고 나는 그들의 하나님이 되리라(창 17:7-8)	내가 이 땅을 네 자손에게 주리라 하신지라 그가 자기에게 나타나신 여호와를 위하여 그곳에 단을 쌓고 (창 12:7)

먼저, 위의 구조비교에 의하면, "나는 전능한 하나님이라, 너는 내 앞에서

593) Westermann, *Genesis 12-36*, 257.

594) 김의원, 「창세기 연구」, 327.

595) Turner, *Genesis*, 81 : Wenham, 「창세기 2」, 92 : 김의원, 「창세기 연구」, 327 : Hamilton, *The Book of Genesis 1-17*, 463.

행하여 완전하라(창 17:1)"는 말씀과 이에 대한 방법으로서의 '할례 명령(창 17:9-11)'은 "너는 בְּרָכָה가 되라(창 12:2b)"는 명령의 일환이다. 그리고 이 양자 사이에 창세기 15:1의 '믿음 명령'이 있다. 따라서, 이 '믿음 명령'이 "너는 בְּרָכָה가 되라"는 명령의 본질적인 의미이다. 이렇게 창세기 17:1-10의 언약은 창세기 12:2-3 언약의 심화와 확장이다. 아브라함의 'בְּרָכָה적 믿음'이 더욱 순전하여지는 그 과정의 연속이다. 이것은 창세기 17:1의 '완전성 명령'이 아브라함의 언약에 대해 '별도의 조건절'596)이 추가된 것이 아니라, 최초의 축복명령이 동일하게 아브라함의 언약에 작용하고 있음을 나타낸다. '축복'하는 자의 태도로서의 완성된 모습을 보여준다.

두 번째, 위의 본문에서 창세기 17:2의 "내가 내 언약을 나와 너 사이에 세워 너로 심히 번성케 하리라"는 말씀은 창세기 12:2a의 "내가 너로 큰 민족을 이루고"라는 말씀의 내용과 일치하는데, 이것은 아브라함의 개인의 축복과 관련한 말씀이다.

세 번째, 아브라함 언약의 궁극적인 목적은 창세기 12:3에서는 "땅의 모든 족속이 아브라함을 인하여 복을 받는 것"이었는데, 이에 대한 발전된 형태가 "내가 너와 내 언약을 세우니, 너는 열국의 아비가 될지라. 내가 너로 심히 번성케 하리니, 나라들이 네게로 좇아 일어나며…"(창 17:3-6)이다. 지금 아브라함의 언약은 이 목적을 향하여 움직이고 있다. 즉, 아브라함의 언약의 궁극적인 목적은 '열방의 아비'로 표현될 수 있다. 여기에서 처음으로 '열방의 아비'라는 용어가 나타나며, 이에 따라 아브라함의 이름도 '아브람'에서 '아브라함'으로 변경된다. 하나님께서는 아브라함을 하나님의 경륜에 참여하게 한 것이다.

네 번째, 창세기 12:2-3에서 사용된 동사는 언약을 의미하는 차원에서 '여호와'와 '아브라함' 각각에게 '명령형' 동사를 사용한다. 이와 마찬 가지로 창세기 17:1-2에서 사용된 각각의 동사들도 모두 '명령형'이다. 이 모든 본문들

---

596) Brogman, *Genesis*, 72 ; 김진섭, 「모세오경」, 146.

이 '언약조항'이기 때문에 그렇다. 창세기 12:2에 나타난 "내가 너로 큰 민족을 이루고 네게 복을 주어 네 이름을 창대케 하리니, 너는 복의 근원이 될지라"에서 여호와 켠에 해당되는 언약조항이 "…네 이름을 창대케 하리니"에서 사용된 동사 וַאֲגַדְּלָה는 '청유형'인데, 이것은 1인칭명령형을 의미한다. 그리고 "너는 복의 근원이 될지라"는 2인칭 명령형을 사용하고 있다.

이와 마찬가지로 창세기 17:1-2에 의하면, 아브라함 켠에 존재하는 언약조항에 대하여 "너는 내 앞에서 행하여 완전하라"는 말씀이 명령형으로 되어 있으며, 2절에 나타난 "내가 내 언약을 나와 너 사이에 세워 너로 심히 번성케 하리라"에서 אֶתְּנָה (세우다)과 וְאַרְבֶּה (번성하다)이 모두 1인칭 청유형으로 되어 있다.597) 이것은 명령형으로서 지금부터 미래에 이르기까지 이행되는 의지미래의 성격으로서, 각각의 의지에 의하여 곧바로 언약에 대한 노력이 실행되어야 한다.598)

열방에 해당하는 조항인 창세기 17:4의 "내가 너와 내 언약을 세우니 너는 열국의 아비가 될지라"에서 '될지라'를 의미하는 וְהָיִיתָ과 창세기 12:3의 "땅의 모든 족속이… 복을 얻을 것이다"에서의 '복을 얻을 것이다'는 각각 '와우 연속법'을 통해서 '미완료형'으로 사용되고 있다. 이들이 복을 얻는 것은 '여호와와 아브라함'의 언약실행이 되어진 이후에 결과 되어지기 때문으로 추정된다.

한편, 이 문장이 '언약조항'이라고 할 경우에 창세기 12:2-3에서는 '여호와'에 관한 조항을 먼저 언급하고 '아브라함'에 관한 조항을 나중에 언급하였는데, 여기에서는 왜 '아브라함'에 관한 것을 먼저 언급하고, 그 다음에 '여호와'의 약속을 나중에 언급하는가? 이에 대해서는 아브라함이 처한 특수성으로 인한 것으로 보인다. 아브라함은 지금 기존의 언약과 관련하여서 이스마엘 사건이라는 심각한 불완전성을 드러내었기 때문에 아브라함에 관한 언약조항이 먼저 나타난 것으로 보인다.

다섯 번째, 이 창세기 17장에서 새롭게 나타나는 언약은 창세기 17:7-8에 나타난 바와 같이 '후손, זֶרַע אַחַר'이 이 언약에 참여하여 나타나는 언약당사자

---

597) 김의원, 「창세기 연구」, 327.

598) Westermann, *Genesis 12-36*, 257.

의 확장이다. 여기에서 특징적으로 나타나는 '후손, זַרְעֲךָ אַחֲרֶיךָ'은 히브리어로 직역하면 '후에 오는 씨'를 의미한다. 그리고 이 '후에 올 씨'는 단수명사로서 구체적으로 한 인물인 '이삭'을 의미한다. 그런데, 이 '이삭' 안에 그의 모든 '대대의 자손들'이 존재한다. 이 '씨'에 대한 언급은 창세기 15:3,5에서 이미 아브라함에게 나타났으며, 이때부터 아브라함에게는 이 '씨'가 자신의 언약의 내용인 창세기 12:2-3의 모든 '언약의 내용'을 대체하기 시작하였다. 아브라함에게 이 '씨'와 창세기 12:2-3의 '내용'은 동일한 믿음의 대상으로 작용하기 시작하였음을 분명하다.

3절 언약의 확장: 너희의 후에 올 너의 씨 (2-8절)

창세기 17:1은 17장 전체의 표제적 역할을 하는 것과 동시에 여호와께서 아브라함에게 요구하시는 언약조항이라고 볼 수 있다. 그리고 창세기 17:2-8은 여호와께서 아브라함에게 행할 언약조항에 관한 것이다. 이 언약조항은 크게 '땅에서의 축복'으로서 '큰 민족 등'(창 12:2a, 17:2)에 관련한 언약조항과 '하늘에서의 축복'으로서 '아브라함을 통한 열방의 복'(창 12:3, 17:3-6)에 관련한 조항으로 구성되어 있다.

1. '큰 민족 등'과 관련한 언약조항 (창 17:2)

가. 나의 언약을… (창 17:2a)

창세기 17장의 '할례 명령' 내러티브의 가장 큰 특징 중의 하나는 '나의 언약'이라는 용어의 사용이다. 여호와께서는 각각의 언약조항을 설명할 때, 모두 '나의 언약'이라는 용어를 사용하고 있는데, 여호와께서 '나의 언약'이라는 표현을 사용한 것은 아브라함의 언약의 '주도권'이 여호와에게 있음을 의미한다.

하바크(Harbach)에 의하면, "내가 내 언약을 나와 너 사이에 세워"(창 17:2)라는 표현은 분명히 여호와 자신이 만드는 언약이지, 양자 간의 상호 계약이 아니다. 이와 같은 '나의 언약'이라는 용어는 창세기 17장에서 9차례나 등장한다. 아브라함은 '주인'의 뜻을 따르는 '종'으로서 언약에 참여하고 있을 뿐이다. 이것은 마음의 할례를 통해 아브라함으로 하여금 완전함으로 행하게 하는 이도 여호와이다는 것을 의미한다.[599] 이것은 여호와의 일방언약을 시사하는 내용이기도 하다.

나. 언약조항으로서의 "내가 너로 심히 번성케 하리라" (창 17:2b)

우리는 앞에서 창세기 17:1의 "나는 전능한 하나님이라, 너는 내 앞에서 행하여 완전하라"는 내용을 살펴볼 때, 이 구절은 아브라함 편에서 행해야 할 언약조항이었음을 앞에서 살펴보았다. 이 언약조항은 창세기 12:2b와 창세기 15:1과 평행을 이루었다. 따라서 이 언약조항 다음에 나타나는 "내가 너로 심히 번성케 하리라"(창 17:2)는 말씀은 여호와께서 아브라함에게 행하실 언약조항이다. 따라서 여기에서의 '번성케 하리라'를 의미하는 אַרְבֶּה도 또한 רָבָה(번성케 하다)의 1인칭 청유형이다. 마치 자기 자신에게 명령을 하는 형태의 동사를 사용한다. 이 말씀은 창세기 12장의 '언약 본문' 중에 나타난 "내가 너로 큰 민족을 이루고 네게 복을 주어 네 이름을 창대케 하리니"(창 12:2a)와 평행을 이룬다. 따라서, 이 조항은 아브라함에게 '현실(땅)에서의 축복'에 해당한다.

다. '현실에서의 축복'을 말하는 언약조항

이 '땅에서의 축복'의 중심에는 아브라함이 처한 현재의 열악한 상황 속에서 절박한 '삶의 안정 욕구'가 자리잡고 있다. 아브라함 당시에는 무법의 환경이었기 때문에 스스로의 생명을 스스로 보전하여야만 했다. 그리고 그 방법으로서 제일 중요한 것은 '자손들'이었다. '자손들'이 곧 '방패'였기 때문이다. 아브라함에게는 이 '자손'이 생겨서 이들이 '부족'을 이루고, 궁극적으로는 '나라'로 발전하여야 했다. 그때까지는 불안정하다. 당시에 아브라함은 나그네였다. 이런 상황 속에서 "내가 너로 심히 번성케 하리라"(창 17:2)는 말씀은 너무도 절실한 아브라함의 욕구였다.

창세기 17:2의 "내가 너로 심히 번성케 하리라"는 문구는 아브라함에게 '현실적 축복'에 해당하지만, 좀더 엄밀히 말하면 이것의 진정한 의미는 '안정욕

---

599) Harbach, *Studies in the Book of Genesis*, 332.

구' 혹은 '생존욕구'로서의 의미이다. 아브라함에게 이것은 '축복욕구'라기 보다는 '안정욕구'라는 표현이 더욱 적절하다. 이 구절은 아브라함의 진정한 내면의 갈구가 반영된 여호와의 말씀이다.

이 창세기 17:2의 "내가 너로 심히 번성케 하리라"는 말씀은 창세기 17:4-6에 나타나는 '열방의 아비'라는 문구와는 그 성격이 본질적으로 다르다. '열방의 아비'라는 문구는 '하늘의 상급'과 같은 영원한 축복과 관련한 문구로서, 여호와는 이것을 위해 아브라함을 불렀지만, 현재의 상황에서는 '아브라함의 생존욕구'와 관련되어 있다. 따라서 이 양자(창 17:2과 창 17:4-6)의 본질은 상당히 다르다.

2. '열국의 아비'로서의 언약조항 (창 17:3-6)

가. '하나님'이 그에게 일러 가라사대 (창 17:3)

여호와의 나타나심과 관련하여 아브라함의 반응으로서 본문은 "아브람이 엎드린대"라고 표현한다. 이에 대해 혹자는 아브라함의 믿음의 '불완전성'에 대한 지적으로 인해 아브라함이 죄인처럼 엎드린 것이라고 말하기도 하지만, 이것은 모세가 가시떨기 나무 아래에서의 신현(출 3:6) 앞에서 신적 위엄 앞에서 나타난 두려움의 태도라고 보여진다.[600] 그리고 이 모습은 여호와와 아브라함의 관계와 '주'와 '종'의 관계임을 알 수 있다.

그러자 또 다시 음성이 들려오는데, 이에 대해 성경본문은 "하나님이 또 그에게 일러 가라사대"라고 말한다. 지금까지 '여호와'가 음성의 주체였으며, 창세기 17:1에서 처음에 나타난 이도 여호와이다. 따라서 이곳에서 나타난 이도 분명히 여호와이다. 여호와는 고유명사로서 이스라엘의 수호신처럼 사용되어지는 이름이었다."[601] 그런데, 이제 3절 이후의 모든 성호(聖號, 신의 호칭)에는 여호와가 아닌 하나님이라는 이름이 사용되며, 모든 말씀의 주체로 나타난다. 따라서 '할례 명령'과 관련한 내러티브에서의 성호(聖號)는 여호와가 아닌 하나님으로 나타난다. 이것은 아브라함의 생애 속에서 매우 독특한 성호(聖號)

---

600) Harbach, *Studies in the Book of Genesis*, 328.

601) Green, "오경에 나타난 엘로힘과 여호와의 용법," 43.

의 사용이다.

이러한 현상에 대하여 문서가설을 주장하는 사람들은 이것을 P기자가 기존의 J 문서에 삽입한 것으로서 족장설화와 출애굽설화를 연결하기 위한 시도였다고 말한다.602) 반면, 이 글에서는 문예적 입장을 취하여 다른 성호(聖號)의 사용에는 오히려 그에 적합한 어떤 의미가 담겨있다고 본다. 윌리암 헨리 그린(William Henry Green)은 "하나님과 여호와 이름의 사용은 상황에 따라 각각 다르다"603)고 말한다. 이때 중요한 것 중의 하나는 "여호와가 나는 엘 샤다이이다"(창세기 17:1)라고 말한 사실이다. 이것은 '여호와=אֵל שַׁדַּי (전능한 하나님)'를 의미한다. 이것은 여호와의 자기계시에 속한다. 즉, '여호와'는 고유명사이며, '엘'은 보통명사이고 'אֵל שַׁדַּי (전능한 하나님)'는 그 제신들 중에서 최고신을 의미한다. 즉, 이것은 '하나님(אֱלֹהִים)'을 '여호와의 천상총회'604)라고 해석할 때 사용될 수 있는 이름이었다. 즉 이와 같은 개념을 적용하여 'אֵל שַׁדַּי'를 해석한다면, 이것은 천천만만의 신들의 총회를 거느리고 나타난 존재로서의 '여호와'를 의미한다.

나. 창세기 17:1과 창세기 17:3에 나타난 성호(聖號) 사용의 특수성

이곳 창세기 17장 내러티브의 모든 성호(聖號)는 '여호와'가 아닌 '하나님'으로 타나난다. 이것도 또한 이 장에 나타나는 특징 중의 하나이다. 분명히 아브라함에게 나타나서 말씀하시는 이는 창세기 17:1a에서 명시된 것처럼 "여호와께서 아브람에게 나타난 것"인데, 창세기 17:1b에서는 그가 "나는 전능한 하나님(אֵל שַׁדַּי)이라"고 말씀하신다. 그리고 창세기 17:3부터는 "하나님이 또

---

602) Thomas Roemer, "문서, 단편 그리고 보충 사이에서 : 오경연구의 상황에 대하여," 「구약신학연구동향, ZAW Vol. 125(2013)」, 민경구 역, (서울: 기독교문서선교회, 2016), 37 : Hamilton, *The Book of Genesis 1-17*, 459.

603) William Green Green, "오경에 나타난 엘로힘과 여호와의 용법," 「구약신학논문집(2집)」, 윤영탁 편역 (서울: 성광문화사, 1989), 43.

604) 김정우, "삼위일체 교리에 대한 구약성경의 증거," 「제9차 기독교학술원 학술심포지움」, (서울: 기독교학술원, 1994), 38 of 36-53 ; 이 학술심포지움에서 김정우는 여호와의 천상총회로서의 엘로힘에 대해서 언급하고 있는데, 이것은 필로를 비롯한 유대인 랍비들의 개념이라고 소개한다.

그에게 말씀하시되"라고 하여서 '하나님'이라는 성호(聖號)가 창세기 17:9, 15, 18, 19, 22, 23에서 계속 사용된다. 이곳의 '하나님'은 분명히 창세기 17:1의 '전능한 하나님'이다.

그린(Green)은 "오경에 나타난 엘로힘과 여호와의 용법"을 연구하였는데, 그에 의하면 여호와라는 용어는 선택된 이스라엘과 관련하여서 사용되는 성호(聖號)이며, אלהים은 모든 인류에 해당하는 보편적 우주적 하나님의 상황 속에서 사용된다고 말한다. 특히 이러한 우주적 하나님의 이름은 창세기 1장의 '창조 상황'에서 중요하게 나타난다.605) 한편, 김정우는 '여호와의 천상총회'로서의 '하나님(אלהים)'을 말하는데, 이 개념에 의하면, 창조를 위해서는 모든 제신들이 모두 동원되어야 했기 때문이다. 창세기 2:1의 "하나님(אלהים)이 천지와 만물을 다 이루니라"에서 '만물'은 צבאם으로 표시되는데, 이것은 '여호와의 군대'라는 의미를 지니고 있다. 이와 같이 '하나님(אלהים)'이라는 용어는 '여호와의 총회'를 의미하는 용어로서 '창조'와 같은 구체적인 능력이 나타날 때 사용되는 용어이다.606) 이와 같이 김정우는 '하나님(אלהים)'은 유대 랍비들의 해석을 좇아 '여호와의 천상총회'607)로 해석될 수 있다고 말한다. 또한 '하나님(אלהים)'이라는 용어는 보편적 우주적 이름이기 때문에 언약 밖에 있는 사람들까지도 '여호와'를 향하여 사용할 수 있는 용어였다.608) 우리는 이러한 연구결과를 통해 창세기 17장에 나타난 '성호(聖號)'를 이해해 볼 수 있는데, 다음의 두 방향으로의 해석이 가능하다.

먼저, '전능하신 하나님(אל שדי)'이 '여호와의 천상총회'에서의 최고신을 의미한다면, 이제는 아브라함의 언약이 '여호와' 한 분에 의해서만 회자되던 것이, 이제는 '여호와의 천상총회(만군의 여호와, 혹은 אלהים)'609)를 통해 회자된 것

---

605) Green, "오경에 나타난 엘로힘과 여호와의 용법," 43.

606) Brogman, *Genesis*, 74. Paul Brogman 은 אלהים은 "모든 사람들의 하나님"을 의미하며, "우주적이며 세계적인 관련성" 속에서 적절한 하나님의 이름이다고 말한다.

607) 김정우, "삼위일체 교리에 대한 구약성경의 증거," 38.

608) Green, "오경에 나타난 엘로힘과 여호와의 용법," 44.

609) Graham Davis, "고대 이스라엘 종교사에 대한 비교 관점," 「구약신학연구동향, ZAW Vol. 125(2013)」, 민경구 역, (서울: 기독교문서선교회, 2016), 204.

으로 볼 수도 있다. 즉, 이곳에서 아브라함을 향하여 드러나는 약속이 '열방의 아비'라는 성격 때문일 수 있다. '열방의 아비'라면 모든 민족들의 아비인데, 여기에는 모든 민족들의 수호신들의 동의가 필요하기 때문이다. 따라서 '여호와의 천상총회'로서의 'אֱלֹהִים'이 이제 아브라함과 언약을 체결하게 되는 것이다.

반면, 그린(Green)의 '성호(聖號) 사용례'를 통해서 보면 위와 정 반대의 해석도 가능하다. 'אֱלֹהִים'이라는 이름은 모든 보편적인 인류를 향하여 나타나실 때 사용되는 이름이다. 그리고 대체로 이스라엘이 여호와의 언약 밖에 있을 때(예: 애굽에 거할 때), 이스라엘 백성들이 부르는 이름이다.610) 이때의 계시는 특별계시가 아니라 보편적 계시의 상황에서 회자되는 이름이다. 창세기 17장에서의 아브라함의 상황은 사실은 이스마엘 사건으로 인하여 언약적 위기에 있는 상황이다. 거의 20년 동안 계시에 대한 내용이 나타나지 않는 상황이었다. 아브라함은 이스마엘 사건을 죄로 생각하지 않지만, 여호와 보시기에 이것은 죄일 수 있다. 이것은 정리되고 회개되어야 할 상황이다. 이 사건이 해결되기 전까지는 그에게 '여호와'의 직접적인 계시는 적절하지가 않다. 아브라함이 '할례'를 통해서 이것을 돌이키기 전까지는 여호와께서는 하나님의 이름으로 아브라함에게 말씀하신다.

한편, 이 글에서는 전자의 해석을 좇고자 한다. 이미 창세기 17:1에서 "여호와가 나타났다"고 말하고 있기 때문이다. 그가 나타나서 "나는 전능한 하나님이다"라고 말하고 있기 때문이다. 한편, 창세기 17장에 나타난 성호(聖號)사용의 특수성은 좀더 깊은 연구가 필요하며, 이 글에서는 위와 같은 해석의 가능성 만을 제시하고자 한다.

다. 보라, 너와 함께 하는 나의 언약을 (창 17:4a)

개역성경에는 "내가 내 언약을 나와 너 사이에 세워"라고 한 것을 사역하면 "보라, 너와 함께 하는 나의 언약을"이라고 말할 수 있다. 이 말씀의 주체는 여호와가 아닌 하나님이시다. 그 내용은 다음과 같다.

---

610) Green, "오경에 나타난 엘로힘과 여호와의 용법," 58-70.

내가 내 언약을 나와 너 사이에 세워 (창 17:4a) - 개역

보라, 내가 너와 함께하는 나의 언약을 (창 17:4a) - 私譯

이 글에서는 '하나님'을 '만군의 여호와'라고 차별화하여 해석하고자 한다.[611] 왜냐면 창세기 17:1에서 처음에 나타나시던 '여호와'는 자신을 'אֵל שַׁדַּי (전능한 하나님)'라고 소개하신다. 여기에서의 'אֵל שַׁדַּי'는 '단수'의 '최고신'을 의미하는데, 이 '엘'이라는 용어 사용 후에 'אֱלֹהִים'이 사용된 것은 그에게 '만군 (צְבָאָה)'이 부속하여 있다는 것을 시사하고 있기 때문이다.

이와 같이 여호와를 אֵל שַׁדַּי (전능한 하나님)로 보고, 그에게 '만군'이 부속하여 있다고 볼 경우, 이 말씀은 '하늘의 천상총회'에서 '여호와'가 하시는 말씀이 된다. 그는 만군과 더불어서 감탄사 הִנֵּה (보라)와 함께 말씀하신다. 따라서 이 말씀은 거의 확정적인 말씀이다. 즉, "만군의 여호와, אֱלֹהִים, 하늘의 천상총회"에서 말씀하시는 '나의 언약'이 된다.

다. 너는 '열국의 아비'가 될지라 (창 17:4-6)

이제 하나님께서는 아브라함에게 '열국의 아비'가 될 것이다고 말씀하시며 그의 이름을 바꾸어주신다.[612] 이 이름의 변화에 대해서 휴즈(Hughes)는 여호와의 'אֵל שַׁדַּי(전능한 하나님)'로서의 자기계시와 밀착되어 있는 또 하나의 계시라고 말한다.[613] 즉, 이 '열방의 아비'로의 이름은 '전능한 하나님'의 자기계시가 진전을 이룬 또 하나의 계시를 의미한다.[614] 그리고, 고대세계에서 '이름의 부여'는 이름을 부여하는 자의 통치행위이기도 하고 주권적인 행위이기도 하였으며, 이것은 곧바로 그의 신분과 정체성의 변화를 나타내었다.[615] 이 이름은 단순히 '이스라엘의 족장(patriarch)'이 아니라, '가장 높은 아버지

---

611) Davis, "고대 이스라엘 종교사에 대한 비교 관점," 204.

612) Currid, *A Study Commentary on Genesis*, 312.

613) Hughes, *Genesis : Beginning and Blessing*, 246.

614) Hughes, *Genesis : Beginning and Blessing*, 247.

615) Hughes, *Genesis : Beginning and Blessing*, 247.

(exalted father)'였다.616) 한편, 이 이름의 의미는 아브라함에게서 왕들이 나오는 것을 의미하였으며,617) 이것은 1천년 후에 다윗 왕조에 의해서 실현되었다.618) 그 본문의 내용은 다음과 같다.

> 내가 너와 내 언약을 세우니 너는 열국의 아비가 될지라. 이제 후로는 네 이름을 아브람이라 하지 아니하고 아브라함이라 하리니 이는 내가 너로 열국의 아비가 되게 함이니라. 내가 너로 심히 번성케 하리니 나라들이 네게로 좇아 일어나며 열왕이 네게로 좇아 나리라. (창 17:4-6)

한편, 위의 본문을 창세기 12:2-3의 언약문구와 비교하여 이해하면, 창세기 17:4-6의 '열방의 아비'에 관한 약속은 창세기 12:3의 "아브라함으로 인하여 열방이 복을 얻는다"는 내용과 평행을 이룬다. '열국의 아비'의 의미를 지닌 '아브라함'이라는 이름은 '하나님의 약속'의 또 다른 확증이었으며,619) 그의 후손들이 이 이름을 말하는 것은 바로 언약을 되풀이하는 것이 되었다.620) 따라서 이 본문은 여호와께서 아브라함을 통해서 이루고자 하시는 '언약의 궁극적인 목적'으로서 "열방이 아브라함으로 인하여 받게 되는 복"에 해당한다.

라. '열방이 받는 복'(창 12:3)을 통한 '열국의 아비'의 이해

창세기 17:4의 "열방의 아비가 되리라"는 말씀은 분명히 육체적인 아비가 아니다.621) 이것은 창세기 12:3의 "아브라함으로 인하여 열방이 복을 얻는다"는 명제와 서로 통하고 있으며,622) 이것을 통하여 그 의미가 더욱 분명해 진다. 2절에서 창세기 12:3을 해석할 때, 창세기 12:2b의 'בְּרָכָה가 되라'는 아브

---

616) Hughes, *Genesis : Beginning and Blessing*, 247.

617) Currid, *A Study Commentary on Genesis*, 317.

618) Hughes, *Genesis : Beginning and Blessing*, 247.

619) Hughes, *Genesis : Beginning and Blessing*, 247.

620) Hughes, *Genesis : Beginning and Blessing*, 247.

621) Harbach, *Studies in the Book of Genesis*, 333.

622) Harbach, *Studies in the Book of Genesis*, 333.

라함의 '축복행위'의 결과, 창세기 12:3에서의 "열방이 복을 받는다"고 해석을 하였다. 따라서 이곳에서의 '열방의 아비'에 대한 해석에 있어서도 이 흐름이 반영되어야 한다. 즉, 하바크(Harbach)에 의하면, 이 명제는 아브라함의 '열방을 향한 아비의 마음'을 일깨우는 '영적인 축복'과 관련한 말씀이다.623)

창세기 12:2-3의 언약구조에 의하면, 모든 언약조항이 위의 '아브라함의 영적인 축복'에 초점을 맞추고 있다. 여기에 맞추어서 여호와께서는 아브라함에게 "너는 בְּרָכָה가 되라"고 말씀하셨다. 그리고 아브라함이 이 명령에 따라 בְּרָכָה(축복, 복의 통로, 축복함, 축복의 말)가 되었을 때, 여호와께서는 그 아브라함의 '축복의 말'에 따라 '열방'을 축복하였다. 즉, 아브라함은 '제사장(축복하는 자)'로 부름을 받았던 것이며, 여호와께서는 자신이 세운 이 구조를 따르시는 것으로 보인다. 즉, 여호와께서는 자신이 일방적으로 열방을 축복할 수도 있지만, 자신이 세우신 제사장과 같은 자의 '축복기도, 혹은 축복의 말'을 통해서 이 일을 하고자 하신다. 그리고 이 일에 참여하기 위해서 아브라함은 이 거룩한 일에 '헌신'하여 갈대아 우르를 떠나 가나안 땅에 들어왔다.

그리고, 지금까지의 아브라함의 여정은 이것을 갖추기 위한 과정이었다. 이때 'בְּרָכָה'로 부름을 받은 자가 갖추어야 할 덕목이 있었는데, 그것은 '완전한 믿음'이었다. 그와 같은 '믿음'이 있어야 '아브라함의 그 축복하는 행위(בְּרָכָה적 행위)'가 여호와께로부터 나와서 '아브라함'을 통하여 '열방'에 흐를 수 있게 되었다. 그런데, 이때 여기에서 아브라함의 '믿음'에 '불완전함'이 드러난 것이다. 그리고 이제 여호와께서는 이 '아브라함의 불완전한 믿음'을 완전케 하시어서 '열국의 아비'로 세우고자 하시는 것이었다.

이 말씀은 어떻게 보면, 치안부재의 사회환경 속에서 자신의 생명을 부지하기 위하여 이스마엘을 후사로 삼으려는 아브라함의 현실적인 욕구와는 상당한 거리가 있는 말씀일 수 있다. 현실적인 생명유지의 고민에 빠진 자에게 '열방의 아비'라는 명제는 거리가 있을 수 있다. 그런데, 여호와께서는 이 '위대한 헌신'을 다시 상기시키시며, 그 '불완전한 믿음'을 '완전한 믿음'으로 이끌고 계신다. 아브라함이 현실적인 불안에서 온전히 벗어나서, 다시금 원래의 거룩한 비전인 '열방의 아비'로서의 마음을 품게 하는 언약적 말씀이다.

---

623) Harbach, *Studies in the Book of Genesis*, 333.

3. 너희 뒤에 올 너의 씨 (창 17:7)

가. '나의 언약'의 의미

창세기 17장의 '할례 명령'에서 반복적으로 나타나는 '나의 언약'이라는 단어는 이 장에서 매우 중요한 역할을 하는 것으로 보인다. 왜 하나님은 다른 신현(창 12장, 창 15장, 창 18장) 사건에서는 '나의 언약'이라는 용어를 사용하지 않고, 유독 이곳에서만 그 언약의 주체를 자신이라고 강조하여 사용하고 있다. 창세기 17장에서는 '나의 언약'이라는 단어가 아홉 번 반복해서 나타난다. 이 '나의 언약'이라는 용어는 창세기 17:7에서 최초로 출현하며, 그 용어에 대한 이해는 다음의 구절 속에 잘 나타나 있다.

> 내가 내 언약을 나와 너와 네 대대 후손의 사이에 세워서 영원한 언약을 삼고 너와 네 후손의 하나님이 되리라.(창 17:7) - 개역

먼저, 여기에서의 위의 '나의 언약'은 '내가 세워지게 할 (וַהֲקִמֹתִי, 히필 1인칭 와우 완료형)' 언약이다. 여기에서의 시재는 와우 완료형이므로 미완료적 해석을 하여야 한다. 그리고 1인칭 히필형이므로 여호와의 주도 하에 '세워지게 될' 언약이다.[624]

두 번째, 여기에서 언약의 당사자는 분명히 '한 씨'인데, 이 '한 씨'에 모든 그의 '대대에 이르는 자들'이 참여한다. 마소라 원문을 직역하면 그 의미가 더욱 분명해지는데, 분명히 언약의 당사자는 '한 씨'이지만, 이 '한 씨'에 '대대에 이르는 자들'이 참여한다. "나와 너와 대대에 이르는 '너희에게 올 너의 후손(וְזַרְעֲךָ אַחֲרֶיךָ)'"이 이것을 의미한다. 따라서 이 언약의 당사자는 이삭 한 사람일 수 있지만, 이 언약의 목적은 분명히 '대대에 이르는 그의 후손들'과의 언약 관계를 말하고 있다. 베스터만(Westermann)이 말하는 것처럼 "하나님과 아브라함의 후손들 사이의 어떤 것"으로서 '언약의 확장'을 의미하고 있다.[625]

---

624) Hamilton, *The Book of Genesis 1-17*, 465.

625) Westermann, *Genesis 12-36*, 262.

결과적으로 위의 내용에 의하면, 이 '나의 언약'의 궁극적 목적은 "여호와께서 너와 네 후손에게 하나님이 되기 위해서(לִהְיוֹת לְךָ לֵאלֹהִים וּלְזַרְעֲךָ אַחֲרֶיךָ)였다"는 것이다. 즉, 이 언약의 목적은 여호와께서 '그들의 하나님' 혹은 그의 후손들을 '나의 백성'으로 삼기 위한 언약이었다는 것이다.

'나의 언약'이라는 기존의 개념은 아브라함 언약의 일방성을 시사하는 내용으로만 알려져 왔다. 그런데, '나의 언약'이라는 용어의 진정한 의미는 이와 같이 여호와께서 '아브라함의 후손들'을 대대에 이르게 하고, '그들의 하나님'이 되는 것이었다. 혹은 '여호와의 나라'를 건설하는 것에 있었다. 따라서 창세기 17:7에 나타난 '나의 언약'이라는 개념은 창세기 17:14에 나타난 '백성'이라는 용어와 직결되어 있는 것으로 보인다.

나. 너희의 뒤에 올 너의 씨 (후손)

창세기 17:7에서는 '한 씨'가 기존의 여호와와 아브라함의 관계 속에 독립적인 언약의 당사자로 추가되어 나타난다. 이것을 개역성경에서는 단순히 '후손'이라고 번역을 하였는데, 맛소라 원문에 의하면 זַרְעֲךָ אַחֲרֶיךָ(너희의 뒤에 올 너의 씨)으로 나타나 있다. 그리고 여기에 לְדֹרֹתָם(대대에 이르는)이 추가되어서 זַרְעֲךָ אַחֲרֶיךָ לְדֹרֹתָם이 되어 있다. 따라서 이 문장은 "대대에 이르는 너희의 뒤에 올 너의 씨"로 번역 되어야 한다. 이때 אַחֲרֶיךָ 에서의 ךָ 는 2인칭 복수형 대명사 접미사이다. 따라서 "너희의 뒤에 오는"이라고 해석하여야 한다. 그리고 그 다음의 זַרְעֲךָ에서의 ךָ는 2인칭 단수형 대명사 접미사로서, '너의 씨'라고 해석하여야 한다.

이에 의하면, זַרְעֲךָ אַחֲרֶיךָ(너희의 뒤에 올 너의 씨)가 언약의 당사자이다. 여호와께서는 "… 너와 네 후손의 하나님이 되리라"(창 17:7c)고 하시었는데, 여기에서는 לְדֹרֹתָם(대대에 이르는)라는 수식어가 따르지 않는다. 따라서 여기에서의 언약 당사자는 이 '너희의 뒤에 올 너의 씨'이지, '대대의 후손들'이 아님을 알 수 있다. 이에 대하여 스키너(Skiner)도 이때의 언약체결의 대상은 후손들(이스라엘 전체)이라는 견해도 있지만,626) 그렇지 않고 이삭 한사람이라고 말한다.627) 후손들은 이 사건에 할례를 통하여 후발적으로 참여하게 된

---

626) Hamilton, *The Book of Genesis 1-17*, 468.

다.

다. 언약과 씨와의 관계

아브라함의 언약에서 '한 씨'가 차지하는 비중은 지대한데, 이 '씨'는 아브라함의 언약적 사건들에서 점진적으로 발전하여 언급되다가, 궁극적으로는 창세기 17:7에서 언약의 당사자로 나타난다. 창세기 12:2-3의 '언약의 내용'에서는 '한 씨'가 나타나지 않는다. 다만 12:7에서 "내가 이 땅을 네 씨에게 주리라"고 할 뿐이다. 그 발전과정을 정리하면 다음과 같은데, 맨 처음의 언약 내용인 창세기 12:2-3에서 '씨'는 등장하지 않는다.

창 12:2-3

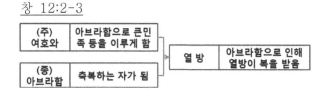

위의 아브라함의 언약 내용 중에서 내용 중에서 아브라함이 받을 복은 '큰 민족 등'과 '아브라함으로 인한 열방의 복'인데, 이것이 언약의 인증을 위한 창세기 15장에서는 '한 씨'와 본격적으로 대체된다. 즉, '큰 민족 등'(창 12:2a)은 "네 씨가 하늘의 뭇별과 같이 되리라"(창 15:5)는 언약조항으로 발전하고, "아브라함으로 인해 열방이 복을 받는 것"(창 12:3)은 "네 씨가 후사가 될 것이다"(창 15:4)로 대체 된다. 이것을 도식화하면 다음과 같다.

창 15:1-5

한편, 창세기 17:1-11의 '할례 명령'도 위의 '언약의 내용'과 평행을 이루고 있는데, 여기에서의 가장 큰 차이는 언약의 당사자가 이제는 "여호와와 아브라함과 한 씨"가 되는 것이다. 이 곳에서는 '큰 민족 등'(창 12:2a)과 "네 씨

---

627) Skinner, *Genesis,* 295; Towner, *Genesis,* 164.

가 하늘의 뭇별과 같이 되리라"(창 15:5)는 언약의 말씀이 "너를 크게 번성하게 하리라"(창 17:2)로 나타나고, "아브라함으로 인해 열방이 복을 받는 것"(창 12:3)과 "네 씨가 후사가 될 것이다"(창 15:4)는 말씀은 "열국의 아비"(창 17:4)로 발전적으로 나타난다는 것이다. 그 내용을 도식화하면 다음과 같다.

창 17:1-11

위의 창세기 17:1-10의 도식에서 '한 씨'는 언약의 당사자로 추가되는데, 여기에 '대대에 이르는'이라는 구절이 추가되어 언약이 체결된 것이다. 그래서 이 구절은 후에 출애굽기 19:5-6의 시내산 언약에서 '이스라엘 백성'으로 대체될 수 있게 된 것이다.

즉, 위의 언약조항에서 "내가 너로 심히 번성케 하리라"는 내용이 '출애굽'을 통해서 성취 되어진다. 그래서 이 조항은 '역사적 사건의 진술'로 대체되어서 "출애굽을 기억하여 여호와를 주로 섬기고"(출 19:4)가 된다. 그리고 "너는 בְּרָכָה가 되라"(창 12:2b)의 발전된 표현으로서의 '믿음 명령'(창 15:1,6)이나 '할례 명령'(창 17:10)은 '십계명'으로 발전하며, '열방의 아비' 조항은 "하나님의 소유된 제사장 나라"의 개념으로 발전하게 된다. "열방이 복을 받는 것"은 "열방을 위한 제사장 나라로서의 성전건립"으로 대체될 수 있기 때문이다. 이것을 도식화하면 다음과 같다.

출 19:4-6

이와 같이 아브라함의 언약과 모세의 시내산 언약은 서로 긴밀한 연관관계

에 있다.628) 김진섭도 "모세의 시내산언약은 아브라함 언약의 재진술이다"629) 고 한다.

라. '영원한 언약'에 대한 이해

창세기 17:7에 나타난 '영원한'이라는 용어는 7절과 13절과 19절에서 연속 적으로 나타난다. 해밀턴(Hamilton)은 이것이 창세기 15장에서는 나타나지 않 고 창세기 17장에서만 나타나는 것은 결코 우연이 아니라고 한다.630)

원래 아브라함의 언약은 여호와와 아브라함 사이의 언약이었는데, 여기에 언약 당사자가 더 추가되어 언약 당사자를 창세기 17:7에서는 "너희의 후에 올 너의 씨, זַרְעֲךָ אַחֲרֶיךָ"라고 표기하고 있다. 그리고 바로 이어서 이것을 '영원 한 언약'으로 삼겠다고 말한다. 우리는 여기에서 이제 '너희의 후에 올 너의 씨'와 '영원한 언약'의 관계를 좀더 면밀하게 고찰할 필요가 있다. 그 내용을 원문의 취지를 좇아 해석하면 다음과 같다.

> 내가 내 언약을 '나'와 '너'와 대대에 이르는 너희의 후에 올 '너의(단수) 씨(זַרְעֲךָ אַחֲרֶיךָ)' 사이에 영원한 언약으로 '세우게 할 것인데 (וַהֲקִמֹתִי, 히필 1 인칭 와우 완료형)', 너와 너희의 후에 올 너의 씨에게 하나님이 되기 위해 서이다.(창 17:7) – 私譯

> וַהֲקִמֹתִי אֶת־בְּרִיתִי בֵּינִי וּבֵינֶךָ וּבֵין זַרְעֲךָ אַחֲרֶיךָ לְדֹרֹתָם לִבְרִית עוֹלָם
> לִהְיוֹת לְךָ לֵאלֹהִים וּלְזַרְעֲךָ אַחֲרֶיךָ

먼저, 위에 나타나는 언약의 또 다른 당사자는 '너희의 후에 올 너의 씨'로 서 이삭을 지칭한다.631) 이 이삭은 위의 현장에는 아직 존재하지 않는다. 그 리고 더 나아가서 여호와께서는 '나와 너와 (너희의 후에 올)이삭'과 더불어

---

628) Eugene H. Merrill, "The Covenant with Abraham : The Keystone of Biblical Architecture," *Journal of Dispensational Theology* (August, 2008), 12.

629) 김진섭, 「모세오경」, 42.

630) Hamilton, *The Book of Genesis 1-17*, 465.

631) Skinner, *Genesis*, 295.

'영원한 언약'을 '세우게 할 것인데(יקרהקימתי, 히필 1인칭 와우 완료형, 미완료형의 해석)'라고 말한다. 따라서 이 '영원한 언약'은 아직 세워지지 않았다. 아직 '후손'이 오지도 않았고, 앞으로 '세워지게 할' 언약이다. 위의 본문은 엄밀히 말하면 창세기 17:7의 '할례언약'을 '영원한 언약'이라고 말하고 있지 않다. 이것은 창세기 22장에서 발생하는 '이삭 번제의 사건'을 '영원한 언약'이라고 지칭하고 있는 것이다. 알렉산더는 "창세기 17:7의 '나의 언약'은 여호와와 아브라함과 이삭 사이에 세울(히필, 미완료) 언약으로서 창세기 22장의 이삭번제 사건을 통해서 완전하여졌다"[632]고 말한다.

특히 위의 문맥에 의하면 여호와께서는 '이삭 번제 사건'을 언약 체결의 현장으로 파악하는 듯하다. 창세기 15장에서 아브라함이 '동물 쪼갬'을 통해서 언약을 체결하였는데, 이제 창세기 22장에서 아브라함이 '동물' 대신 '이삭'을 제단에 올려놓고 언약을 체결하게 될 그 현장을 의미한다. 이때 언약의 세 당사자가 모두 참여하는데, 한 언약 당사자인 여호와는 제물을 받으시고, 또 한 언약 당사자인 아브라함은 제물을 드리며, 그리고 또 한 언약당사자인 이삭은 제물이 된다. 이 세 언약 당사자의 모습이 곧 언약체결의 현장인 것이다. 여호와께서는 이 현장을 '영원한 언약'이라고 말하고 있다. 따라서 여기에서의 '영원한 언약'이란 '유일한 언약'이라는 의미를 담고 있다. 해밀턴(Hamilton)은 여기에서의 '영원한 언약'은 이러한 '유일한 방법'[633]을 의미한다고 말한다.

마. '대대에 이르는'에 대한 이해

2.2.3.5. '대대에 이르는'에 대한 이해

창세기 17:7의 본문에 의하면, 아브라함의 언약의 당사자가 여호와와 아브라함과 후에 올 씨, 셋으로 확장되었다. 이때 '후에 올 씨' 앞에는 '대대에 이르는'이라는 수식어가 첨가 되어 있다. '대대에 이르는' 이라는 수식어는 오직 '후에 올 씨'에만 첨가되는데, 그 이유는 그가 '제물'이 되어 하나님께 드려졌기 때문으로 보인다. 즉, 아브라함과 이삭의 모든 후손들은 '이삭'에게 속하여

---

632) Alexander, "Genesis 22 and the Covenant of Circumcision," 17.

633) Hamilton, *The Book of Genesis 1-17*, 465.

서 하나님께 드려져야 한다는 의미이다. 이렇게 하여야 그들도 또한 하나님의 백성이 된다.

따라서 '대대에 이르는 한 씨'에는 그 '한 씨'에서 나오는 모든 자손들이 포함된 것으로 보아야 할 것이다. 이 단어의 의미 자체가 이것을 말하고 있는 것으로 보인다. 이삭의 번제 행위는 그 후손들 전체가 드려진 것을 의미한다. 이제 그의 후손들을 향하여 여호와께서는 '여호와의 백성'이라는 용어를 사용할 수 있다.

할례는 이것을 시인하는 절차이다. 만일 여호와께서는 그의 후손들이라 할지라도 할례를 통하여 여기에 참여하지 않으면, "백성 중에서 끊겨진다"(창 17:14)고 한다. 베스터만(Westermann)은 이렇게 해서 아브라함 언약이 그의 후손 전체를 향하여 확장이 되어진다고 말한다.[634]

바. 할례 명령의 성취로서의 이삭 번제 사건

창세기 17:1에서의 아브라함의 '불완전한 믿음'은 이제 창세기 22장을 통해서 완전하여졌는데,[635] 이 '할례 명령'은 이제 그 다음에 창세기 22장의 "이삭의 번제 사건"을 통해 완전하여지기 때문이다.[636] 한편, 이곳에서의 언약의 당사자는 한 씨라야 하는데, 그 이유는 이 씨의 특별한 역할 때문이다. 이 씨는 번제를 통하여 진정한 할례의 대상이 되기 때문이다. 이곳 창세기 17장의 '할례 명령'에서는 씨를 상징하는 양피만을 자른다. 그런데, 후에 이 씨 자체는 모리아 산에서 진정으로 자신의 목숨을 여호와께 바친다.

이삭 번제 사건에는 세 주인공이 등장하는데, 하나는 하나님으로서 '대대에 이르는 후손'으로서의 제물을 받는다. 두 번째로 아브라함은 자신의 생명과 같은 제물을 드리는 제사장이다. 세 번째로 그 후손은 자원함으로 제물이 되어진다. 그리고 이 셋의 공모 하에 이스라엘 전체가 여호와께 드려졌다. 이것이 출애굽기 17장에서 나타나는 '나의 언약'의 가장 큰 특징으로 보여진다. 즉 이와 같이 하여서 여호와는 '이스라엘의 하나님'이 되고, 이스라엘은 여호와께

---

634) Westermann, *Genesis 12-36*, 262.

635) Alexander, "Genesis 22 and the Covenant of Circumcision," 20.

636) Alexander, "Genesis 22 and the Covenant of Circumcision," 17.

대하여 '나의 백성'이라고 불리워진다. 그리고 이 '백성들'이 아브라함의 언약을 승계한다. 그래서 이제는 그 '백성들'이 בְּרָכָה가 된다. 이것은 "너는 בְּרָכָה가 되라"(창 12:2b)는 말씀이 "너희들(백성들)은 בְּרָכָה가 되라"로 변화된 것을 시사하는데, 우리는 앞에서 בְּרָכָה를 '제사장'과 같이 받아들였으므로, "너희는 בְּרָכָה, 곧 제사장 국가가 되라"로 까지 확대 해석할 수 있겠다.

한편, 다른 '후손들(대대에 이르는 남자들)'은 이제 이 안으로 들어와야 한다. 자신들이 직접 자신들의 생명을 드리려고 하는 것은 불가능하다. 이들은 이삭의 공로 속으로 들어와야 한다. 이러한 차원에서 아브라함이 아닌 이삭이 훗날 예수 그리스도의 예표가 된 것으로 보인다. 이삭 번제 사건은 형식적인 '할례'가 진정으로 실행되어서 진정한 생명이 바쳐진 것이다. 이삭 안에 있는 모든 후손이 이삭과 함께 하나님께 바쳐진 것이다. 그래서, 이것은 출애굽기 19:5에 나타나는 시내산 언약의 '하나님의 소유된 백성' 개념과 연결되어서 시내산 언약의 주요 개념이 된다. 그리고, 이 언약은 이제 예수 그리스도의 새 언약과 관련하여서는 세례와 연결되어지는데,[637] 세례란 예수 그리스도와 함께 죽는 것, 즉 자기부인을 의미하며, 이것이 곧 진정한 할례의 의미에 해당한다. 갈 3장에 의하면, 이 세례안에서 할례자와 무할례자가 모두 통일된다. 사도 바울도 자신의 몸에 십자가의 흔적이 있다고 했는데, 이것은 '마음의 할례'로서 그 양식은 이곳 창세기 17:3에서 기인하는 것으로 보인다.

4. 땅의 약속 (창 17:8)

가. 아브라함과 후손에게 땅을 주시는 하나님

아브라함의 언약의 최종적인 성취는 땅이 주어질 때이다. 그의 후손들에게 이 땅이 주어짐을 통해서 이제 '여호와의 나라'가 세워진다. 그리고 이제 그곳에 '여호와의 성전(신전)'이 세워지게 될 것이다. 그리고 그곳에서 이제 그의 '백성들'은 열방을 위한 'בְּרָכָה(축복하는 자)'로서의 '제사장 국가'가 되어질 것

---

637) Torey W. Martin, "The Covenant of Circumcision (Genesis 17:9-14) and the Situational Antitheses in Galatians 3:28," *Journal of Biblical Literature,* 122/1 (Spring, 2003), 117 of 111-125.

이다. 그런데 실질적으로는 이때부터 그 언약이 본격적으로 시작될 것이다. 이 최종적인 약속이 땅이 주어짐을 통해서 이루어진다. 그리고 이에 이 땅에 관한 약속이 아브라함과 그의 후손에게 주어진다. 다음의 문단은 창세기 12:7과 15:7과 평행을 이루는 본문이다.

> 내가 너와 네 후손에게 너의 우거하는 이 땅 곧 가나안 일경으로 주어 영원한 기업이 되게 하고 나는 그들에게(לָהֶם) 하나님으로(לֵאלֹהִים) 되리라 (창 17:8)
>
> 여호와께서 아브람에게 나타나 가라사대 내가 이 땅을 네 자손에게 주리라 하신지라 그가 자기에게 나타나신 여호와를 위하여 그곳에 단을 쌓고 (창 12:7)
>
> 또 그에게 이르시되 나는 이 땅을 네게 주어 업을 삼게 하려고 너를 갈대아 우르에서 이끌어낸 여호와로라 (창 15:7)

나. "너희의 하나님이 되리라"고 하시는 하나님

아브라함 언약의 진정한 목적이 바로 창세기 17:7-8에서 말하는 바와 같이 여호와의 나라 설립으로 보인다. 이것은 여호와와 아브라함 양자 모두가 추구해야할 것으로서 '아브라함의 언약' 전체를 망라한 것이다. 그렇다면, 이것은 이 다음 8절에 언급되는 바와 같이 '너와 네 후손의 하나님(וּלְזַרְעֲךָ אַחֲרֶיךָ לִהְיוֹת לְךָ לֵאלֹהִים)', 혹은 '너의 하나님이 되는 것(וְהָיִיתִי לָהֶם לֵאלֹהִים)'이다.

즉, 하나님께서 '너희의 하나님이 되는 것'이 '아브라함 언약'의 궁극적인 모습이었다. 그런데, 이것은 놀랍게도 '시내산 언약의 표제'와도 같은 이슈이다.[638] 시내산 언약의 궁극적인 목표가 '하나님의 소유된 백성'이 되는 것이기 때문이다.

> 세계가 다 내게 속하였나니 너희가 내 말을 잘 듣고 내 언약을 지키면 너희는 열국 중에서 내 소유가 되겠고 (출 19:5)

---

638) Harbach, *Studies in the Book of Genesis*, 341.

이것은 시내산 언약과 아브라함의 언약의 지향하는 바가 같다는 것을 의미한다. 이에 대해 베스터만(Westermann)은 여기에서 "나는 너희의 하나님이 되리라"는 양식이 출현한 것이다고 말한다.[639] 그리고, 이와 같은 '너와 네 후손의 하나님'은 시내산 언약의 메타포인데, 시내산 언약의 당사자들도 이미 이 안에 존재하기 때문이다. 따라서 아브라함의 언약과 시내산 언약은 그 본질에 있어서 서로 다르지 않다.

5. 이스마엘의 거절을 의미하는 '너희 뒤에 올 너의 씨(자손)'

창세기 17:7의 언약 본문에서 אַחֲרֶיךָ זַרְעֲךָ 는 두 번 반복하여 나타나고, 창세기 18:8-10 사이에 계속 반복하여서 이 단어는 나타난다. 이때 אַחֲרֶיךָ는 어떤 후손을 의미하는가? 이에 대해 이것은 시간적으로 '뒤에 올'의 의미이다. אַחֲרֶיךָ가 '너희의 후에'로 해석되어야 하기 때문이다. 따라서 지금은 존재하지 않는 '씨'이다.

이것은 구체적으로 '이스마엘에 대한 거절'을 의미한다. 여호와께서는 단순한 언약을 반복하여 언급한 것이 아니라, 언약에 대한 재설명을 통해서 언약의 당사자를 확대시켰을 뿐만 아니라, '이스마엘에 대한 거절'을 말씀하셨고, 이것은 또 다시 현실적으로는 아브라함으로 하여금 '죽음의 결단'을 하게 한다. 그것이 '할례'에 대한 결단이었으며, 이것은 훗날 '세례' 곧 '죽음'을 의미하게 되었다.

4절 '완전한 믿음'으로서의 '할례 명령'(창 17:9-14)

아브라함에게 아브라함을 비롯한 그의 모든 권속들에게 할례를 행할 것을 명령한 것은 그의 자손을 바치는 결단의 요청이었다. 이것은 저희가 하나님의 백성이 되기 위한 절차였다. 이것은 아브라함 측에서 이행해야할 역할이었다. 이에 대해 해밀턴(Hamilton)은 이것을 'For your part'라고 하며, "이것은 거룩한 의무를 위한 인간 측면에서의 위탁이며, 그것은 이 언약관계를 살아 있

---

639) Westermann, 「창세기 주석」, 201.

는 역할이 되게 한다"640)고 말한다.

한편, 현재의 이 상황 속에서 이것은 구체적으로 이스마엘의 방출을 의미하였는데, 이것은 세상의 힘을 의지하지 않고 하나님만 의지하라는 메시지이기도 하였다. 아브라함은 이제 또 다시 현실적으로 후사가 없는 상태에 빠지게 된다. 이것은 어떤 의미에서는 현실적인 '죽음'을 의미한다. 그런데 '완전한 믿음'은 이러한 결단에 이르게 한다. 할례 명령 내러티브의 구조에 의하면, 이것은 언약적 위기라고 까지 말할 수 있다. 아브라함은 이제 '할례의 명령'에 대한 '순종의 결단'을 통해서 이 '완전한 믿음'에 이르러야 하며, 이 '언약적 위기'를 '영원한 언약'으로 승화시켜야 한다. 휴즈(Hughes)는 "아브라함의 할례는 회개의 행위이고 약속에 대한 하나님의 의지의 표현이다"641)고 말한다.

1. 지켜야 할 명령(창 17:9-10)

가. '완전하라(창 17:1)'는 믿음 명령과 '할례 명령(창 17:9-10)'의 관계

창세기 17:1의 '너는 완전하라'는 그 명령이 이제는 창세기 17:9-10을 통하여 '할례 명령'으로 나타난다. 그 명령의 내용은 9절에서 '내 언약을 지키라'고 말하고 있으며, 10절에서는 '할례를 받아야 한다'고 말하고 있다. 이에 대해 터너(Turner)에 의하면, '할례 명령'은 창세기 17:1의 "나는 전능한 하나님이라, 너는 내 앞에서 행하여 완전하라"는 명령을 의미한다고 말한다.642) 17:1의 '완전한 믿음'의 방안으로서 죽음을 의미하는 할례의 결단이다. 이 할례의 결단만이 '완전한 믿음'이 드러나게 한다.643)

우리는 앞에서 '완전성 명령(창 17:1)'은 '믿음 명령(창 15:1)'이라고 하였는데, 이곳에서는 온통 '지키라' '받으라' '할례를 행하여라'는 용어가 나타나서, 할례 명령은 온통 행위명령 처럼 들려온다. 그런데, 이것은 행위를 말하는 것이 아니다. "여호와에 대한 믿음을 가지라"고 말하고 있으며, 그 결과로서 "힘

---

640) Hamilton, *The Book of Genesis 1-17*, 468.

641) Hughes, *Genesis : Beginning and Blessing*, 248.

642) Turner, *Genesis*, 82.

643) Turner, *Genesis*, 82.

의 근원으로서의 자손을 포기하라(할례 명령)"고 말하고 있다. 따라서 이 할례 명령은 믿음에 대한 반응이 이와 같이 표현된 것이다. 따라서 할례는 믿음에 대한 표현이다. 이러한 차원에서 휴즈(Hughes)는 "할례는 하나님께 자신의 인생(life)에 대한 영적인 위탁을 상징한다"644)고 말한다. 한편, 이 할례는 이제 모세와 예레미야를 통해서 마음의 할례로 이어지며, 이스라엘에서 언약과 관련한 진정한 표징이 되었다.645)

"자손을 힘의 근원으로 삼는 행위를 포기하라"와 "할례를 행하라"는 "믿음을 가지라"와 같은 의미로서 사실은 별도의 명제로 나타나지 않아도 된다. "할례를 행하라"는 믿는 방법에 대한 여호와의 친절한 안내이다. 따라서, 10절의 할례 명령은 1절의 "너는 내 앞에서 행하여 완전하라"는 말씀과 인크루지오를 이룬다. 따라서, '쪼개는 행위(언약의 인증)'가 아브라함의 믿음의 결과 이루어진 것처럼, 할례 명령도 믿음 명령이다. 그래서, 사도 바울도 또한 아브라함의 의를 인친 것이 할례라고 말하였다.

나. 언약으로서의 할례 명령

'나의 언약'이라고 표현된 '할례 언약'은 '믿음 명령'이며 '언약'임에도 불구하고 그 안에는 '지키라'(9절)는 명령형 단어가 반복하여 나타나며, '할례를 받으라'(10절) 혹은 '할례를 행하라'(11절)는 명령들이 나타난다. 그리고 그것이 '내 언약'(9,10절)이라고 말한다. 우리는 여기에서 '지키라'는 명령이 왜 언약인가에 대한 이해가 필요하다. 먼저 본문의 내용은 다음과 같다.

> 하나님이 또 아브라함에게 이르시되 그런즉 너는 내 언약을 지키고 네 후손도 대대로 지키라. 너희 중 남자는 다 할례를 받으라 이것이 나와 너희와 너희 후손 사이에 지킬 내 언약이니라. (창 17:9-10)

여기에서의 '내 언약을 지키고', '할례를 받으며', '할례를 행하는 것'이 왜 '나의 언약'인가? 언약이라면 대체로 축복을 의미한다. 그런데, 이 명령들은

---

644) Hughes, *Genesis : Beginning and Blessing*, 248.

645) Hughes, *Genesis : Beginning and Blessing*, 248.

'축복 명령'에 속한다. 이 명령은 '믿으라'는 명령이며, '힘의 근원'으로서 여호와를 진정으로 믿을 때에 세상의 힘으로서의 자손이나 이스마엘을 제물로 드리는 할례를 행할 수 있기 때문이다. 이 '할례 명령'은 여호와를 소유하는 길이었다. 인간의 눈으로는 '죽음' 같지만, 진정한 의미로는 '생명'이었다. 이것은 바로 아담에게 '다스리고, 정복하라'고 축복을 명령하는 것과 같은 차원의 축복명령이다. 이 명령은 도덕적 행위 명령이 우선되지 않는다. 그렇기 때문에 죽음을 의미하는 할례를 명령하면서, 이것은 '나의 언약'이라고 말하고 있다.

다. '할례 명령'의 평행관계 이해

창세기 17:9-10의 본문에 의하면 할례를 명령하면서 '내 언약'이라는 표현을 사용하는 것이 또 다시 나타나고 있다. 이 표현은 창세기 17:2-4에서도 나타났던 용어이며, 창세기 17:7에서도 나타났던 용어이다. 그리고 또 다시 이곳 창세기 17:9-10에서도 두 번 나타나는데, 9절에서 "너는 내 언약을 지키고"에서 한 번 나오고, 그 다음에는 10절에서 "할례를 받으라, 이것이 내 언약이다"고 말하고 있다. 여기에서 나타나는 용어의 특징은 '명령'과 '나의 언약'을 동시에 말하고 있다. 이것은 앞에서 살펴본 아브라함 언약 내용의 평행관계를 통해서 이해하면 그 이해가 더욱 자연스러워진다.

이곳 창세기 17:9-10의 '할례 명령'은 창세기 17:1의 '완전성 명령'과 인크루지오 구조를 가지고 있다. 따라서 여기에서의 '할례 명령'은 '완전성 명령'이다. 그리고, 창세기 17:1의 완전성 명령은 앞에서 살펴본 바와 같이 창세기 15:1,6의 '믿음으로 말미암는 의'에 대한 '완전성 명령'이었다. 그리고 창세기 15:1,6의 '믿음으로 말미암는 의'는 창세기 12:2b의 "너는 'בְּרָכָה'가 되라"와 같은 명령이었다. 따라서 '할례 명령'은 "너는 בְּרָכָה가 되라"는 언약조항과 분명한 일치를 보이고 있다. 아브라함이 בְּרָכָה가 될 때, 그는 '열방의 아비'로 나타날 수 있다. 이 '할례 명령'에 순종함을 통해서 아브라함은 진정한 '열방의 아비'로서의 'בְּרָכָה'가 되는 것이다. 따라서 '할례 명령'은 처음에 여호와와 아브라함이 맺었던 그 '언약'의 심화와 확장인 것이다. 따라서 이것은 '언약'이다. 그리고 여기에 '나의'라는 소유격 어미가 추가된 것은 앞에서 살펴본 바와 같이 '여호와의 백성'이 되는 것이기 때문으로 보인다. 따라서 아브라함과 그의 후손들은 아브라함의 언약을 향유하기 위해서는 이 할례 명령을 "율법과 규례로서 지켜야"646) 한다.

2. 언약의 표징으로서의 할례 (창 17:11)

가. '양피를 베는 행위'로서의 할례 (창 17:11a)

여호와께서는 이제 구체적으로 할례의 방법을 말씀하신다. 그것은 '양피를 베는 것'이다. 이것은 세상적인 힘의 근원인 '후사'를 '베는 것(쪼개는 것)'을 의미한다. 이것은 아브라함이 창세기 15장에서 '동물'을 통해서 '자신의 생명을 쪼개는 것'과 다를 바가 없다. 아브라함은 이곳에서 '자손의 생명'을 쪼갬을 통해서 '자신의 생명'을 쪼개었다. 그 내용은 다음과 같다.

> 너희는 양피를 베어라.(이것이 나와 너희 사이의 언약의 표징이니라).(창 17:11)

'양피를 베는 행위'로서의 할례는 원래 이스라엘이 창안한 것이 아니었다.647) 이것은 고대근동지역에서 유행하던 성년의식, 공동체의 통과의식,648) 혹은 결혼예식이었는데,649) 하나님께서는 이것을 이스라엘 내에서 완전히 새롭게 변화시킨 것이다.650) 이스라엘은 이것을 '언약의 표'로 발전시켰다.651) 큐리드(Currid)에 의하면, '언약을 맺다'고 할 때, 히브리어 표기는 '언약을 자르다'인데, 이것은 '표피를 자르다(할례)'와도 동일하다고 말한다.652) 제사의

---

646) Aalders, *The Book of Genesis*, 308.

647) Currid, *A Study Commentary on Genesis*, 314.

648) Westermann, *Genesis*, 131 : 김의원 「창세기 연구」, 330 : 롤랑 드보, 「구약시대의 생활풍속」, 이양구 역 (서울: 대한기독교서회, 2009), 101.

649) Hamilton, *The Book of Genesis 1-17*, 469.

650) Cotter, *Genesis*, 109.

651) Currid, *A Study Commentary on Genesis*, 316.

652) Currid, *A Study Commentary on Genesis*, 316.

동물을 자르는 것과 다를 바가 없다는 의미이다.

한편, 이 본문에서 말하는 할례의 본질은 단순히 고대근동국가들에서 행해졌던 단순한 '양피를 베는 행위'[653]가 아니며, 또 더 나아가서 '행위적 완전성'을 말하는 '도덕 명령'[654]도 아니며, 부정한 것을 정결하게 하는 행위도 아니고, 오히려 종교적인 예식으로서,[655] 자손들이 아브라함이 여호와와 체결한 '동물 쪼갬을 통한 언약인증(제사언약)'에 동일하게 참여하는 언약이다.[656] 즉, '믿음 명령'에 대한 이행이다. 브로그만(Brogman)은 '쪼개는 행위(제사언약)'에서는 아브라함의 신체 외부에 있는 동물을 잘라서 그의 신체에 아무런 해를 끼치지 않았지만, 이제 '할례언약'에 있어서는 아브라함의 신체의 일부를 잘랐다고 말한다.[657] 더 깊은 의미로 나아간 '쪼개는 행위(제사언약)'의 일환이다. 따라서, 여기에서의 '할례언약'의 본질은 '쪼개는 행위(제사언약)'과 같으며, 다만 이것이 그의 자손들에게 확장되는 의미를 갖는 것이 그 본질에 속한다. 브로그만(Brogman)은 이것을 '두 번째 쪼개는 행위(a second cutting)'[658]라고 말한다. 하나님께서는 아브라함의 언약을 그 자손들에게 확장시킨 것이다.

나. 생명 쪼갬(드림)을 의미하는 할례

וּנְמַלְתֶּם אֵת בְּשַׂר עָרְלַתְכֶם 을 해석하면, 먼저 עָרְלַתְכֶם 은 '표피(생식기의 외부를 둘러싼 피부)'를 의미하지만, 한편에서는 '완전한 음경 전체(the whole penis)'를 의미하기도 한다. 그리고, וּנְמַלְתֶּם은 "너희들은 벨 것이다"로 번역이 가능하다. 이것은 생식기의 양피를 '자르는 것'인데, 이것도 또한 제사 메타포의 '쪼개다'와 그 의미를 같이 한다. 이것은 '생명을 바치는 것' 혹은 '죽음'을 의미하며, 이 할례에는 '하나님의 심판'이라는 의미가 담겨 있고, 제사의 일부로 이용되기도 하였다. 크라인(Kline)에 의하면, "이것은 창세기 15장의 절단의식과 동

653) Westermann, 「창세기 주석」, 202.

654) 김성수, 「내가 너로 큰 민족을 이루게 하리라」, 121.

655) Hamilton, *The Book of Genesis 1-17*, 469.

656) Kline, 「하나님나라의 서막」, 389.

657) Brogman, *Genesis*, 75.

658) Brogman, *Genesis*, 75.

일하게 이해될 수 있다"고 말한다.659) 이것은 단순히 표피를 자르는 것이지만, 어떻게 보면 "생식기를 자르는 것"이라는 의미를 담고 있다. 이것은 "자신들의 후손을 하나님께 바치는 것"을 의미한다. 윌프리드 워닝(Wilfried Warning)이 말하는 것처럼 이것은 "아브라함 언약의 분수령"660)으로 파악하는 것이 바람직해 보인다.

할례는 '쪼개는 행위(제사언약)'과 마찬가지로 하나님께 "자신의 생명을 헌신하여 드리는 행위"이다. 즉, 이것은 기독교의 '세례'와 같은 개념이다.661) 제사언약에서의 '쪼개는 것'과 할례언약에서의 '베다, 자르다'는 같은 의미로서 '생명드림'을 말하는 것이며, 더 나아가서는 '죽음과 심판'을 의미한다.662) 할례는 고대근동사회에서 제사의 일환으로 여겨지기도 하였고,663) 죽음의 의미를 담고 있는 것으로서,664) 신약시대에 이르러서는 세례로 대체된다.

한편, 웬함(Wenham)은 이 할례에 대해서 "아브라함의 후손들을 위해 하나님 자신이 스스로에게 지우는 의무에 비하면, 아브라함에게 지우는 할례의무는 심히 가벼운 것이다"665)고 말하고 있는데, 이것은 중요한 것을 간과할 수 있다. 왜냐면, 여호와께서는 마음의 할례를 원하고 계시며, 이 마음의 할례는 중심에서의 생명드림의 고백이 있어야 하기 때문이다.

다. 자손의 문제와 관련하여 '완전한 믿음'을 원하시는 여호와

창세기 15장의 '쪼개는 행위'를 통한 '언약 인증'의 사건은 아브라함이 엘리에셀을 후사로 삼아 그를 '방패와 상급'으로 삼으려 한데서 비롯되었다. 이때

---

659) Kline, 「하나님나라의 서막」, 389.

660) Wilfried Warning, "Terminological Patterns and Genesis 17," *Hebrew Union College Annual*, 70-71 (1999-2000), 93 of 93-107.

661) Brueggemann, 「창세기」, 247.

662) Kline, 「하나님나라의 서막」, 391.

663) 정일오, 「창세기 해설」, 235.

664) Tremper Longman III, 「어떻게 창세기를 읽을 것인가」, 전의우 역 (서울: 한국기독학생회, 2006), 178.

665) Wenham, 「창세기 2」, 106.

아브라함은 자신의 생명을 내어놓는 '동물 쪼개는 행위'를 통해, 자신의 생명의 의지처인 엘리에셀을 포기하였다. 그리고 그 사건 이후 이러한 삶의 태도가 아브라함 삶의 중심이었다.

그런데 시간이 경과하면서 아브라함에게는 또 다시 세상에 대한 불안함이 엄습하였고, 이것을 견디지 못하고 다시금 이스마엘을 생산하게 되었으며, 이제 또 다시 아브라함은 이스마엘을 포기하여야 했다. 이러한 일은 아브라함의 나이 99세가 되어 모든 자손에 대한 능력을 상실한 상태에서 또 다시 하신 말씀이다. 그리고 또 다시 이전의 삶의 태도인 완전한 믿음의 삶을 영위하여야 하였다. 이에 대한 결단이 곧 할례였다. 아브라함이 '동물을 쪼갬'을 통해서 자신의 생명을 번제의 제물로 드린 것처럼, 이제는 자손까지도 또한 하나님께 드렸다.

그리고 이제 이 행위에 동참함을 통해서 그의 '대대의 후손들'도 여기에 참여하게 된다. 할례 명령에서 '표피를 벤다'는 것은 바로 이러한 의미를 지니고 있었다. 따라서 할례예식은 단순한 의례전적 행위를 넘어서서 생명을 드리는 결단을 의미하였으며, 오직 여호와만을 힘의 근원으로 삼는 믿음의 결단을 의미하였다.

이렇게 아브라함이 가나안 입성의 초기(78세경)에 해당하는 시기에 '쪼개는 행위'에서 시작된 이 믿음 명령은 99세에 이르러 할례 명령을 통한 통해서 또 다시 믿음 명령으로 이어졌는데, 이것이 끝난 것이 아니었다. 아브라함은 이제 그의 나이 113세 정도로 추정되는 시기에 또 다시 '이삭번제 명령'을 통해서 그의 믿음을 확증하여야 했다. 여호와께서는 아브라함에게 그의 평생을 통해서 믿음을 주요 관심사로 삼고 계신다. 여호와께서는 아브라함에게 '완전한 믿음'(창 17:1)을 요구하고 계신 것이었다.

라. 혼인메타포를 가지고 있는 할례

더 나아가서 할례는 결혼과 깊은 연관을 가지고 있는데, 모세가 '피의 남편'(출 4:25)이 되는 것과 같다. 롤랑 드보(Roland de Vaux)에 의하면, "젊은 남편과, 사위와, 장인을 가리키는 히브리어 표현들은 모두 아라비아어에서 '할례하다'를 의미하는 동일한 어원인 '하탄'에서 파생된다.… 이것은 결혼생활을 위한 개통식과 같은 의식이다"666)고 말한다. 따라서 이것을 여호와와의 관계 속에서 해석하면, 할례는 위의 죽음과 같은 의미를 넘어서서 여호와와의 혼인 예식과도 같다. 즉, 이것은 '하나님과 맺은 계약의 표시'667)였다. 창세기 15장 에서는 여호와의 불이 쪼개어진 동물 사이를 지나감을 통해서 이루어졌지만, 이곳 창세기 17장에서는 '나의 백성' '나의 하나님'이라는 용어를 통해서 이것 이 이루어진다.

마. 언약의 표징 (창 17:11b)

하나님께서는 이제 '할례'를 "나와 너희 사이의 언약의 표징이다"고 하신다. 이것은 노아와 언약을 체결할 때, 무지개를 보이시며 이것이 언약의 표징이다 고 말한 것과 같은 맥락을 유지한다.668) 그런데 표적의 내용은 다를 수 있다. 따라서 이때의 표적이라면, 어떤 내용에 대한 표적인가를 살펴볼 필요가 있다. 이때 '언약의 표징'이라고 하였는데, 어떤 내용에 대한 표징인가? 따라서 우리 는 '나와 너희 사이의 언약'의 내용이 무엇인지부터 그 의미를 분명하게 하여 야 한다.

이것은 앞에서 '나의 언약'이 의미하는 바를 이해하면서 고찰되었는데, 여호 와는 아브라함과 그 자손들의 하나님이 되고, 아브라함과 그의 후손들은 하나 님의 백성이 되는 것이었다. 이것이 언약의 최종목표였으며, "내가 너희에게 하나님이 될 것이다"가 이것을 의미한다.

이렇게 여호와께서 그들의 하나님이 되고, 또한 그들이 여호와의 백성이 되 는 것은 이 양자 간의 하나 됨을 의미한다. 그렇다면, 할례에 이러한 내용이 있는가? 그런데, 이러한 놀라운 결과는 언약의 어떤 내용 때문에 발생하였는 가? 그것은 아브라함과 그의 후손이 자신의 생명을 여호와께 드렸기 때문에 발생한 사건이었다. 이때 그들은 무엇을 통해서 그들의 생명을 드렸나? 그것 은 할례의 결단과 할례의 실행을 통해서 였다. 따라서, 이 할례는 아브라함과

---

666) Roland de Vaux, 「구약시대의 생활풍속」, 이양구 역 (서울: 대한기독교서회, 2009), 104.

667) 드보, 「구약시대의 생활풍속」, 105.

668) Hughes, *Genesis : Beginning and Blessing*, 248.

그의 후손들이 여호와의 백성이 되고, 여호와가 그들의 하나님이 되는 하나의 표징이 된다. 그 내용은 다음과 같다.

이것이 나와 너희 사이의 언약의 표징이니라.(창 17:11)

이와 같이 자신의 생명과 자손을 여호와께 바치는 행위는 자신은 더 이상 자신의 것이 아니다는 것을 의미한다. 아브라함의 자손은 여호와의 소유이기 때문이다. 따라서, 할례도 또한 사라사건과 마찬가지로 '그 씨'에 대한 '여호와의 소유권 주장'이다. 이것을 시인하는 경우에만 그 사람은 '여호와의 백성', '언약의 백성'이 될 수 있다.

헥터 아바로스(Hector Avalos)는 고대근동사회에서 '신체의 특정부위를 자르는 행위'는 '노예의 표식(Slave Mark)'이었다고 말하며, 할례도 이와 마찬가지였다고 말하며,669) 이스라엘에서의 할례는 "노예의 주인으로서의 여호와를 의미한다"670)고 말한다. 이러한 정신은 이스라엘의 할례제도 내에로 잘 계승되었다.

바. 자손(씨)에 대한 하나님의 소유권 주장

이와 같이 아브라함이 그의 자손을 여호와께 바쳐야 하는 데에는 중요한 하나님의 의도가 존재하였다. 그것은 아브라함의 자손에 대한 하나님의 소유권 문제였기 때문이다. 우리는 이 관점에서 분명히 이 문제를 바라보아야 한다. 우리는 사라사건에서부터 이 문제를 보아왔는데, 하나님께서는 아브라함의 자손을 통하여 하나님의 나라를 세우려고 하신다. 이럴 경우, 그 아브라함의 자손은 아브라함의 소유가 되면 안 되고, 하나님의 소유라야 했다. 그리고 그렇게 되기 위해서는 아브라함에게서 태어난 모든 자는 하나님의 선물과 능력에 의해서 태어나야 했으며, 또한 그 자손이 하나님께 바쳐져야 했다. 아브라함이 '동물'을 통해서 자기 자신을 바쳤다면, 이제는 이 언약의 또 다른 추가적인

---

669) Hector Avalos, "Circumcision as a Slave Mark," *Perspectives in Religious Studies*, 42 No. 3 (Fall 2015), 263 of 259-274.

670) Avalos, "Circumcision as a Slave Mark," 266.

당사자인 '자손'이 바쳐져야 했다.

사라는 이미 애굽 바로 왕에게 취해지고, 그곳에서 구원을 받았을 때, 하나님의 소유가 되었으며, 하나님께로부터 선물로 받은 존재가 되었다. 그리고 아브라함은 이 선물로부터 얻은 자손이라야 진정한 하나님의 것이 된다. 그런데, 아브라함이 임의로 자손을 생산한다면, 그는 아브라함에게서 나왔으므로 아브라함의 소유처럼 간주될 수 있다. 하나님의 입장에서는 그렇게 후사가 정해지는 것이 아니라, 하나님께서 주신 선물로서 그의 후손이라야 했고, 또 다시 그 후손이 하나님께 하나님의 소유가 될 수 있도록 바쳐져야 했다. 이 사실을 명백하게 한 것이 할례언약의 사건이었다.

사. 여호와의 소유된 백성을 의미하는 할례

할례언약의 의미를 찾는 많은 연구들이 할례언약을 그 후손에게 이어지는 "아브라함의 언약의 영원성" 차원에서만 바라보았다.[671] 즉, 아브라함과 맺은 언약이 영원에 이른다는 차원에서 할례언약이 제정되었다는 의미이다.

그런데 위와 같은 할례의 의미를 살펴보았을 때, 모세오경 저자가 의도하는 할례언약의 본래적인 의미는, "아브라함의 언약의 영원성" 보다는 오히려 아브라함이 "그의 후손들을 하나님께 바친 '제사의 사건'"을 의미한다. 해밀턴 (Hamilton)은 '표피를 자르다'에서 '자르다'는 의미 자체에 ('하나님 백성'으로서의) '위탁'의 의미가 있다고 말한다.[672] 이것은 창세기 15장의 '쪼개는 행위' 대상의 확장이다. 따라서 이제 그의 후손들은 이 할례언약 체결의 사건들을 접할 때, 자신의 생명이 여호와께 드려진 것을 인식하여야 한다. 즉, 아브라함의 후손은 모두 하나님의 소유이다는 의미이다. 즉, 아브라함은 그의 후손에 대한 소유권을 자신에게서 여호와께로 넘긴 것이었다. 그래서 '여호와의 백성'이 탄생되게 한 것이다.

따라서 할례에서 나타나는 하나님의 뜻은 아브라함의 후손에 대한 소유권 주장이다. 즉, 이제 아브라함의 모든 백성들은 하나님의 소유가 된다. 따라서

---

671) Essex, "The Abrahamic Covenant," 191 : 김의원, 「하늘과 땅, 그리고 족장들의 톨레돗」, 328 : 정석규, 「구조로 읽는 창세기」, 199.

672) Hamilton, *The Book of Genesis 1-17*, 473.

이제 태어날 자녀는 이제 모두 '여호와의 선물'로서, '여호와의 소유'이다.

3. 여호와의 나라를 탄생시키는 '할례언약' (창 17:12-14)

가. 아브라함 집의 모든 남자가 받아야 할 할례 (창 17:12a)

만일 할례가 여호와의 소유된 백성을 의미한다면, 이제 여호와의 나라는 할례를 통하여 건설되어 진다. 자신의 생명을 여호와께 바치고, 여호와의 소유권을 인정하는 행위자들이 나옴을 통해서 그 백성들이 탄생되고, 그 나라가 건설된다.

한편, 여호와께서는 아브라함에게 그의 권위 아래에 있는 모든 남자는 집에서 난 자나 돈으로 산 자나 할 것 없이 모두 난 지 팔 일 만에 자신들의 의사와 무관하게 할례를 받아야 한다고 말씀하신다. 그 내용은 다음과 같다.

> 대대로 남자는 집에서 난 자나 혹 너희 자손이 아니요 이방 사람에게서 돈으로 산 자를 무론하고 난지 팔 일 만에 할례를 받을 것이라.(창 17:12)

이것은 이제 '아브라함의 집'이 '여호와의 백성'이 되었음을 의미하며, 더 나아가서는 '여호와의 나라'가 서기 시작했음을 의미한다. 14절에서는 구체적으로 '백성'이라는 용어를 사용한다.

나. 할례를 실행하는 주체 (창 17:12b)

위의 본문에 의하면, '난지 팔일 만에' 할례를 행해야 한다. 이것은 그 스스로가 할례를 시행할 수 없음을 의미한다. 이에 대해 하바크(Harbach)는 할례를 실행하는 주체는 제 3자임을 언급하며, 이것은 신 30:6의 "여호와께서 행하실 마음의 할례"[673]를 의미한다고 말한다.

다. 살(몸)에 있는 영원한 언약 (창 17:13)

할례의 표를 몸에 짊어지는 것은 단순한 표식이 아니라, 자신과 자신의 후

---

673) Harbach, *Studies in the Book of Genesis*, 343.

손을 여호와께 바쳤음을 고백하는 것이고, 이제 자신을 '여호와의 소유'로 인정하는 것이다. 더 나아가 이러한 고백과 함께 하는 삶은 여호와 언약 안의 삶이다. 이것만이 '여호와의 백성'으로 살아가는 방법이며, 이것은 영원히 변치 않는 법칙과 같은 '영원한 언약'이다.

> 너희 집에서 난 자든지 너희 돈으로 산 자든지 할례를 받아야 하리니 이에 내 언약이 너희 살에 있어 영원한 언약이 되려니와 (창 17:13)

이렇게 '살에 있는 영원한 언약'은 분명히 그의 삶에 영향을 미친다. 그의 삶을 할례자의 삶이 되게 한다. 할례의 고백과 그 할례의 표식을 몸에 짊어지는 것에서 나오는 '도덕적 행위'는 바로 '믿음으로 말미암은 행위'로 보아야 할 것이다. 여호와께서는 이러한 자들로 자신의 백성들을 구성하고자 하신다.

즉, 할례를 받는 자는 "나는 전능한 하나님이라, 너는 내 앞에서 행하여 완전하라"(창 17:1)는 명령에 참여하는 자이다.[674] 이에 대해 브로그만(Brogman)은 "할례언약에 참여한다는 것은 이제 영원토록 아브라함과 그의 자손들은 하나님과 함께 걸으며, 그리고 하나님께서도 그들과 함께 걷는다는 것을 의미한다"[675]고 말한다. 웬함(Wenham)에 의하면, 할례는 "이스라엘 백성들에게 마음을 다하고 목숨을 다하고 힘을 다하여 하나님을 사랑하도록 부름을 받은 것을 상기시키는 일을 한다"[676]고 말한다.

이 할례언약은 먼저 창세기 15장의 '쪼개는 행위를 통한 언약(제사언약)'을 고스란히 그의 후손에게까지 승계한 언약이다. 그리고 이 언약은 특징이 '살'에 새기는 언약이다. 즉, "자신의 생명을 하나님께 드리는 제사의 사건"을 몸에 새기는 것이다. 이와 같이 '할례 명령'에는 행위적 요소를 대거 함유하고 있지만, 그 본질에 있어서는 '믿음 명령'이다.

라. 할례를 통하여 탄생하는 '여호와의 백성' (창 17: 14)

---

674) Waltke, *Genesis*, 261.

675) Brogman, *Genesis*, 75.

676) Wenham, 「창세기 2」, 98.

본문의 흐름을 보면, 할례로서의 '나의 언약'이라는 용어가 사용되면서 이미 '아브라함의 집'이 하나님께 드려졌고, '여호와의 나라'가 그 안에 이미 세워졌다. 이제 아브라함의 집에 있는 모든 '할례 받은 자'는 '여호와의 백성'이 된 것이다. 그리고 할례를 받지 않은 자는 이 집에서 나가야 하며, 백성 중에서 끊어진다. 아브라함의 집이 여호와의 나라가 되었기 때문이다. 이에 대해 본문은 다음과 같이 말하고 있다.

　할례를 받지 아니한 남자 곧 그 양피를 베지 아니한 자는 백성 중에서 끊어지리니 그가 내 언약을 배반하였음이니라 (창 17: 14)

창세기 17장에서 하나님께서는 할례를 언급하면서 '나의 언약'이라는 용어를 계속 반복적으로 사용하신다. 그러더니 이젠 '백성'이라는 용어를 사용하신다. 아브라함의 집을 향하여 '백성'이라는 용어는 이렇게 불현듯 등장한다. 이것은 아마 '나의 언약'과 '할례'라는 용어가 담고 있는 의미처럼 보인다. 이 '백성'이라는 용어의 출현은 출애굽기에 나타나는 "너는 나의 백성이 될 것이다"는 반복된 명제들의 양식적 출현이 된다.677)

5절 이삭탄생 예언과 할례의 실행 (창 17:16-27)

이제 할례 명령 내러티브의 절정과 결말로서 '열국의 어미'로서의 사라 이름의 개명과, 사라를 통한 이삭의 탄생이 예언 된다.

1. 사라의 개명 (창 17:15-16)

창세기 17장의 중요한 주제는 '씨'를 의미하는 זֶרַע로 보인다. 창세기 17장에서 זֶרַע는 6차례에 걸쳐서 빈번하게 출현한다. 오히려 하나님께서는 '그 후손'과 언약을 체결하겠다고 하신다.(창 17:19) 이때의 '그 후손'은 아브라함의 모든 자손으로서의 '그 후손들'이 아니며, 지금 있는 자녀로서의 이스마엘도 아

---

677) Walter Brueggemann, *Genesis,* Bible Commentary for Teaching & Preaching (Atlanta: John Knox Press, 1982), 155.

니다. 이 '그 후손'에 대한 자세한 사항이 사래를 사라라고 개명하면서 주어진
다.

먼저, 하나님께서는 그 아내의 이름을 사래라고 하지 말고 사라라고 하라고
하신다. 이 이름은 '열국의 어미'라는 의미를 지니고 있다.

> 하나님이 또 아브라함에게 이르시되 네 아내 사래는 이름을 사래라 하지
> 말고 그 이름을 사라라 하라. 내가 그에게 복을 주어 그로 네게 아들을 낳
> 아주게 하며 내가 그에게 복을 주어 그로 열국의 어미가 되게 하리니 민족
> 의 열왕이 그에게서 나리라. (창 17:15-16)

한편, 언약의 자손이 사라로부터 난 자라야 하는 이유는 '여호와의 소유권주
장' 때문으로 추정되는 바, 사라는 '애굽의 바로'의 손에서 구출될 때부터 '여
호와의 소유'가 되었기 때문이다. 사라 자신이 '여호와의 소유'이며, 이제 아브
라함도 할례를 통해서 자신을 드렸기 때문에 그도 또한 '여호와의 소유'가 되
었다. 따라서 이들 둘을 통해서 생산된 자녀는 당연히 '여호와의 소유'이다.
후대의 아브라함의 생애를 읽는 그의 후손들은 이것을 고백할 수 밖에 없다.

2. 아브라함의 '웃음' (창 17:17)

아브라함이 엎드리어 '웃으며' 심중에 이르되 "백세 된 사람이 어찌 자식을
낳을까 사라는 구십세니 어찌 생산하리요" 하며, 하나님께 "이스마엘이나 하
나님 앞에 살기를 원하나이다"라고 말한다. 이에 대해 휴즈(Hughes)는 "아마
그는 (생각할 때마다) 되풀이해서 웃음이 터졌을 것이다"[678]고 말한다. 아브
라함은 이때까지도 이삭의 존재는 믿지 않고 있었다. 그리고 여호와께서는 이
제야 이삭의 정체를 구체적으로 밝히고 계신다.

한편, 이에 대해 코터(Cotter)에 의하면, 아브라함은 이 "내 앞에서 행하여
완전하라"는 명령을 창세기 17:17,18에 이르기까지 계속 듣지 않았다고 한다.
즉, 그의 웃음과 "이스마엘이나 하나님 앞에 살기를 원하나이다"는 언급이 이

---

678) Hughes, *Genesis : Beginning and Blessing*, 250.

것을 증명한다고 말한다.679) 그럼에도 불구하고 휴즈(Hughes)는 아브라함의 믿음의 부족한 부분에 대한 수정을 볼 때, 이것은 그가 믿음이 부족했던 것이라기 보다는 그의 믿음의 한계였던 것으로 보는 것이 더 타당하다고 말한다.680) 왜냐면 이 본문에는 책망이 없기 때문이다. 그런데, 다음 창세기 18장에서 이어지는 사라의 경우에는 이러한 시정에도 불구하고, 여전히 믿음이 결여된 '웃음'으로 반응하자, 이곳에서는 '믿음 없음'에 대한 책망이 나타난다. (창 18:15)

이러한 아브라함의 반응과는 무관하게 여호와께서는 그 후손을 구체적으로 말씀하면서 그 후손의 이름을 지어주는데 그 이름은 아이러니컬하게도 '웃음'이었다.681) 이에 대해 휴즈(Hughes)는 어떻게 보면 '웃음'의 진정한 의미는 "하나님의 축복이며, 그들의 기쁨이었고, 더 나아가서 늙은 부부의 의심을 기억하게 하는 것이었다"682)고 말한다. 깁슨(Gibson)은 이러한 것을 언어유희라고 말하며, 이러한 언어유희에는 이삭 뿐만 아니라, 아브라함과 사라의 이름도 여기에 해당한다고 말한다.683) 휴즈(Hughes)에 의하면, 이와 같이 하여서 아브라함은 열국의 아비가 되고 사라는 열국의 어미가 됨을 통해서, 이제 아브라함의 왕조가 탄생하게 되었으며, 아브라함의 가문은 왕조를 이루게 되었다.684)

3. 언약당사자로서의 이삭 (창 17:19a-b)

어떻게 보면 창세기 17:1에서 "나는 전능한 하나님이다, 너는 내 앞에서 행하여 완전하라"는 말씀의 최종적인 목적이 여기의 창세기 17:19에서 나타난다. 창세기 17:1의 '전능하신 하나님'은 '그 후손' 이삭의 출생과 그와의 언약

---

679) Cotter, *Genesis*, 111.

680) Hughes, *Genesis : Beginning and Blessing*, 250.

681) Hughes, *Genesis : Beginning and Blessing*, 250.

682) Hughes, *Genesis : Beginning and Blessing*, 250.

683) Gibson, *Genesis 2*, 69 : Arnold, *Genesis*, 167.

684) Hughes, *Genesis : Beginning and Blessing*, 251.

을 위한 것이었다. 이에 대해 하나님께서 다음과 같이 말씀하신다.

> 아니라 네 아내 사라가 정녕 네게 아들을 낳으리니 너는 그 이름을 이삭이
> 라 하라. 내가 그와 내 언약을 세우리니 그의 후손에게 영원한 언약이 되
> 리라. (창 17:19)

하나님께서는 "내가 그와 내 언약을 세우리니"라고 말한다. 즉, 하나님께서
는 이삭과 언약을 체결할 것이라고 하신다. 따라서 이삭번제 사건은 아브라함
의 언약의 일환이면서, 한편에서는 이삭과 하나님이 체결한 언약이기도 하다.
창세기 15장의 고찰에 의하면, 언약은 '동물쪼갬(제사)'을 통해서 이루어지는
데, '이삭의 번제 사건'은 진정한 언약체결이 되는 셈이다. 이렇게 하여서 '이
삭번제사건'은 십자가 사건의 중요한 메타포가 된다. 한편, 이와 같은 언약당
사자로서의 언급은 창세기 17:21에서도 다음과 같이 주어진다.

> … 내 언약은 내가 명년 이 기한에 사라가 네게 낳을 이삭과 세우리라 (창
> 17:21)

4. '그의 후손'에게 '영원한 언약' (창 17:19c)

창세기 17:19의 본문에 의하면, 이삭이 언약 당사자인데, 정작 그 효익을
누리는 자는 '그(이삭)의 후손'이라고 한다. 즉, "그의 후손(לְזַרְעוֹ אַחֲרָיו)에게 영
원한 언약이 되리라"고 한다. 이때 לְזַרְעוֹ אַחֲרָיו 에서의 '그'는 '이삭'을 의미하며,
창세기 17:7의 '후손 לְזַרְעֲךָ אַחֲרֶיךָ'과는 다른데, 창세기 17:7의 '후손'은 아브라함
의 후손으로서 '이삭'을 지칭하는데 반하여, 여기에서의 '그의 후손'은 이삭을
통해 언약에 참여하는 모든 아브라함과 이삭의 후손을 지칭한다. 즉, '그 모든
후손들'이 '이삭' 안에서 함께 드려지기 때문이다. 창세기 22장의 이삭 번제사
건시에 모든 그의 후손들이 그 이삭 안에 모두 존재한다. 이것도 또한 예수
그리스도 안에서 모든 믿는 자들이 속하여서 함께 십자가에 참여하는 것에 대
한 메타포이다.

이제 이와 같이 하여서 이삭이 번제의 제물로 드려질 때, 그의 후손들도 함

께 드려진다. 이제 모든 '이삭의 후손'은 이삭과 함께 번제의 제사에 참여한 것이다. 참여할 뿐만 아니라, 그들도 각각 이삭 안에서 자신의 생명을 하나님께 산 제사의 제물로 드리게 되는 것이다. 그리고 그들은 이에 대한 표로서 '살(몸)'에 표식으로서 '할례'를 하게 된다. 따라서 이 '할례'는 "자신의 생명을 '이삭' 안에서 하나님께 드린 표식"이 되는 것이다. 그리고 이것을 고백하는 자가 이제 '하나님의 백성'이다. 그리고 이 신앙고백을 거부하면 그의 백성 중에서 끊겨지게 된다.

5. 언약백성을 탄생시키는 할례의 실행 (창 17:23-27)

이제 이 여호와의 명령에 따라 아브라함은 그에게 속한 모든 권속들을 향하여서 '할례'를 실행한다. 이것은 하나님의 언약백성의 탄생을 의미하였다. 이에 대해 휴즈(Hughes)는 "그것은 하나님 언약백성의 탄생일이었다"고 말한다. 그 내용은 다음과 같다.

> 이에 아브라함이 하나님이 자기에게 말씀하신 대로 이 날에 그 아들 이스마엘과 집에서 생장한 모든 자와 돈으로 산 모든 자 곧 아브라함의 집 사람 중 모든 남자를 데려다가 그 양피를 베었으니, 아브라함이 그 양피를 벤 때는 구십 구세이었고, 그 아들 이스마엘이 그 양피를 벤 때는 십 삼세이었더라. 당일에 아브라함과 그 아들 이스마엘이 할례를 받았고, 그 집의 모든 남자 곧 집에서 생장한 자와 돈으로 이방 사람에게서 사온 자가 다 그와 함께 할례를 받았더라. (창 17:23-27)

6절 창세기 17장에 대한 요약

언약적 사건으로서 창세기 17장의 '할례 명령'이 갖는 가장 큰 의미는 언약당사자의 확장이라고 볼 수 있다. 즉, 아브라함의 언약에 '대대에 이르는 후손'이 또 다른 언약당사자로 참여한다. 이것은 아브라함의 모든 자손들이 그의 언약에 참여하는 효과를 가져온다. 이것은 "너는 בְּרָכָה가 되라"(창 12:2b)에서 '너'가 '이삭과 그의 후손들'로 대체되어 "너희들은 בְּרָכָה가 되라"가 되며, 이것은 언약백성의 탄생을 의미하고, 더 나아가 בְּרָכָה개념 속에 내포된 의미가 여기에 반영될 경우 이것은 '제사장 나라'(출 19:5)의 탄생을 예고한다.

1. 창세기 12:2b과 창세기 15:1,6의 평행관계로서의 창세기 17:1,10

창세기 12,15,17장의 언약적 사건들은 서로 평행관계를 이루고 있다. 맨 처음 언약적 사건의 언약조항은 창세기 12:2-3에 나타나며, 이 중에 아브라함에게 부여된 언약조항은 창세기 12:2b의 "너는 בְּרָכָה가 되라"였다. 그리고 이 언약조항이 창세기 15:1,6에서 "너는 두려워 말라, 내가 너의 방패와 상급이다"는 명령과 "아브람이 여호와를 믿으매, 여호와께서 이것을 의로 여기시고"로 귀결되는 믿음 명령으로 주어졌다. 그리고 창세기 17:1에서 "나는 전능한 하나님이라, 너는 내 앞에서 행하여 완전하라"는 명령이 주어졌는데, 이것은 창세기 15:6의 그 '믿음으로 말미암는 의'에 대한 완전성 요구였다. 이것은 창세기 16장의 문맥에 의해서 분명하게 확인되어진다. 더 나아가 창세기 17:1의 '완전성 명령'은 이 구절의 결론에 해당하는 창세기 17:10의 '할례명령'으로 귀결 된다. 따라서 창세기 12:2b의 "너는 בְּרָכָה가 되라"는 명령과 창세기 15:6의 '믿음으로 말미암는 의'와 창세기 17:10의 '할례 명령'은 서로 평행관계이다.

한편, 창세기 17:1의 '완전성 명령'이 창세기 15:6의 '믿음으로 말미암는 의'에 대한 완전함의 요구이며, 이 완전함의 표현이 창세기 17:10의 '할례명령'으로 귀착된다면, 이제 "너는 할례를 행하라"는 할례 명령도 또한 믿음 명령임을 알 수 있다. 따라서 할례의 진정한 의미는 이제 '완전한 위탁, 혹은 완전한 믿음'[685]을 의미하게 된다. 즉, 창세기 17장의 할례는 창세기 15장의 쪼개는 행위와 다른 언약적 사건이 아니라 동일한 사건의 연속이다.[686] 이에 따라 할례의 진정한 의미는 '완전한 믿음'을 의미하며, 이에 대해 사도 바울도 "아브라함의 믿음을 인친 것이 곧 할례이다"(롬 4:11) 라고 말한다.

---

685) Cotter, *Genesis*, 106.
686) Torre, *Genesis*, 178.

2. 자손을 바치는 행위로서의 할례

창세기 15:6의 '믿음으로 말미암는 의'를 구체화한 것이 창세기 15:10의 '동물 쪼개는 행위'이며, 창세기 17:1의 '완전한 믿음'을 구체화한 것이 창세기 17:10,11의 '할례'라면, 이제 할례의 진정한 의미도 또한 '동물 쪼개는 행위'를 더욱 강화한 형태로 해석되어야 한다. 브로그만(Brogman)은 이것을 '두 번째 쪼개는 행위(a second cutting)'687)라고 말한다. 이에 따라, 전자가 자신의 생명을 여호와께 바치는 것으로 해석되었다면, 이제 후자는 자신을 포함한 자신의 후손까지도 여호와께 바치는 것을 의미하게 된다.

창세기 17:7에 나타난 '영원한 언약'이라는 개념은 이러한 해석을 좀더 구체적으로 말해 준다. 창세기 17:7에 확장되어 나타난 언약 당사자는 정확하게 '여호와와 아브라함'의 관계에 '그 후손'이 또 다른 언약당사자로 추가된 것이다. 이때 '그 후손'은 단수형으로서 장차 탄생하게 될 이삭 한 사람을 지칭한다. 그리고 여기에서 언급되는 '영원한 언약'은 이 셋 사이에 장차 세워지게 될 언약으로서 히필 미완료형(와우 완료형)으로 되어 있다. 따라서 이 '영원한 언약'이 아직 탄생하지 않은 '그 후손'과 맺게 되는 언약이며, 미래에 맺게 될 언약이다. 그렇다면, 이 '영원한 언약'은 분명히 창세기 22장에 나타나는 이삭 번제사건을 지칭하는데, 이때 여호와께서는 제사를 받으시는 분으로 나타나시고, 아브라함은 제사를 드리는 자이고, 이삭은 그 제사의 번제물(창 22:2)로 등장한다. 창세기 17:10의 할례명령에서는 '포피'만을 베었지만, 여기에서는 그 '후손'이 직접 드려진다. 이것이 '영원한 언약'이었던 것이다. 그리고 여기에서 중요한 것은 창세기 17:7의 '그 후손'에 '대대에 이르는'이라는 수식어가 첨가 되어 있다는 것이다. 이것은 이 세 당사자의 언약적 사건 속에서 '대대에 이르는 후손들'까지도 여호와께 온전히 드려진 것을 의미한다.

여호와께서는 이 이삭 번제 사건을 '영원한 언약'이라고 지칭하고 있으며, '할례언약'은 이 사건에 참여하는 절차이다. 이와 같이 하여서 아브라함과 이삭과 그의 모든 후손들은 여호와께 드려지고, 여호와의 소유가 된다. 그리고 그 결과 여호와께서는 그들을 향하여서 "내가 너희의 하나님이 될 것이다"(창

---

687) Brogman, *Genesis*, 75.

17:7,8)고 하시고, 또한 '여호와의 백성'(창 17:14)이라는 용어를 최초로 사용하신다.

3. '여호와의 백성'(창 17:14)의 출현을 말하고 있는 할례언약

창세기 17:10의 '할례'는 이러한 창세기 17:7에서 언급하는 '영원한 언약'에 참여하는 절차로서의 성격을 지닌다. 즉 아브라함의 후손들이 '완전한 믿음'으로서의 '할례명령'을 마음 중심으로 받아들였을 경우, 그들은 '영원한 언약'으로서의 이삭 번제의 사건에 참여한다. 이러한 '할례'를 통한 언약참여 패턴은 후에 예수 그리스도의 '세례'의 모형이 된 것으로 보인다. '대대에 이르는 후손들'도 할례를 통하여 이 '그 후손'에 참여하여 모든 자손들이 모두 이 언약적 사건에 참여하게 된다. 그리고 이것은 여호와 백성의 출현을 의미한다. 이렇게 '그 후손' 안에서 모든 자손들이 여호와께 드려졌다는 것은 장차 '여호와의 나라'가 아브라함의 후손들을 통해서 출현할 것임을 시사하고 있다.

아브라함의 후손들이 이와 같이 아브라함의 언약에 들어왔다는 것은, 이제 창세기 12:2b의 "너는 בְּרָכָה가 되라"라는 언약조항에서 '너(아브라함)'가 '너희(백성)'로 확장된 것을 의미한다. 이것은 בְּרָכָה가 한 개인에서 한 국가 차원으로 발전할 것을 예고하고 있다. 이것은 한 국가가 בְּרָכָה가 된 것으로서 '제사장 나라'의 탄생을 의미한다. 여기에서의 '너희'가 후에 출애굽기 19:5에서 '제사장 나라'라고 불리게 된 것으로 보인다. 창세기 17:14에 나타난 이 '백성들'이 후에 출애굽기 24:4-8의 '시내산 제사 언약'을 체결하게 되기 때문이다.

따라서 '시내산 제사 언약'의 기원은 이곳 창세기 17:9-14의 '할례언약'의 연장선에 있다. 시내산 언약은 이스라엘 백성이 아브라함의 언약을 이와 같이 승계하여 아브라함의 언약에 참여한 것과 다르지 않다. 따라서, 아브라함의 언약은 '열방을 위한 제사장 나라'라는 시내산 언약의 정신과 정확하게 일치한다. 이것이 아브라함 언약의 궁극적으로 지향하는 바였기 때문이다.

5장 '여호와의 방문'과 '언약의 실행' (창 18,19장)

1절 서 론

1. '여호와 방문'의 배경 이해

가. '할례 언약'과 연속관계에 있는 '여호와의 방문'

창세기 17장 '할례 언약'과 창세기 18장의 '여호와의 방문' 사이에 연속성이 존재하는 것으로 보인다. 랑게에 의하면, "이 두 장(17,18장)은 한 단락을 이루는 것이 분명하다"688)고 말한다. 따라서, '할례 언약'과 여기의 '방문을 통한 언약적 사건'(이하 '방문언약'이라 칭하고자 함)689) 사이에는 연속적 관계가 존재한다. 이에 대한 근거는 다음과 같다.

먼저, 창세기 18장은 맨 처음의 시작이 '선행사'를 통해서 이루어진다.690) 개역성경에 의하면, 창세기 18:1을 "여호와께서 마므레 상수리 수풀 근처에서 아브라함에게 나타나시니라"고 번역하고 있는데, 사실상의 원문에는 '아브라함에게'가 아니라 '그에게'라고 말하고 있다. 이것은 이 사건이 '할례언약'의 연속선에 있음을 의미하고 있다.

두 번째, 할례언약에서 말한 "내가 명년 이 기한에 사라가 네게 낳을 이삭과 세우리라(창 17:21)"는 말씀과 이번의 방문언약에서 말해지는 "기한이 이를 때에 내가 정녕 네게 돌아오리니 네 아내 사라에게 아들이 있으리라(창 18:10; 14)"는 말씀의 내용이 중복된다. 이때 창세기 18:10, 14에 나타난 '기한이 이를 때'를 의미하는 כָּעֵת חַיָּה(회생 혹은 소생하는 때)를 '명년 이맘때'라고 번역하는 번역서들(표준새번역, 공동번역, 현대인의 성경)이 존재한다. 고든 웬함도 이에 대한 번역을 '명년'으로 번역한다.691) 오히려 후자가 더 적절

---

688) J.P. Lange, 「창세기, 랑게주석, Vol.2」, 김진홍 역 (서울: 로고스, 2010), 146.

689) '방문언약'이라는 용어는 일반적인 용어는 아니며, 생소한 용어일 수 있다. 이 글에서 '방문 언약'이란 '방문을 통한 언약적 사건'의 약자이다. 그런데, 이 '여호와의 방문'을 통해서는 '중보기도'가 בְּרָכָה를 대신하여 새롭게 등장하기 때문에 '방문언약'이라는 고유한 이름도 가능하리라고 본다. (필자)

690) Sailhamer, *The Pentateuch as Narrative*, 161.

한 번역일 수 있다. 그렇다면, 창세기 18:10. 14에 두 번에 걸쳐 반복적으로 나타난 이삭 탄생의 시기는 창세기 17:21의 시기와 동일한 기간을 의미하므로, 할례언약의 시기와 방문언약의 시기는 그다지 멀지 않은 시기에 일어난 사건으로 추정된다.

세 번째, '후손' 탄생에 대한 예고에 대해서 '아브라함의 웃음'(창 17:17)과 '사라의 웃음'(창 18:13)이 서로 인크루지오를 이루어서 그 의미를 부각시키고 있다. 따라서, 이 양자의 웃음 사이에 존재하는 사건은 하나의 사건으로 간주될 수 있다.

따라서 이것은 '방문 언약'(이하 '방문을 통한 언약의 말씀'을 의미)이 '할례언약'의 연속선에 있다는 것을 의미한다. 그런데, 아브라함의 모든 언약적 사건들은 이와 같은 연속선에 있다. 따라서 아브라함 언약의 내용들은 각각의 언약적 사건들 속에 나타난 의미를 종합하여 판단할 때 더 깊은 의미를 이해할 수 있다. 각각의 신현사건에서 나타난 언약의 정의들이 서로 이어지고 있기 때문이다.

나. '여호와의 방문'을 통하여 드러난 '언약의 궁극적 목적'

아브라함 언약의 시작을 의미하는 창세기 12:2-3의 언약은 "내가 너로 큰 민족을 이루고…, 너는 בְּרָכָה가 될지라.…땅의 모든 족속이 너를 인하여 복을 얻을 것이니라"는 말씀으로 시작되었다. 창세기 12-13장은 이러한 언약적 내용들이 어떻게 그의 삶 속에 전개될 것인가를 나타내었다. 그는 'בְּרָכָה'로서의 '언약적 삶'으로서, 열방을 위한 제사장적인 삶을 시작하였다. 그가 '단'을 쌓고 그곳에서 '여호와의 이름'을 부른 것은 이 언약적 행위였던 것으로 추정된다. 그리고 그의 이러한 'בְּרָכָה'적 삶은 "아브라함으로 인한 열방의 복"으로 귀결되었다. (그리고 소돔과 고모라의 심판과 관련하여서 그 결정적인 시기가 이르렀다. 이에 따라 우리는 그의 모든 언약적 사건들을 개략적으로라도 살펴보아야 한다.)

그 후 아브라함은 크게 창성하였으며, 그는 그돌라오멜을 격퇴하였고, 그의

---

691) Wenham, *Genesis 16-50*, 27.

이러한 의로운 행위로 말미암아 멜기세댁으로부터 축복을 받았다. 그는 이때의 모든 전리품을 거절하였는데, 이것은 그의 구원행위가 'בְּרָכָה'로서의 '열방을 위한 축복'의 행위임을 나타내기 위함이었던 것으로 추정된다. 그 결과 아브라함은 여호와를 '상급'으로 부여받는데, 그것은 창세기 15장의 '쪼개는 행위'를 통한 여호와와의 공식적인 언약체결이었다. 그 사건은 '언약의 본질'을 잘 나타내어 주고 있는데, 여호와와 아브라함이 하나가 되는 사건이었다. 이것은 오히려 'בְּרָכָה, 혹은 제사장'이 반드시 갖추어야 할 신앙을 의미하였다. 창세기 15:1의 "나는 너에게 방패이며, 너의 상급이라"는 말씀은 서로 상호침투하여 '하나 되는' 메타포를 가지고 있다. 그리고 창세기 15:6의 "아브람이 여호와를 믿으니 여호와께서 이를 그의 의로 여기시고"라는 말씀과, 이에 대한 표현으로 나타난 창세기 15:9,10의 '동물 쪼개는 행위'(여기에서는 '제사 언약'으로 칭하고자 함)는 아브라함의 여호와를 향한 헌신으로 나타난다. 그리고 이제는 그 '쪼개어진 동물' 사이를 지나가는 '여호와의 불'(창 15:17)은 여호와의 아브라함을 향한 헌신을 의미한다. 그래서 '여호와'와 '아브라함'은 서로를 향하여 자신의 생명을 내어 주어 '하나'가 되었다.

그리고 약 20여 년 정도 경과된 후에 이루어진 것으로 보이는 '할례 언약'은 이러한 '쪼개는 행위'를 통한 '제사 언약'시의 '믿음'에 대한 강조로서 시작되었다. '할례언약'의 표제라고 말할 수 있는 "나는 전능한 하나님이라, 너는 내 앞에서 행하여 완전하라"(창17:1)는 명제는 '제사언약'에서의 '하나 됨'에 대한 '믿음'에 있어서 완전함의 결여로 인해서 시작된 사건이었다. 그리고, 그 '완전함'은 이제 아브라함이 '그의 자손의 생명'까지 올려드리는 '할례언약'을 통해서 체결되었던 것이다. 제사언약에서 아브라함이 자신의 생명을 드려서 여호와와 하나가 되었듯이, 이젠 '그의 자손'까지 '여호와'와 한 생명이 된 것이다. 따라서, '할례언약'의 중심주제도 또한 '제사언약'과 마찬가지로 '여호와와 하나 됨'이었다. 이제 이 '할례 언약'의 사건에 이어서 '방문언약'이 나타났는데, 위에서 본 바와 같이 '할례언약'과 '방문언약'은 '그리고'로 이어지며, 시기도 '할례언약'후에 얼마 되지 않아서 발생한 사건이었다.692) 이 시기가 아브라함에게 있어서는 그 '믿음'의 최절정기일 수 있다. 언약의 본질이 여호와와

---

692) 송병현, 「엑스포지멘터리 창세기」, 333.

아브라함이 서로 하나가 되는 것인데, 이제 그 '하나 됨'은 마음에 있어서도 하나가 되어야 할 것이다. 이때 소돔과 고모라가 심판 아래에 놓이게 되었다. 이 사건과 관련하여서도 서로의 마음을 하나가 되어야 할 것이다. 그래야만 아브라함은 이 소돔을 위해서도 'בְּרָכָה'가 될 수 있었다.

이 '방문언약'은 여호와가 친히 강림하시어서 이루어지는데, 이것은 여호와의 입장에서는 아브라함의 '그 후손'에 관한 약속 보다 '소돔과 고모라의 심판'이 더 급한 문제였던 것으로 보인다. 아브라함에게 '소돔과 고모라'의 심판의 위기 앞에서 아브라함이 'בְּרָכָה적' 역할을 더욱 충실하게 수행하게 하기 위한 '그 후손'의 언약으로 보이기 때문이다. 여호와께서는 '할례언약'에서 언급된 '그 후손'의 문제를 또 다시 언급하면서 '아브라함의 언약'은 여전히 진행되고 있음을 밝힘을 통해서, 여호와께서 정작 원하는 것은 아브라함의 'בְּרָכָה적 태도'로서의 '중보기도' 요청이 나타나기 때문이다. 이 '중보기도'를 요청하는 본문에 나타난 여호와의 말씀을 보면, 그 요청이 얼마나 절실한 지가 나타나는데, 이것이 '너와 네 자손을 택한 이유'라고까지 설명한다. 아브라함과 그의 후손을 'בְּרָכָה' 혹은 '제사장'으로 부른 이유는 바로 이 일 때문이라고 하신다.

이에 의하면, "בְּרָכָה가 되라"(창 12장)는 개념을 이해할 때, '제사언약'(창 15장)이나 '할례언약'(창 17장)에서는 여호와를 향한 '아브라함의 생명드림' 혹은 '믿음'이 강조되어 나타나는데, 이제 '방문언약'(창 18장)에서는 아브라함의 소돔과 고모라과 같은 열방을 향한 '중보기도'가 강조되어 나타난다. 즉, 'בְּרָכָה적 태도'에는 '하나님과의 관계'와 '열방과의 관계'가 함께 있었던 것이다. 이것이 십계명에서는 '하나님 사랑'과 '이웃사랑'으로 펼쳐진 것으로 보인다. 따라서 십계명은 'בְּרָכָה'의 개념의 연장선에 있다. 이곳 창세기 18장에서는 이 'בְּרָכָה' 개념이 이제 '열방을 위한 제사장적 행위' 혹은 '이웃사랑'으로 발전하여 나타나고 있다.

다. 아브라함의 언약의 종말론적 배경

고든 웬함은 이 소돔과 고모라 사건에는 노아의 사건과 유사한 많은 패턴들이 있다고 말한다.693) 소돔과 고모라에 큰 패역이 일어나서 아마 '하늘의 천상회의'에서 '심판'이 결정된 것으로 추정된다.694) 이에 대해 궁극적 결정자이

신 여호와께서 이제 직접 땅에 내려오시어 아브라함을 찾으신다.695)

'방문언약'의 이러한 배경은 아브라함의 궁극적인 언약의 배경을 알게 해 준다. 아브라함의 언약은 아브라함의 축복을 위한 것이 아니었다. 종말을 향해 치닫고 있는 이 세계의 구원을 위한 것이었다. 여호와께서는 이러한 심판에 대처하기 위해서 아브라함을 선택하시었던 것이다. 노아 홍수의 사건을 참조해 보면, 여호와께서는 그의 천상총회를 통해서 이 세상에 대한 심판을 결정하시었다. 그리고 이제 여호와께서는 이중적인 행동을 하시는데, 노아에게 은혜를 베풀어서, 그로 하여금 '하나님 경외'에 이르게 한다. 그래서 궁극적으로 그를 구원하신다.

이때 아브라함을 찾으신 여호와의 일행은 '사라의 아이'에 대한 언약이 '명년 이맘 때' 쯤에 이행될 것을 말씀하신다. 그런데, 진행되는 내용을 자세히 보면 이 약속은 이미 '할례언약'시에 충분히 논의된 내용이었다. 오히려 여호와의 의도는 이 약속이행의 확실성을 보증하면서 도리어 아브라함에게 아브라함 측에서 이행하여야 할 언약을 촉구하고 있다. 이것은 그 문맥을 통한 의도에서 나타나는데, 그것은 바로 소돔과 고모라를 위한 '중보기도'였는데, 여호와께서는 "내가 그로 그 자식과 권속에게 명하여 여호와의 도를 지켜 의와 공도를 행하게 하려고 그를 택하였나니…"(창 18:19)라고 말씀하심을 통해서 이러한 중보기도가 아브라함을 선택한 이유라는 것을 밝히신다.

아브라함은 자신이 여호와와 맺은 언약을 이해할 때, 항상 이러한 종말론적 배경 하에서 본인의 역할을 생각하여야 한다. 하나님의 온 세상을 향한 심판이라는 배경을 망각한 아브라함의 언약은 상정될 수 없다. 오직 이 때를 위해서 여호와께서는 아브라함과 그의 후손들을 선택하시었던 것이다.

---

693) 웬함, 「창세기 2」, 130.

694) 노아의 사건에는 성호(聖號)가 'אֱלֹהִים'과 '여호와'가 섞여서 나타나고 있다. 이때 'אֱלֹהִים'을 '여호와의 천상 총회'라고 해석하고, '여호와'를 최고신으로 파악할 경우, '여호와의 천상총회'로서의 'אֱלֹהִים'의 심판 결정에 대해 인류를 구원하고자 전심을 다하시는 '여호와'의 모습이 그 성호(聖號)의 사용 가운데 반영되어 나타난다. 소돔의 심판 사건도 이와 같은 이중적 판단이 필요하다. 심판의 당위성과 이에 대한 구원의지가 중첩되고 있기 때문이다. (필자)

695) 송병현, 「엑스포지멘터리 창세기」, 334.

2. 창세기 18장의 구조 분석

'여호와의 방문'은 '할례언약' 후에 얼마 되지 않아서 발생한 사건이었다. 아브라함의 신앙의 대상이 직접 목전에 나타나신 것이었다. 아브라함은 나그네를 영접하였지만, 이 분은 여호와였다. 이때 여호와께서는 사라에게 '명년 이맘때에' 사라에게 아이가 있을 것이라고 말씀하신다. 그리고 이어서 맨 처음의 '언약의 내용'(창 12:2-3)을 다시 말씀하시며, 아브라함에게 그에 합당한 '언약이행'을 촉구하시었는데, 그 내용은 "내가 그로 그 자식과 권속에게 명하여 여호와의 도를 지켜 의와 공도를 행하게 하려고 그를 택하였나니"(창 18:19)라고 표현되었다. 이것은 "너는 בְּרָכָה가 되라"는 단순한 명령의 언약조항이 여기에서는 '여호와의 도'로 승화되며, 이것이 '의와 공도'로 선언되는 순간이었다. 이어서 여호와께서는 '소돔과 고모라의 심판'을 말하였는데, 이것은 '언약이행 촉구'를 간접적으로 말하는 것이었다. 그리고 그것은 '중보기도'였다. 이것이 바로 그 당시의 상황 속에서 "너는 בְּרָכָה가 되라"는 명령에 대한 준행이었다. 한편, 이와 같은 아브라함의 중보기도에도 불구하고, 소돔과 고모라는 여호와의 사자들을 배척하였으며 유황불의 심판을 받았다.

일반적으로 창세기 18장은 항상 19장과 함께 이해되어졌다. 이 양자의 '장면'들이 서로 평행하여 대조가 되기 때문이다. 고든 웬함은 18, 19장의 내용을 다음과 같이 동심원적으로 구분한다.[696)

    A. 아브라함의 방문객들이 소돔을 향함 (18:16)   마므레
      B. 아브라함과 소돔에 대한 신의 재고 (18:17-21)   소돔을 봄
        C. 소돔을 위한 아브라함의 간청 (18:22-33)   소돔을 봄
          D. 천사들이 소돔에 도착함 (19:1-3)   소돔 성문
            E. 롯과 그의 방문객들에 대한 공격 (19:4-11) 롯의 집밖

---

696) 웬함, 「창세기」, 129 : 한편, 고든 웬함은 이 구조를 '장면'에 따라 분류하는데, 마므레 장면, 소돔 성문, 그리고 롯의 집 밖으로, 다음에는 중심 장면인 그의 집안으로, 그리고 다시 롯의 집 밖으로 해서 성문을 지나, 그 성밖으로 이어지며, 마지막으로 다시 마므레로 장소이동이 이루어진다고 말한다.

> F. 소돔의 멸망이 선포됨 (19:12-13)   롯의 집안
>   E′. 롯의 사위들이 간청을 거절함 (19:14)   롯의 집밖
>   D. 소돔에서 떠남 (19:15-16)   성문을 지남
>   C′. 소알을 위한 롯의 간청 (19:17-22)   소돔 밖
>   B′. 소돔과 고모라의 멸망 (19:23-26)
>   A′. 아브라함이 소돔을 바라봄 (19:27-28)   마므레

한편, 본 글에서는 위의 일련의 사건 속에서 '아브라함의 언약'의 내용을 중심으로 하여 살펴보며, 이러한 개념을 좇아 그 내용을 문예적으로 구조화하면 다음과 같이 정리된다. 다음에서 C는 창세기 12:2a와 평행을 이루며, D는 창세기 12:2b와 평행을 이루고, C′는 창세기 12:3과 평행을 이룬다.

> A. 여호와의 방문 (창18:1)
>   B. 아브라함의 여호와 영접 (창18:2-8)
>   C. 여호와의 언약이행으로서의 '사라의 아이' 예언 (창18:9-15)
>   D. '방문언약'과 בְּרָכָה로서의 '언약이행' 촉구 (창18:16-21)
>   C′. 아브라함의 언약이행으로서의 '중보기도' (창18:22-33)
>   B′. 롯의 여호와 영접과 소돔과 고모라의 여호와 배척 (창19:1-23)
> A′. 여호와의 '롯 구원'과 '소돔과 고모라의 심판' (창19:24-25)

위의 구조분석은 아브라함의 언약의 구체적인 실행이라는 측면에서 바라볼 수 있다. 위에서 C의 '사라의 잉태' 예언은 여호와께서 아브라함을 위해 행하실 그 언약조항을 의미한다. 즉, 창세기 12:2a의 '큰 민족 등'의 언약조항의 실행을 의미한다. 그런데, 이때 사용된 동사는 '1인칭 청유형'이 아니라 '1인칭 완료형'이다. 즉 사라의 '이삭' 잉태 예언이 실행되었다는 것이다.[697] 그리고 D는 아브라함이 이행하여야 할 언약조항을 의미하며, C′는 아브라함이 '중

---

697) 개역성경에는 "네 아내 사라에게 아들이 있으리라"(창18:10)고 되어 있는데, 원문을 직접 번역해 보면, "보라 사라에게 아들이"라고 번역된다. 비록 아직은 아니지만, 이미 여호와 켠에서의 언약이 실행되어진 것처럼 여호와는 묘사한다. (필자)

보기도'를 통하여 이 언약을 실행하는 내용이다. 즉, 이 구절들은 창세기 12:2b의 '너는 בְּרָכָה가 되라'는 언약조항과 평행을 이룬다. 그리고 B′는 열방의 태도인데, 창세기 12:3에서는 열방의 아브라함을 향한 태도에 의하여 여호와의 축복과 심판이 결정된다. 그들은 아브라함의 조카 롯을 배척함을 통해서 멸망을 당하였다. 이와 같이 '소돔과 고모라' 사건은 아브라함의 언약이 실제적으로 진행된 사례를 소개하고 있다. 이 글은 이러한 관점으로 전개된다.

2절 '신현사건'으로서의 '여호와 방문' (창18:1-8)

1. 아브라함에게 나타나신 여호와

가. 여호와의 방문 (창18:1a)

모세오경의 저자는 여호와께서 아브라함을 방문한 것을 말하고 있다. 여호와가 지상에 내려왔다는 것은 무언가 하늘의 천상회의에서 위중한 일이 발생한 것을 의미한다. 그것은 다름 아닌 소돔과 고모라의 심판에 관한 것이었다. 이와 같은 '여호와의 방문'에 대해 성경은 다음과 같이 말하고 있다.

여호와께서 마므레 상수리 수풀 근처에서 그(아브라함)에게 나타나시니라. (창18:1a)

먼저, 우리는 위의 구절을 이해할 때, 그 다음에 이어지는 낯선 방문객들과의 대화와 한 장면으로 보아야 하는가, 혹은 이 장면은 이와 구별된 해설자의 관점을 반영하는 것인가에 대해 먼저 결정을 하여야 한다. 이에 대해 고든 웬함은 "'여호와께서 나타나시니라'는 해설자의 관점을 반영하는 것으로서, 방문객들의 정체가 처음부터 아브라함에게 직접적으로 드러나지는 않았다"698)고 말한다. 따라서 아브라함은 처음부터 이 세 사람을 여호와와 그의 천사로 알지 않았으며, 대화 도중에 신적 위엄이 드러난 것으로 보아야 할 것이다.

스키너는 이 세 사람에 대해서 '신비한 방문객'699)이라고 표현한다. 이 사건

---

698) 웬함, 「창세기 16-50」, 134.

을 베스터만은 '신현 사건'으로 이해한다.700) Laurence A. Turner은 이 '세 사람'은 여호와의 'manifestation(현현 혹은 표현)'이라고 말한다.701) John D. Currid 는 이에 대해 하나님이 '사람의 형상'으로 나타난 것으로 본다.702) 만일 우리가 이 사건을 존재론적으로 이해하고자 한다면, 이 사건은 그 당시에 통용되던 신화적 사건들을 깊이 있게 연구하여야 할 것이다.703) 이 사건은 인간의 세계 속에 신적인 존재가 개입한 사건이기 때문이다.

한편, 위의 여호와의 방문 사건은 "마므레 상수리 나무 수풀 근처"에서 일어났는데, 이 장소는 아브라함이 맨 처음에 그의 거처를 삼고 "제단을 쌓고, 여호와의 이름을 불렀던" 바로 그 장소이다. 이 장소에 있는 상수리 나무는 당시에 신탁의 장소로 유명하였다. 우리는 창세기 13장을 연구하면서, 아브라함은 이 '제단'을 중심으로 살았다고 가정하였는데, 특별한 언급이 없는 한 아브라함에게 이러한 '제단'중심의 삶은 이때까지 이어진 것으로 보아야 할 것이다. 테오도르 H. 에프도 이 장소를 언급하면서 아브라함은 여전히 '제단 중심의 삶'을 살았는데, "아브라함은 믿음으로 저가 외방에 있는 것 같이 약속하신 땅에 우거하며… 하나님이 경영하시고 지으실 터가 있는 성을 바랐다"(히 11:9,10)는 구절이 이것을 증명한다고 말한다.

나. 아브라함의 신 인식 시점

아브라함은 정오 즈음에 이 나그네들을 영접하였는데, 처음에는 이들을 나그네로 알았는데, 영접하고 보니 그들은 '여호와'와 그의 사자들이었다. 그렇

---

699) Skinner, *Genesis : The International Critical Commentary*, 298.

700) Westermann, *Genesis*, 135.

701) Turner, *Genesis*, 83.

702) Currid, *A Study Commentary on Genesis*,, 324.

703) 성경 저자들의 시대에는 신화적 사건이 보편화된 시대였다. 우리가 접하고 있는 그리스 신화만 하더라도, 신이 인간으로 내려와서 인간과 밀월 관계를 가지며, 더 나아가서 '반인-반신'의 존재가 태어난다. 성경은 이러한 것이 어렵지 않게 받아들여지는 시대에 기록되었다. 따라서 본문이 '신현 사건'도 '노아 홍수' 사건의 시대와 마찬가지로 신이 자유롭게 인간의 모습으로 내려온다. 이에 대해 현대를 사는 우리는 그 진위를 파악할 수 있는 도구가 없다. 이 책은 '텍스트'를 중심으로 한 연구이므로 이에 대한 연구는 하지 아니 한다. (필자)

다면, 아브라함이 나그네가 여호와이신 것을 인식한 시점은 언제인가? 이에 대해, 고든 웬함은 "식사가 끝나고 나서이다"[704]고 말하며, 스키너는 "사라에 대한 신적인 지식을 통해서이다"[705]고 말한다. 이에 대해, 베스터만은 아브라함의 이러한 환대의 태도는 당대의 모든 유목민들 사이의 관행으로서 "유목민들의 삶에서 친절이 똑같이 발견 된다"[706]고 말함을 통해서, 나그네에 대한 환대가 처음에는 '신적 위엄'으로 인한 것은 아니었다고 말한다. 히브리 기자는 이에 대해 "아브라함은 부지중에 여호와를 환대하였다"고 말하고 있기 때문이다.

궁극적으로 아브라함의 여호와에 대한 신 인식은 어느 순간 순식간에 발생하였다. 이러한 신 인식은 나그네로 영접한 직후 곧바로 일 수도 있다. 그 근거는 대체로 아브라함의 손님을 향한 존칭 때문인데, 그는 나그네를 향하여 '주'라는 표현을 사용하고 있기 때문이다. 폰 라드는 궁켈의 말을 인용하여 "그 사람들은 갑자기 거기에 있다. 아브라함은 그들이 오는 것을 보지 못하였다. 이처럼 신적인 존재는 갑자기 등장 한다"[707]고 말한다.

또는 식사 후의 대화중에 '여호와와의 언약'에 관한 사항, 곧 '사라의 아이'에 관한 이야기가 나타났을 때일 수도 있다. 여호와만 알고 있는 비밀스러운 약속을 이 나그네가 말하고 있기 때문이다.

그런데 정작 중요한 것은 신 인식 후의 아브라함의 심적 상태이다. 보통 어느 현장에 신적 위엄이 임하면, 그곳에는 하나님의 성령의 충만함이 그 자리를 가득 채운다. 그리고 그곳에는 은혜와 평안과 생명이 넘쳐나며, 사랑의 교제가 넘쳐난다. 이 자리도 또한 그러한 성령의 충만함이 넘치는 자리였을 것이다. 아브라함의 전인격은 성령 안에 잠겨있다. 그런데, 이때 흘러나오는 여호와의 말씀과 서로 간에 오가는 대화내용들은 현실적인 이야기들로 가득하다. 그 대화 내용이 '소돔과 고모라'의 심판에 관한 이야기였기 때문이다. 오히려 이러한 현실적인 대화가 성령충만함과 더욱 잘 어울릴 수 있겠다.

---

704) 웬함, 「창세기 2」, 161.

705) Skinner, *Genesis : The International Critical Commentary*, 298.

706) 베스터만, 「창세기 주석」, 207.

707) 폰라드, 「창세기」, 226.

2. 여호와와 두 천사를 영접하는 아브라함

가. 부지 중에 하나님을 영접하는 아브라함 (창18:1b-4)

아브라함은 부지중에 여호와와 두 천사를 영접하였는데,[708] 이렇게 나그네를 환대하는 것은 그 시대의 중요한 관습으로서,[709] 당시 유목민들의 관습은 손님을 거룩하게 여기는 것이었다.[710] 이렇게 부지중에 하나님을 영접한 것에 대해서 후대에서는 아브라함의 'בְּרָכָה'로서의 '인격적 성숙'이라고 말한다. 이때의 시간에 대해서 스페이서(Speiser)는 이 장면은 뜨거운 날에 아브라함이 그의 장막 앞에서 '쉬고 있는 때'[711]라고 말한다. 이것을 성경은 다음과 같이 소개하고 있다.

오정 즈음에 그가 장막 문에 앉았다가, 눈을 들어 본즉 사람 셋이 맞은편에 섰는지라(נִצָּבִים, נָצַב의 니팔 남성 복수형). 그가 그들을 보자 곧 장막 문에서 달려나가 영접하며 몸을 땅에 굽혀, 이르되 내 주여 내가 주께(2인칭 단수 대명사) 은혜를 입었사오면(2인칭 단수 대명사), 원하건대 당신의 종(2인칭 단수 대명사)을 떠나 지나가지(2인칭 단수 동사) 마시옵고, 물을 조금 가져오게 하사(단수 동사) 당신들의(복수 대명사) 발을 씻으시고(복수 동사) 나무 아래에서 쉬소서(복수 동사). 내가 떡을 조금 가져오리니 당신들의 마음을 상쾌하게 하신 후에 지나가소서. 당신들이 종에게 오셨음이니이다. 그들이 이르되 네 말대로 그리하라. (창18:1b-5)

---

708) 로스, 「창조와 축복」, 505 : Wenham, *Genesis 16-50*, 45.

709) 김의원, 「창세기 연구」, 338.

710) 롤랑 드보, 「구약시대의 생활풍속」, 이양구 역 (서울: 대한기독교서회, 2009), 32; 베스터만, 「창세기 주석」, 207: 롤랑 드보는 '나그네의 권리와 비호권'이라는 용어를 사용하면서, "나그네에게 친절한 대접을 하는 것은 사막에서 사는 삶의 필수조건이기도 하지만, 이러한 필요에 의하여 유목민들의 가장 귀중한 덕목들 중의 하나가 개발되었다. 손은 거룩하다. 손을 영접하는 영예를 차지하려고 싸우는 일도 있지만, 이러한 영예는 보통 추장에게로 돌아간다. 나그네는 이러한 객의 대우를 사흘동안 요구할 수 있고, 그가 또 떠날 때에도 주인은 그에게 며칠 동안 보호할 의무가 있다"고 말한다.

711) Speiser, *Genesis, The Anchor Bible*, 129; 해밀턴, 「창세기 2」, 25.

한편, 위의 문장들에서 특별한 것은 모세오경 저자가 명사의 수와 관련한 동사의 사용에서 혼란을 일으키고 있다는 점이다. 이 셋에 대해서 어떤 때에는 단수형 동사를 사용하기도 하고, 어떤 때는 복수형 동사를 사용하기도 하는가 하면, 복수 명사에 단수 동사를 대응시키고도 있는 것이다.712)

위의 혼란스러운 동사 사용에 대해, 어떤 이는 두 가지 이야기가 서로 변형을 일으키면서 엉켰다고 제안하기도 하지만, 해밀턴은 "하나님(אֱלֹהִים)은 하나이면서 동시에 하나 이상의 개념을 가지고 있다"713)고 말한다. 아마 이 셋 중에 한 존재의 위상이 '최고신'의 위상을 지니고 있고, 다른 둘은 이에 대한 보조적인 위상을 가진 자로 추정된다.714) 그리고 그 중심에 서있는 분이 바로 '여호와'였을 것이다. 이때, 이것을 삼위일체 하나님의 나타나심으로 보는 견해는 그다지 호응을 얻지 못한다.715) 한편, 해밀턴에 의하면, "하나님이 형태를 띠고 나타나실 때, 인간 형태는 하나님이 취하시는 특징적인 형태이다"716)고 말한다.

위의 상황에 대해 고든 웬함은 "아브라함의 인사말은 웅변적이고, 실제로 성경적인 기준으로 볼 때, 유난히 말을 장황하게 하고 매우 공손하다"고 말하

---

712) 해밀턴, 「창세기 2」, 26; Sailhamer, *The Pentateuch as Narrative*, 161-164; E.A. Speiser, *Genesis, The Anchor Bible*, 129 : 해밀턴은 "아브라함은 자신 앞에 있는 '사람 셋'을 본다. 그러나 우리에게는 분명하지 않은 이유에서, 아브라함은 다음 절에서 한 사람에게만 말을 건넨다. 과연 이 부분의 흥미로운 특징은 단수에서 복수로 계속 바뀐다는 것이다. 이와 같이 2절에서 세 명, 3절에서 모두 단수, 4절에서 2인칭 복수, 5절에서 다시 2인칭 복수, 9절에서 복수, 10-15절에서 단수, 16절에서 복수, 17-22절에서 단수, 22절에서 복수로 시작하지만 단수고 끝나며, 22b-33절에서 단수이다"고 말한다.

713) 해밀턴, 「창세기 2」, 27.

714) 'אֱלֹהִים'의 개념을 '여호와의 총회'로 이해할 경우, 신적존재들의 경우 복수형과 단수형이 자유롭게 혼용될 수 있다. 그 각각이 인격이 있고, 개별적인 실체가 각각에게 존재하기 때문에 복수형으로 적용할 수 있다. 그러나 그들은 여호와를 중심으로 완전한 일체가 되어 있다. 따라서 단수형의 동사를 여기에 연결시킬 수도 있다. 'אֱלֹהִים'은 '여호와의 천상총회'로서 복수의 인격체들이 존재하지만, 그 모든 인격적 존재들이 자원함으로 '여호와'에게 속하여 있으므로 '단수 동사'의 적용도 또한 가능한 것이다. (필자)

715) 해밀턴, 「창세기 2」, 28.

716) 해밀턴, 「창세기 2」, 28.

며, 그는 "아브라함이 '지나가지 마옵시고'라고 그들에게 말을 하고 있을 때, 그가 마법에 걸려 말을 하고 있는 것 같은 느낌을 주고 있다"[717]고 말한다. 김의원은 "아브라함의 잔치는 왕의 축제의 모습을 띠고 있다"[718]고 말한다.

아브라함의 입장에서 이 여호와는 지금까지 자신과 꿈과 환상과 음성을 통해서만 만나던 분으로서 그 모습을 뚜렷이 볼 수 없었다. 그런데, 이제 바로 그 당사자가 인격을 입고 눈앞에 서있는 것이다. 요한복음에서 예수께서 자신이 아브라함을 만났었다고 말하는 것은 바로 이 장면을 지칭하는 것으로 보인다.

나. '손님'을 '주'로 영접하는 아브라함

아브라함이 손님으로 온 세 사람을 영접할 때, 이 세 사람 모두를 향하여 '나의 주님'이라고 호칭한다.[719] 이때 아브라함은 그들을 '신'으로 인식하고 '주'라고 불렀나? 아니면 일반적인 '손님'을 그와 같은 정성으로 영접하였나? 3절에서 아브라함은 세 사람에게 '나의 주여(אֲדֹנָי)'라고 말하고 있기 때문이다. 이어서 아브라함은 자신을 '종'이라고 지칭하며, 자신의 집에 잠깐 머물렀다가 길을 계속 할 것을 간청한다. 이것은 "최대한 방문자를 대접하는 예의 바르고 경의를 표하는 주인의 모습"[720]이다.

3절에 사용된 칭호인 '나의 주님(אֲדֹנָי)'의 히브리어 원문은 대문자의 '나의 주'를 의미하는 'אֲדֹנָי'로 읽히고 있다. HALOT(13,B.2)에서도 여기의 히브리어 원어는 אֲדֹנָי 곧 대문자의 'my Lord'로 읽히고 있다고 말한다. 해밀턴은 마소라 본문이 이 칭호를 '신적 대상'으로 지칭하고 있는 것처럼 보인다고 말한다.[721] 이에 반해, 월키는 이것은 소문자인 'my lord'로 읽히는 것이 맞다고

---

717) 웬함, 「창세기 2」, 135.

718) 김의원, 「창세기 연구」, 338.

719) 월트키, 「창세기 주석」, 472.

720) 해밀턴, 「창세기 2」, 25.

721) 해밀턴, 「창세기 2」, 22: 해밀턴은 "여기서 마소라 본문은 '아도나이'(주님)로 되어 있으며, 이에 대해 그는 아브라함이 하나님을 처음부터 하나님을 하나님으로 인식했다는

한다. 즉 월키는 여기에 나타난 '나의 주님'은 신을 향한 호칭은 아니라, 아브라함의 일반적인 손님을 향한 유목민들의 친절한 행위라고 말한다. 이러한 두 가지 견해는 그들의 근거를 통해서 지금도 여전히 대립하고 있다.

다. 세 사람에게 음식을 제공하는 아브라함 (창18:6-8)

세 사람에게 아브라함은 음식을 제공하게 되는데, 그는 최선을 다하여 음식을 마련한다. 그리고 육신을 입고 배고픔과 목마름에 있었던 세 사람은 아브라함에게 극진한 대접을 받게 되었다. 해밀턴은 "이러한 환대는 고대 근동세계에서 전혀 이상하지 않다"고 말한다.[722] 고든 웬함은 송아지를 취하는 것은 거의 황족에 대한 환대에 필적하는 것이라고 한다.[723] 이때 송아지는 아브라함의 부를 나타내기도 했다.[724] '조금의 떡'을 제공하겠다는 아브라함의 말이 이와 같은 큰 식사로 변한 것이었다.[725] 이에 대해 큐리드(John D. Currid)는 이 식사를 '평화와 하나 됨의 상징'으로서의 '언약적 식사'로 보기도 한다.[726] 한편, 해밀턴은 이것을 아브라함의 손님을 향한 '넘치는 환대'[727]로 본다.

아브라함이 급히 장막에 들어가 사라에게 이르러 이르되 속히 고운 가루 세 스아를 가져다가 반죽하여 떡을 만들라 하고, 아브라함이 또 짐승 떼에 달려가서 기름지고 좋은 송아지를 취하여 하인에게 주니 그가 급히 요리한지라. 아브라함이 뻐터와 우유와 하인이 요리한 송아지를 가져다가 그들의 앞에 진설하고 나무 아래 모셔 서매 그들이 먹으니라. (창18:5-8)

사실을 시사한다고 말한다. 아브라함은 방문자가 하나님이라는 사실을 알았다면 발을 위한 물을, 배를 채우기 위한 음식을 주었을 것 같지 않다. 또한 아브라함이 하나님을 이렇게 일찍 인식하는 해석은, 이 내러티브에서 아브라함에게 하나님의 정체를 점차적으로 계시하는 개념과는 충돌될 것이다(10, 13, 17-22절).

722) 해밀턴, 「창세기 2」, 28.

723) Wenham, *Genesis 16-50*, 55.

724) 해밀턴, 「창세기 2」, 32.

725) Wenham, *Genesis 16-50*, 55.

726) Currid, *A Study Commentary on Genesis*,, 326.

727) 해밀턴, 「창세기 2」, 32.

이렇게 해서 이제 세 사람은 아브라함이 제공한 음식을 먹게 되었는데, 모세오경의 저자는 이 나그네의 정체를 정확하게 알고 있다. 모세오경의 저자에 의하면, '신'이 '육체'를 가진 인간처럼 그 음식을 먹는다. 이에 대해, 폴 브루그만(Paul Brogman)은 "아브라함과 사라가 준비한 음식에 의해, 하나님께서는 신적인 자신을 인간의 테이블에 교제의 차원으로 낮춘 것이다"고 말한다.728)

3. '성호사용의 관점'에서 본 '여호와의 방문목적' 이해

모세오경의 성호사용과 관련하여서 이 글에서는 '하나님, אלהים'을 '여호와의 총회'라는 개념을 수용하고 있다. 한편, 고든 웬함은 이 소돔과 고모라 사건에는 노아의 사건과 유사한 많은 패턴들이 있다고 말한다.729) 이에 따라 노아의 홍수사건에서 사용된 성호사용을 이해하고, 이것을 '소돔과 고모라 사건'에도 적용해 볼 수 있을 것으로 보인다.730) 노아 사건에 의하면, 하늘에서 먼저 이 세상에 대한 심판이 결정된다.(창 6:1-7) 그리고 '여호와'는 이러한 상황 속에서 노아에게 은혜를 베풀어,(창 6:8) 그로 하여금 '하나님(אלהים 여호와의 총회)' 앞에서 의에 이르게 한다(창 6:9). 그래서 궁극적으로 'אלהים'의 심판 속에서도(창 6:11-12), 구원에 이르게 한다(창 6:13-22). 이와 같이 노아 홍수에서 나타난 '여호와'는 심판주이지만 또 한편에서는 철저히 구원자였다. 이러한 신명사용이 이곳 '소돔과 고모라의 심판'과 관련해서도 나타난다(창 19:23-29). 성호사용의 관점에서 이러한 '여호와의 방문'을 해석할 경우, 이 방문은 소돔과 고모라에 대한 심판이 여호와의 총회에서 논의되고 결정되었다. 이 때를 위해 '여호와'는 아브라함을 '구원자'로 예비하셨으며, 이와 관련하여서 여호와께서 아브라함을 방문하신 것이다. 만일 노아 사건의 해석을 여

---

728) Brogman, *Genesis*, 79.

729) 웬함, 「창세기 2」, 130.

730) 이런 성호(聖號)의 사용은 '노아의 사건'에 집중적으로 잘 나타나 있다. 심판 결정이 'אלהים'에 의해서 결정이 되고, 이에 대한 노아를 통한 구원작업이 '여호와'를 통해 진행이 된다.

기에 적용한다면,731) 이곳의 여호와 방문은 소돔과 고모라의 אֱלֹהִים에 대한 심판 가운데에서 이들을 어찌하든 구원하기 위한 '여호와의 방문'이었던 것이다. 그래서 여호와는 소돔과 고모라를 위한 중보기도를 요청한다.

먼저, '여호와의 방문'은 '신적 존재'가 이 세계 속에 실제로 오게 되는 놀라운 사건이었다. 항상 하늘에 계시며, 신앙의 대상으로만 자리하시던 분이 갑자기 땅에 자신의 모습을 나타내신 것이다. 이것은 모세오경의 존재론과 관련하여 일정한 기준을 넘어선 파격적인 내용이다.

모세오경의 원래 우주관은 노아의 때에 "하나님의 아들들이 사람의 딸들의 아름다움을 보고 자기들이 좋아하는 모든 여자를 아내로 삼는지라"(창 6:2)라고 말하여서 '하늘과 땅'의 연결된 존재론으로 보인다. 모세는 그의 출애굽에 대한 경험을 통해서 이러한 우주관을 견고히 한 것으로 보인다. 그는 그가 배우고 익힌 애굽 신화나, 그의 조상 아브라함이 경험한 메소보다미아 신화 등에 나타난 '사실적 요소'들을 버리지 않고, 오히려 'אֱלֹהִים' 아래에 복속시킨 것으로 보인다. 그의 출애굽 경험이 이러한 것들을 가능하게 한 것으로 보인다. 즉 기존의 모든 신화는 모든 세상의 모든 '사실적 요소'의 변화 원인을 영적인 존재로 설명한 것이었다. 모세는 그 동안의 신화 속의 모든 '사실적 요소'들을 여호와와 אֱלֹהִים에게 부속시켰다. 이렇게 모세는 모든 사건의 원인을 אֱלֹהִים으로 보고 있다. 창세기 1장은 이것을 말해주고 있다.

그런데, 만약 이 세계가 종말에 이르렀다면, 그 최종적인 때에 '여호와'는 그 모습을 직접 드러내어야 한다. 모세오경의 저자는 여호와는 오직 세상 끝 날에 한 번 그 모습을 드러낼 것으로 보고 있다. 여호와는 언제까지 침묵 속에 계시지 아니한다. 이러한 사실은 '소돔과 고모라'의 심판 때에 여호와가 방문한 것에 의해 제시되고 있다. 모세는 '여호와의 방문'이라는 선조들로부터 이어받은 이 중요한 전승을 이곳에서 소개하고 있다.

모세오경은 모든 신화의 '사실적 요소'들은 אֱלֹהִים에게 복속시키고, 그 외의 다른 요소들은 모두 의도적으로 배척하고 있다. 최고신인 '여호와의 지상 방문'은 종말에 나타날 그의 모습을 뚜렷하게 보여주고 있다. 모세오경 저자는

---

731) 김정우, "삼위일체 교리에 대한 구약성경의 증거," 38.

기존의 모든 신화적인 틀을 깨트리고, 여호와와 אֱלֹהִים을 중심으로 한 신적인 세계를 새롭게 구성하고 있다. 다만, 이 책은 이 이상의 존재론에 대한 논의는 하지 않으며, 이러한 존재론을 강조하고 있는 모세오경 저자의 의도만을 논의의 범위로 삼고자 한다.

두 번째, '여호와의 방문'을 텍스트의 내용대로 고스란히 수용할 경우, 이 신적 사건은 이스라엘이 믿는 대상이신 여호와의 전인격적인 자기계시라고 볼 수 있다. 여기에는 여호와 전체가 나타났기 때문에 이때 언급되어진 여호와의 말씀은 여호와의 속성이나 의도와 관련하여 여호와의 섞일 수 없는 본질적인 속성에 해당한다. 여호와의 다양한 의도가 그의 사자들에 의해서 전달된 것이 아니다. 여호와 전체가 오시어서 그의 의도를 밝혔다.

따라서 이때 전달된 여호와의 의도는 다른 뜻과 섞일 수 없다. 이 본문에서 소개하는 '소돔과 고모라(혹은 세상)'에 대한 여호와의 태도는 결코 이에 대한 심판이 아니었다. 그는 이때를 위해서 중보자로서 아브라함을 선택하여 세웠다고 하며, 아브라함에게 소돔과 고모라를 위한 중보기도를 요청한다. 이것이 세상을 향한 여호와의 뜻이며, 아브라함의 모든 언약은 바로 이 사건을 위해서 존재한다. 심지어는 모세의 율법이나 예수 그리스도의 새언약도 또한 마찬가지이다. 따라서 이것은 현대의 그리스도인들에게도 동일하게 적용된다.

여호와의 전인격은 이와 같이 그의 선택한 자들과 맺은 '언약'을 통해 드러난다. 아브라함은 '여호와의 방문'이라는 위대한 엑스터시를 맛보았는데, 이것이 그에게는 단순한 신비체험이 아니었다. 이 언약적 취지를 벗어나는 모든 신비체험은 목적 없는 신비체험으로서 그것의 본질을 흐릴 뿐이다. 신비체험은 '심판'이라는 이러한 위기의 순간에 여호와께서 그의 백성들의 '구원'을 위해 발생하였다. 구약의 선지자들의 모든 신비체험도 또한 마찬가지였다. 여호와의 전인격은 이러한 타락한 인류의 '구원'을 그 목표로 하고 있으며, 이것은 그의 '언약'에 모두 반영되어 있다.

세 번째, '여호와의 방문'은 아브라함의 생애 속에 나타난 '신현 사건'의 연속선에서 파악되어야 한다. 따라서 지금까지 '여호와의 신현'을 통해 아브라함에게 주어진 모든 '언약의 내용'은 이 사건을 전제로 하고, 배경으로 하여 이해되어야 한다. 신앙의 대상이신 여호와께서 방문을 하였다는 것은 그의 전인격이 공개된 것을 의미한다. 특히 그의 전인격적 나타남은 이 모든 것을 포괄한다. 그래서, 지금까지의 모든 언약적 내용들은 이 사건이 주는 의미로 귀착되어 해석되어야 한다. '여호와의 방문'은 '여호와의 신현' 보다 더욱 강력한 의미를 부여해 준다.

하늘에서 심판이 결정되는 것은 "그들에 대한 부르짖음이 여호와 앞에 크기 때문"(창 19:13)인데, 이것은 노아의 경우도 마찬가지였다. '하나님, אלהים'을 '여호와의 총회'라고 볼 경우, 욥기에 의하면 세상에 보냄을 받은 '하나님의 아들들'이 있는데, 이들은 모든 사람들 혹은 나라들의 수호천사로 보인다. 그들이 모든 그들과 관련된 자들의 모든 원성을 하늘총회에 아뢴다. 그리고 이 원성이 클 경우, 궁극적으로는 수호천사들 간의 견해차이로 이어지며, 이것이 어떤 균형점을 상실할 경우 심판이 결정된다. 특히 성경에 나타난 패턴에 의하면 여호와께서 세운 의인들이 더 이상 이러한 고통을 감내하지 못할 때 심판이 임한다. 성경 본문에 의하면, 롯은 소돔과 고모라에서 의인으로서 고통을 당하고 있었으며, 그는 크게 상심하여 이제 더 이상 그곳에서 정상적인 생활을 영위하지 못하게 된 것으로 보인다. 그런데 그들의 악은 롯뿐만 아니라 이제 그에게 들어온 '여호와의 사자'마저 상관하려고 하였다.

아브라함의 언약에 근거한 삶이란, 따라서 이러한 험악한 현실 속에서 '열방의 구원'을 추구하는 삶이었다. 아브라함의 언약을 좇아 삶을 산다는 것은 이러한 흉악한 세계 속에서도 여전한 'ברכה적 태도'를 견지하는 삶이었다. 이것이 곧 아브라함 언약의 진정한 배경이다. 아브라함은 이러한 소돔과 고모라를 위해서 6차례의 기도를 반복적으로 끈질기게 행하였다.

따라서 신현을 통한 모든 아브라함 '언약의 내용'은 이곳의 '방문 언약'을 통해서 이해되어야 한다. 아브라함의 언약을 기반으로 한 그리스도인의 삶 역시 마찬가지이다. 하나님의 모든 관심은 분명히 죄 가운데 빠진 '열방'에 있다.

3절 '여호와의 언약이행'으로서 '사라 아이 예언'(창18:9-15)

창세기 18장은 단순히 어떤 신적 사건에 대한 이야기를 소개하는 것으로 보이지만, 실질적으로는 언약과 관련한 이야기들이다. 다음의 내용들은 모두 '아브라함의 언약'의 내용을 기반으로 하여 이야기가 전개된다.

1. "보라, 네 아내 사라에게 아들이다"

여호와께서 사라에게 "명년 이맘때에 내가 네게로 돌아오리니, 보라 사라에게 아들이다"라고 말씀하신다. 해밀턴에 의하면, 여기에서 화자가 여호와이신 것으로 확인 되는데,[732] 이 구절의 전반부는 미완료형으로 되어 있지만, 이 구절의 후반부 즉 1년 후의 그 모습은 이미 언약이 성취된 것처럼 '보라, הִנֵּה' 라는 단어로 시작된다. 즉, 이것은 창세기 17장의 '할례 언약'시에 하였던 자신의 약속이 이미 이루어져 있는 것처럼 언어를 사용하였다는 것이다. 따라서, 이것은 아브라함을 향한 여호와 켠에서의 언약실행이라는 의미를 부여한다. 따라서 다음의 본문 중에서 "보라, 네 아내 사라에게 아들이다"는 말씀은 언약의 내용으로서 창세기 12:2a의 '큰 민족 등'에 관한 언약 조항이 이제 본격적으로 성취되기 시작하였다는 것을 의미한다.

> 그가 가라사대 기한이 이를 때에 (명년 이 맘 때에) 내가 정녕 네게로 돌아오리니, 네 아내 사라에게 아들이 있으리라 (보라, 네 아내 사라에게 아들이다) 하시니 사라가 그 뒤 장막 문에서 들었더라.(창 18: 10)

창세기 17장의 '할례 언약'의 경우, 여호와께서 아브라함에게 베푸실 약속으로서의 언약조항은 "내가 너를 크게 번성하게 하리라"로 표현되면서 명령형(청유형, אֶתְּנָה, אַרְבֶּה)의 동사를 사용하였다. 그런데, 이제 창세기 18장의 '방문 언약'의 경우, 그 약속의 출발점인 이삭의 탄생과 관련하여서 "보라, 사라에게, 아들이(הִנֵּה-בֵן לְשָׂרָה)"라는 형태로 표시된다. 나중에 이 말씀은 또 다시 언급되는데, 이때에도 동사는 없이 "사라에게 아들이"라는 형태로 묘사된다. 이것은 여호와의 언약조항이 이미 이루어진 것을 바라보는 예언과 같은 이미지

---

732) 해밀턴, 「창세기 2」, 34.

이다.

2. 사라의 '웃음'

가. '웃음'이 주제가 된 여호와와의 대화

'약속'에 대한 여호와의 말씀은 정작 당사자들에게는 의미있게 다가오지 않았다. 아브라함과 사라의 나이가 많아 늙었고, 사라의 경수는 끊어졌기 때문이다. 그래서, 사라는 속으로 웃었는데, 이 '웃었다'는 기록이 한 문장에서 네 차례나 반복하여 기록된다. 그리고 '이삭'의 이름이 갖는 의미 또한 '웃음'이다.733) 한편, 창세기 17:17에서도 아브라함도 이 이야기를 들을 때 '웃었다'고 말한다. 그리고 이렇게 하여서 주어진 이름이 '이삭' 곧 '웃음'이었다. 이것은 '그가 웃을 것이다'인데, 베스터만은 이때의 '그'는 '하나님'일 수 있다고 한다.734)

사라가 속으로 웃고 이르되 내가 노쇠하였고 내 주인도 늙었으니 내게 어찌 낙이 있으리요. 여호와께서 아브라함에게 이르시되 사라가 왜 웃으며 이르기를 내가 늙었거늘 어떻게 아들을 낳으리요 하느냐. 여호와께735) 능치 못한 일이 있겠느냐 기한이 이를 때에 내가 네게로 돌아오리니 사라에게 아들이 있으리라. 사라가 두려워서 승인치 아니하여 가로되 내가 웃지 아니하였나이다 가라사대 아니라 네가 웃었느니라. (창 18: 12-15)

---

733) פֶחְקְשַׂ로 쓰면 "그가 웃을 것이다"가 되며 פְחַקְצ는 그냥 '웃음'인데, 창세기 17장 17절에서는 פַחְקְצ로 표기되어 있다. 이 단어는 동사형은 פַחַקְצ이다.

734) Westermann, 「창세기 주석」, 204.

735) Westermann, 「창세기 주석」, 209: 이 문법사용을 통해서 베스터만은 이때의 방문객은 '여호와의 사자'였다고 말한다. 한편, 이 본문에서 의문스러운 문법이 하나 존재하는데, '여호와'께서 직접 말씀하시는 상황인데, 18장 14절에 의하면 "여호와께 능치 못한 일이 있겠느냐"고 말씀하신다. 오히려 '나에게'라는 표현이 문법적으로 맞지 않겠느냐는 것이다. 요한복음에 의하면, 이때 예수께서 자신이 아브라함을 만났다고 하는 표현이 있으며, 바로 이때의 '여호와의 방문'을 말한다. 그런데, 이 본문해석에 삼위일체적인 해석을 끌어들이기에는 아직은 미흡한 것으로 보인다.

위의 '웃음' 뒤에는 무엇인가의 의미하는 바가 있어 보인다. 창세기 17장에서 아브라함도 한 번 웃었으며, 이곳에서 사라도 한 번 웃었다. 그리고, 이 웃음을 태어날 아이의 이름으로 삼는다. 이 '웃음'은 "터놓고 '웃다'"인데, 그 안에는 물론 '비웃음'의 의미도 내포할 수 있다. 그래서 어떤 사람들은 이 '웃음'을 '비웃음'으로 보기도 하지만,736) '비웃음'은 분명히 아닌 것으로 보이며,737) 아브라함과 사라는 이 무렵에 그들 자신의 불임상황에 익숙해져 있었기 때문에,738) '좋음'이기는 하지만 믿을 수가 없어서 나타나는 '웃음'으로 보인다.

사라가 믿을 수 없는 상황에 처했을 때, 그녀가 그 아들에 관한 예언의 말씀을 '웃음'으로 표현했다는 것은 이 무자한 사건이 그녀에게 상처가 되지는 않았다는 것을 의미한다. 즉, '후손의 없음'이 이제 언약관계에 문제가 되지 않는다는 것이다. 어떻게 보면 이것은 이제 아브라함과 사라에게 '축복'의 내용이 이제 자신들의 최고 관심사가 아니라는 것을 암시한다. 이때의 '웃음'은 "('후사'가 아니어도) 괜찮습니다"의 의미이기 때문이다. 즉, 이것은 아브라함에게 이제는 더 이상 '축복'을 매개로 해서 서로 간의 언약이 존재하는 것은 아니다는 의미로 보인다.739)

나. '그 후손'의 이름이 된 '웃음'

아브라함과 사라의 '웃음'은 이제 '자손' 문제를 여호와께서 더 이상 거론하지 않아도 그것이 '여호와'와의 언약관계에 상처가 되지 않는다는 의미로 보인다. 이것은 땅의 축복에 대해서 달관하고 초월한 상태의 '웃음'으로 보인다.

736) 웬함, 「창세기2」, 139. 송병현, 「엑스포지멘터리 창세기」, 340.

737) Leupold, 「창세기(상)」, 469.

738) 브루그만, 「창세기」, 251.

739) 브루그만, 「창세기」, 251: 그 많은 실망 속에서도 아브라함과 사라가 그 신앙을 지킬 수 있었던 데에는 어떤 지혜가 존재하였을까? 사실 이미 아브라함의 언약의 주제는 이제 '축복'에서 '하나님 자신과의 관계'로 발전하였기 때문으로 보인다. 창세기 12:2-3의 '원언약'이 외적인 '축복'으로 표현된 언약이었다면, 이제 '제사언약'에서부터 시작된 '언약'은 오히려 내면적인 '하나 됨'이 언약개념에서 개발되었던 것이다. 이러한 시기를 기점으로 하여서 '아브라함의 언약추구'는 '축복' 보다는 이제는 '여호와' 자신을 추구하는 관계로 발돋움한 것으로 보인다. (필자)

월터 브루그만은 이에 대해 "사라가 불임상황을 정상적인 것으로 받아들였음을 의미한다"740)고 해석한다. 한편, 여호와께서는 이 '웃음'을 매우 진지한 대화의 주제로 승화시킨다.

이삭이라는 존재가 모든 이해관계자에게 큰 '웃음'과 '기쁨'을 줄 것이다. 아브라함과 사라 뿐만 아니라, 이것은 여호와에게도 그러하며, 모든 열방에 대해서도 '기쁜 소식'이다. 이 이름에 이와 같은 '메시아적' 요소가 잠재해 있다.741) 창세기 22장의 이삭번제 사건은 메시아적 행위의 비유인데, 이 '이삭 안에서'(창 18:18b)742) 그 후손들이 구원에 이른다.

3. '여호와의 언약실행'으로서의 '사라의 아이'

아브라함의 언약에 있어서 여호와 켠에서의 아브라함을 향한 약속은 "내가 너로 큰 민족을 이루고 네게 복을 주어 네 이름을 창대케 하리니"(창 12:2a)였는데, 그 언약실행의 절정의 단계가 곧 '씨'에 대한 것이었다. 이제야 그 언약의 궁극적인 모습이 드러나기 시작한 것이다. 그런데 다음에 전개되는 이야기를 보면 알 수 있듯이 소돔과 고모라의 심판이라는 급박한 상황이 이 '언약적 사건'에 모종의 영향을 미친 것으로 보인다.

여호와께서 아브라함에게 하신 약속이 절정에 이르렀듯이 이제 아브라함이 여호와를 위한 'בְּרָכָה'로서의 약속도 절정에 이르렀다. 소돔과 고모라의 악함에 대해서 심판은 결정되었고, 하나님의 정의는 실행되어야만 했다. 그런데 여호와는 창조자로서 모든 민족과 열방의 아버지이시다. 그가 지으신 세상이 인간의 악함으로 인하여 심판에 이르게 할 수는 없었다. 이에 대해 여호와께서는 끝없는 그의 사랑으로 인해 구원자로 등장하신다. 그는 이 일에 중보자를 찾

---

740) 브루그만, 「창세기」, 251.

741) 징일오, 「창세기 해설」, 257.

742) 창 18:18b에 의하면, "천하 만민은 그 안에서(בוֹ) 복을 받게 될 것이 아니냐"라고 말하고 있다. 이때 '그 안에서(בוֹ)'는 장차 예수 그리스도께서 성취할 구원의 형태와 일치하는데, 모든 성도들이 '그리스도 안에서' 구원에 이른다. 이때 '그리스도 안에서'란 "그리스도에게 속하여서 그와 함께 십자가에 참여하여 그와 함께 죽고 함께 사는 것"을 의미한다. 이 구원의 도식이 여기(창 18:18)에서부터 나타나고 있는 것이다.

으시었으며, 이 일을 위해서 아브라함을 선택하여 불렀던 것이다. 창세기 18:19에 의하면, 여호와께서 아브라함과 그의 후손들과 언약을 맺은 것은 바로 이때를 위해서였다. 아브라함이 이 언약을 기억하여 이제 아브라함 켠의 언약적 소임을 다하기를 간절히 원하고 계시는 것이다. 부름을 받은 아브라함의 언약적 역할도 이제 절정에 이르렀다.

그런데, 어떤 측면에서 보면, 여호와께서 자신의 수행하여야 할 약속에 대해서 지금까지 침묵하셨다. '큰 민족 등'(창 12:2a)에 대한 약속을 아브라함이 가나안 땅에 들어올 때부터 하였는데, 이제 아브라함의 나이가 99세에 이른 상황인데도 그 '아들'이 없다. 너무도 대조되는 상황이었다. 여호와께서는 절박함으로 아브라함이 그의 언약을 이행하여 소돔을 위한 중보기도를 하기 원하신다. 그런데, 정작 여호와께서는 아브라함에게 한 아들도 허락하지 않으셨다. 정작 여호와께서 너무도 간절한 상황에 처했는데, 자신은 침묵하고 아브라함에게만 그의 역할을 요구하고 있는 셈이 되었다. 이때 가장 우려가 되는 것은 이러한 언약의 지체로 인한 아브라함과 사라의 믿음이었다. 여호와께서는 아브라함에게 여전히 양자 간의 언약 관계가 진행되고 있음을 상기시킬 필요가 있었다.

이에 대해, 여호와께서는 자신의 언약 이행에 대해서 "보라, 사라에게 아이가"라는 말씀으로 이 언약조항의 실상을 말씀하신다. 이미 여호와켠에서 그 언약은 실행되었다는 것이다. 오히려 여호와의 결정적 약속은 이미 완수된 것을 통보하고 있는 것이다. 그렇다면, 이제 요청되는 것은 아브라함이 자신의 בְרָכָה적 직무에 다시금 경성하여야 한다. 한편, 이때 아브라함과 사라는 여호와의 약속에 대해서 포기상태에 있었다. 이에 대해 여호와께서는 "보라, 사라에게 아이가"라는 말씀과 "여호와께 능치 못한 일이 있겠느냐 기한이 이를 때에 내가 네게로 돌아오리니 사라에게 아들이 있으리라"고 말씀하심을 통해서 다시금 아브라함과 사라가 그 언약에 집중하기를 원하시는 것이다. 이것은 역으로 아브라함도 또한 힘을 다하여 자신의 '언약이행'에 집중할 것을 원하고 있는 말씀인 것이다.

4절   아브라함의 언약이행에 대한 촉구

1. 나의 하려는 것을 아브라함에게 숨기겠느냐 (창 18:16-17)

가. '하나님의 비밀'에 참여하는 아브라함

소돔과 고모라에 대한 상황이 급박하였기 때문에 여호와께서는 아브라함에게 "나의 하려는 것을 아브라함에게 숨기겠느냐"라고 말씀하시었는데, 이것은 여호와께서 아브라함을 마치 동역자 처럼 대우하신 것이었으며, 어떤 이유가 있었다. 그리고 우리는 그 이유를 알아야만 한다.

터너(Turner)는 "여호와는 왜 아브라함에게 이 사실을 누설할 필요성을 느끼는가?"라고 말하며, 이야기의 전개를 통해서는 그 이유가 분명하지 않다고 말하고 있다.743) 그러나 이러한 비밀을 발설하신 정확한 이유는 여호와께서 아브라함에게 '열방의 아비'라는 칭호 혹은 직분을 주셨기 때문이다.744) 즉, 아브라함을 통하여 모든 나라가 복을 받는다고 약속하였는데, 이제 그 중에서 두 나라가 멸망하게 되는 상황에 이른 것이다.745) 약속과 정반대의 결과가 초래되고 있다. 이에 따라 이제 '파트너쉽'을 가진 아브라함에게 이것을 통보하여야 하는 상황에 이르렀다.746) 스키너는 이것을 여호와의 독백이라고 하는데,747) 이것은 적절하지 않다. 해밀턴은 이 구절을 여호와께서 아모스 선지자에게 말한 "주 여호와께서는 자기의 비밀을 그 종 선지자들에게 보이지 않고는 결코 행하심이 없다"(암 3:7)는 구절과 비교한다.748) 야고보서 2:23의 말씀처럼, 여호와가 아브라함을 마치 벗처럼 대하고 있는 상황이 전개된 것이다. 데오도르 H. 에프는 이 상황에 대해서 "우리는 아브라함이 하나님과의 새롭고 친근한 사귐 안으로 들어가는 것을 보게 된다"749)고 말하며, 김의원은 "아브

---

743) Turner, *Genesis*, 85.

744) 카일 · 델리취, 「창세기」, 254: Turner, *Genesis*, 85.

745) Brogman, *Genesis*, 79; 해밀턴, 「창세기 2」, 40.

746) Brogman, *Genesis*…, 79.

747) Skinner, *Genesis : The International Critical Commentary*, 304 : 이에 대해 스키너는 '하나님의 독백'이라고 말한다. 즉, 그 자신 스스로에게 말했다는 것이다.

748) 해밀턴, 「창세기 2」, 39.

749) 데오도르 H. 에프, 「복의 근원이 된 사람 아브라함」, 132.

라함을 통해 천하만민이 복을 받게 되는 언약의 내용 때문"750)이라고 한다.

여호와께서 "나의 하려는 것을 아브라함에게 숨기겠느냐"라고 하신 '천상 비밀의 누설'은 여호와의 천사들이 소돔과 고모라로 들어가고 여호와 아브라함 단둘이 있을 때 이루어졌다. 그 내용은 다음과 같다.

여호와께서 가라사대 나의 하려는 것을 아브라함에게 숨기겠느냐. (창 18:17)

이제 위의 말씀은 '하나님의 비밀'에 아브라함을 부르시는 내용이 된 것이다.751) 위에서 언급된 '나의 하려는 것'은 여호와의 천상회의의 결정사항이었다. 베스터만은 위의 '천상의 비밀누설'에 대해 "이때 아브라함은 그 약속으로 인하여 높이 올리움을 받는다. 그 결과 그는 하나님의 계획에 참여할 수 있는 권한을 부여 받는다"752)라고 말한다. 그런데, 위의 여호와의 발언에 대해 이러한 아브라함의 지위 상승으로 접근하는 것은 본문의 취지에 맞지 않아 보인다. 지금의 이 상황은 여호와의 입장에서 급박한 사건이다. 하늘 천상회의의 심판 결정을 중보자를 통해서 어떻게든 막아보려는 것이 여호와의 뜻이었다.

이러한 흐름은 노아의 홍수 사건 때에도 동일하게 나타났다. 여호와께서는 세상의 악함을 보고 하늘에서 이미 심판을 결정하신다. 그가 만든 세상을 쓸어버려야 하는 상황에 이른 것이다.(창 6:5-7) 그런데 여호와께서는 이때 노아에게 은혜를 베푸시며,(창 6:8) 그가 궁극적으로 하나님께로부터 의롭다함을 얻기까지 이르게 하신다.(창 6:9) 그 결과 하나님께서는 '홍수심판'을 그에게 말씀하시고 그로 하여금 방주를 짓게 하여 구원에 이르게 한다.(창 6:13-22) 그리고 심판이 지난 후에 노아는 여호와께 번제의 제사를 드린다.(창 8:20) 즉, 여호와가 이 홍수심판에서 심판자였지만, 궁극적으로 노아의 구원자였음이 드러난 것이다. 이러한 동일한 흐름이 소돔과 고모라의 심판 상황에서도 발생

---

750) 김의원, 「창세기 연구」, 342.

751) Wenham, *Genesis 16-50*, 50.

752) Westermann, *Genesis*, 138.

한 것으로 보인다.

나. '여호와의 행할 일'에 삽입되는 '언약 본문'

여호와께서 창세기 18:17에서 "나의 하려는 것을 아브라함에게 숨기겠느냐"라고 말씀하셨는데, 이것의 내용은 창세기 18:20의 "소돔과 고모라에 대한 부르짖음이 크고 그 죄악이 심히 중하니"라고 소개된다. 즉, 여호와께서 행하고자 하시는 일이 창세기 18:17과 18:21의 내용이며, 이제 그 사이에 창세기 18:18-19의 '언약의 내용'의 삽입 된다. 즉, 현재까지 이루어진 여호와의 총회에서 이루어진 '심판의 결정'과 그 '심판의 실행' 사이에 '아브라함의 언약 문장'이 삽입되어 있다는 것이다. 즉, 이 문장의 구조는 다음과 같이 되어 있다.

A. 나의 하려는 것을 아브라함에게 숨기겠느냐.(창18:17)
  B. 아브라함 언약 : 아브라함 축복에 관한 여호와의 역할(창18:18)
  B'. 아브라함 언약 : 아브라함의 역할 (창18:19)
A'. 소돔, 고모라에 대한 부르짖음이 크고 그 죄악이 심히 중하니(창18:20)

즉, 소돔의 심판과 관련하여 '아브라함의 언약'이 그 사이에 끼여 있다. 먼저 18절은 여호와께서 아브라함에게 하여야 할 일이다. 그리고 19절은 여호와께서 아브라함에게 요청하는 내용이다. 이때 18절의 내용은 "아브라함은 강대한 나라가 되고, 천하만민은 그로 말미암아 복을 받게 될 것이 아니냐"로서, 기존의 창세기 12:2-3에서의 여호와께서 아브라함에게 행하실 '언약의 내용'(창 12:2a, 12:3)과 큰 변동이 없다. 그런데, 그런데, 19절에는 "내가 그로 그 자식과 권속에게 명하여 여호와의 도를 지켜 의와 공도를 행하게 하려고 그를 택하였나니"라고 나타나는데, 이것은 창세기 12:2b의 "너는 בְּרָכָה가 되라"와 평행을 이루는 본문이다. 즉, "너는 בְּרָכָה가 되라"는 말씀이 아브라함의 '의와 공도'에 대한 촉구로 나타난다는 것이다. 이것은 아브라함의 'בְּרָכָה'로서의 역할이 이와 같이 발전되어 나타난 것임을 알 수 있다. 즉, 창세기 18:19은 "너는 בְּרָכָה가 되라"의 또 다른 모습이다.

즉, 여호와께서 이와 같이 문장을 구성하신 이유는 바로 아브라함이 בְּרָכָה로서 수행하여야 할 '언약이행'이 여호와의 '심판의 결정'과 '심판의 실행' 사이에서 수행하여야 할 어떤 것임을 의미하며, 그것은 "아브라함이 의와 공도를 행하는 것"이라는 것이다. 즉, 여호와의 심판의 결정과 실행 사이에서 아브라함이 'בְּרָכָה'로서의 '의와 공도'를 실행할 것을 촉구하신 것이다.

다. 비밀 발설의 진정한 이유

여호와께서 창세기 18:17,20에 나타난 바와 같은 '심판에 관한 비밀'을 아브라함에게 알리시는 이유는 무엇인가? 그것은 이 상황과 관련하여 아브라함이 여호와와 맺은 언약을 실행하라는 것이었다. 여호와께서는 "너는 בְּרָכָה가 되라"는 그 언약조항을 '의와 공도'의 차원으로 발전시켜 말씀하신 것이었는데, 이것이 진정한 'בְּרָכָה'의 의미일 수 있다.

이 심판의 문제가 여호와 입장에서는 가장 위급하고 중요하다. 여호와는 분명히 모든 인생들의 아버지이시며, 의인과 죄인의 하나님이시다. 그런데, 인생들은 자신들의 죄로 인하여서 스스로 멸망해 간다. 한 민족의 죄가 관영하여 이 상소가 '여호와의 총회'에 끝없이 올라온다. 이에 'אֱלֹהִים(여호와의 천상총회)'의 회의가 개최되고, 여기에서 나라에 대한 심판이 결정되었다.753)

그런데, 여호와께서 아브라함과 그의 후손을 세우신 이유는 바로 이때를 위해서 였다고 한다. 여호와가 아브라함과 그의 후손들을 제사장 국가로 세우시는 이유는 이것 때문이었다. 이것은 위의 문맥의 흐름을 통해서 정확하게 드러났다. 여호와는 분명히 소돔과 고모라의 '심판'을 위해서 내려오셨지만, 이보다 먼저 아브라함에게 들러서 이 일에 대한 간절한 '중보기도'를 촉구하였던 것이다. 이것이 'בְּרָכָה'로서의 '의와 공도'이다.

우리는 위의 문맥에서 무엇이 의와 공도인지를 분명하게 하여야 한다. 즉, 위 본문의 내용을 순차적으로 이해하면 그 의도가 분명하게 드러난다. 여호와께서는 17절에서 '여호와께서 행하고자 하는 일' 곧 천상총회의 결정사항을 아브라함에게 알리겠다고 하신다. 그리고 그 결정사항을 바로 말씀하시는 것

---

753) 하늘의 천상총회에 대한 이러한 추정은 '노아의 사건'을 통한 추정이다. 창세기 6장에 의하면, '심판'이 먼저 결정되고, 이에 대한 '구원자'로서 '노아'가 택함을 받는다. (필자)

이 아니라, 18절에서 나오는 것은 자신의 아브라함을 향한 언약이행의 사실이다. 그리고 19절에서는 아브라함의 언약 이행을 촉구한다. 그렇게 하고 나서 20절에서 천상총회의 결정이 '소돔과 고모라의 심판'이라고 말씀하신다.

그렇다면 'בְּרָכָה'로서의 아브라함의 행해야 할 일은 무엇이겠는가? 저들의 죄가 크기 때문에 심판하는 것이 '의와 공도'라고 해석해야 하는지, 아니면 도리어 저희들을 위해서 중보기도를 해야 하는지, 아브라함은 이 상황에서 'בְּרָכָה'로서의 언약이행을 해석해야 한다. 그런데, 창세기 12:2b와 12:3의 말씀을 여기에 접목해보면, 그는 '중보기도' 외에는 다른 아무 해석도 할 수 없다. 그는 'בְּרָכָה' 곧 '축복하는 자'였기 때문이다. 아브라함의 해석은 너무도 자명하였으며 그렇게 혼돈스러운 것도 아니었다.

이것이 여호와께서 아브라함에게 비밀을 발설한 이유였다. 즉, 여호와께서는 아브라함의 중보기도 때문에 "자신이 하고자 하는 일"로서 "천상총회의 결정 사항", 즉 "소돔과 고모라의 심판"이라는 비밀을 발설하시었던 것이다. 아브라함은 이 말을 너무도 빠르게 이해하였고, 곧바로 중보기도에 들어간다.

우리의 생각으로는 소돔과 고모라는 패역한 땅으로서 멸망 받는 것이 지극히 당연하며, 이것이 하나님 공의의 실현이라고 말할 수 있다.754) 그런데, 여호와의 관점은 아브라함을 향하여 그러한 심판이 '의와 공도'가 아니라 저희를 위하여 중보기도를 하는 것이 '의와 공도'라고 말씀하고 계시는 것이다. 그리고 아브라함은 이 말의 뜻을 별다른 설명이 없이도 알아들었으며, 여호와를 이와 같은 분으로 이미 알고 있었다.

2. '원 언약'(창 12:2-3)과 '방문 언약'(창 18:18-20)의 비교

가. 두 언약 본문의 비교

여호와의 방문을 통해 나타난 창세기 18:18-19의 언약 본문과 창세기 12:2-3의 언약 본문은 서로 평행을 이루고 있음을 알 수 있다. 다음의 창세기 12:2-3의 언약 내용이 소돔과 고모라의 심판 상황에 맞추어지면 그 내용은 창세기 18:18-19로 나타난다. 다만, 언약의 본문을 말씀하시는 순서에 있

---

754) 김성수, 「내가 너로 큰 민족을 이루게 하리라」, 140

어서와 동사의 형태에서만 차이가 날 뿐이다. 창세기 12:2-3의 '원 언약'에서
는 모두 '명령형'을 사용하는 데 반하여, '방문 언약'에서는 '미완료형과 완료
형'을 사용한다. 그 두 본문을 병렬하면 다음과 같다.

①내가 너로 큰 민족을 이루고 네게 복을 주어 네 이름을 창대케 하리니(1
인칭 명령형), ②너는 'בְּרָכָה'가 될지라(2인칭 명령형). ③너를 축복하는 자
에게는 내가 복을 내리고 너를 저주하는 자에게는 내가 저주하리니(1인칭
명령형) 땅의 모든 족속이 너를 인하여 복을 얻을 것이니라(3인칭 복수 미
완료형). (창 12:2-3)
①아브라함은 강대한 나라가 되고(3인칭 단수 미완료형), ③천하 만민은
그를 인하여 복을 받게 될 것이 아니냐(3인칭 복수 미완료형), ②내가 그로
그 자식과 권속에게 명하여 여호와의 도를 지켜 의와 공도를 행하게 하려
고 그를 택하였나니(3인칭 완료형), (창 18:18-19)

한편, 위의 창세기 18:18-19의 말씀을 모호하게 바라보는 학자들도 존재한
다.755) 그런데, 앞에서 살펴본 것처럼, 위의 명제들을 '아브라함의 언약' 구조
에 대입하여 보면, 여호와의 그 의도가 분명하게 드러난다. 위의 대화는 '중보
기도'에 대한 강력한 촉구로서, 다름 아닌 '언약이행'의 촉구였다.

나. 'בְּרָכָה' 와 '의와 공도'의 관계

우리는 위의 두 본문을 도식화하여 이해할 수도 있다. 먼저, 창세기 12:2-3
의 아브라함의 언약의 내용은 다음과 같이 도식화 된다.

---

755) 김성수, 「내가 너로 큰 민족을 이루게 하리라」, 140 ; 김성수는 "여호와께서는
아브라함에게 약속하신 나라가 의의 나라임을 먼저 밝히신 다음, 이와는 정반대의 모습을 보이
는 소돔과 고모라에 대하여 말씀하신다.… (그런데) 성격이 전혀 다른 두 나라의 일이 무슨 관
계가 있어 나란히 기록되었는지 그 이유를 분명히 제시하고 있지는 않다"고 말한다.

그리고 위의 창세기 18:18-19의 내용은 다음과 같이 도식화 될 수 있다.

위의 비교에 의하면, 창세기 18:18-19의 말씀은 방문을 통한 '언약 본문'으로서 창세기 12:2-3의 언약본문과 차이가 나는 것은, 창세기 12:2b의 "너는 בְּרָכָה가 되라"는 아브라함에게 해당되는 언약본문이 창세기 18:19에서는 "내가 그로 그 자식과 권속에게 명하여 여호와의 도를 지켜 의와 공도를 행하게 하려고 그를 택하였나니"로 발전된 부분이다. 즉 이것이 의미하는 바는 "너는 בְּרָכָה가 되라"에 대한 설명이 "의와 공도"인 셈이다. 여호와께서는 아브라함이 자신과 맺은 "너는 בְּרָכָה가 되라"는 언약을 이제는 "의와 공도를 행하는 것"으로 실행할 것을 촉구하고 있는 것이다.

다. בְּרָכָה적 태도로서의 '중보기도'

"너는 בְּרָכָה가 되라"는 언약 본문을 "너는 의와 공도를 행하라"로 변화시킨 후에 여호와께서는 '소돔과 고모라의 심판'이라는 '천상회의의 비밀'을 누설하신다. "너는 의와 공도를 행하라"와 "소돔과 고모라의 심판"이 결합되었을 때, 아브라함이 행동으로 하여야 할 대답은 무엇이겠는가? 원래 "너는 의와 공도를 행하라"는 "너는 בְּרָכָה(축복하는 자)가 되라"를 의미하는 상황이라면, 그것은 바로 중보기도로 나타날 수 밖에 없다.

여호와께서는 아브라함에게 "너는 בְּרָכָה(축복하는 자)가 되라"고 하신 명령은 원래 "너는 나를 대신하여 축복하라"는 의미였다. 이것이 권위자와 일반사람 사이에 'בְּרָכָה'라는 용어가 사용되었을 때의 해석이었다. 원래 בְּרָכָה적 행위

는 '여호와를 대신한 행위'였다. 여호와께서 열방을 축복하여 온 땅에 여호와
의 복이 흐르게 하고 싶은데, 누군가가 땅에서 여호와를 대신하여 축복하는
자가 되길 원하고 있는 것이다. 이것이 여호와께서 이 세계 속에 세우신 구조
이다. 여호와와 열방 사이에 아브라함이 있으며, 이 중간에 있는 자의 마땅한
바는 중보기도이다. 그래서, 여호와께서는 그것을 '의와 공도'라고 하신다. 그
것은 'בְּרָכָה'로 임명된 자가 해야 할 마땅한 본분이었다. 위의 본문을 이와 같
이 해석해야한다. 여호와가 천상의 비밀을 발설하신 이유는 이 '소돔과 고모
라'의 심판 상황에서 누군가가 자신을 막아주길 원하고 있는 것이다. 이것이
죄악 된 세상을 향한 여호와의 마음이다. 그리고 이들에 의해 세상이 '하나님
의 심판'으로부터 지금까지 지탱되고 있는 것이다.

혹자는 이 창세기 18:20-21의 본문에 대해 "여호와께서 아브라함과 의논하
며 상의 한다"756)고 말하며, 혹자는 이것을 '여호와의 독백'757)이라고도 말하
는데, 이때의 상황은 그렇게 여유로운 것이 아니고, 한 나라가 심판을 받아 멸
망하는 아주 다급한 상황이었다. 따라서 하나님은 이에 대해 아브라함에게 '언
약이행'을 강력하게 촉구하고 이것을 '명령'하고 있는 본문이다. 위의 본문 뉘
앙스에 의하면 여호와의 '중보기도 촉구'는 상당히 비장하다. 이것이 여호와가
아브라함을 '선택한 이유(יָדַע 로서 알게 된 이유)'758)이며, 언약의 존재이유였
다. 여호와께서는 앞에서의 언약의 말씀 후에 소돔과 고모라의 심판상황을 말
씀하심을 통해서, 아브라함에게 소돔과 고모라를 향한 בְּרָכָה적 행위를 촉구하
였던 것이다. 하늘의 천상회의를 통하여 소돔과 고모라에는 심판이 정하여졌
다. 그래도 여호와께서는 한 죄인을 구원하시기 위해서 의인을 선택하시고, 그

---

756) Leupold, 「창세기(상)」, 472.

757) 존 C.L. 깁슨, 「창세기(하), 바크레이패턴 구약주석」, 이기문 역 (서울: 기독교
문사, 1985), 95.

758) 뒤의 본문에서 논의하겠지만, 여기에서의 '선택한 이유'라는 용어의 '선택'의 히브
리어 원문은 יָדַע 이다. 이것은 '친밀하게 알다'로 많이 번역되며, 성경에서 '혼인 메타포'로서
많이 사용된다. 이곳에서도 혼인메타포로서 사용될 수 있는데, 그렇다면 이 יָדַע 의 사건은 '제
사언약'에서의 서로의 '하나 됨'을 반영한 단어라고 말할 수 있겠다. 즉, 여호와가 아브라함을
자신의 신부처럼 받아들이고, 그와 하나가 된 이유는 바로 이 때를 위해서 라고 하신 것이다.
이에 대해 아브라함은 '중보기도'로 반응하고 있다. (필자)

에게 그 죄인을 위해서 기도하게 하시는 것이다.

3. 여호와의 언약조항

가. 아브라함은 강대한 나라가 되고 (창 18:18a)

창세기 18:18-19은 '방문 언약'에서의 언약 본문으로서, 창세기 12:2-3의 '원 언약'에 나타난 바와 같이 언약적 당사자들의 각각의 역할이 있다.

먼저, 여호와께서 아브라함에게 행하실 첫 번째 언약 조항은 "아브라함은 강대한 나라가 되고, 천하 만민은 그를 인하여 복을 받게 될 것이 아니냐"이다. 이때 "아브라함은 강대한 나라가 되고"는 아브라함의 '땅의 축복'과 관련한 본문이다. 그리고 이 본문은 창세기 12:2a와 평행을 이룬다.

아브라함은 분명히 크고 강한 나라가 될 것이다 (창 18:18 a)

וְאַבְרָהָם הָיוֹ יִהְיֶה לְגוֹי גָּדוֹל וְעָצוּם וְנִבְרְכוּ

내가 너로 큰 민족을 이루고 네게 복을 주어 네 이름을 창대하게 하리니, (창 12:2a)

창세기 18:18의 본문을 직역할 때, הָיוֹ יִהְיֶה 에 대한 번역에 있어서 יִהְיֶה는 'הָיָה, 되다'의 '미완료형'으로서 '…될 것이다'로 번역되어야 하며, הָיוֹ는 또한 'הָיָה, 되다'의 부정사 절대형으로서 '분명히'로 번역된다. 따라서 여호와께서 이와 같은 표현을 하신 것은 "(절대적으로) 그와 같이 될 것이다"를 의미한다. 이것은 언약적 용어로서는 특이한데, 앞의 창세기 12:2a 등에서는 1인칭 청유형을 사용하기 때문이다. 이제 이곳에서는 3인칭 미완료형을 사용하고 여기에 부정사 절대형을 삽입하여서 '확실성'을 강조한 것은 그 언약 이행의 확실성을 강조한 것으로 보인다. 마치 예언처럼 말하고 있기 때문에 여기에는 변수가 존재하지 않는다.

이와 같은 동사의 사용을 추정해 보면, 보통 1인칭 청유형은 명령형으로서 지금부터 장래에 걸쳐서 실행되고 있음이 강조된 표현이었다. 그런데, 미완료형에 부정사 절대형이 추가된 것은 거의 예언과 같은 의미를 지니며, 여호와께서 하여야 할 일은 모두 마쳐진 듯한 인상이다. 이제 장래에 드러날 일만 남았다. 특히 이것은 '이삭'의 탄생을 통해서 드러날 것이다. 여호와께서 아브라함에게 '씨, 이삭'을 허용한 것을 이렇게 표현된 것으로 보인다.

나. 천하만민이 그를 인하여(안에서) 복을 받을 것이다 (창 18:18 b)

언약 본문의 두 번째 내용은 "천하만민이 그 안에서 복을 받을 것이 아니냐"라는 본문인데, '원 언약'과의 평행관계를 통해서 이해해 보면, 이것은 '아브라함으로 인한 열방의 복'에 관한 것이다.759) 원래의 언약 문장에 의하면, 이러한 복은 아브라함의 בְּרָכָה적 행위의 결과로서 주어져야 한다. 그런데, 여호와께서는 그 순서를 바꾸어서 이것을 먼저 언급한다. 이 내용을 창세기 12:3과 비교하여 소개하면 그 내용은 다음과 같다.

그 안에서 땅의 모든 나라들이 복을 받을 것이다. (창 18:18b)

וְנִבְרְכוּ בוֹ כֹּל גּוֹיֵי הָאָרֶץ

땅의 모든 족속이 네 안에서 복을 얻을 것이라 하신지라. (창 12:3)

וְנִבְרְכוּ בְךָ כֹּל מִשְׁפְּחֹת הָאֲדָמָה

한편, 위 창세기 18:18b의 본문과 창세기 12:3의 본문에서 차이가 나타나는 것이 있는데, 창세기 12:3에서 '네 안에서'라고 한 것을 창세기 18:18b에서는 '그 안에서'라고 말하고 있다. 물론 여기에서의 '그'가 아브라함일 수도 있다. 그런데, 여기에서의 '그'는 창세기 17:7에서 언급한 '그 씨'일 수 있다. 지금까지 '사라의 아이'에 대한 대화를 하였는데, 여기에 나타난 '그'일 수 있다는 것이다.

이러한 내용들에 의하면, 여호와께서는 그에게 '이삭'을 허락함을 통해서 아브라함에게 약속한 모든 언약을 다 수행하였다는 것을 말씀하시는 것으로 보인다. 아직 아들이 탄생한 것은 아니지만, 이미 사라에게 '아들'은 주어졌다. 이와 같이 여호와께서 자신의 행하실 언약을 다 이행하였다면, 이제 남은 것은 아브라함이 수행해야 할 언약만 남은 것이다.

759) 해밀턴, 「창세기 2」, 40.

4. 아브라함의 언약조항

가. '아브라함의 언약조항'을 상기시켜 주는 여호와 (창 18:19 a)

아브라함은 평생토록 언약을 중심으로 한 삶을 살아왔다. 그에게 언약이행의 자세는 언제든지 준비되어 있었으며, 그것이 그에게 어려운 것은 아니었다. 현재의 상황 속에서 이제 아브라함이 수행해야 할 언약조항은 어떻게 되는가? 여호와께서는 이것을 안내할 필요성이 있었다. 여호와께서는 다음과 같이 말씀하신다.

> 내가 그로 그의 아들들과 권속에게 명하여 여호와의 도를 지켜 의와 공도를 행하게 하려고 그를 택하였나니,(창 18:19 a)

כִּי יְדַעְתִּיו לְמַעַן אֲשֶׁר יְצַוֶּה אֶת־בָּנָיו

וְאֶת־בֵּיתוֹ אַחֲרָיו וְשָׁמְרוּ דֶּרֶךְ יְהוָה לַעֲשׂוֹת

앞에서 언급한 바와 같이 창세기 12:2-3의 '원 언약(최초 언약)'에서 여호와께서 아브라함에게 행해야 할 언약조항, 즉 창세기 12:2a와 12:3이 창세기 18:18과 평행을 이룬다면,[760] 이제 위의 내용은 창세기 12:2b의 "너는 בְּרָכָה가 되라"와 평행을 이룬다. 즉, 위의 구절은 "너는 בְּרָכָה가 되라"의 또 다른 해석인 것이다. 그리고 우리는 위의 구절을 자세히 살펴봄을 통해서 "너는 בְּרָכָה가 되라"는 언약 이행이 어떻게 이루어지는지를 알 수 있다.

이때 그 내용은 "여호와의 도를 지켜 의와 공도를 행하게 하려고 선택하였다"라고 나타난다. 이 구절을 면밀히 이해하기 위해서는 히브리어 원문의 배열 순서에 따라 "~을 위해서 선택하였다", "여호와의 도를 지켜", 및 "의와 공도를 행함"의 순서를 좇아 살펴보아야 한다. 이것은 "너는 בְּרָכָה가 되라"는 언약조항의 이해이기도 하다.

나. 목적을 위한 선택 : יְדַעְתִּיו לְמַעַן

---

760) 브루그만, 「창세기」, 264.

위의 히브리어 본문에 나타난 יְדַעְתִּיו לְמַעַן 이라는 용어는 "~을 위해서 선택하다"라고 번역되는데, 이때 לְמַעַן 이라는 용어 중 מַעַן은 '목적'을 의미한다. 이것은 여호와께서 아브라함과 언약을 맺은 데에는 궁극적인 목적이 있음을 보여준다. 그런데, 이 보다 더욱 중요한 용어는 "내가 너를 선택하였다"로 번역된 יְדַעְתִּיו 에 대한 이해이다. 이 동사의 원형 יָדַע는 보통 '선택하다'라는 번역보다 '알다'라고 번역되는 것이 일반적이다. 이 단어가 '알다'로 번역되지 않고, '선택하다'로 번역된 것은 구약성경에서 이 구절 뿐이다. 어떤 면에서 보면 이것은 '알다'로 번역되는 것이 더욱 타당할 수 있다. 보통 '선택하다'라는 단어는 בָּחַר 이라는 단어가 사용된다.

원래 יָדַע 라는 동사가 '하나님과 인간' 간에 사용되었을 경우에 이 단어는 매우 '감정적인 앎'을 의미한다. 일반적으로 물리적 존재들끼리의 앎은 단순히 '감각적이고 지각적인 앎'으로 충분하며, 여기에 심리적인 부분이 반영되면 여기에서도 '감정적인 앎'이 요청된다. 그러나 인간과 하나님 사이의 '앎'은 양자간의 존재양태가 다르기 때문에 '감각적이거나 지각적인 앎'으로는 서로 간의 인식에 한계를 가진다. 하나님은 물리적인 존재가 아니기 때문에 '감각적이거나 지각적인 앎'은 불가능하다. 이러한 존재론적인 차이가 있을 경우의 앎은 '감성적인 앎, 혹은 성적인 앎(Emotional and Sexual Knowledge)'이라야 가능하다. 히브리어 성경은 이러한 내용을 잘 반영하고 있다. 이러한 이해를 위해서 우리는 יָדַע 동사를 체계적으로 이해할 필요가 있다.

① יָדַע 동사의 세속적 사용

יָדַע 동사는 그 동사의 용도에 따라서 그 내용이 달라진다. 이에 대해 TDOT에서는 세속적 앎의 용도, 종교적 용도, 계시적 용도로 분류한다.761) 보통 יָדַע 는 '인식하다, 알다'의 의미인데, 그 알아가는 과정 전체를 의미한다.

따라서 이 단어가 '세속적인 앎'이라는 용도로 사용될 경우, 이 단어는 주로

---

761) G. Johannes Botterweck, יָדַע, *Theological Dictionary of the Old Testament*, Vol. 5, Ed. by G. Johannes Botterweck · Helmer Ringgren, Tr. by David E. Green (Grand Rapid, Michigan: William B. Eerdmans Publishing Company, 1975), 461-462.

인간이 주체가 되어서 사용되며, '시각적 혹은 청각적 인식(Visual and Auditory Perception)'을 의미한다. 따라서 이때의 "앎의 주체는 지각을 위한 물리적 능력을 가져야만 한다. 볼 수 있는 눈이 필요하고,⋯ 귀가 필요하며,⋯ 마음이 필요하다."[762] 이러한 단어의 용례는 무수히 많아서 굳이 여기에서 언급할 필요가 없다.

한편, 이러한 세속적인 용도 중에 יָדַע 라는 단어는 '친분(acquaintance)'이나 '사랑(love)'의 감각 안에서 사용되기도 하는데, 이때 이 단어는 남녀 간의 성 관계를 의미하기도 한다. (창 4:1, 17, 25; 19:5; 19:8; 삿 11:39; 19:22; 19:25; 삼상 1:19; 왕상 1:4)[763] 구약성경의 용례에 의하면 이러한 '친분'이나 '사랑'의 앎도 יָדַע의 사용 범위에 포함시키고 있다. 창세기에서 이러한 용도로 사용된 것은 다음과 같다.

아담이 그의 아내 하와와 동침하매(יָדַע) 하와가 임신하여 가인을 낳고 이르되 내가 여호와로 말미암아 득남하였다 하니라. (창 4:1)

아내와 동침하매(יָדַע) 그가 임신하여 에녹을 낳은지라 가인이 성을 쌓고 그의 아들의 이름으로 성을 이름하여 에녹이라 하니라. (창 4:17)

아담이 다시 자기 아내와 동침하매(יָדַע) 그가 아들을 낳아 그의 이름을 셋이라 하였으니 이는 하나님이 내게 가인이 죽인 아벨 대신에 다른 씨를 주셨다 함이며, (창 4:25)

롯을 부르고 그에게 이르되 오늘 밤에 네게 온 사람들이 어디 있느냐 이끌어 내라 우리가 그들을 상관(יָדַע)하리라. (창 19:5)

내게 남자를 가까이 하지(יָדַע) 아니한 두 딸이 있노라 청하건대 내가 그들을 너희에게로 이끌어 내리니 너희 눈에 좋을 대로 그들에게 행하고 이 사람들은 내 집에 들어왔은즉 이 사람들에게는 아무 일도 저지르지 말라. (창 19:8)

---

762) Botterweck, יָדַע, *TDOT*, 461-462.

763) Botterweck, יָדַע, TDOT, 464.

② יָדַע 동사의 종교적 사용

이 יָדַע 라는 단어는 하나님이 주체가 되어서 사용하기도 하는데, 이것을 TDOT에서는 '종교적인 용도'라고 부른다. 이때 사용되는 יָדַע 라는 단어는 "여호와와 이스라엘 혹은 선택된 자와의 특별한 관계"를 나타내는데 사용된다. 특히 "여호와와 이스라엘 혹은 개인적인 지도자들, 예컨대, 아브라함, 모세, 예레미야, 다윗과 같은 자"와의 특별한 관계를 나타내기 위해서 사용된다.(암 3:2; 창 18:19; 출 33:12,17; 신 34:10; 삼하 7:20; 대상 17:18; 렘 1:5) 그 내용은 다음과 같다.

내가 땅의 모든 족속 가운데 너희만을 알았나니(יָדַע) 그러므로 내가 너희 모든 죄악을 너희에게 보응하리라 하셨나니 (암 3:2)

내가 그로 그 자식과 권속에게 명하여 여호와의 도를 지켜 의와 공도를 행하게 하려고 그를 택하였나니(יְדַעְתִּיו) 이는 나 여호와가 아브라함에게 대하여 말한 일을 이루려 함이니라. (창 18:19)

모세가 여호와께 아뢰되 보시옵소서 주께서 내게 이 백성을 인도하여 올라가라 하시면서 나와 함께 보낼 자를 내게 지시하지 아니하시나이다 주께서 전에 말씀하시기를 나는 이름으로도 너를 알고(יָדַעְתִּיךָ) 너도 내 앞에 은총을 입었다 하셨사온즉 (출 33:12)

여호와께서 모세에게 이르시되 네가 말하는 이 일도 내가 하리니 너는 내 목전에 은총을 입었고 내가 이름으로도 너를 앎이니라(וָאֵדָעֲךָ). (출 33:17)

그 후에는 이스라엘에 모세와 같은 선지자가 일어나지 못하였나니 모세는 여호와께서 대면하여 아시던(יְדָעוֹ) 자요 (신 34:10)

주께서 주의 종에게 베푸신 영예에 대하여 이 다윗이 다시 주께 무슨 말을 하오리이까 주께서는 주의 종을 아시나이다(יָדַעְתָּ). (대상 17:18)

내가 너를 모태에 짓기 전에 너를 알았고(יְדַעְתִּיךָ) 네가 배에서 나오기 전에 너를 성별하였고 너를 여러 나라의 선지자로 세웠노라 하시기로 (렘 1:5)

이때 우리는 판단하여야 할 것이 위의 이스라엘이나 그 지도자들에 대한 '앎'이 위의 세속적인 용례에서 일반적인 '앎'일 것인지, 아니면 또 다른 종류의 어떤 '앎'일 것인지를 판단해 보아야 한다. 그런데 굳이 다른 종류의 '앎'을 상정하지 않아도 될 것 같다. 세속적인 '앎' 중에서 '친밀한 혹은 성적인 앎'으로도 충분한 설명이 가능하기 때문이다.

하나님 앞에서 보통 믿음의 지도자들과 이스라엘은 동일하게 간주된다. 이때 여호와께서는 이스라엘을 분명히 '신부'로 생각하였다. 이것이 선지서의 일반적인 통례이다. 그렇다면, 이제 이스라엘 지도자들에 대한 여호와의 앎도 이와 동일할 것이다.

하나님과 사람 사이의 모든 앎은 이와 같은 '감정적인 친밀한 앎'이다. 왜냐면, 사람이 신을 '지각적이고 감각적'으로 안다는 것은 불가능하기 때문이다. 일반적인 사람들의 신에 대한 앎은 추측의 앎일 뿐이다. 그러나 '선택'과 관련한 '앎'은 분명히 '감정적이고, 친밀한 성적인 앎'이라야 할 것이다. 이것은 '신 인식론'과 관련하여 중요한 의미를 지닌다.764) 이 단어가 인간과 신 사이의 친밀함을 나타내는 용어로 혹은 종교적으로 사용될 경우, 그 앎은 물리적 요소를 알아가는 앎이 아니라, '감정적인 요소'가 주를 이루며, 그 궁극에는 마치 '성적인 관계'에서의 앎처럼 되어진다. 사실 창세기 15:9-17에 나타난 여호와와 아브라함의 상호 헌신맹세는 이와 같은 '결혼 메타포'를 나타내고 있다. 그리고 창세기 18:19에서의 'יָדַע, 선택, 앎'은 바로 이때의 사건을 지칭하였다. 그렇다면, 창세기 18:19에서의 'יָדַע, 선택, 앎'은 결혼 메타포로서의 '앎'이었다. 월키(Waltke)는 이때의 '선택하다'에 대해 "I have an intimate(깊은, 친밀한) relationship with him"765)으로 번역될 수도 있다고 한다. 그리고 코터(Cotter)의 경우에는 여기에서의 이 단어는 "지식이나 이해로서의 '알다'가 아니라 사랑으로서 '알다'이다"고 말한다.766) 즉 이 단어는 '하나 됨'의 메타포라는 것이다.

---

764) 근세 이후의 서양은 '형이상학'에서 '인식론'으로 급격한 전환을 이루었는데, 근대와 현대의 철학자들은 온통 '물리적인 인식'만을 존재론 인식의 방법론으로 삼았다. 그런데, 성경에 의하면, 물리적인 아닌 대상에 대한 인식은 오히려 '친밀함의 감정'이었다. (필자)

765) Waltke, *Genesis*, 269.

766) Cotter, *Genesis*, 119.

③ יָדַע와 언약의 관계

이 יָדַע 라는 동사는 '아브라함의 언약'의 본질을 가장 잘 말해 준다. 창세기 15장의 '쪼개는 행위'는 '혼인'과 유사한 '상호헌신맹세'라는 것이 밝혀졌는데, 창세기 18:19의 יָדַע는 이러한 형태의 '앎'을 의미하였다. 이곳 창세기 18:19에서 나타난 'יָדַע, 선택하다, 알다'는 창세기 15:9-17의 그 '쪼개는 행위'를 의미하고 있었던 것이다. 따라서, יָדַע 동사는 언약을 나타내는데 가장 적절한 용어라고 보여진다. 여호와와 이스라엘의 관계에서 사용된 יָדַע나 여호와와 선지자들과의 관계에서 사용된 יָדַע는 모두 여호와와의 언약관계를 지칭하고 있는 것으로 보인다. 대부분의 신비주의자들은 신비체험의 현장에서 이와 같은 형태의 신과의 합일을 주장한다. 우리가 여호와와의 이러한 언약관계에 들어가면 이와 같은 신비적인 연합 속으로 들어간다고 보아야 할 것이다.

만약 신비적인 합일이 언약관계라면, 여기에서 더 중요한 문제가 등장한다. 여호와께서는 창세기 18:19의 본문에서 여호와께서는 יָדַע 동사를 사용함을 통해서 상호헌신 맹세로 인한 '하나 됨'을 강조하였는데, 그러한 관계설정의 이유가 바로 그의 언약 때문이라는 것이 된다. 그의 언약을 위해서 이러한 관계가 설정되었다는 것이다. 이러한 것은 창세기 18:19의 본문 흐름에 잘 나타난다.

여호와께서는 "너는 בְּרָכָה가 되라"는 명령 대신에 "내가 너를 יָדַע 했다"는 것을 먼저 강조한다. 그리고, 이어서 '～을 위하여'라고 말한다. 그렇다면, 이것은 "너는 בְּרָכָה가 되라"는 명령을 위하여 "내가 너를 선택하였다"가 되는 것이다. 즉, 언약 개념 아래에 יָדַע 라는 개념이 설정된다. 이것은 언약을 망각하면 יָדַע의 친밀함이 의미를 잃는다는 것이다.

다. '여호와의 도'를 '지키는 것' : שָׁמַר

여호와가 아브라함을 선택하여 서로 하나가 되었는데, 그 뒤에 이어지는 단어 לְמַעַן에 의하면, 이 '앎'은 '목적이 있는(לְמַעַן) 앎, 사귐'이었다. 그리고 그 '목적'은 אֲשֶׁר이하로 이어진다. 한편, 히브리어의 관계사 אֲשֶׁר에는 '선행사'가 보통 포함된다. 따라서 אֲשֶׁר이하가 모두 한 지시대명사 안에 모두 포함되어 여기에서의 אֲשֶׁר는 영어에서의 관계대명사 'what'이다. 그리고 이때 אֲשֶׁר에 귀속되는 동사는 יְצַוֶּה (명령하다, 단수, 미완료형)와 שָׁמְרוּ (지키다, 복수, 와우 완료형)이다. 이에 의하면, 여호와께서 아브라함을 선택하신 이유는 그로 하여금 여호와의 도를 지키게 하기 위해서 였다. 그 내용은 다음과 같다.

> 왜냐하면 내가 아브라함을 선택하였는데, 그가 그의 아들들과 그의 권속에게 명하여, 그들이 여호와의 도를 지켜 (의와 공도를 행하게 하려)… (창 18:19a,b)

위의 본문에 의하면, 여호와께서 아브라함과 그의 후손들을 선택하신 이유는, 그들로 하여금 '여호와의 도'를 '지켜보게 하기 위해서'라고 말한다. 왜냐면 שָׁמַר라는 동사는 '지켜 보다'는 의미를 우선적으로 가지기 때문이다. 위의 문장을 엄밀히 분석해보면, 아브라함과 그의 후손들은 '여호와의 도'를 'שָׁמַר, 지켜보며, 보호하고, 주의함'을 통해서 '의와 공도'를 행한다. 즉, 자신들의 능력으로 '의와 공도'를 행하는 것이 아니라, 그들은 '여호와의 공도를 지켜봄'을 통해서 '의와 공도'를 행한다. 여기의 שָׁמַר동사는 행위적인 '지키다'가 아니라 '지켜보다'는 의미이다. 이것은 매우 민감한 문제이기 때문에 그 어원을 자세히 살펴볼 필요성이 있다.

① שָׁמַר의 다양한 의미들

TDOT에 의하면, 이 שָׁמַר라는 단어가 동사로 사용될 때, 그것의 기본적인 의미는 "watch(보다, 지켜보다, 주시하다), guard(경비하다), observe(관찰하다), fulfil(이행하다), keep(유지하다), keep watch(보는 것을 지속하다), spy out(정보 활동을 하다)"이라고 말한다. 이 용어가 니팔형으로 사용될 경우에는 "take heed(주의를 기울이다), take care, be on one's guard against"의 의미로 사용된다. 미완료형으로 사용될 경우에는 "watch out! Beware!(조심해라)"(호 12:14; 시 37:28 외)로 사용된다.767)

---

767) Garcia Lopez, שָׁמַר, *Theological Dictionary of the Old Testament*, Vol. 15,

한편, 이 단어가 명사형으로 확장되어 사용될 경우는 "night watch (야간 경계)"(렘 2:19), "guard(경비, 파수꾼), watch(주시)"(욥 7:12; 잠 4:23; 시 141:3 외)[768]의 의미를 지닌다.

② שָׁמַר의 세속적인 용도

구체적이고 세속적인 용법에서 שָׁמַר 동사의 기본적 용도는 "사람들이나 동물들의 '경비', 또는 '바라봄'"(창 30:31; 창 41:35; 출 22:6,9; 출 21:29,36)이다. 그리고 이것이 분사형으로 사용될 때에는 "파수꾼, 경비"(사 21:11,12; 62:6; 렘 51:12; 시 121:3-5; 127:1; 130:6)로 사용된다.[769] 즉, 기본적으로 שָׁמַר 는 무엇을 바라보고 주시한다는 의미를 가지고 있다.

③ שָׁמַר의 상징적이고 종교적인 사용의 경우

구약 성경에서 שָׁמַר가 추상적이고 종교적인 문맥에서 사용될 경우에는 "준수하다(observe), 순종하다(obey)"의 의미로 사용된다. 이것은 주로 언약과 율법의 어휘적 문맥에서 그러하다.[770] 그 사례는 너무 방대하여서 여기에 나열할 수 없을 정도인데, 창세기에서 이 용어가 "준수하다(observe), 순종하다(obey)"로 사용된 용례는 오직 아브라함과의 언약적 사건 속에서만 나타난다. 창세기의 다른 곳에서는 모두 "주시하다, 지켜보다"의 의미로 사용된다.

④ 창세기에 나타난 שָׁמַר의 용례연구

이 שָׁמַר의 용례를 창세기 전체를 통해서 살펴보았을 때, 이 용어는 모두 "주시하다, 지켜보다"의 의미로 사용되었다. 그런데 이 단어는 이러한 용도에서 발전하여 "준수하다, 순종하다"로 사용되는 사례가 아브라함의 언약적 사건

Ed. by G. Johannes Botterweck · Helmer Ringgren, Tr. by David E. Green (Grand Rapid, Michigan: William B. Eerdmans Publishing Company, 1975), 286.

768) Lopez, שָׁמַר, TDOT, 287.
769) Lopez, שָׁמַר, TDOT, 288-289.
770) Lopez, שָׁמַר, TDOT, 289.

속에서 발견되고 있다. 창세기에서 사용된 대부분의 שָׁמַר의 개념은 "주시하다, 지켜보다"였다. 그런데, 아브라함의 언약적 사건 속에서 이 개념은 "준수하다, 순종하다"로 변화되어 나타난다.

창세기에 나타난 שָׁמַר의 용례를 살펴보면 다음과 같다. 먼저, 다음은 창세기에서 일반적인 의미에서 사용된 שָׁמַר의 용례이다. 이때는 "주시하다. 지켜보다, 관찰하다"의 의미를 지닌다.

> 여호와 하나님이 그 사람을 이끌어 에덴 동산에 두어 그것을 경작하며 지키게(שָׁמַר) 하시고 (창 2:15)
> 이같이 하나님이 그 사람을 쫓아내시고 에덴 동산 동쪽에 그룹들과 두루 도는 불 칼을 두어 생명 나무의 길을 지키게(שָׁמַר) 하시니라 (창 3:24)
> 여호와께서 가인에게 이르시되 네 아우 아벨이 어디 있느냐 그가 이르되 내가 알지 못하나이다 내가 내 아우를 지키는(שָׁמַר) 자니이까 (창 4:9)
> 내가 너와 함께 있어 네가 어디로 가든지 너를 지키며(שָׁמַר) 너를 이끌어 이 땅으로 돌아오게 할지라. 내가 네게 허락한 것을 다 이루기까지 너를 떠나지 아니하리라 하신지라 (창 28:15)
> 야곱이 서원하여 이르되 하나님이 나와 함께 계셔서 내가 가는 이 길에서 나를 지키시고(שָׁמַר) 먹을 떡과 입을 옷을 주시어 (창 28:20)
> 라반이 이르되 내가 무엇으로 네게 주랴 야곱이 이르되 외삼촌께서 내게 아무것도 주시지 않아도 나를 위하여 이 일을 행하시면 내가 다시 외삼촌의 양 떼를 먹이고 지키리이다(שָׁמַר). (창 30:31)

그런데, 이제 아브라함의 언약적 사건 속에서 שָׁמַר의 용례는 "준수하다, 순종하다"의 의미로 사용되기 시작한다. 그 내용은 다음과 같다.

> 하나님이 또 아브라함에게 이르시되 그런즉 너는 내 언약을 지키고 네 후손도 대대로 지키라(שָׁמַר). 너희 중 남자는 다 할례를 받으라 이것이 나와 너희와 너희 후손 사이에 지킬(שָׁמַר) 내 언약이니라. (창 17:9,10)

내가 그로 그 자식과 권속에게 명하여 여호와의 도를 지켜(שָׁמַר) 의와 공도를 행하게 하려고 그를 택하였나니 이는 나 여호와가 아브라함에게 대하여 말한 일을 이루려 함이니라. (창 18:19)

이는 아브라함이 내 말을 순종하고 내 명령과 내 계명과 내 율례와 내 법도를 지켰음이라(שָׁמַר) 하시니라. (창 26:5)

여기에서 중요한 것은 창세기 18:19에 대한 이해에 있어서 'יָדַע'와 'שָׁמַר'의 관계이해이다. 즉, 'יָדַע, 선택하다, 알다'를 혼인 메타포로 보았을 경우, 여기에 나타난 'שָׁמַר' 동사가 '준수하다'가 아닌 '지켜보다'의 의미를 사용할 경우, 더욱 그 이해가 적절하다는 것이다. 더 나아가서 이러한 적용은 창세기 17:9과 창세기 26:5의 언약적 사건에도 더욱 적합할 수 있다.

우리는 앞에서 'יָדַע, 선택하다, 알다'를 '신비적 앎'으로 이해할 경우, 이것은 신비적 연합을 의미하는 'יָדַע, 알다'라고 이해하였다. 이것은 여호와의 마음과 아브라함의 마음이 하나가 된 것을 의미한다. 그렇다면 이제 아브라함은 여호와의 마음을 자기의 마음처럼 간주하여도 된다. 여호와의 마음이 아브라함의 마음에 흘러들었기 때문에 이것은 이제 위선이 아니다. 그리고 그 마음은 이제 외부의 무엇을 바라보면, 그것은 외부로 흘러갈 것이다. 아브라함은 이제 이것이 막히지 않도록 'שָׁמַר, 지켜보면' 된다.

예컨대, 당시의 상황 속에서의 '여호와의 도(마음)'는 '소돔과 고모라'를 사랑으로 품고 '중보기도'하는 것이었는데, 이것은 아브라함의 입장에서는 불가능하였다. 아브라함은 '여호와의 마음, 혹은 여호와의 도'가 흐르는 것을 'שָׁמַר(주시하고 관찰)'할 뿐이다. 따라서 아브라함이 수행하는 '의와 공도'는 '믿음의 결과'이다. 즉 '행위를 산출하는 믿음'이 나타난 것이다.

창세기 17:9-10에 나타난 'שָׁמַר'도 이와 같은 차원에서 이해해야 할 필요가 있다. 여호와께서는 '언약'을 'שָׁמַר'하라고 말하는데, 그것은 다름 아닌 창세기 15:9-17에 맺은 '상호헌신의 하나 됨'의 언약이다. 그리고 이것이 강화된 '할례 언약'이다. 창세기 17:9과 17:10에 나타난 '할례언약'은 창세기 15:9-17에 맺은 '상호헌신의 하나 됨'을 몸에 짊어지는 행위를 의미하였다. 즉, 그 '하나 됨'의 사건을 'שָׁמַר, 지켜보고 보호하고 기념하라'는 것이 그것의 본질이지, '양 피를 쪼개는 어떤 행위'를 반복적으로 하라는 의미는 아니었다.

그리고 이러한 관점으로 창세기 26:5의 "이는 아브라함이 내 말을 순종하고 내 명령과 내 계명과 내 율례와 내 법도를 지켰음이라(שָׁמַר) 하시니라"의 의미도 이해하여야 한다. 아브라함이 여호와의 언약, 여호와의 도(마음), 즉 율례와 법도를 "지속적으로 주시하였다"는 것이다. 이것이 율례와 법도를 '행하는 방법'일 수 있다. 진정한 '율법 준수'는 이와 같이 '지켜보는 것'에서 나타난다. 이러한 관점을 따라 모세오경에 나타나는 모든 "율례와 법도를 '지킨다'"의 의미를 이해하여야 할 것이다.

라. '여호와의 도, 의와 공도'로서의 '중보기도'

소돔과 고모라의 처한 상황 속에서 여호와의 도는 무엇인가? 여호와의 도는 의와 공도인데, 이 상황 속에서 이와 공도는 무엇인가? 소돔의 타락을 놓고 보았을 때, 일반적인 인간적 관점에서 보면 '심판'이 곧 '의와 공도'이다. 그런데, 아브라함에게 이어지는 행위를 보면, 그것은 정반대의 행동이 나타난다. 이것이 곧 여호와의 도 혹은 의와 공도였던 것이다. 그리고 여호와의 마음이 아브라함에게도 흘러서 아브라함은 여호와께 중보기도를 하게 되었다. 아브라함은 이러한 여호와의 마음을 지켜봄을 통해서 그 중보기도를 하였던 것이다.

만일 아브라함의 입장에서 '의와 공도'를 찾아 행하라면, 아브라함은 소돔과 고모라에 대한 심판을 생각하였을 것이다. 그런데, 의외로 아브라함은 소돔과 고모라에 대한 중보기도로 나아간다. 그 결과, 그는 창세기 12:2b에서의 '너는 בְּרָכָה(축복하는 자)가 되라'는 명령을 준행하는 자가 되었다. 그는 '여호와의 도, 곧 의와 공도를 행하는' 중보기도자가 되었던 것이다. 이와 같이 여호와의 마음(도)의 관점에 의하면, '축복하는 행위'가 곧 '여호와의 도(דֶּרֶךְ יְהוָה)이며, 의와 공도(צְדָקָה וּמִשְׁפָּט)'이다. 그리고 이제 아브라함은 이것을 명령으로 받은 것이다.[771] 창세기 12:2b가 명령으로 이루어졌듯이 이제 위의 본문에서도 '명하여'라고 한다.

---

771) Wenham, *Genesis 16-50*, 50.

마. '의(צְדָקָה)와 공도(מִשְׁפָּט)'에 나타난 '믿음'과 '행위'의 문제

창세기 18:19에서 언급된 'יָדַע(choose, know)'는 혼인 메타포로 보아야 한다. 왜냐면, 아브라함과 그의 후손들이 행하여야 할 '도'가 '여호와의 도'여서 인간으로는 할 수 없는 '도'이기 때문이다. 여기에서 말해지는 '의와 공도'로서의 죄인들을 위한 '중보기도'는 '사람의 도'가 아니다. 아브라함의 마음에는 소돔과 고모라가 매우 불편하다. 아브라함의 마음으로는 소돔과 고모라를 위한 중보기도가 합당하지 않다. 아브라함이 여호와와 하나가 되어서 '여호와의 마음(혹은 도)'을 전달 받아야 중보기도가 가능하다. 사람의 생각으로서의 '의와 공도'는 소돔과 고모라에 대한 심판이다. 오직 '여호와의 마음'과 '여호와의 의와 공도'로 이해할 때에만, 사랑과 용서의 '중보기도'가 가능하다.

사도 바울에 의하면 '행위'는 '믿음'으로 말미암는다. 따라서 위의 '행위'에 대한 '믿음'의 근거를 찾아볼 필요가 있다. 이때 "여호와의 도를 지켜"라는 문구가 이에 대한 근거를 제시한다. 창세기 18:19의 본문을 자세히 살펴보면, "여호와의 도를 지켜보는 것"에 의해서 '의와 공도'가 산출되고 있음을 알 수 있다. 따라서 이 본문에 의하면, 이 '의와 공도'는 아브라함의 것이 아니며 여호와에게서 산출되어 나온 것이다. 즉, 아브라함이 '여호와 안에 거하는 믿음'에 의하여 '여호와의 도'가 그에게서 나타나는 구조이다. 사람의 심정으로 '여호와의 도, 하나님의 도'는 행해질 수 없다. 우리는 '하나님의 도'가 나타나도록 '지켜보고, 관찰하고, 보존할' 뿐이다. 아브라함의 하는 일은 '여호와의 도'를 'שָׁמַר(지키다, 관찰하다, 보존하다)'하는 것이다. 따라서 이 '의와 공도'라는 행위의 출처는 '여호와'이며, 아브라함은 여호와 안에 있는 이 '여호와의 도'가 자신과 하나가 되어 있는 여호와로부터 흐르는 것을 지키고 관찰하는 것이다. 따라서, 이 '의와 공도'는 '여호와의 도'로서 아브라함의 "여호와 안에 거하는 믿음"에서 산출된 것이다. 우리는 '의와 공도'가 행위와 관련한 문제이냐의 질문에 대해, יָדַע(선택하다, 알다) 동사와 שָׁמַר(지켜보다) 동사에서 얻은 힌트를 통해 이와 같은 '행위'의 근거로서의 '믿음'을 추적해 볼 수 있다.

바. 궁극적인 언약의 성취를 위한 '의와 공도' 명령

오직 아브라함이 '의와 공도'를 실제적으로 준행할 때에만 아브라함 언약의 최종적인 약속은 실현된다. 그는 그의 개인적인 능력으로는 불가능하고, 오직 여호와의 도를 지켜봄을 통해서 준행하게 될 것이다. 그런데, 어찌 되었건 그의 몸에서 '의와 공도'를 행하는 어떤 행위가 산출되어야 한다. 아브라함이 '열방의 아비'로서 부름을 받았다면, 그는 여호와의 '의와 공도'에 대한 명령을 이행하여야만 한다. 그는 열방을 위한 중보 기도자가 되어야만 한다. 다음에 이어지는 본문은 이것을 시사하고 있다.

> …이는 나 여호와가 아브라함에게 대하여 말한 일을 이루려 함이니라.(창 18:19c)

즉, 오직 아브라함이 정의와 공도를 실행할 때에만, "여호와가 아브라함에게 대하여 말한 일이 이루어진다"고 한다. 아브라함이 죄인을 끝없이 용서하고 사랑하고 섬김을 통해서만 열방이 복을 받는다. 아울러 아브라함은 강대한 나라가 되고 열방에서 으뜸이 된다. 이러한 '사랑과 용서'를 갖지 않은 '열방의 아비'란 없다. 따라서 창세기 12:2b의 "בְּרָכָה가 되라"는 명령은 '의무 명령'이 아니라 '축복 명령'으로서, 창세기 12:3의 '열방의 아비'로 드러나기 위한 일환이었다. 따라서 창세기 12:2b의 'בְּרָכָה 명령'은 여호와께서 궁극적으로 이루실 '열방의 아비' 언약의 구성요소이며, 아브라함에게 12:3의 '열방의 아비'라는 약속을 주셨으면, 여호와께서는 반드시 아브라함이 בְּרָכָה가 되게 하신다. 여호와께서는 구약에서의 모든 아브라함의 후손들을 이 방향으로 이끄신다.

사. '방문언약'에서 나타난 'בְּרָכָה'의 신학적 개념들 정리

창세기 12:2b의 "너는 בְּרָכָה가 되라"는 명령에 있는 בְּרָכָה(축복, 축복하는 자)에 대한 개념은 각각의 언약 속에서 여러 가지 형태로 표현되었다. 즉, 각각의 신현 사건에 나타난 모든 언약본문은 창세기 12:2-3과 평행본문이기 때문이었다. 따라서 '방문언약'의 언약 본문에 나타난 여러 개념들도 또한 בְּרָכָה에 대한 다양한 설명중 하나이다. 앞에서 나타난 신학적 개념들을 요약하여 정리하면 다음과 같다.

① בְּרָכָה의 개념에서 나타난 '여호와의 도, 의와 공도, 그리고 중보기도'

지금까지 살펴본 바와 같이 '방문언약'의 본문에 나타난 "여호와의 도, 곧 의와 공도를 행하는 것"은 '원 언약'(처음의 언약)의 '언약 본문'(창 12:2-3)에 나타난 "너는 בְּרָכָה가 되라"와 평행을 이룬다. 따라서 "여호와의 도, 곧 의와 공도를 행하는 것"은 "너는 בְּרָכָה가 되라"에 대한 또 다른 표현이다. 더 나아가서 여기의 '의와 공도'는 '중보기도'로 나타난다. 그래서 "너는 בְּרָכָה가 되라"는 명제는 궁극적으로 '중보기도'의 사람이 되는 것으로 귀착되어진다. 즉, '중보기도'를 통해 '축복하는 자'라는 의미가 설명된다. 따라서 '방문 언약'의 언약 개념에 의하면, בְּרָכָה의 개념은 거의 '제사장'이라는 개념과 유사하게 난다.

창세기 12:2-3에 나타난 '원 언약'(처음의 언약) 이후에, 이에 대한 확증으로서의 '제사언약', 그리고 이것을 그의 후손들에게 확장 시키는 '할례언약'은 여호와의 '아브라함의 자손'에 대한 약속이행을 중심으로 하여 진행이 된다. 이때 아브라함에게 중요하게 부각되었던 'בְּרָכָה적 태도'는 '믿음'이었는데, 이 '믿음'은 '세상의 후사'를 의지하지 않고, 오직 여호와 만을 '방패와 상급'으로 의존하는 '믿음'이었다. 그리고 이러한 '믿음'이 곧 'בְּרָכָה적 태도'였다.

그런데, 이제 소돔과 고모라에 큰 패역이 있어 이제 그 나라를 심판하여야 하는 상황이 발생하였다. 이에 대해 이 세상을 하나님의 나라로 계획하고 세계를 다스리시는 여호와의 입장에서는 이러한 심판 아래에 있는 나라들을 위해 중보기도 할 중보자가 요청되었다. '열방'이 '아브라함 안에서 받는 축복'(창 12:3)이 이러한 형태로 나타나길 원하고 있는 것이다. 이것이 곧 아브라함의 '열방'을 향한 'בְּרָכָה적 태도'였다. 아브라함의 여호와를 향한 בְּרָכָה적 태도가 '여호와에 대한 믿음'이었다면, 이제 열방을 향한 בְּרָכָה적 태도는 '열방을 향한 사랑'이었던 것이다.

여호와께서는 창세기 18:19에서 "이것을 위해서 아브라함과 그의 후손들을 선택하였다"고 말하고 있다. 즉, 여호와께서는 이 일을 위해서 아브라함과 그의 자손을 בְּרָכָה로 선택하여 세웠고, 이들이 용서와 사랑으로 열방을 섬기는 것을 '의와 공도'라고 선포한 것이다. 여호와의 세계운영과 관련하여 בְּרָכָה로서의 열방을 향한 중보기도는 이렇게 중요한 역할을 하고 있었다. 핀카스 칸 (Pinchas Kahn)은 이 역할이 곧 창세기 12:1-3의 '원 언약'에서의 말씀과 창세기 15:7-21의 '제사언약'의 내용과 관련이 있으며, 아브라함이 세계를 향한 큰 축복이 되는 것과 관련된다고 말한다.[772]

창세기 18장에서 여호와께서 아브라함을 방문한 이유는, 아브라함이 소돔과 고모라를 향하여 창세기 12:2b에 나타난 'בְּרָכָה'로서의 역할을 수행해 줄 것을 요청하기 위한 것이었다. 그 동안의 '제사언약'이나 '할례언약' 등에서는 주로 아브라함 자신의 축복과 관련한 후손의 문제와 이와 관련하여 나타나는 '하나님과의 관계'가 주요 이슈였는데, 이제 여호와께서 소돔과 고모라의 사건을 접하면서 정식으로 아브라함에게 이제 '열방을 향한 축복자(בְּרָכָה)'로서의 역할을 요청하였던 것이다. 이것이 곧 아브라함에게는 '의와 공도' 명령에 해당하였다. 윌리암 덤벨(William J. Dumbrell)은 소돔과 고모라에 대한 중보기도를 이와 같이 "복을 나르는 자"로서의 아브라함의 역할과 연결시킨다.[773] 이와 같은 여호와의 '공도'의 요청에 대해 아브라함은 여호와께 '중보기도'를 통해 응답하였던 것이다. 이것이 아브라함이 이해하고 있는 '공도'였으며, 'בְּרָכָה적 사명'이었다. 여호와께서는 바로 이것을 위해 아브라함과 그의 후손을 선택하였다. 아브라함의 선택은 아브라함만의 축복 그것 자체가 목적이 아니었으며,[774] 그가 이 명령에 순종할 때 그로 인하여 열방이 복을 받게 된다.

이 책은 "너는 בְּרָכָה가 되라"를 '축복하는 행위'로 해석하고 있는데, 그것은 '사랑과 용서'에 그 기반을 두고 있다. 그리고, 이 '사랑과 용서'가 이 본문에서는 '의와 공도'와 동일한 용어로 간주되고 있다. 따라서 '사랑과 용서'와 '의와 공도'는 서로 정 반대인 것처럼 보이지만, 사실상 그 본질에서는 서로 일치하고 있는 것이다.

---

772) Pinchas Kahn, "*The Mission of Abraham : Genesis 18:17-22:19,*" Jewish Bible Quarterly, 30 No. 3 (Jul-Sep 2002), 156-157 of 155-163.

773) Dumbrell, *"The Covenant with Abraham,"* 47.

774) 브루그만, 「창세기」, 265.

② '제사장적 행위'를 시사하는 'בְּרָכָה적 행위'

지금까지 살펴본 바와 같이 "너는 בְּרָכָה가 되라"는 말씀은 "너는 제사장이 되라"는 말과 크게 다르지 않아 보인다.775) 제사장이 죄인 된 '열방'을 위하여 '중보기도'를 한다. 그리고 이 제사장이 있음으로 인해서 세계가 유지되고 지탱이 되며, 이 세계 속에 여호와의 축복이 임한다. 여호와께서 아브라함에게 이 일을 원하신 것이다. 이것이 "너는 בְּרָכָה가 되라"는 개념의 의미이며, 이것을 위해서 여호와께서는 아브라함을 선택(יָדַע)하신 것이다. 이것이 여호와와 아브라함이 서로 '하나 된 이유 (יָדַע로서의 앎)'이다. 그렇기 때문에 이것이 언약의 존재이유이다. 아브라함이 이것을 망각하면 언약의 존재이유가 사라진다.

따라서, 여기의 '언약 본문'은 'בְּרָכָה(축복하는 자)'라는 용어가 '제사장'의 직분과 연관이 있음을 깊이 있게 제시하는 본문이다.776) '제사장'의 신분을 가진 자의 본분은 죄인을 위한 '중보기도'이다. 그리고 이것이 그에게는 '의와 공도'이다. 아브라함의 신분은 이미 이렇게 바뀌었기 때문에 이제 그는 이러한 상황에 대해서 여호와의 마음으로 중보기도를 하여야 한다. 'בְּרָכָה'라는 의미는 '열방을 위한 제사장'이었으며, 여기에 그의 후손까지 가세하면 '열방을 위한 제사장 국가'가 되는 것이다. 따라서 '너는 בְּרָכָה가 되라' 속에 있는 이 개념과 출애굽기 19:6의 '제사장 나라'의 개념이 서로 잘 통한다.

③ '율법'으로 발전하고 있는 'בְּרָכָה적 행위'

우리의 살펴본 바에 의하면, 창세기 18:19은 בְּרָכָה의 또 다른 설명이다. 그런데, 이것이 '여호와의 도'라고 언급된다는 것은 '율법'의 양식(Form)이 여기에서 출현했다는 것을 의미한다. 즉, '율법'은 בְּרָכָה개념의 또 다른 표현일 수 있다. 우리는 위에서 בְּרָכָה의 개념을 여호와와의 관계를 '믿음'이라고 표현하고, 열방과의 관계를 '사랑'이라고 표현하였는데, '십계명'에서 전자는 '하나님 사랑'으로 발전하고, 후자는 '이웃사랑'으로 발전 되었다고 볼 수 있다. 따라서

---

775) 송병현, 「엑스포지멘터리 창세기」, 333.

776) '방문언약'에서 나타난 '중보기도'는 'בְּרָכָה'라는 용어가 '제사장'이라는 용어와 밀접한 관계가 있음을 보여주고 있다. (필자)

"너는 בְּרָכָה가 되라"는 명제는 여호와를 섬기는 자가 따라야 할 도리이면서, 인간으로서의 의로운 행위이며, 인간으로서의 공적인 도리라고 말해질 수 있다. 이 '방문 언약'을 통해서, 아브라함의 언약조항인 "너는 בְּרָכָה(축복하는 자)가 되라"는 명제가 이스라엘에게는 '공도'로 승격되고 있고, 이것이 '여호와의 도' 곧 '율법'으로 승화되고 있다. 만일 아브라함이 בְּרָכָה(축복하는 자)가 아닌 일반적인 사람이라면, 이와 같은 중보기도가 그에게 '공도'는 아니다. 그런데, 그가 בְּרָכָה(축복하는 자)이기 때문에 '여호와의 도'를 준행하는 것은 '공도'가 된다. 이와 같은 '공도' 혹은 '법도'의 출현과정을 정리하면 다음과 같다.

먼저, 여호와께서는 '다른 사람을 축복하는 행위'가 '여호와의 도'라고 하신다. 즉, '하나님께서 걸으시는 길'이라는 것이다. 여호와는 이 세상을 대하면서 그렇게 걸으신다. 죄인이나 악인에 대해서도 마찬가지이다.

두 번째, '다른 사람을 축복하는 것'이 '여호와의 도'라면, 이것이 곧 '의와 공도'이다. 모세오경에서 말하는 '의와 공도'는 곧 '사랑'이다. 모세오경에서 말하는 '의와 공도'의 본질은 '사랑'이지 '판단의 행위'가 아니다.

따라서, 율법의 핵심은 "너는 בְּרָכָה 가 되라"는 명제와 그 본질을 같이 하는데, 그것의 본질은 '사랑'이며, 이것은 궁극적으로 '열방의 아비'라는 아브라함의 축복으로 연결된다. 따라서, 이 율법은 원래 '의무명령'이 아니라, '축복명령'이다. 이것은 아브라함의 자손들이 적극적으로 취하여야 할 축복이며, 하늘의 '신령한 복'에 속한다. 아브라함은 여호와의 약속으로서의 '땅과 자손에 대한 축복'이 이와 같은 '열방의 아비'가 되는 '하늘의 신령한 복'으로 발전하여야 한다는 것을 잘 알고 있다. 이러한 "בְּרָכָה(축복하는 자), 의와 공도, 그리고 율법"은 그것 자체가 마치 의무처럼 보이지만, 변화된 사람의 심령에는 그것 자체가 '진정한 축복'이다. 그는 다른 축복을 위해서 이 일을 하는 것이 아니라, 이것 자체가 내가 다른 것을 희생하고서라도 취하여야 할 축복이다.

④ '믿음의 행위'로서의 'בְּרָכָה적 행위'

아브라함이 수행하여야 할 '도' 혹은 '의와 공도'는 '아브라함의 의와 공도'가 아니라 '여호와의 도'이다. 아브라함은 '여호와의 것'을 가지고 '소돔과 고모라'를 위한 '중보기도'를 한다. 이것은 매우 민감한 개념일 수 있는데, 이것은 "여호와와 '하나 됨'의 믿음"이 아브라함에게 존재하지 않으면, 이해될 수 없는 개념이다. 사람의 마음과 법도로는 소돔과 고모라를 위한 '중보기도'는 있을 수 없으며, 오히려 심판이다. 이것은 오직 모든 인생들의 아버지인 '여호와의 마음과 도'로만 성립된다. 아브라함이 여호와의 마음을 품을 때에만 가능한데, 이것은 이 양자가 하나 되지 않은 상태에서는 품을 수 없는 마음이다.

이 본문에 나타난 '여호와의 도'를 행할 것을 요청하는 모든 명령은 행위명령적인 문구로 되어 있다. 그러나 이것은 '믿음'에서 나타나는 '행위'에 관한 명령이라는 것이다. 이 문구는 '행위명령'과 관련하여서 유명한 문구이다. 그러나 기본적으로 '여호와의 도'는 '여호와'만이 행할 수 있는 도이다.777) 이것은 '여호와의 마음'을 품은 자만이 할 수 있다. 따라서, 여호와와 '하나 됨'을 이루는 '믿음'에서 자연스럽게 나타나는 행위이다. 아브라함이 가나안에 들어와서 얼마 되지 않아서 체결한 언약이 '제사언약'인데, 이 '제사언약'의 메타포가 이와 같은 '하나 됨'의 '혼인' 메타포였다. 특히 위의 본문에서 "그를 택하였나니…"에서 '택하였나니'에 사용된 동사 יָדַע 가 이것을 시사하는데, 여기에서만 '선택하다'라는 번역을 사용하였을 뿐, 구약의 전통 속에서는 보통 '알다, 경험하다, 동침하다'의 의미를 가진 '혼인' 메타포를 반영한다는 것이다. 즉, 이때의 '알다'는 바로 '제사언약'을 지칭하며, 이것은 '믿음'으로 '하나 됨'을 시사하고 있다. 즉, 이와 같은 '믿음'에서 나타나는 행위가 곧 여기에서의 '의와 공도'라는 것이다.

즉, '여호와'께서 아브라함을 불러서 그에게 "너는 בְּרָכָה가 되라"고 명령하고 (창 12:2b), 그에게 자신을 내어주어 '하나가 된 것'(창 15:9,17)은 바로 이와 같은 '여호와의 도, 혹은 의와 공도'(창 18:19)를 위해서라는 것이다. 이렇게 "너는 בְּרָכָה가 되라"는 명제는 '믿음'으로 발전하였으며, 이곳에서는 '믿음의 행위'로 나타나고 있다. 그리고 이것이 바로 이 부름의 목적이다. 이것이 서로 간의 본질적인 존재의 이유이며, 관계의 이유라는 것이다. 따라서, 이것은 단순한 '중보기도'에 참여하는 것이 아니라, '중보기도'에 대한 강력한 촉구였다.

---

777) Leupold, 「창세기(상)」, 473 : 류폴트는 '여호와의 도'를 '여호와께서 바라시는 도'라고 설명하여, 이것을 '주격 속격'으로 해석하며, 이것을 '내적인 의'라고 표현하고, '의와 공도'를 외적인 의라고 표현한다.

5. 소돔과 고모라의 상황을 말씀하시는 여호와

이제 위와 같이 여호와께서는 "너는 הכרב가 되라"는 언약조항을 현실에 적용시켜 구체화한 후 다음과 같이 말씀하신다. 그것은 사람들의 부르짖음으로 인하여 소돔과 고모라에 심판이 다가왔다는 것이었는데, 이것의 본의는 역으로 소돔과 고모라를 위해서 중보기도를 하라는 것이었다.[778]

여호와께서 또 가라사대 소돔과 고모라에 대한 부르짖음이 크고 그 죄악이 심히 중하니, 내가 이제 내려가서 그 모든 행한 것이 과연 내게 들린 부르짖음과 같은지 그렇지 않은지 내가 보고 알려하노라. (창 18:20-21)

만일, 여호와가 진정으로 아브라함을 열방을 위한 중보자로 세우셨다면, 여호와는 진실로 만유의 아버지이시다. 만일 여호와의 의로 볼 것 같으면, 여호와 앞에 설 자가 아무도 없으며, 이 세상은 진즉 멸망하였을 것이다. 하나님은 끝없는 용서와 사랑으로 이 세상을 보호하고 계시는 것이다. 세상의 악이 그의 선을 이기지 못한다.

한편, 노아의 심판을 참조하여 위의 여호와의 방문사유를 살펴보면 여호와의 방문 목적은 심판 만이 아니라, 소돔과 고모라의 구원을 위해서 였다.[779] 그리고 이때 소돔과 고모라의 구원을 위한 여호와의 동역자가 곧 아브라함이었다. 그리고 장차 세워질 아브라함의 후손들의 국가가 곧 그와 같은 열방을 위한 제사장 국가였다.

여호와의 '방문 목적'은 소돔과 고모라의 '심판'이 정하여진 가운데 이제 그

---

778) Wenham, *Genesis 16-50*, 50.

779) 여호와께서는 '천상의 총회'를 통해서 세상을 운영하신다. '천상총회'는 모든 사람들과 민족들에게 수호신들의 집합장소이다. 이 모든 수호신들은 여호와를 위해 일한다. 그러면서도 항상 자신의 맡은 사람과 민족의 대변자 역할을 한다. 이때 어떤 악이 범위를 넘어서면 이제 그 나라의 멸망이 다른 나라를 위해 필연적으로 요청될 수가 있는 것이다. 이것이 '천상의 총회'에서 논의되는 것이며, 이 '천상총회'에 의해 '심판'이 결정되었다. 이때에도 '여호와'는 최선을 다해서 그 버림받은 나라를 구원하기 위해 일하신다. 이러한 상황은 노아의 홍수사건의 성호(聖號) 사용에서 적나라하게 드러났다. (필자)

'패역의 사실'을 확인하기 위해서도 이루어졌지만, 죄인들을 위한 중보기도의 요청 곧 '세상의 구원'을 위한 방문의 의미가 우선적으로 존재하였다. 김성수는 이에 대해 "세상을 위한 축복의 전달자, 복의 근원으로서 아브라함은 온 세상을 위하여 기도하였고 특히 그 중에 있는 의인들, 세상에 속하지 아니하고 하나님께 속한 자들, 세상 안에 세워질 하나님 나라를 위하여 죄악의 도성을 사하여 줄 것을 위해 기도하였다"780)고 말한다.

5절 아브라함의 중보기도와 소돔과 고모라의 심판

창세기 18장의 '방문언약'은 여호와의 아브라함을 향한 강력한 중보기도의 압박이었다. 소돔과 고모라는 그들의 불의가 극에 달하여서 심판을 받게 된다. 그럼에도 최고신이신 여호와께서는 저희를 긍휼히 여기신다. 그래서, 중보기도자를 찾으신 것이다. 이것이 아버지의 마음이며, 열국의 아비 된 아브라함의 마음이다. 그래서, 아브라함은 이 문제를 놓고 하나님께 진심으로 최선을 다하여 중보기도를 한다.

1. 아브라함 앞에 서 있는 여호와

여호와께서는 아브라함에게 의와 공도를 말씀하시고, 소돔과 고모라의 패역에 대한 것을 말씀하시었다. 그리고 이때 천사들은 소돔을 향하여 떠나고 아브라함은 그대로 여호와 앞에 서 있었다. 그 내용은 다음과 같다.

> 그 사람들이 거기서 떠나 소돔으로 향하여 가고 아브라함은 여호와 앞에
> 그대로 섰더니 (창 22:22)

이에 대해 정일오는 "이 문장 가운데 어떤 의미가 들어있는가? 그 다음에 이어지는 아브라함의 중보기도를 볼 때, 여호와께서는 아브라함으로 하여금 중보기도를 하도록 그 앞에 머물러 계셨던 것을 알 수 있다"781)고 말한다. 정

---

780) 김성수, "내가 너로 큰 민족을 이루게 하리라", 143.

781) 정일오, 「창세기 해설」, 242.

일오에 의하면, 위의 본문에 대한 마소라 사본의 난외주에 의하면 "여호와께서 아브라함 앞에 여전히 서 있더니"라고 기록되어 있다고 말하며, 이것은 아브라함을 향한 중보기도의 요청이었다고 말한다.782) 해밀턴은 이와 같이 "하나님 앞에서 선다는 것은 하나님을 예배하는 것(렘 7:10), 하나님 앞에 들어가는 것(신 19:17, 29:14), 하나님을 섬기는 것(왕상 17:1, 18:15; 왕하 3:14, 5:16)을 의미할 수 있다"783)고 말한다.

2. 아브라함의 여섯 차례의 중보기도

아브라함의 중보기도 행위는 'בְּרָכָה적 행위'였다. 원래 'בְּרָכָה'가 '축복함, 혹은 축복하는 자'라는 의미를 지닌다면, 이것은 '여호와의 제사장'을 의미한다. 이 제사장은 여호와께 열방을 위해 제사를 드려야 한다. 특히 이와 같은 소돔과 고모라의 심판 상황 속에서 이 제사장은 열방을 위해서 제사를 드려야 할 것이다. 아브라함의 중보기도는 이러한 제사의 차원에서 진행된 것으로 보인다.

> 가까이 나아가 가로되 주께서 의인을 악인과 함께 멸하시려나이까, 그 성 중에 의인 오십이 있을지라도 주께서 그 곳을 멸하시고 그 오십 의인을 위하여 용서치 아니하시리이까. …아브라함이 또 가로되 주는 노하지 마옵소서 내가 이번만 더 말씀하리이다 거기서 십인을 찾으시면 어찌 하시려나이까 가라사대 내가 십인을 인하여도 멸하지 아니하리라. 여호와께서 아브라함과 말씀을 마치시고 즉시 가시니 아브라함도 자기 곳으로 돌아갔더라.(창 18: 21-33)

위의 기도에 대해서 고든 웬함은 "구약에서는 전혀 유래가 없는 기도로서 여섯 번이나 여호와께 자비를 구했다"784)고 말한다. 그리고 이것은 "그를 인하여 천하만민이 복을 받게 될 것이다는 약속을 반영하고 있다"785)고 말한다.

---

782) 정일오, 「창세기 해설」, 242.

783) 해밀턴, 「창세기 2」, 46.

784) 웬함, 「창세기2」, 161.

785) 웬함, 「창세기2」, 161. 송병현, 「엑스포지멘터리 창세기」, 346.

여호와와 아브라함 사이에 밀고 당기는 중보의 기도가 있었던 것이다.786) 아브라함의 중보기도는 어떻게 보면 상당히 논리적이다. "의인을 악인과 함께 멸하시려나이까"(창 18:23), "세상을 심판하시는 이가 공의를 행하실 것이 아니니이까"(창 18:25)라는 내용은 하나님의 공평에 호소하는 기도였다.787) 이에 기반하여서 아브라함은 여섯 차례를 간구함을 통하여서 의인 열 명이 있으면 멸하지 않기로 서로 합의한다.

의인 오십 인은 지속적인 아브라함의 간구로 십 인까지 떨어졌다. 해밀턴에 의하면, 이때의 오십 인 등의 사람의 수는 "신실한 공동체의 일원들"을 의미한다고 말한다.788) 소돔과 고모라에 의인 열 명만 있어도 하나님께서 멸하지 않기로 한 것이었다.

3. 소돔과 고모라의 심판 – 심판주이신 여호와

가. 심판을 받게 되는 소돔과 고모라

창세기 19장은 여호와의 사자가 그들의 죄악 된 정황을 알려고 소돔 성에 들어가서 롯의 집에 머물렀던 상황을 소개한다. 그럼에도 불구하고 소돔과 고모라에는 의인 열 명이 없어서 심판을 받아 멸망을 당하였다. 그들은 여호와의 두 사자를 농간하려고까지 하였다.789) 이때 여호와의 사자들은 다음과 같이 말한다.

> …그들에 대한 부르짖음이 여호와 앞에 크므로 여호와께서 이곳을 멸하시려고 우리를 보내셨나니 우리가 멸하리라. (창 19:13)

아브라함의 중보기도는 '열방을 위한 행위'로서 בְּרָכָה로서의 사명을 정확하게

---

786) Wenham, *Genesis 16-50*, 51.

787) 세일해머, 「서술로서의 모세오경」, 320.

788) 해밀턴, 「창세기 2」, 46.

789) 해밀턴, 「창세기 2」, 58: 해밀턴에 의하면, 창세기 19:5에 "우리가 그를 상관하리라"에 나타난 '야다'는 단순한 '사귐'이라는 의미가 아니라, '성관계'를 말하고 있다. 이것은 롯이 그의 딸을 제공한다고 말하고 있기 때문이다.

제시해 주고 있다. 그러나 그의 기도에도 불구하고 소돔과 고모라는 그들의 관영한 죄악으로 인해 심판을 받았다. 한편, 이 심판에서 그의 조카 롯은 구원을 얻었다.

나. 소돔과 고모라의 심판

롯이 소돔에서 탈출하여 소알에 들어갈 때, 여호와께서는 소돔과 고모라에 유황과 불을 내려서 심판을 하신다.[790] 이때의 심판의 주체는 '여호와'라는 성호로 소개되고 있다. 여호와께서는 해가 돋을 때에 심판을 행하신다. 그리고 본문에 의하면, 아브라함이 그 아침에 일찍이 일어나 그곳을 보았다고 말한다. 그 내용은 다음과 같다.

> 롯이 소알에 들어갈 때에 해가 돋았더라. 여호와께서 하늘 곧 여호와께로부터 유황과 불을 소돔과 고모라에 비같이 내리사, 그 성들과 온 들과 성에 거주하는 모든 백성과 땅에 난 것을 다 엎어 멸하셨더라. 롯의 아내는 뒤를 돌아보았으므로 소금 기둥이 되었더라. 아브라함이 그 아침에 일찍이 일어나 여호와 앞에 서 있던 곳에 이르러 소돔과 고모라와 그 온 지역을 향하여 눈을 들어 연기가 옹기 가마의 연기같이 치솟음을 보았더라. (창 19:23-28)

위의 내용에 의하면, 소돔을 멸망시키기 위한 유황불은 밤에 일어난 것이 아니라, 해가 돋을 때에 시작한다. 그렇기 때문에 아브라함이 수 킬로미터 떨어진 곳에서 연기를 볼 수 있었다.[791] 윌키는 이러한 심판을 법정적 개념으로 이해하는데, "고대 근동에서 법정은 일출 무렵에 열렸다"[792]고 말한다. 이 재앙은 자연적 재앙이 아니라, '하늘'에 있는 하나님이 내린 의도적 재앙이었다.[793]

---

790) 브루그만, 「창세기」, 259: 브루그만은 "이러한 유황 불의 심판은 성경에 파멸에 대한 표상으로 정형화 되어 있는데, 아마 화산 폭발 등에 기인할 수 있다"고 말한다.

791) 해밀턴, 「창세기 2」, 72.

792) 윌키, 「창세기 주석」, 493.

아브라함은 그 다음날 아침 일찍이 다시 그 여호와 앞에서 중보기도 하던 그 자리에 이르러서 "소돔과 고모라와 그 온 지역을 향하여 눈을 들어 연기가 옹기 가마의 연기같이 치솟음을 보았다"고 말한다. 아브라함은 하나님의 심판을 목격한 자가 되었다.

다. 심판시 사용되는 하나님의 성호

그런데, 모세오경의 저자(나래이터)는 이러한 심판의 주체를 하나님이라는 성호를 사용하여 또 다시 언급한다. 그 내용은 다음과 같다.

> 하나님이 그 지역의 성을 멸하실 때 곧 롯이 거주하는 성을 엎으실 때에 하나님이 아브라함을 생각하사 롯을 그 엎으시는 중에서 내보내셨더라. (창 19:29)

위의 성호사용에 대해 모세오경 저자는 나름대로의 어떤 의미를 가지고 있는 듯하다. 지금까지 아브라함은 여호와 앞에서 소돔과 고모라를 위해서 중보기도를 하고 돌아왔다. 그리고 바로 이 여호와가 '유황과 불'로 심판을 내렸다. 그런데, 또 다시 결론으로서 "하나님이 그 지역의 성을 멸하실 때…하나님이 아브라함을 생각하사…"고 말하고 있다. 이러한 성호 사용의 중첩은 무엇을 의미하는가? 모세오경 저자의 성호 사용사례를 살펴보면, 노아의 홍수 때에도 이 성호는 중첩 사용 된다. 브루그만에 의하면, 소돔과 고모라의 심판은 노아의 홍수와 평행을 이루고 있다.[794]

노아 홍수 때의 성호 사용을 보면, 먼저 여호와께서 심판을 결정하시는데(창 6:3-7), 이때 노아가 여호와께 은혜를 입는다(창 6:8). 그리고 이제 하나님께서 노아에게 심판을 명하시고(창 6:13), 또한 하나님께서 노아에게는 방주를 만들라고 하신다(창 6:14-22). 그리고 이제 홍수가 시작되자, 여호와께서 노아에게 방주에 들어가라고 하시고 다 들어갔는데(창 7:1-5), 또 다시 하나님이 노아에게 명하신 대로 다 방주에 들어갔다고 하신다(창 7:9). 그리고 이에

---

793) 해밀턴, 「창세기 2」, 73.

794) 브루그만, 「창세기」, 271.

대해서 "하나님이 그에게 명하신 대로 들어가매 여호와께서 그를 들여보내시고 문을 닫으시니라"(창 7:16)고 말한다. 그리고 홍수가 온 지면을 덮친다. 그리고 하나님이 노아와 그의 방주를 기억하시며, 하나님이 땅위에 바람이 불게 하여 홍수를 그치게 하신다(창 8:1-2). 그리고 하나님이 노아를 방주에서 나오게 하고, 다시금 "생육하고 번성하라"(창 8:15-17)고 말씀하시며, 이에 대해 노아는 여호와께 제단을 쌓고 번제를 드린다(창 8:20). 그리고 하나님이 노아와 언약을 체결한다.(창 9:1-17)

위와 같은 성호의 중첩적 사용은 '여호와'는 여호와 단독의 모습을 나타내며, '하나님'은 그의 총회와 함께 하시는 '여호와'를 나타내는 것으로 보인다. 이와 같은 성호의 중첩사용 패턴이 '소돔과 고모라의 심판'에서도 동일하게 나타났다. 이것을 통해 알 수 있는 것은 여호와와 하나님은 동일한 존재에 대한 호칭이지만, 여호와라는 호칭으로 어떤 행위가 이루어지면 그것은 여호와 고유의 행위이고, '하나님, אלהים'이라는 호칭으로 어떤 행위가 이루어지면, 그때의 여호와는 천상총회와 함께 하는 여호와의 행위로 해석할 수도 있겠다. 즉, 여호와께서 먼저 결정하시고, 그 결정이 천상총회와 더불어 집행되고 있다는 추측도 가능하게 한다.

라. 심판주이신 여호와를 목도한 아브라함

한편, 소돔과 고모라의 심판에서 여호와의 모습은 아브라함으로 하여금 신 지식의 중대한 변화를 초래하게 하였을 것이다. 아브라함은 여호와를 천상총회의 최고신으로 보기는 하였지만, 모든 천상총회가 여호와에게 속하여 행하고 있는 것을 이곳에서 직접 목격하였다. 이러한 사건은 아브라함으로 하여금 여호와를 항상 하나님으로 인식할 수 있게 하였을 것이다. 이러한 것은 그로 하여금 여호와를 창조주, 심판주, 구원주로 볼 수 있게 한 것으로 보인다.

6절 창세기 18장에 대한 요약

여호와와 아브라함이 서로 언약을 체결한 이래, 아브라함은 그 언약에 평생 충실하였다. 그런데, 이때 여호와께서 두 천사와 더불어 아브라함을 직접 방문한 것은 그의 언약과 관련하여 중대한 사항이 발생한 것을 의미한다. 이러한 여호와의 방문은 구약 성경에서 유일무이하다. 따라서 여호와의 방문을 통해서 무엇이 언급되어졌다면, 그것은 매우 중요한 의미를 가지게 된다. 여호와께서 아브라함을 방문한 (외면적)이유는 소돔과 고모라의 심판'과 관련한 방문이었다. 한편, 두 천사는 죄악을 확인하기 위하여 소돔과 고모라에 들어갔으나, 여호와는 도리어 아브라함과 머물며, 그에게 소돔과 고모라의 심판 사실을 알린다. 왜냐면 그는 모든 민족이 그로 인하여 복을 받게 하기 위해 세운 '열방의 아비'였기 때문이다.

1. "너는 בְּרָכָה가 되라"(창 12:2b)의 적용으로서의 '중보기도'

아브라함은 세 사람의 나그네를 환대하였는데, 나중에 알고 보니 그들은 여호와와 두 천사였다. 아브라함의 환대 중에 여호와는 사라가 아이를 낳게 될 것을 말한다. 이것은 단순한 축복의 말씀이 아니라, 여호와께서 아브라함에게 행하기로 '큰 민족 등'(창 12:2a)에 관한 언약조항의 이행을 의미하고 있었다. 즉, 여호와의 아브라함을 향한 언약조항은 잘 이행되고 있다는 것을 다시 한번 말씀하신 것이다. 그 이유는 너무도 오랫동안 아브라함이 무자함으로 지내어서, 아브라함이 여호와의 언약이행에 대한 기대를 포기하고 있기 때문이었다. 여호와는 아브라함에게 소돔과 고모라와 관련하여 언약이행을 긴요하게 요청하고자 하는데, 이것을 위해서 여호와께서는 자신의 언약이행을 먼저 언급할 필요가 있었다.

아브라함은 세 나그네를 배웅하기 위하여 나아갔는데, 두 천사는 소돔과 고모라의 포악성에 대한 조사를 위해 먼저 떠나간다. 여호와와 아브라함과 둘이만 남게 되었는데, 이때 여호와께서는 아브라함에게 "내가 하려는 것을 아브라함에게 숨기겠느냐"(창 18:17)고 말한다. 이것은 소돔과 고모라의 심판이 하늘에서 결정되었다는 것을 의미하고 있었다. 이어서 여호와께서는 아브라함과 맺은 그들 사이의 언약조항을 말한다. 먼저, 자신이 아브라함에게 수행하여야 할 언약조항으로서, "아브라함은 강대한 나라가 되고, 천하 만민은 그로 말미암아 복을 받게 될 것이 아니냐"(창 18:18)라고 말한다. 이어서 아브라함이 수행하여야 할 언약조항으로서 '의와 공도'(창 18:19)를 말씀하신다. 그리고 추가적으로 "소돔과 고모라에 대한 부르짖음이 크고 그 죄악이 심히 중하니"라고 말한다. 즉, 이 문맥의 흐름에 의하면, 소돔과 고모라의 심판이라는 상황 속에서 아브라함의 행하여야 할 언약조항으로서의 '의와 공도'를 요청하였다는 것이다.

이 때의 여호와가 아브라함에게 요청한 '의와 공도'는 바로 '소돔과 고모라'를 위한 중보기도였다. 만일 아브라함에게 '열방의 아비'라는 언약적 축복이 없었더라면, '소돔과 고모라'에 대한 심판은 그 심판 자체가 '의와 공도'로 인식될 수 있었다. 그러나 아브라함은 '열방의 아비'로서 "너는 בְּרָכָה가 되라"는 언약조항을 품고 있었다. 이 언약조항에 비추어 보면 아브라함에게 주어진 '의와 공도'는 소돔과 고모라를 위한 '중보기도'였던 것이다. 만일 그가 이 현실에 대해 냉담하다면, 그는 '열방의 아비'가 아니며, "너는 בְּרָכָה가 되라"는 언약적 명령도 소홀히 한 것이 된다. 이것은 '의와 공도'를 저버린 것이다.

아브라함의 생애 속에서 지금까지의 모든 신현의 언약적 사건은 대체로 아브라함과 여호와의 관계에 집중되어 있었다. 이와 같은 여호와와 아브라함의 관계에 관한 'בְּרָכָה'적 태도는 '믿음'으로 나타났었다. 이에 반하여 이곳 창세기 18장의 '방문언약'에서는 'בְּרָכָה'적 태도로서 아브라함의 열방을 향한 역할이 강조되어 나타나는데, 그것은 '의와 공도' 혹은 '중보기도'로 나타났다. 이것은 '너는 בְּרָכָה가 되라'는 명제에 대한 의미의 또 다른 설명이 된다. 즉, 창세기 18:19에 나타난 "여호와의 도를 지켜 의와 공도를 행하게 하려고"라는 말씀은 창세기 12:2b의 "너는 'בְּרָכָה'가 되라"에 대한 중요한 설명이 되는 것이다. 이 말씀은 곧 아브라함이 '열방을 위한 축복자(열방의 아비)'라는 의미였다. 이것은 'בְּרָכָה적 행위'가 '제사장적 역할'을 의미한다면, 아브라함이 수행한 이 창세기 18:22-33의 '중보기도'는 '제사장의 직무수행'에 해당하였다.

2. '언약의 목적'을 나타내는 '선택(יָדַע, 알다)의 이유'

아브라함이 가나안에 들어온 지 얼마 되지 않아서 동물 쪼개는 행위를 통해 '제사언약'(창 15:9-17)을 체결하였는데, 여기에는 아브라함 언약의 본질이 잘 나타나 있다. 이곳에 나타난 '믿음으로 말미암는 의'(창 15:6a)는 여호와와 아브라함이 서로의 생명을 나누는 '상호헌신맹세'로서 '혼인 메타포'의 시원을 이루는 '하나 됨'의 언약이었다. 이것은 이곳 '방문 언약'의 언약조항에 잘 반영되어 있는데, 그것은 "내가…을 위해서 그를 택하였나니"(창 18:19)라는 본문에 잘 나타나있다. 이때 '택하였나니'를 의미하는 'יָדַע'동사는 심리적인 관계가 반영되어 이 용어가 사용될 경우에는 '알다, 경험하다, 동침하다'의 '혼인 이미지'로 사용되는데, 신과 인간 사이에 이 용어가 쓰일 경우에는 항상 이와 같은 '혼인' 이미지로만 사용된다. 따라서 이곳 창세기 18:19에서의 'יָדַע'는 바로 창세기 15:9,17에서의 '동물 쪼갬'을 통한 '하나 됨'을 의미하는 것으로 보인다. 이 'יָדַע'라는 동사가 여호와와 사람 간에 사용될 경우에는 '여호와와 이스라엘' 혹은 '여호와와 영적인 지도자들(선지자들)'사이에서만 사용되고 있다.795) 그리고 이때의 '앎'은 보통 혼인 메타포의 그 '앎'으로 해석된다. 여호와는 이스라엘을 신부로서 알았다. 따라서, 창세기 18:19에서 여호와께서 아브라함에게 "내가 아브라함을 안(선택한) 이유는"에서 사용된 'יָדַע'는 혼인 관계의 '앎'을 의미하였다.

더 나아가서 창세기 18:19의 언약조항에 의하면, 여호와께서 아브라함을 '선택한(앎, יָדַע)' 이유를 "내가 그로 여호와의 도를 지켜 의와 공도를 행하게 하려고"라고 말한다. 여기에서의 '의와 공도'는 바로 소돔과 고모라를 위한 '중보기도'였다. 여호와께서는 아브라함이 자신의 도를 지키는 것을 '하나 됨의 이유' 혹은 '언약의 존재이유'라고까지 말하고 있다.

이러한 언약의 관계설정은 소돔과 고모라의 사건과 유사한 노아 홍수의 사건에서도 발견된다. 하늘의 천상총회에서 세상에 대한 심판이 결정되자, 여호와께서는 노아에게 은혜를 베풀어 그를 구원에 합당한 자로 나아오게 하신 후, 그로 하여금 방주를 짓게 하여 인류의 구원자가 되신다. 홍수 심판을 대비하여 여호와께서 노아를 선택하여 은혜를 베풀었던 것이다. 소돔과 고모라의 심판에 있어서도 동일한 메타포가 적용되었다. 여호와께서는 바로 소돔과 고모라 사건의 이때를 위해서 아브라함을 선택하였다고 말씀하신 것이다. 이것

---

795) 'יָדַע'라는 단어는 '알다'라는 의미인데, 이 단어는 보통 '지각적인 앎'에서 '친밀한 앎, 혹은 성적인 앎'에 이르기까지 그 용도가 매우 넓다. 이때 물리적인 존재들 간의 앎은 보통 '지각적인 앎'의 용도로 사용한다. 그러나 신과 인간과의 관계에서 사용되는 앎은 지각적(시각적)으로 보이지 않기 때문에 '지각적인 앎'은 불가능한 인식론이 된다. 이 경우에는 '친밀한 앎, 성적인 앎, 혹은 신비적인 앎'으로 번역되어야 한다.

이 '아브라함 언약'의 존재이유였던 것이다.

여호와께서는 이것을 위해서 천상에서 직접 강림하신 것이었다. 이 사건은 역사 속에서 유일무이하다. 이것은 소돔과 고모라를 위한 강림이지만, 실제적으로는 모든 아브라함의 후손들에게 그들의 본분이 무엇인지를 계시하는 사건이었다. 아브라함 언약이 본질적으로 지향하는 바는 열방을 위한 구원 혹은 중보기도였던 것이다. 이것이 곧 '너는 בְּרָכָה가 되라'의 개념이었다. 아브라함의 언약에 참여한 자가 이것을 망각하는 것은 중요한 계약위배였다. 이때를 위해서 여호와께서는 아브라함과 'יָדַע'의 관계를 설정하였던 것이다. 아브라함은 늘 여기에 집중하고 있었기 때문에 여호와의 이 말씀을 듣자마자 즉각적으로 반응하여 중보기도를 하였는데, 무려 한 자리에서 여섯 차례에 걸쳐 혼신을 다한 중보기도를 하였다.

3. '믿음의 행위'를 의미하는 'שָׁמַר' 동사

창세기 18:19에서 사용된 יָדַע(알다, 선택하다) 동사는 '혼인 관계'로서의 '앎'을 의미하고 있는데, 이것은 '아브라함의 믿음'(창 15:6)의 결과 이루어진 여호와와 아브라함의 '상호헌신맹세'의 '하나 됨'(창 15:9,17)을 의미하는 것으로 보인다. 이러한 '앎'은 성적인 앎으로도 표현될 정도의 친밀한 앎이다. 그래서 이러한 신비적 연합에서 나오는 이러한 친밀한 '앎'은 여호와의 마음이 아브라함의 마음에 흘러들게 한다. 아브라함은 여호와의 마음을 안다. 창세기 18:19에 나타난 יָדַע(알다, 선택하다)는 바로 이것을 의미하였다. 즉, 아브라함의 믿음으로 인해 형성된 여호와와 아브라함의 יָדַע(알다, 선택하다)의 관계는 이제 아브라함으로 하여금 여호와의 마음까지 아는 자로 만들었다.

여호와께서는 이와 같은 'יָדַע(선택, 앎)'을 말하고, 그 이유로서 "아브라함으로 하여금 여호와의 도를 지켜(שָׁמַר) 의와 공도를 행하게 하려고"(창 18:19)라고 말씀하신다. 그리고 이곳의 언약조항에서 나타난 שָׁמַר동사는 매우 의미심장한 용어이다. 이 שָׁמַר동사는 일반적인 언어 구사에서는 항상 '지켜보다'라는 의미로 사용된다. 이 동사가 '준수하다'라는 의미로 사용되는 경우에는 오직 종교적인 용도의 '언약 조항'과 관련해서 뿐이다. 따라서, 우리는 먼저 일반적으로 존재하던 שָׁמַר동사가 종교적으로 차용될 때, 여기에서 어떤 중요한 작용이 나타나서 이와 같은 의미 변화를 이룬 것으로 보인다. 즉, 아브라함이 여호와와 하나된 것을 믿었을 때, 아브라함은 이제 자신의 마음에 흘러들어온 여호와의 마음을 '지켜볼 수'(watch) 있게 되었다. 그리고 이제 아브라함은 이 '여호와의 마음, 혹은 도'를 '간직함'(keep)을 통해서, 그 '여호와의 마음'이 흘러나오게 할 수 있다. 즉, 이러한 경로를 통해서 아브라함이 그 '여호와의 도'를 '준행'(observe)할 수 있게 된다. '여호와의 도'로서의 '의와 공도'는 오직 여호와만 행할 수 있는데, 아브라함이 이것을 할 수 있는 근거는 자신 안에 임한 '여호와의 마음, 혹은 도'를 지켜봄을 통해서였다. 이러한 절차를 통해서 아브라함은 '여호와의 도'를 שָׁמַר(keep, observe, 지키다, 준수하다)할 수 있게 된 것이다. 원래 שָׁמַר동사는 '지켜보다'의 의미인데, 이것이 יָדַע(알다, 선택하다)의 구조 안에서 사용될 때 이와 같이 '준수하다'라는 의미로 사용될 수 있게 된 것이다. 따라서 שָׁמַר동사를 이렇게 '준수하다'라고 번역하는 것은 아브라함의 언약에서 최초로 출현한 신조어에 해당한다. 그리고 이후의 아브라함의 언약을 계승한 모든 구약의 전통 속에서 이 단어는 '준수하다'의 의미로 사용된다. 구약 전체가 아브라함의 언약적 전통 속에 있기 때문이다. 더 나아가서 이것은 모세의 '율법'과 사도 바울의 '믿음과 율법'의 관계에도 동일하게 적용된다.

따라서, 소돔과 고모라에 대한 아브라함의 정의로운 판단이 '의와 공도'가 아니다. 아브라함의 입장에서 소돔과 고모라에 대한 '의와 공도'는 '심판'이다. 그러나 '여호와의 마음, 혹은 도'에 있어서 '의와 공도'는 '중보기도'이다. 따라서 '중보기도'라는 "사랑의 행위, 혹은 축복의 행위"가 '의와 공도'이며, '여호와의 도'이다. 그렇기 때문에 아브라함이 'בְּרָכָה적 역할'을 수행하기 위해서는 '여호와의 도'를 '지켜보는 것(שָׁמַר)'만 필요하다. 그럴 때 '여호와의 도'로서의 '중보기도'는 자연적으로 흘러나오게 된다. 아브라함의 마음으로는 '판단'이다. 아브라함은 자신과 연합한 여호와의 마음이 밖으로 나타나는 것을 관찰함만을 통해서 '여호와의 도'를 준수하게 된다. 그래서, 이 본문은 '의와 공의=사랑'이라는 공식을 출현시킨다. 이것은 '여호와의 도' 안에서만 통용될 수 있는 공식이다. 사람들의 생각으로는 '의와 공의=심판'이다. 그러나 '여호와의 도'에 있어서는 '의와 공의=사랑'이다. 이것은 아브라함이 여호와와 하나 될 때에만 형성될 수 있는 'בְּרָכָה적 태도'였다.

이 사건 이후로 아브라함의 'בְּרָכָה로서의 태도'는 이스라엘 내에서 '율례와 법도'로 공식적으로 자리 잡은 것으로 보인다. 아브라함의 생애 속에서 '율례와 법도'라는 용어가 처음으로 등장하는데, 그것은 아마 이 사건을 지칭하고 있다. 한편, 출애굽기에 의하면, 모세는 이스라엘이 시내산에서 언약서를 받기도 전에 그들 안에 '율례와 법도'가 이미 존재하는 것처럼 말하고 있는데, 그것은 이때로부터 기인하고 있다. 모세오경 저자는 아브라함의 생애를 최종적으로 요약할 때, "이는 아브라함이 내 말을 순종하고 내 명령과 내 계명과 내 율례와 내 법도를 지켰음이니라"(창 26:5)고 말한다.

6장 '영원한 언약'으로서의 '이삭 번제' (창 21,22장)

1절 서 론

1. '이삭 번제사건'까지의 역사적 배경 이해 (창 21장)

가. 그랄 지역으로의 이주

아브라함은 가나안 땅으로 이주한 후 그의 대부분의 날들을 헤브론의 마므레 상수리나무 수풀근처에서 보내었는데, 이때의 그돌라오멜 전투에서의 아브라함의 구원사역은 아브라함의 이 지역 거주에 큰 도움을 주었을 것이다. 어떠한 협정이 있었을 것으로 추정되기도 한다. 그런데 이 소돔과 고모라가 심판을 받아 멸망을 당하여 이곳이 흉포한 곳으로 변해 버리자, 이제 아브라함의 거처 또한 위태롭게 된 것이다.[796] 그리하여 아브라함은 또 다시 방랑자의 신세가 되어 새로운 지역인 그랄로 그 거처를 옮겼는데, 이곳은 블레셋 땅으로서 아비멜렉 왕이 통치하는 지역이었다. 그랄은 헤브론에서 약 70㎞정도 떨어진 거리였다. 이때의 아브라함의 여정에 대한 설명은 매우 압축되어 있다.[797]

헤브론에 거할 때 아브라함은 부자였는데, 만일 과거의 소돔과 고모라를 구원한 사건의 연속선에서 보면, 그에게는 하나의 군주와 같은 세력과 명성도 있었을 것으로 보기도 한다. 한편, 본문은 그러한 내용을 소개하지는 않으며, 다만 그는 이 새로운 지역에 이르자 객이 되었으며,[798] 과거에 애굽에서 자신의 목숨을 위해서 아내 사라를 누이라고 속인 것처럼 여기에서도 또 다시 그의 아내 사라를 자신의 누이라고 소개하는 위치로 전락한다. 아브라함이 사라를 이와 같이 속인 이유는 "이 곳에서는 하나님을 두려워함이 없으니 내 아내를 인하여 사람이 나를 죽일까 생각하였음이요,…"라고 말한다. 여호와께로부터 '할례 언약'을 통해 '그 후손'에 대한 약속을 받은 직후 또 다시 이러한 일이 발생하고 있다.

---

796) Calvin, *The Book of Genesis 1*, 520.

797) 웬함, 「창세기 2」, 172.

798) Wenham, *Genesis 16-50*, 70.

그러자, 아비멜렉은 아브라함의 누이를 아내로 취하기 위해 사라를 데려간다. 사라의 나이는 이미 90이 가까웠는데 그러한 이유가 사라의 외모 때문인지, 혹은 아브라함과의 정략적 결혼을 위해서인지에 대해서는 구체적으로 나타나지 않고 있다.799)

나. 두 번째 사라 사건의 발생

① 사라를 취하는 아비멜렉

아브라함이 또 다시 나그네 신세로 전락하여 아비메렉의 땅 그랄에 거하였을 때, 사라는 처음 고향을 떠날 때에 아브라함과 약속한 것처럼 자신을 누이라고 말하였다. 이에 아비멜렉이 이제 그의 아내 사라를 취하여(לקח, 취하다, 얻다) 아비멜렉의 궁전에 들이게 되는 일이 발생하였다.800) 그 내용은 다음과 같다.

> 아브라함이 거기서 남방으로 이사하여 가데스와 술 사이 그랄에 우거하며, 그 아내 사라를 자기 누이라 하였으므로 그랄 왕 아비멜렉이 보내어 사라를 취하였더니 (창 20:1-2)

김성수는 이때의 아브라함의 행동은 여호와께서 약속한 '그 씨'를 목숨을 걸고라도 보호해야 했는데, 그렇게 하지 못한 '비겁한 행동'801)이었다고 말한다. 이에 대해 성경은 아무런 부연설명도 없이 짤막하게 그 사실만을 기록하고 있다.802)

② 사라의 구원

---

799) 해밀턴, 「창세기 2」, 87.

800) 웬함, 「창세기 2」, 172 ; 고든 웬함에 의하면, "아비멜렉은 가나안 족속의 이름인데, 그 이름의 뜻은 '나의 아버지는 밀쿠(왕)'으로서, 아마르나 서신에 언급된 두로 왕이 이 이름을 가진 것으로 나온다"고 한다.

801) 김성수, 「내가 너로 큰 민족을 이루게 하리라」, 151.

802) 웬함, 「창세기 2」, 172.

마치 세상의 세력들은 모세가 탄생하였을 때 모세를 없애려 온갖 수단들을 동원하였으며, 후에 예수 그리스도의 탄생시에도 이러한 현상은 또 다시 등장하는데, 그러한 일이 아브라함과 사라의 사건 속에서 처음으로 발생하였다.

아비멜렉이 사라를 아내로 취하려 하자, 여호와께서 아비멜렉의 꿈에 현몽하여 말씀하시는 내용을 성경은 다음과 같이 소개하고 있다. 고든 웬함에 의하면, 이 장면은 "아비멜렉이 하나님에 의해 문책 받는 재판의 형태이다"803)고 말한다.

> 그 밤에 하나님이 아비멜렉에게 현몽하시고 그에게 이르시되 네가 취한 이 여인을 인하여 네가 죽으리니 그가 남의 아내임이니라. 아비멜렉이 그 여인을 가까이 아니한 고로 그가 대답하되 주여 주께서 의로운 백성도 멸하시나이까. 그가 나더러 이는 내 누이라고 하지 아니하였나이까 그 여인도 그는 내 오라비라 하였사오니 나는 온전한 마음과 깨끗한 손으로 이렇게 하였나이다. 하나님이 꿈에 또 그에게 이르시되 네가 온전한 마음으로 이렇게 한 줄을 나도 알았으므로 너를 막아 내게 범죄하지 않게 하였나니 여인에게 가까이 못하게 함이 이 까닭이니라. 이제 그 사람의 아내를 돌려보내라 그는 선지자라 그가 너를 위하여 기도하리니 네가 살려니와 네가 돌려 보내지 않으면 너와 네게 속한 자가 다 정녕 죽을 줄 알지니라. (창 20:3-7)

한편, 이 사라의 사건에는 큰 공백과 여백이 존재하는데, 문예적으로 '공백'은 그냥 '비워두어야 할 칸'으로서 '침묵' 혹은 '무관심'과 유사하다. 따라서, 그 '공백(Blank)'을 채우는 것은 의미가 없으며 채워지지도 않는다. 채우려 할 때 도리어 의미의 왜곡을 가져온다. 여기에 대해서는 전달할 정보가 없으므로 독자도 또한 이러한 무관심을 받아들여야 한다. 이에 반하여 '여백'은 '독자가 스스로 채워야 하는 공간(Gap)'804)이다. '사라사건'에는 이러한 요소도 또한 존재한다.

---

803) 웬함, 「창세기 2」, 173.

804) 세일해머, 「모세오경 신학」, 657.

③ 사라사건에 존재하는 '공백'과 '여백'

얼마 지나지 않으면 이삭이 탄생하게 되는데, 아브라함은 그의 아내를 빼앗겼으며, 사라는 아비멜렉의 궁중에까지 불려나간다. 그리고 그 기간 중 여호와께서는 아비멜렉 여인들의 태의 문을 닫는다. 이것을 인식하는 데까지는 상당한 시간이 경과해야 하지 않는가? 그 기간 동안 사라는 안전하였는가? 이 모든 것에 대해 성경본문은 침묵한다. 다만, 이 본문의 의도는 이러한 역경 속에서도 아브라함의 씨를 지키기 위해 그녀를 안전하게 보호한 '여호와의 기적'을 강조할 뿐이다.

왜 갑자기 아브라함은 헤브론을 떠나야 했는가? 기존에 있던 그의 부는 어떻게 되었는가? 왜 그는 또 다시 아내를 누이라고 속였는가? 이렇게 연단을 받고 믿음에 대한 당부를 받은 아브라함이 이때까지 자신의 목숨을 보전하기 위해 그렇게 비겁해야 했는가? 처음에 이러한 사건을 당할 때에는 신앙의 연단을 받지 않아서 큰 두려움에 있었을 것이다. 그런데, 이때는 그 후로 25년이 경과하였으며, 이 기간 동안 신앙의 연단을 받았다. 그는 목숨까지 여호와께 드리는 결단을 한 위대한 인물이었다. 이 사건의 1년 후에 이삭을 드리게 되는데, 그때의 태도와는 너무도 판이하게 다른 모습이다. 그런데, 이 성경 본문의 저자는 이 모든 것에 대한 질문을 매몰차게 불허하며, 설명하고 싶어 하지도 않으며, 다만 자신의 메시지를 들으라고만 한다. 이것은 분명하다. 모세오경의 저자는 아브라함의 거짓말을 전혀 책망하지 않는다. 그는 오직 이러한 위기 속에서 '사라'를 지키신 '여호와'만을 강조할 뿐이다.

저자는 이 본문을 통해서 이러한 정보 외에 아무 것도 제공하지 않는다. 이 본문의 저자는 아브라함에 대한 비난도 하지 않는다. "그는 여호와의 '선지자'이다"는 말로서 아브라함에 대한 모든 의심을 척결해 버리고 있다. 이 모든 부분은 문예적인 기법에 있어서 '공백(Blank)'에 해당한다.

반면, 이 본문을 읽는 독자는 이곳에 채워져야 할 '여백'을 찾아야 한다. 위와 같은 의구심을 일으키면서까지 이 글을 여기에 삽입한 저자의 의도를 찾아서 여기에 채워야 한다. 이 사건의 여백은 기존의 사라사건과 마찬가지로 또 다시 '아브라함과 사라의 후손'에 대한 '여호와의 소유권 주장'[805]이다. 이것을 삽입하기 위해서 모세오경 저자는 수치스러운 이 이야기를 담대히 기록하고 있는 것이다. 모세오경 저자는 모든 독자에게 이 사실만을 강조하고 싶었고, 그것을 위해서 이 본문을 여기에 과감히 삽입한 것이었다. 아브라함의 씨에 대한 '여호와의 소유권 주장'을 위해서 여호와께서는 아브라함으로 하여금 이 거짓된 상황에 빠지게 한 것이다. 궁극적으로 '여호와의 소유권 주장'을 위해서 여호와께서는 이 사건을 일으키시고, 아브라함을 거짓에 빠지게 하였다. 이 모든 것이 여호와가 손길 아래에 있게 되었다.

다. 그랄 땅 정착과 이삭의 탄생

① 그랄 땅에 정착

아비멜렉은 이 일로 인하여 아브라함과 화해를 하게 되었고, 아브라함에게 호의를 베풀게 되었으며, 이렇게 하여 아브라함은 그랄 땅에 우거하게 되었다. 이때 여호와 하나님께서는 아비멜렉의 관대함을 축복하시었다.[806] 이에 대해 성경은 다음과 같이 말한다.

> 아비멜렉이 그 아침에 일찌기 일어나 모든 신복을 불러 그 일을 다 말하여 들리매 그 사람들이 심히 두려워하였더라… 아비멜렉이 양과 소와 노비를 취하여 아브라함에게 주고 그 아내 사라도 그에게 돌려보내고 아브라함에게 이르되 내 땅이 네 앞에 있으니 너 보기에 좋은 대로 거하라 하고, 사라에게 이르되 내가 은 천개를 네 오라비에게 주어서 그것으로 너와 함께 한 여러 사람 앞에서 네 수치를 풀게 하였노니 네 일이 다 선히 해결되었느니라.… (창 20:8-18)

② 이삭의 탄생과 이스마엘의 방출

참으로 오랜 기간의 침묵 끝에 아브라함과 사라는 아이를 갖게 되었다. 자

---

805) 우리는 이것을 앞의 창세기 12장의 본문에 나타난 '사라사건'을 검토하면서 살펴보았다. (필자)

806) Wenham, *Genesis 16-50*, 74.

손 혹은 후사에 관한 언약이 이제야 비로소 성취 된 것이다. 그것도 하나님의 직접적인 간섭과 기적 가운데에서 탄생하게 된 것이다. 이에 대해 성경은 다음과 같이 소개하고 있다.

여호와께서 그 말씀대로 사라를 권고하셨고 여호와께서 그 말씀대로 사라에게 행하셨으므로 사라가 잉태하고 하나님의 말씀하신 기한에 미쳐 늙은 아브라함에게 아들을 낳으니 아브라함이 그 낳은 아들 곧 사라가 자기에게 낳은 아들을 이름하여 이삭이라 하였고 그 아들 이삭이 난지 팔 일만에 그가 하나님의 명대로 할례를 행하였더라. 아브라함이 그 아들 이삭을 낳을 때에 백세라.…(창 21:1-5)

위에서 '권고하다'를 פָּקַד(방문하다)라는 동사를 통해 표현하고 있는데, 이것은 구약성경에서 하나님의 구원행위 혹은 심판행위가 나타날 때 사용되는 용어인데,807) 여기에서도 이 용어가 사용되고 있다.

그 후 이삭이 자라는 과정에서 사라는 하갈의 소생 이스마엘이 이삭을 희롱하는 것을 보게 되었다. 이 일을 계기로 하여 이스마엘은 아브라함의 집에서 쫓겨나게 되었으며, 오직 유일하게 이삭만이 아브라함의 공식적인 후사가 되었다.

③ 아비멜렉과의 땅 협정으로 얻은 브엘세바

여호와께서는 아브라함에게 그의 'בְּרָכָה'로서의 언약 이행을 위해서 땅과 후손을 약속하시었다. 그런데 아브라함에게 후사의 문제는 일단 해결되었으나, 땅의 문제에 있어서는 아직 해결되지 않았다. 여전히 이국 땅에 나그네로 살아야 하는 입장이었다. 여호와께서 아브라함에게 여호와의 나라를 건설한다고 하셨고, 그 땅을 아브라함에게 영지로 주셨는데, 정작 그 땅들은 이미 먼저 거주한 자들의 차지가 되어 있었다. 여전히 그는 나그네로서 그들의 호의를 통해서만 살아야 하는 입장이었다.

---

807) Wenham, *Genesis 16-50*, 80.

이때 아비멜렉은 아브라함을 알아본 탁월한 인물로 평가된다. 그가 보았을 때 아브라함이 강성해 지는 것은 분명해 보였으며, 그렇기 때문에 그는 아브라함을 진심으로 축복하였다.[808] 그래서, 아브라함을 이대로 방치할 경우, 아브라함의 자손들이 번성하면 자신의 나라와 대치할 위험성도 보았다.[809] 그래서, 이제 아비멜렉은 그의 군대 장관 비골과 함께 아브라함에게 나아와 이 장래 발생가능한 일에 대하여 맹세하라고 한다. 그리고, 그 둘은 상호불가침적 성격의 언약을 맺는다. 그 내용은 다음과 같다.

때에 아비멜렉과 그 군대 장관 비골이 아브라함에게 말하여 가로되 네가 무슨 일을 하든지 하나님(אֱלֹהִים)이 너와 함께 계시도다. 그런즉 너는 나와 내 아들과 내 손자에게 거짓 되이 행치 않기를 이제 여기서 하나님(אֱלֹהִים)을 가리켜 내게 맹세하라 내가 네게 후대한 대로 너도 나와 너의 머무는 이 땅에 행할 것이니라. 아브라함이 가로되 내가 맹세하리라 하고… 아브라함이 양과 소를 취하여 아비멜렉에게 주고 두 사람이 서로 언약을 세우니라. 아비멜렉의 종들이 아브라함의 우물을 빼앗은 일에 관하여 아브라함이 아비멜렉을 책망하매 아비멜렉이 이르되 누가 그리하였는지 내가 알지 못하노라 너도 내게 알리지 아니하였고 나도 듣지 못하였더니 오늘에야 들었노라. 아브라함이 양과 소를 가져다가 아비멜렉에게 주고 두 사람이 서로 언약을 세우니라. 아브라함이 일곱 암양 새끼를 따로 놓으니 아비멜렉이 아브라함에게 이르되 이 일곱 암양 새끼를 따로 놓음은 어찜이냐. 아브라함이 이르되 너는 내 손에서 이 암양 새끼 일곱을 받아 내가 이 우물 판 증거를 삼으라 하고 두 사람이 거기서 서로 맹세하였으므로 그곳을 브엘세바라 이름 하였더라. 그들이 브엘세바에서 언약을 세우매 아비멜렉과 그 군대장관 비골은 떠나 블레셋 족속의 땅으로 돌아갔고, 아브라함은 브엘세바에 에셀나무를 심고 거기서 영생하시는 하나님(אֵל עוֹלָם) 여호와의 이름을 불렀으며 그가 블레셋 족속의 땅에서 여러 날을 지내었더라.(창 21:22-34)

---

808) 웬함, 「창세기 2」, 207.

809) 웬함, 「창세기 2」, 207.

월키에 의하면, 위의 본문은 두 번의 언약체결사건으로 구성된다. 하나는 아비멜렉의 아브라함을 향한 영구적인 불가침 조약 제안이며, 두 번째는 아브라함이 아비멜렉과 협약을 맺어 브엘세바 우물에 대한 권리 요구의 제안이다.810)

아브라함은 이삭의 탄생이라는 '씨'의 약속을 받고 있는 상황이었다. 그리고 이 사건은 '땅 소유'의 예표적인 상황이었다. 이때 얻게 된 이 '땅'은 '브엘세바'로서 앞으로 아브라함과 그의 후손에게 중요한 거처가 된다. 이에 대해 월키는 "두 번의 조약은 히브리어 어근 샤바(שבע)로 통합된다. 이 어근에서 동사 '맹세하다'와 숫자 '일곱'이 유래했는데, 이 어근은 이 장의 열세 구절에서 아홉 번 나타난다"811)고 말한다. 즉 브엘세바(בְּאֵר־שֶׁבַע)에서 '세바(שֶׁבַע)'는 '일곱' 혹은 '맹세'의 의미를 지니고 있다. 그리고 '브엘, בְּאֵר'은 '우물'이라는 의미이다. 이 '땅'과 '우물'은 당시에 생존권과 관련이 있었다.

아브라함과 아비멜렉이 서로 언약을 세우는 위의 본문에 의하면, 이들은 서로 하나님(אֱלֹהִים) 앞에서 언약을 체결한다. 이때 아비멜렉은 여호와를 지칭하지 않는다. 다만, 아브라함만 그 언약체결 후에 "영생하시는 하나님(אֵל עוֹלָם), 여호와"라고 지칭한다. 이때의 하나님은 단수형의 אֵל이 사용된다.

④ 이삭의 성장

성경 본문에는 직접적으로 기록되어 있지 않지만, 이삭이 자라서 '아이'로 불릴 수 있는 나이가 되었다. 아마 성년식을 치를 즈음이 아닌가 싶다. 창세기 17:7에 의하면, 이삭은 하나님과 아브라함과 더불어 '할례언약'의 당사자였다. 그리고 언약의 당사자가 되기 위해서는 성년일 필요가 있기 때문이다. 이때 하나님께서는 아브라함에게 '이삭 번제'를 명령하신다.

2. 창세기 22장 '이삭 번제 사건'에 대한 문예적 구분

---

810) 월키, 「창세기 주석」, 528.

811) 월키, 「창세기 주석」, 529.

아브라함은 소돔과 고모라 사건 후에 그의 거주지를 그랄 땅으로 옮겼다. 그리고 그곳에서도 많은 우여곡절 끝에 이곳에 정착할 수 있었다. 이곳에 당도하자마자 아브라함은 두 번째 사라 사건을 접하게 되었으며, 이때에도 하나님의 적극적인 개입으로 사라가 구출되었다. 그 후 이삭이 탄생하였으며, 또한 이때 이스마엘이 방출되었다. 그리고 하나님께서 아브라함을 축복하시어서 크게 번성하게 하시었고, 아비멜렉과는 협정을 통해 브엘세바를 얻게 되었다.

이렇게 아브라함의 삶에 안정이 찾아 올 즈음 갑작스럽게 하나님께서는 아브라함에게 이삭을 번제로 바칠 것을 요청하였다. 이때의 시험에 대해 모세오경 저자는 '여호와의 시험'이 아닌 'אֱלֹהִים(Elohim)의 시험'이라고 본문을 기록하여서, 그 시험의 주체로서 'אֱלֹהִים'이 언급된다. 만일 이러한 성호(聖號)사용에 대한 적절한 해명을 요청한다면, 이것은 'אֱלֹהִים' 곧 '하늘 천상회의'와 관련한 시험으로 보인다.[812] 이것은 '아브라함의 믿음'에 대한 시험이었다.

창세기 22장에 나타나는 '이삭번제 사건'을 큐리드(John D. Currid)는 '문예적 기법'을 중심으로 고찰하여 다음과 같은 인크루지오 구조로 분석한다.[813]

> A. 하나님의 말씀 (창 22:1-2) : Here I am, your only son, offer him as a burnt offering
>   B. 행동들 (창 22:3-6) : And he took, he cut the wood, the place that God had told him, and he set it, the knife
>   C. 아브라함과 이삭의 대화 (창 22:7-8)
>   B'. 행동들 (창 22:9-10) : And he took, he set the wood, the place that God had told him, the knife
> A'. 여호와의 말씀 (창 22:11-19) : Here I am, your only son, offer him as a burnt offering

큐리드(Currid)는 위의 구조에서 창세기 22:7-8을 이 구조의 정점이라고 한

---

812) 이 글에서는 'אֱלֹהִים'을 '여호와의 천상총회'로 해석하며 본문을 이해한다. (필자)

813) Currid, *A Study Commentary on Genesis,*, 387.

다. 그 내용은 "…불과 나무는 있거니와 번제할 어린 양은 어디 있나이까 아
브라함이 가로되 아들아 번제할 어린 양은 하나님이 자기를 위하여 친히 준비
하시리라 하고 두 사람이 함께 나아 가니라"였다.

반면 이 책에서는 문예적 기법 보다는 신학적 의미에 더 강조점을 두어서
'이삭의 번제 사건'을 그 정점으로 파악하고자 한다. 이 내용들을 인크루지오
형태로 정리하면 다음과 같다.

    A. 하나님의 '이삭 번제' 명령 (창 22:1-2)
      B. '번제 명령'을 위해 떠나는 아브라함과 이삭 (창 22:3-6)
        C. 번제물과 관련한 아브라함과 이삭의 대화 (창 22:7-8)
          D. '이삭번제 명령'에 대한 순종과 확인 (창 22:9-12)
        C'. 하나님께서 준비한 번제물 (창 22:13-14)
      B'. '번제 명령'순종과 맹세로 발전한 '언약 조항'(창 22:15-18)
    A'. 브엘세바로 복귀하는 아브라함 (창 22:19)

위의 구조에 따라 '이삭 번제 사건'의 과정을 설명하자면, 먼저 하나님께서
아브라함에게 나타나시어서 'A.이삭 번제명령'(창 22:1-2)을 통해서 이야기
가 시작된다. 하나님이 아브라함에게 나타났을 때, 그는 "내가 여기있나이
다"라는 말씀으로 하나님을 향한 완전한 순종의 태도를 나타낸다.

이이서 'B.아브라함과 이삭의 번제제사를 위한 여행'(창 22:3-6)이 시작되
는데, 이것은 나중에 드러난 것이었지만 아브라함에게 부여된 언약조항 이행
의 일환이었다. 아브라함의 이러한 완전한 순종은 여호와의 약속을 단순한
언약조항에서 'B'.맹세로 발전한 언약조항'(창 22:15-18)으로 나타나게 한
다.

삼일 동안의 여행과 관련하여서 아브라함과 이삭의 대화는 딱 한 차례 나
타나는데, "B.번제할 제물은 어디 있습니까"(창 22:7-8)라는 이삭의 질문이
었다. 이에 대해 아브라함은 "하나님께서 준비하신다"라고 답변한다. 그리고
실제로 "C'.하나님께서 한 수양을 준비"(창 22:13-14)하시었다.

창세기 22장에 나타난 '이삭 번제언약'[814)의 클라이막스는 창세기

22:9-11의 "칼을 잡고 이삭을 잡으려 하는 그 순간"에 있다. 그리고 이에 대해 여호와의 사자가 다급하게 아브라함을 부른다. 창세기 22:11의 "내가 여기 있나이다"로 시작되는 아브라함의 태도는 창세기 22:1의 "내가 여기 있나이다"와 인크루지오를 이루고 있어서 '번제 명령'에 대한 '완전한 순종'을 나타내준다. 여화와의 사자는 창세기 22:12에서 "내가 이제야 네가 하나님을 경외하는 줄 아노라"고 말하며, 아브라함의 믿음을 확증하고 그 시험을 끝낸다.

2절   하나님의 시험으로서 '이삭 번제 명령'

1. 아브라함을 시험하시는 '하나님(אֱלֹהִים)' (창 22:1)

가. אֱלֹהִים이라는 성호(聖號, 신의 호칭)사용이 갖는 의미

처음에 아브라함의 모든 신현 사건 속에서 나타난 신의 이름은 '여호와'였다. 그런데, 창세기 17장에서부터 나타나는 신의 이름은 'אֱלֹהִים(하나님)'과 '여호와'가 혼재하여 나타나고 있는데, 대부분 'אֱלֹהִים(하나님)'의 이름으로 나타난다. 과연 이러한 성호(聖號)의 변화는 성경해석과 관련하여서 어떤 영향을 미칠 것인가? 그 동안의 성경해석자들은 이 문제를 JEDP 가설을 통해 해석을 하여, 이것은 자료층의 문제일 뿐 '여호와'와 '하나님(אֱלֹהִים)'의 이름을 통한 다른 의미부여는 거의 하지 않았다. 하지만 월키는 이러한 형태의 독법은 적절하지 않다고 말한다.[815]

고든 웬함의 경우에도 이러한 용어 사용에 "어떤 신학적인 동기가 있다는 것이 옳을 수 있다"[816]고 말한다. 월키(Waltke)는 "그의 백성들에 대한 하나님의 관계의 특별한 국면이 강조된 것이다"고 말하며, אֱלֹהִים은 창조주로서의 관계가 강조된 것이며, 여호와는 언약적 관계가 강조된 것이라고 한다.[817] 이

---

814) 이 책에서는 창세기 22장의 '이삭 번제의 사건'을 '이삭 번제언약'이라고 칭하기도 한다.

815) 월키, 「창세기 주석」, 539.

816) 웬함, 「창세기 2」, 225.

에 대해 폴 브로그만(Paul Brogman)은 여기에서 "여호와는 어디에 있는가?"라며, 예리하게 지적한다. 지금까지의 신현사건에서 말씀하시는 이는 '여호와'였는데,818) 창세기 17장에서부터는 그 언약의 주체로서 'אֱלֹהִים'이 등장하고 있다. 성호 사용에 변화가 온 것이다.

우리는 성호 사용에 대한 어떤 차별화된 의미의 기준을 가질 필요가 있다. 윌리엄 헨리 그린은 "오경에 나타난 엘로힘과 여호와의 용법"이라는 논문을 통해서 성호의 사용과 관련하여 다음과 같은 차이를 규명하였다.

먼저, '여호와'는 그가 자신을 선민의 보호자와 예배의 대상으로서 그들에게 계시하신 것처럼 선민과 특별한 관계에 있는 하나님을 나타낸다. 반면 'אֱלֹהִים'은 창조주로서 또 인간사에서와 자연의 작용을 통제하는 데에서 섭리적 통치자로서 전세계와 관계된 하나님을 나타낸다.

두 번째, 'אֱלֹהִים'은 선민의 하나님 '여호와'와 특별한 관련이 없는 한, 이방인이 말하거나, 이방인에게 말하거나, 이방인에 대하여 말할 때 사용된다.

세 번째, 'אֱלֹהִים'은 하나님이 사람 또는 사물과 대조되거나 고유명사보다 보통명사의 의미가 요구될 때 사용된다.819)

또 다른 연구에 의하면, 김정우는 "삼위일체 교리에 대한 구약성경의 증거"라는 글에서 אֱלֹהִים을 '천상총회의 개념'으로 소개하였다. 그는 창세기 1:26; 3:22; 11:7에 나타난 'אֱלֹהִים'이 자신을 가리켜서 '우리'라고 사용한 표현을 연구하면서, 'אֱלֹהִים'은 '여호와의 천상총회'를 의미한다고 설명하였다. 그 내용은 다음과 같다.

필로로부터, 유대인 랍비들(Bereshith Rabba viii 3-7)과 학자들은 일반적으로 이 복수형은 하나님께서 천상의 총회, 즉 '천사들'에게 말씀하신 것으

---

817) Waltke, *Genesis*, 304.

818) Brogman, *Genesis*, 88.

819) 윌리엄 헨리 그린, "오경에 나타난 '엘로힘'과 '여호와'의 용법," 「구약신학 논문집(2집)」, 윤영탁 역, 이승하 편 (서울: 성광문화사, 1989), 57-58.

로 해석해 왔다. 즉, 하나님(אֱלֹהִים)은 천상의 총회에 있는 여러 천사들을 향하여 '우리가⋯'라고 말씀하셨다. 최근에도 이런 해석을 주장하는 학자들이 많이 있다(폰라드, 침멀리, 베스터만). 그러나 이 해석에 대해 카수토는 세 가지 관점에서 비판하고 있다(1961:55).⋯ 카수토의 비판이 상당한 설득력을 갖고 있지만, 나는 이상의 여러 해석 중 '천상의 총회'를 가리킨다고 보는 해석이 아래에 제시된 네 가지 논거에 근거하여 구약 자체의 맥락에 가장 잘 어울린다고 본다.

먼저, 천상의 신의 총회 개념은 고대 근동아시아에 널리 나타나고 있다. 뮬렌(1980:113)은 이 개념이 "애굽, 메소보타미아, 가나안, 페니시아, 이스라엘 문화에서 아주 일반적인 종교적 모티프였다"고 말한다. 그는 신의 총회에 대한 개념 뿐 아니라, 그 용어조차 서로 유사함을 발견하였다. 특히 바벨론 창조신화에 따르면, 인간 창조에 대한 결정은 신들의 총회에서 질문과 응답 방식으로 이루어지고 있다.⋯(에누마 엘리쉬 토판 VI, 5-8, ANET 68)

두 번째, 구약성경 안에는 천상총회에 대한 언급이 여러 곳에 나타나고 있다.(왕상 22:19; 욥 1:6이하; 2:1이하; 38:7) 물론 구약의 천상총회 개념은 고대근동아시아의 천상총회 개념과 근본적으로 다르다. 이스라엘에서의 천상총회 개념은 유일신앙의 틀 속에서 나온다.⋯ 이들은 "여호와의 뜻에 복종하는 영물들에 불과하다"(Miller 1973:70)

세 번째, 이사야 6:8에서 "내가 누구를 보내며, 누가 우릴 위하여 갈꼬?"는 창세기 1:26과 상당히 유사하며, 주님은 그룹과 스랍들이 있는 천상의 총회에서 이 말씀을 하시고 있다.[820]

한편, 구약성경에서의 'אֱלֹהִים'은 단순한 'אֵל'의 복수형이 아니라, 욥기에 집중적으로 나타나고 있는 'אֱלוֹהַ'와 'אֵלִים'이 결합된 것으로 보인다. 즉, 'אֱלֹהִים'은 'אֵל, 곧 여호와의 천상총회'를 지칭한다. 이곳에는 하늘의 천군천사와 모든 존재자들의 수호신들이 다 모이는 곳이다. 따라서 אֱלֹהִים은 우주적이며, 세계적인

---

[820] 김정우, "삼위일체 교리에 대한 구약성경의 증거," 「제9차 기독교학술원 학술심포지움: 삼위일체론」, 기독교학술원 편, (서울: 기독교학술원, 1994), 37-38.

관련성 속에서의 하나님이다.[821] 즉, 이때의 이해관계자는 "여호와와 모든 천군천사들"이다. 욥기에 의하면, 심지어 이 천상총회에는 '사단'도 참여하여 참소를 한다. 따라서 이 천상총회는 모든 참여자에게 보편적이고 객관타당하여야 한다.

만일 위의 주장대로라면, 'אֱלֹהִים'이 복수명사이면서도 항상 단수 동사로 문장을 구성하고 있는 것에 대한 적절한 설명이 되어 진다. 그리고 이것은 '여호와'와 'אֱלֹהִים'의 성호(聖號) 사용에 대해서 훨씬 그 폭을 확대시킬 수 있다. 즉 'אֱלֹהִים'과 '여호와'는 각각의 용법이 있다는 것이다. 이러한 내용들은 구약성경을 통해서도 확인되는데, 위의 내용들을 구체화하여 정리하면 다음과 같다. 그리고 다음의 내용은 이 책의 전제에 해당한다.

먼저, 'אֵל'은 '신'이라는 보통명사를 의미한다. 그렇기 때문에 천사도 אֵל이라고 불리울 수 있으며, 다른 이방 신도 אֵל이라고 불리울 수 있고, 여호와도 אֵל이라고 불리울 수 있다. 특별히 여호와를 향하여 אֵל이라는 호칭이 사용될 경우에는 그 뒤에 항상 수식어가 따라 나와서, 그 본성을 설명하여 다른 אֵל과 차별을 둔다. אֵל עֶלְיוֹן(엘 엘룐, 지존하신 하나님, 창 14:18) אֵל שַׁדַּי(엘 샤다이, 전능하신 하나님, 창 17:1)와 אֵל עוֹלָם(엘 올람, 영생하시는 하나님, 창 21:33)은 그 대표적인 사례이다.

두 번째, 이 'אֵל'의 단순한 복수형은 'אֵלִים'이라야 한다. 그러나 אֱלֹהִים이라는 명칭이 사용되고 있는데, 그 양자 사이에 'אֱלוֹהַּ'가 존재한다. 이 'אֱלוֹהַּ'라는 명칭은 욥기에 주로 나타난다. 이것은 이스라엘이나 이방 모두가 알고 있는 보통명사로 표기된 최고신의 이름이다. 아마 이러한 언어표기는 '우가릿 신화' 속의 '고유명사'로서의 'אֵל'신과 차별을 두기 위한 고대근동 지혜자들의 언어사용이었을 것으로 추정된다.[822] 그리고 אֱלֹהִים은 אֵל를 중심으로 한 신들의 총회를

---

821) Brogman, *Genesis*, 74, 89. Paul Brogman 은 אֱלֹהִים은 "모든 사람들의 하나님"을 의미하며, "우주적이며 세계적인 관련성" 속에서 적절한 하나님의 이름이라고 말한다. 따라서 그는 "אֱלֹהִים은 모든 사람들과 하늘과 땅의 하나님이다"고 말한다.

822) 이러한 견해는 필자의 추정으로서 이 논의가 일반화되기에는 또 다른 논증이 요구된다.

의미한다. 따라서 이방인들도 최고신으로서 'אֱלֹהִים'을 이해하고 있으며, 일반화된 이름으로 보인다.(참조: 창 20:3,6,11,13, 17; 21:23)

세 번째, 따라서 אֱלֹהִים은 여호와를 중심으로 한 모든 제신들(천군천사들)의 총회이므로 한 실체이다. 이때 모든 제신들이라면 모든 나라와 민족의 수호신들도 여기에 포함되고, 모든 만물에게 주어지는 속성도 여기에 하나의 신적 존재로서 여기에 포함되고, 심지어는 '하늘'과 '땅'을 떠받치는 그 이면의 신들도 이 총회에 속하여 있다. 이 אֱלֹהִים은 만유에 편재하고 있으며, 이들에 의해 만물이 지탱되고 있다. 이들이 모두 여호와의 총회에 부속되어 있다. 이러한 형태의 אֱלֹהִים에 대한 개념은 만유가운데 충만한 하나님이라는 개념과 동일한 의미를 지닌다. 한편, 그 구성원들 각각에게는 자유의지도 존재하지만, 이들의 자유의지는 철저히 여호와께 순종하여 속하여 있다. 그들은 여호와의 지체처럼 되어 있다. 그렇기 때문에 '여호와'와 'אֱלֹהִים'은 서로 혼용하여 사용할 수도 있다.

네 번째, 여호와께서는 자신이 창조한 천사들을 통하여 온 세계를 통치하신다. 여호와께서는 그들을 통하여 세계의 모든 존재들을 창조하였으며, 세계 각 나라들을 보호하고 이끄신다. 이때 여호와께서는 그들에게 자유의지를 주셨기 때문에 그들과 '천상총회'를 통해서 세계를 주관한다. 그런 이유 때문에, 창조와 관련해서는 אֱלֹהִים의 이름이 나타난다.(창 1장) 그리고 심판과 관련하여서도 마찬 가지로 אֱלֹהִים의 이름이 나타난다. 여호와께서는 모든 제신들을 통하여서 창조와 심판을 수행하신다.

다섯 번째, 반면에 이러한 심판의 상황 속에서 여호와는 심판에 대한 결정자이면서도 항상 구원자로서 나타난다. 마치 여호와는 천상총회를 통해 결정하였지만, 그러한 와중에도 인류의 아버지로서 구원의 열정을 가지고 행한다. 이러한 패턴은 노아 홍수사건과 아브라함의 소돔과 고모라의 사건에서 분명하게 나타난다. 여호와는 이러한 심판의 상황 속에서 인생 가운데 구원자를 세운 후에 그 구원자의 적격성을 천상총회에서 입증 받으려 한다. 따라서 어떤 구원자가 세워졌을 때, 여호와만 그것을 인정하는 것이 아니라, 천상총회의 모든 제신들도 이 사실을 인정하여야 하기 때문이다.(참조: 창 6:8-22) 소돔과 고모라의 심판에서 구원을 받은 사람은 롯이었는데, 이때에도 여호와와 하나님(אֱלֹהִים)은 중복적으로 등장한다.(참조: 창 19:29) 따라서 이와 같은 열방과 관련이 되어 있는 구원자의 결정 과정에서는 천상총회의 모든 제신들과 함께 결정하려 하므로 항상 'אֱלֹהִים'이 등장한다. 이것이 바로 창세기 17장과 이곳 창세기 22장에서 'אֱלֹהִים'이라는 신명이 사용되는 이유로 보인다.

나. 아브라함의 생애에 나타난 성호사용의 변화

'אֱלֹהִים'을 '여호와의 총회'로 볼 경우, 어떤 상황 속에서 '하나님'의 이름이 '여호와'의 이름으로 불릴 경우와 'אֱלֹהִים'으로 불릴 경우를 구분할 수 있다. 노아 심판의 사례에 대한 성호(신의 이름)를 고찰할 경우, 세상을 향한 'אֱלֹהִים'의 심판이 결정되어 인류가 멸절 상태에 이르렀을 때, 여호와께서는 단독으로 노아에게 은혜를 베풀어서(창 6:8), 노아가 'אֱלֹהִים' 앞에서 의롭다함을 얻을 수 있도록 노아의 신앙을 이끌어(창 6:9), 노아는 'אֱלֹהִים'의 심판을 면하게 한다.(창 6:10-22) 'אֱלֹהִים'의 심판 상황 속에서 구원자로 나타나는 여호와이시다. 이러한 동일한 상황이 아브라함의 생애 속에서 나타난 것으로 보인다. 노아 홍수시의 신명사용의 사례는 다음의 노아 사건의 본문을 통해서 확인할 수 있다.

여호와께서 사람의 죄악이 세상에 가득함과 그의 마음으로 생각하는 모든 계획이 항상 악할 뿐임을 보시고… 내가 창조한 사람을 내가 지면에서 쓸어버리되… 그러나 노아는 여호와께 은혜를 입었더라.(창 6:5-7)
이것이 노아의 족보니라 노아는 의인이요 당대에 완전한 자라 그는 하나님과 동행하였으며…그 때에 온 땅이 하나님 앞에 부패하여 포악함이 땅에 가득한지라. 하나님이 보신즉 땅이 부패하였으니 이는 땅에서 모든 혈육 있는 자의 행위가 부패함이었더라. 하나님이 노아에게 이르시되 모든 혈육 있는 자의 포악함이 땅에 가득하므로 그 끝 날이 내 앞에 이르렀으니 내가 그들을 땅과 함께 멸하리라. 너는 고페르 나무로 너를 위하여 방주를 만들되 그 안에 칸들을 막고 역청을 그 안팎에 칠하라. 그러나 너와는 내가 내 언약을 세우리니 너는 네 아들들과 네 아내와 네 며느리들과 함께 그 방주로 들어가고…노아가 그와 같이 하여 하나님이 자기에게 명하신 대로 다

준행하였더라.(창 6:8-22)

아브라함의 생애 속에서 '여호와'라는 성호는 여호와께서 아브라함을 열방을 위한 '구원자'로 세우는 과정인 창세기 12-15장에서 나타난다. 창세기 12장에 의하면, 여호와는 아브라함을 처음에 선택하여 그에게 갈대아를 떠나라고 명령하며, 그와 언약을 체결하였다. 그리고 창세기 15장에서는 이 여호와가 아브라함과 제사를 통해 한 생명을 이루며, 그 언약을 인증하였다. 이것이 그의 초기 생애에 해당하며, 이때의 이름은 오직 여호와로만 나타나며, 아브라함에게 은혜를 베풀어 그를 구원자로 세우고 계신 과정이었다.

그리고 이때로부터 20여년이 경과하여 그의 믿음이 온전하여 지자, 여호와께서는 '전능한 하나님'으로 자신을 계시한 후에, 이때 부터는 본격적으로 '하나님'의 이름으로 나타나신다. 즉, 'אֱלֹהִים(하나님)' 혹은 '여호와의 총회'로서 아브라함에게 나타나신 것이다. 그리고 이제 'אֱלֹהִים'은 그의 후손과 '영원한 언약'을 체결하겠다고 한다. 이것이 창세기 17장의 내용이었다.

이제 그의 후손이 탄생을 하자 '여호와'께서는 아브라함과 그의 후손을 온 세상의 심판자인 "אֱלֹהִים(하나님, 여호와의 총회)' 앞에 세워, 'אֱלֹהִים' 앞에서 그들의 믿음을 인정받게 하고자 한다. 이것이 창세기 22:1-2에서 'אֱלֹהִים'과 '여호와'의 이름이 중복적으로 나타나는 이유이다. 이러한 'אֱלֹהִים' 앞에서의 공적인 인증 절차가 창세기 22:3-13의 '이삭 번제'를 통하여서 이루어졌는데, 그것 자체가 하나의 언약으로서 온 인류의 구원을 위한 창세기 17:7의 '영원한 언약'이 되었다. 이'영원한 언약'이 이렇게 서게 되자, 이제 그의 모든 대대에 이르는 후손들은 할례를 통하여 '이삭(그 후손) 번제'에 참여하게 되었다. 사실 이삭번제 사건은 이와 같은 '영원한 언약'으로서의 '구원의 도리'가 이 세계 속에 출현한 것을 의미하였다. 노아의 경우와 마찬가지로, 이들은 심판 가운데 있는 이 세계 속에서 온 세상의 구원자이자 열방의 아비가 되었던 것이다.

한편, 위와 같은 하나님의 성호의 변화에는 아브라함의 신지식에 대한 변화도 함께 수반되었을 것이다. 그는 처음에 여호와를 만났다. 그리고 차츰 이 여호와의 정체성이 드러나기 시작하였다. 아브라함은 여호와가 소돔과 고모라의 심판을 직접 행하고, 아비멜렉의 꿈에 아비멜렉을 징계함을 통해서 사라를 구원하는 모습을 바라보면서, 여호와에게서 '히나님(אֱלֹהִים)'의 모습을 보았을 것이다. 창세기 22장에 나타난 아브라함의 모습을 보면, 그는 이제 여호와를 'אֱלֹהִים'으로 바라 보았으며, 'אֱלֹהִים'을 여호와로 바라보고 있다. 이 양자가 전혀 분리되지 않는다. 여호와를 바라볼 때, 'אֱלֹהִים' 곧 천천만만의 천군과 천사들 위에 앉으신 분으로 바라본다. 그리고 여호와의 사자를 바라볼 때, 그를 통해 천군천사들 전체 위에 앉으신 여호와를 바라본다. 그는 진실로 창조주이시며, 구원주이시며, 심판주이신 하나님으로서의 여호와를 만났던 것이다. 이러한 모습이 창세기 22장 서두에 잘 나타난다. 창세기 22:1과 22:12에 나타난 바와 같이, 하나님의 부름에 대해 "내가 여기 있나이다"라고 말하는 아브라함의 태도는 이것을 잘 반영하고 있다.

다. '하나님(אֱלֹהִים)'의 시험 (창 22:1a)

여호와와 아브라함과의 언약과 관련하여서 이제 중요한 시기가 왔다. 여호와께서는 죄로 관영한 이 세계 속에서 온 인류의 구원계획을 가지고 있었다. 여호와께서는 그 구원계획에 동참할 자로서 아브라함과 그의 후손을 선택하시었다.[823] 그리고 이제 때가 이르러 '여호와의 총회'로부터 아브라함은 그의 믿음을 인증 받아야 하는 상황이 전개되었다. 창세기 22:1에 의하면, "하나님이 아브라함을 시험하려고 그를 부르시되"라고 나타나는데, 이때의 "אֱלֹהִים'이라는 성호(聖號)는 이러한 상황을 반영하고 있다.

그 일 후에 하나님이 아브라함을 시험하시려고 그를 부르시되 아브라함아 하시니,(창 22:1a)

---

823) Brugman, *Genesis*, 88 ; Paul Brugman은 '여호와'는 이스라엘의 '개인적인 신 (즉, 이스라엘의 수호신: 필자)'이다고 말하는데, 이것은 적절한 표현이다. 이에 반하여 'אֱלֹהִים'은 우주적이고 세계에 편만한 관계성 속에서 적절하다(즉, 모든 존재들의 수호신: 필자)고 말한다.

아브라함의 생애 속에서 '이삭 번제사건'은 그의 신앙과 관련하여 최고의 정점에 이른 사건이었다. 따라서, 하나님의 큰 경륜 안에서 아브라함의 생애를 바라볼 필요가 존재한다. 여호와께서는 최고신으로서 열방의 창조자이시고 열방의 아버지이시며, 모든 인생들과 만물들의 아버지이시었다. 그런데, 인생들의 타락을 지켜보면서 깊은 우려 속에서 이 인생들 중에서 인생들 혹은 열방에 대한 구원자를 세우고자 하시었다. 그 일환으로 여호와는 아브라함을 열방을 위한 'בְּרָכָה', '제사장', 혹은 '열방의 아비'로 선택하시었다. 그리고 이제는 이러한 중보자(혹은 בְּרָכָה)를 모든 '여호와의 총회' 앞에 세워야 했으며, 그 앞에서 인증을 받게 하여야 했다. 아마 '여호와의 총회'에는 모든 열방들의 수호신들도 참여한다. 창세기 17장과 22장에 나타난 '하나님(אֱלֹהִים)'이라는 성호(聖號)는 이러한 정황을 반영하고 있다. 따라서 '여호와의 총회'로서의 '하나님(אֱלֹהִים)'께서는 아브라함이 진실로 '열방의 아비'로서 열방을 위한 'בְּרָכָה, 혹은 제사장'인지를 시험하고자 하시는 것이다. 이러한 상황을 루이텐(Jacques van Ruiten)은 욥기 1장에서 '여호와'가 그의 '천상총회'에서 욥을 시험하는 상황과 유사하다고 말한다. 그는 '하나님 경외(창 22:12 vs 욥 1:1)'가 둘 다의 사건 속에서 언급된다고 말한다.824)

라. "내가 여기 있나이다"라고 대답하는 아브라함 (창 22:1b)

창세기 22장에서 가장 중요하다고 여겨지는 구절이 곧 이곳 1절에 나타나는 "내가 여기 있나이다"라는 아브라함의 응답이다. 이 동일한 응답은 11절에서도 또 한 번 나타나서, 인크루지오적 기법으로 그 안에 있는 모든 내용들을 하나로 묶는다. 다음의 아브라함의 응답은 '하나님 시험'의 시작을 나타내는 구절이다.

…그가 가로되 내가 여기 있나이다. (창 22:1b)

---

824) Jacques van Ruiten, *Abraham, Job and the Book of Jubilees: The Intertextual Relationship of Genesis 22:1-19, Job 1:1-2:13 and Jubilees 17:15-18:19*, The Aquedah(Genesis 22) and ots Interpretations, Edited by Ed Roort & Eibert Tigchelaar, (Boston: Brill, 2002), 59.

모세 오경의 저자는 "내가 여기 있나이다(הִנֵּנִי)"라는 문장을 통해 '이삭 번제 명령'에 대한 아브라함의 모습을 설명하고자 한다. הִנֵּנִי를 원어 그대로 직역하면, "보십시오, 나를"이다. 이 단어는 부르심에 대한 순종을 나타내고 있다.[825] 칼빈은 이 구절을 "아브라함이 무슨 명령이든지 언제든지 순종할 준비가 되어있다"[826]는 의미로 해석한다. 하나님의 부름에 대한 아브라함의 이러한 반응은 아브라함이 하나님을 '주인'으로 섬기고 있다는 것을 명확하게 나타내고 있다.

창세기 12,15,17,18장의 신현 사건을 통해 나타난 아브라함 언약에서, 아브라함이 수행하여야 할 언약조항은 '믿음'이었다. 이 '믿음'은 다름 아닌 창세기 15:6의 '여호와에 대한 믿음'이었다. 이때 이 '여호와에 대한 믿음'은 "여호와를 주로 삼는 믿음"으로 표현되어야 했다. 왜냐하면, 아브라함은 처음 부름을 받을 때, '여호와의 종'으로 부름을 받았으며(창 12:1,4), 종의 역할로서 '언약의 내용'(창 12:2-3)이 존재하고 있기 때문이다. 이러한 사항은 그 후에 '여호와'를 향하여 아브라함이 '주'라고 부르는 호칭에도 잘 나타난다. 그런데, 이제 이러한 호칭은 '여호와의 총회'인 '하나님'을 향하여도 동일하게 확장되어 나타난다. 그리고 이제 창세기 22:1과 11절에서 '하나님'을 향하여 "내가 여기 있나이다"라고 말하는 아브라함의 고백은 이러한 신앙고백이 절정에 이르렀음을 시사하고 있다.

창세기 22:1에서 아브라함을 부르실 때 사용된 성호는 '여호와'가 아닌 '하나님'이었다. 여기에는 아브라함의 신 인식 변화도 함께 작용하였을 것으로 보인다. 아브라함은 이제 창세기 19장의 소돔과 고모라의 심판 사건과 21장의 아비멜렉 사건 후에 여호와를 'אֱלֹהִים'으로 인식하고 있다. 이제 여호와를 여호와 만으로 바라보지 않는다. 그와 항상 함께 존재하는 천천만만의 천군천사들을 함께 인식하고 있다. 그래서, 이제 아브라함에게는 여호와나 אֱלֹהִים이나 여호와의 사자 모두 한 하나님으로 보인다. 이것이 아브라함으로 하여금 하나님에 대한 경외를 불러일으켰다. "내가 여기 있나이다"라는 아브라함의 고백에

825) 해밀턴, 「창세기 2」, 132.

826) 칼빈, 「창세기 주석 2」, 42.

는 이러한 아브라함의 신 인식변화가 수반되어 있는 것으로 보인다.

마. '시험(נָסָה)'이 갖는 의미

여호와께서 한 인간에게 그의 독자를 바치라고 명령하는 것은 단순한 소일거리의 נָסָה(시험)가 아니다. 여호와의 천상총회가 동원된 상황 속에서 모든 제신들이 지켜보는 상황 속에서 전개되는 위대한 נָסָה(시험)이었다. 이것은 온 세상 '구원의 도'의 성립과 관련된 시험이었다. 이것이 'אֱלֹהִים'의 시험이 갖는 의미이다. 여러 가지 정황을 고려해 보았을 때, 여기에서의 נָסָה(시험)는 아브라함과 그의 후손이 'בְּרָכָה, 제사장, 혹은 열방의 아비'로서 적합한 지를 시험하는 것이었는데, 이것은 여기에 그치지 않았다. 이들이 제사장으로서 그의 아들을 바치는 '번제 행위'는 '영원한 언약'으로서의 온 세상을 위한 '구원의 도'에까지 이를 수 있었다. 한편, 성경 속에서 '시험'을 의미하는 용어는 대표적으로 נָסָה, בָּחַן, מַסָּה가 있는데, 아브라함이 당한 시험의 종류를 파악하기 위해서 먼저 그 각각의 의미들을 살펴볼 필요가 있다.

① נָסָה의 용례

נָסָה는 어떤 사람에 대해 그 자격여부를 검토하는 인증 차원의 시험이다. 웬함은 "여기에서의 시험의 의미는 어떤 사람의 참된 모습을 보여주는 것으로서, 일반적으로 역경이나 고난의 의미가 담겨 있다"[827]고 말한다. 월키는 "다른 사람이 가치 있는 지를 알아보기 위해 그 사람을 시험하는 것"[828]이라고 말한다. 모세오경에서 נָסָה가 사용된 경우는 다음과 같다.

> 그 일 후에 하나님이 아브라함을 시험하시려고 그를 부르시되 아브라함아 하시니 그가 이르되 내가 여기 있나이다. (창 22:1)
> 모세가 여호와께 부르짖었더니 여호와께서 그에게 한 나무를 가리키시니 그가 물에 던지니 물이 달게 되었더라. 거기서 여호와께서 그들을 위하여

---

827) 웬함, 「창세기 16-50」, 226.
828) 월키, 「창세기 주석」, 540.

법도와 율례를 정하시고 그들을 시험(נָסָה)하실새 (출 15:25)

그 때에 여호와께서 모세에게 이르시되 보라 내가 너희를 위하여 하늘에서 양식을 비 같이 내리리니 백성이 나가서 일용할 것을 날마다 거둘 것이라 이같이 하여 그들이 내 율법을 준행하나 아니하나 내가 시험(נָסָה)하리라. (출 16:4)

백성이 모세와 다투어 이르되 우리에게 물을 주어 마시게 하라. 모세가 그들에게 이르되 너희가 어찌하여 나와 다투느냐 너희가 어찌하여 여호와를 시험(נָסָה)하느냐. (출 17:2)

그가 그 곳 이름을 맛사 또는 므리바라 불렀으니 이는 이스라엘 자손이 다투었음이요 또는 그들이 여호와를 시험(נָסָה)하여 이르기를 여호와께서 우리 중에 계신가 안 계신가 하였음이더라. (출 17:7)

모세가 백성에게 이르되 두려워하지 말라 하나님이 임하심은 너희를 시험(נָסָה)하고 너희로 경외하여 범죄하지 않게 하려 하심이니라. (출 20:20)

내 영광과 애굽과 광야에서 행한 내 이적을 보고서도 이같이 열 번이나 나를 시험(נָסָה)하고 내 목소리를 청종하지 아니한 그 사람들은 (민 14:22)

너희가 맛사에서 시험(נָסָה)한 것 같이 너희의 하나님 여호와를 시험(נָסָה)하지 말고 (신 6:16)

네 하나님 여호와께서 이 사십 년 동안에 네게 광야 길을 걷게 하신 것을 기억하라 이는 너를 낮추시며 너를 시험(נָסָה)하사 네 마음이 어떠한지 그 명령을 지키는지 지키지 않는지 알려 하심이라. (신 8:2)

네 조상들도 알지 못하던 만나를 광야에서 네게 먹이셨나니 이는 다 너를 낮추시며 너를 시험(נָסָה)하사 마침내 네게 복을 주려 하심이었느니라. (신 8:16)

너는 그 선지자나 꿈 꾸는 자의 말을 청종하지 말라 이는 너희의 하나님 여호와께서 너희가 마음을 다하고 뜻을 다하여 너희의 하나님 여호와를 사랑하는 여부를 알려 하사 너희를 시험(נָסָה)하심이니라. (신 13:3)

레위에 대하여는 일렀으되 주의 둠밈과 우림이 주의 경건한 자에게 있도다 주께서 그를 맛사에서 시험(נָסָה)하시고 므리바 물 가에서 그와 다투셨도다.

(신 33:8)

② בָּחַן의 용례

בָּחַן은 '검사하다, 조사하다'를 의미하는 시험이다. 이 용어가 모세오경에서 사용된 사례는 다음과 같다.

> 너희 중 하나를 보내어 너희 아우를 데려오게 하고 너희는 갇히어 있으라 내가 너희의 말을 시험(בָּחַן, 검사하다, 조사하다)하여 너희 중에 진실이 있는지 보리라 바로의 생명으로 맹세하노니 그리하지 아니하면 너희는 과연 정탐꾼이니라 하고 (창 42:16)

③ מַסָּה의 용례

מַסָּה는 유혹(temptation)과 절망(despair)을 하게 하는 시험이다. 이것은 "잘못된 일을 하도록 유도하다"는 의미를 지닌다. 모세오경에서의 사용례는 다음과 같다.

> 어떤 신이 와서 시험(מַסָּה)과 이적과 기사와 전쟁과 강한 손과 편 팔과 크게 두려운 일로 한 민족을 다른 민족에게서 인도하여 낸 일이 있느냐 이는 다 너희의 하나님 여호와께서 애굽에서 너희를 위하여 너희의 목전에서 행하신 일이라. (신 4:34)
> 네 하나님 여호와께서 너를 인도하여 내실 때에 네가 본 큰 시험(מַסָּה)과 이적과 기사와 강한 손과 편 팔을 기억하라 네 하나님 여호와께서 네가 두려워하는 모든 민족에게 그와 같이 행하실 것이요. (신 7:19)
> 곧 그 큰 시험(מַסָּה)과 이적과 큰 기사를 네 눈으로 보았느니라. (신 29:3)

이삭번제 사건과 관련하여 시행된 '시험'은 נָסָה로서 어떤 자격을 공증하는 차원의 시험이었다. 즉, 아브라함과 그의 후손이 진정한 열방을 위한 'בְּרָכָה', '제사장', 혹은 '열방의 아비'로서 적합한 지를 시험하는 것이었다.

바. 믿음에 대한 시험

창세기 22:1의 본문에 의하면, 하나님께서 시험하시고자 한다.[829] 여호와가 세우신 구원자를 이제 모든 하늘의 총회가 주목하고 있는 것이다. 이때 시험의 내용은 "그의 독자를 번제로 드리라"는 것이었다.

그가 가라사대 네 아들 네 사랑하는 독자 이삭을 데리고 모리아 땅으로 가서 내가 네게 지시하는 한 산 거기서 그를 번제로 드리라. (창 22:2)

아브라함에게 이삭의 탄생은 '큰 민족 등'에 대한 여호와 약속의 성취로서 여겨졌다. 그런데, 또 다시 이 아들을 바치라고 하는 시험은 아브라함을 맨 처음의 '무자한 상태'로 돌아가게 하는 시험이었다.[830] 한편, 독자들은 이것을 시험으로서 알고 있지만, 아브라함은 이것이 시험인지 모른다.[831] 창세기 12:1에서 '본토 친척 아비 집'을 떠나서 '가라'고 말한 것과 똑 같은 형태로 '돌아 가라'고 말씀하신 것과 다를 바가 없다.[832] 갈대아 우르를 떠날 때에는 "너의 고향과 친척과 아비 집을 떠나"로 되어 있는데, 이곳에서는 "네 아들, 네가 사랑하는 아들, 이삭을 데리고 떠나"로 되어 있다.[833] 이 양자는 아브라함의 언약과 관련하여서 인크루지오 구조로 되어 있음을 알 수 있는데, 이것이 요구하고 있는 것은 믿음이었다.

맨 처음 창세기 12:1-4에 의하면, 여호와는 아브라함에게 본토 친척 아비 집을 떠나라고 하시고, 아브라함은 믿음으로 여기에 순종하였다. 그리고 이 믿음은 창세기 15:6에서 "믿음으로 말미암는 의"로 나타났으며, 이것은 창세기 15:9-17에서 "동물 쪼개는 행위"로 표현되었다. 그리고 창세기 17:1에서는 이 믿음에 대하여 "너는 내 앞에서 행하여 완전하라"고 하시었고, 이것은 창

---

829) Wenham, *Genesis 16-50*, 80.

830) Turner, *Genesis*, 97.

831) 세일해머, 「서술로서의 모세오경」, 334.

832) Turner, *Genesis*, 97.

833) 해밀턴, 「창세기 2」, 138.

세기 17:9-10에서 "양피를 쪼개는 행위"로 나타났다. 그리고 이제 창세기 22: 2에서는 또 다시 "네 아들 이삭을 번제로 바치라"고 하신다. 이제 아브라함은 믿음으로 이삭을 쪼개어야 했던 것이다. 즉, 이 명령은 지금까지의 모든 '믿음'에 대한 마지막 시험에 이른 것이다.

본문에 나타난 נסה의 의미는 "시험하다, 입증하다, 증명하다"의 의미를 담고 있는데, 스키너(John Skinner)나 터너(Laurence A. Turner)에 의하면, 이것은 분명히 '그의 믿음에 대한 시험'[834]이었다. 특히, 결과나 보상에 무관하게 믿을 수 있는 지의 절대적인 믿음에 대한 시험이었으며,[835] 이 시험은 창세기 17:1의 '완전한 믿음'에 대한 요구에 해당한다.[836] 쥬크(Andrew John Jukes)도 또한 이에 대해 "아브라함의 믿음이 그러한 사랑하는 생명을 포기할 수 있겠는가"라고 말함을 통해서 이것이 '믿음의 시험'임을 밝히고 있다.[837] 밀러(William T. Miller, SJ)도 또한 아브라함은 한 하나님과의 '믿음의 언약' 안에 있으며, 따라서 이것은 아브라함의 '믿음에 대한 시험'이었다고 한다.[838] 이것은 왜냐면, 아브라함의 생애는 줄곧 '믿음'에 대한 여호와의 요청이 있었으며, 이제 이것을 최종적으로 시험하는 과정이기 때문이다.

그 믿음의 시험을 위해서 던져진 명제는 "네 아들 네 사랑하는 독자 이삭을… 번제로 드리라"는 지시였다. 그렇다면, 아들을 번제로 드리는 것과 아브라함의 언약은 무슨 관계가 있는가? 브로그만(Paul Brogman)은 이삭번제 언약의 가장 큰 특징은, 여기에는 '약속'이 없이 '명령'만 존재한다고 말한다.[839] 즉, 언약은 상호관계이므로, 여호와께서 아브라함을 찾을 때 '약속' 없이 이와 같은 '명령'만을 가지고 찾으신 적이 없기 때문이다. 따라서 이것은 '조건 없이' 여전히 여호와를 신뢰할 수 있는 지의 '믿음'에 대한 시험이었던 것이다.

---

834) Skinner, *Genesis : The International Critical Commentary*, 327.

835) Turner, *Genesis*, 100.

836) Turner, *Genesis*, 100.

837) Jukes, *Types of Genesis*,

838) William T. Miller, *The Book of Genesis: Question by Question*, (Mahwah: Paulist Press, 2006), 88.

839) Brogman, *Genesis*, 89.

사. 시험의 이유

루이텐에 의하면, 이것은 '욥의 시험'처럼 '여호와의 총회'에서 벌어진 일이었으며,840) 이 시험의 목적은 여호와께서 자신에게 부속된 모든 신들 앞에서 아브라함의 신실함을 입증하고자 하는 것이었다. 루이텐(Jacques van Ruiten)은 바벨론 탈무드를 인용하여, 어떤 이들이 최고신인 '여호와'께 아브라함이 누리는 큰 유익의 자격에 대해 참소를 하였는데, 이에 대한 답변으로 이 시험이 진행되었다고 말한다.841) 이러한 일은 욥에게서도 있었다. 아브라함에게도 이러한 일이 있었으며, 천상에서 벌어진 이러한 사건이 구체적으로 이삭 번제로 나타난 것이었다. 루이텐은 아브라함의 시험과 욥의 시험을 대조시키는데, 이것은 매우 의미 있는 시도라고 여겨진다. 그런데, 차이가 존재한다면, 아브라함의 '시험'은 아브라함이 진정으로 이 땅에서 '열방의 아비'가 되며, 그를 통한 '영원한 언약(즉, 구원의 도)'이 적절한지에 대한 자격을 시험하고자 하는 것이었다.

모세오경의 범위 내에서만 보면, 이 사건은 여호와께서 아브라함을 '열방의 아비' 혹은 '열방을 위한 제사장'으로 세우시는 것에 대해, 열방의 모든 수호신들인 천사들 앞에서 인증하고자 하는 사건으로 보인다. 그런데, 이것은 구속사적으로 볼 때, 그보다 훨씬 더 큰 의미를 담고 있는 것으로 보인다. 이에 대한 근거는 이 이삭번제의 사건을 '영원한 언약'의 사건이라고 묘사하고 있기 때문이다. 창세기 17:7은 "내가 내 언약을 나와 너 및 대대에 이르는 너희의 후손 사이에 세워서 영원한 언약을 삼고"라고 말하고 있기 때문이다. 여기에서 '영원한 언약'이란 '유일한 언약'이라는 의미로서, 이것은 '구원의 도'를 의

---

840) Jacques van Ruiten, *Abraham, Job and the Book of Jubilees: The Intertextual Relationship of Genesis 22:1-19, Job 1:1-2:13 and Jubilees 17:15-18:19*, The Aquedah(Genesis 22) and ots Interpretations, Edited by Ed Roort & Eibert Tigchelaar, (Boston: Brill, 2002), 59.

841) Jacques van Ruiten, *Abraham, Job and the Book of Jubilees…*, 59 : Jacques van Ruiten,이 「바벨론 탈무드」 15-16b에 기록된 내용을 소개하는데, 이곳에서 욥과 아브라함은 서로 비교가 되는데, 사단은 여호와 앞에 나와서 여호와께서 아브라함에게 창세기 13장 17절에서의 땅을 주겠다는 약속 때문에 아브라함이 하나님을 경외한다고 참소하였고, 이로 인해 시험이 시작되었다고 밝힌다.

미하고 있다. 즉, 모든 구원을 얻고자 하는 자들은 이 언약을 경유해야 한다는 것이다. 이러한 '구원의 도'를 인증하는 사건이었던 것이다.

여호와께서 이 모든 세계 속에서 '구원의 도'를 창시하는 일은 여호와께서 일방적으로 하면 안 된다. 모든 사람들이 '아브라함과 이삭' 안에서 구원을 얻는다고 일방적으로 선포해 버리면 안 된다. 여호와의 천상총회의 모든 영적인 존재들은 모두 여호와께 부속되어 있으며 여호와의 편이다. 그럼에도 불구하고 여호와께서는 자신이 세우고자 하는 '구원의 도'에 대해서 모든 자유의지를 가진 동역자들의 객관적 이해가 필요하다. 그러한 제신들의 이해 안에서 자신이 인류를 이러한 방법으로 구원하겠다고 선포해야 한다. 아브라함이 '대대에 이르는 후손'으로서의 이삭을 바쳤는데, 그 '후손' 안에 '대대에 이르는 모든 후손들'이 내재하여 있었다. 그래서 이제 그 후에 구원에 이르고자 하는 자는 그 이삭 안에 속하여야 한다. 여호와께서는 이것을 모든 여호와의 총회 앞에서 '구원의 방법, 구원의 도'로서 '영원한 언약'으로 선포하고자 한 것이었다.

만일 아브라함의 이삭번제 사건이 '구원의 도'로서 천상총회에서 검증을 받은 것이라면, 이에 대해 어느 누구도 이의를 제기할 수 없다. 천상총회의 천천만만의 제신들이 지켜보는 가운데에서 그것이 '구원의 도'로 적합한 지에 대해서 '시험'을 통한 '인증'을 받았기 때문이다. 이제 어느 누구도 이러한 형태의 '구원의 도'를 비판할 수 없으며, 구원을 얻기 위해서는 이 '영원한 언약'을 따라야 한다. 나중에 이 언약은 예수 그리스도께로 승계 된다.

2. 번제 명령

가. '아들, 독자, 이삭의 번제'를 명령하시는 하나님

창세기 22:1에 의하면, '하나님(אֱלֹהִים)'이 아브라함을 시험하기 위해서 불렀다고 말한다. 그리고 이제 그가 아브라함에게 "네 아들 이삭을 번제로 드리라"고 하신다. 번제(עֹלָה)는 '올라가다'라는 의미를 가지고 있다. 해밀턴은 이것을 '전부 태워버림'이라고 말한다.842) 이것은 어떤 제물을 통째로 베어서 불에 태워서 그 연기가 '하늘로 올라가게'하여 그 생명을 하나님께 드린다. 이에 대

---

842) 해밀턴, 「창세기 Ⅱ」, 140.

해 웬함은 "이 번제에는 두 가지 생각이 담겨 있는데, 제물을 바치는 자가 자기 자신을 하나님께 완전히 드린다는 것과, 죄를 대속한다는 생각이다"843)고 말한다. 그럼에도 불구하고 '아들을 죽이라'는 이 명령은 인간의 이성으로는 받아들일 수 없는 '불가해한 명령'이었다.844) 그런데, 이러한 이삭번제가 발생할 때의 상황에 의하면, 아브라함은 '믿음'이라는 평생의 가치관에 휩싸인 상태에서 이 명령을 받았다. 따라서 그에게는 오직 이 명령이 '이해와 불이해'의 차원이 아니라, '순종과 불순종' 혹은 '믿음과 의심'의 차원으로만 들렸다. 그리고, 독자는 이것이 '아브라함의 믿음'에 대한 '시험'임을 안다.845) 그 내용은 다음과 같다.

그가846) 가라사대 네 아들 네 사랑하는 독자 이삭을 데리고 모리아847) 땅으로 가서 내가 네게 지시하는 한 산 거기서 그를 번제로 드리라.(창 22:2)

וַיֹּאמֶר קַח־נָא אֶת־בִּנְךָ אֶת־יְחִידְךָ אֲשֶׁר־אָהַבְתָּ אֶת־יִצְחָק וְלֶךְ־לְךָ אֶל־אֶרֶץ הַמֹּרִיָּה
וְהַעֲלֵהוּ שָׁם לְעֹלָה עַל אַחַד הֶהָרִים אֲשֶׁר אֹמַר אֵלֶיךָ

먼저, 위의 본문에 의하면, 하나님께서는 번제의 대상으로 이삭을 지칭할 때 세 개의 호칭을 사용하신다. 즉, 하나님께서는 아브라함에게 '네 아들', '네 사랑하는 독자', '이삭'을 드리라고 한다. 이것은 마치 '인신제사'848)와 같이도 들릴 수 있지만, 동일인에 대해서 세 번을 반복하여 말하는 것을 보았을 때, 이것은 분명히 하나님의 명령이다. 오히려 이 세 번의 반복은 아브라함의 가

843) 웬함, 「창세기 16-50」, 228.

844) 브루그만, 「창세기」, 287.

845) 세일해머, 「서술로서의 모세오경」, 334.

846) '그가 가라사대'를 개역성경에서는 '여호와가 가라사대'로 되어 있으나 여기에서는 마소라 원문וַיֹּאמֶר을 그대로 번역하여 '그가 가라사대'라고 하였다.

847) Waltke, *Genesis*, 305 : J.P. Lange, 「창세기, 랑게주석, Vol.2」, 김진홍 역 (서울: 로고스, 2010), 243 ; 히브리어 원어로는 이것은 '그 산들'로 번역될 수 있으나, 이것은 '모리아'의 자음 치환이라고 이해되기도 한다. 이 지역은 전통적으로는 '예루살렘'으로 알려져 있지만, 어떤 사람들은 '세겜'에 있는 '모레'를 의미할 수도 있다는 견해를 소개한다. 그 음운이 비슷하기 때문이다. 요세푸스와 탈무드와 탈굼에서는 예루살렘이라고 언급한다.

848) Westermann, 「창세기 주석」, 240.

장 소중한 존재를 의미한다.849) 아브라함은 이러한 존재를 번제의 제물로 드리라는 의미로 받아들여야 한다. 이삭은 아브라함의 생명 그 자체였다.

둘째, '가라(לְךָ־לֶךְ)'는 명령에 대한 해석인데, 이 히브리어 원문에 의한 해석은 단순히 '너는 가야만 한다'로 번역되는 것이 아니라, '너를 위하여 가라'로 번역된다. 코터(David W. Cotter)는 이러한 번역이 '유대 전통에 의한 번역'이라고 한다.850)

셋째, 위의 마소라 원문에서 유의하여 살펴보아야 할 단어가 존재하는데, וְהַעֲלֵהוּ 에 대한 이해이다. 이 단어는 ו + הַעֲלֵה + וּ 로 분할하여 살펴볼 수 있는데, 이것은 '히필(사역) 복수 명령형'이다. 그렇다면, 이에 대한 직역은 "너희들이 드려지게 하라"가 된다. 그리고 이때의 '너희들'이 아브라함과 이삭 양자를 말한다면, 이 번제는 이제 '아브라함과 이삭' 모두의 생명이 드려지는 제사인 것이다. 이 제사에 대해서 아브라함도 결단하여야 하며, 이삭도 함께 결단하여야 한다. 제물을 드리는 자나 드려지는 자나 모두 한 마음으로 자신들의 생명을 여호와께 드려야 한다. 이것은 번제의 대상이 자신이라는 것에 대해 이삭 자신도 알고 있을 수 있다는 단서를 제공한다.

한편, 번제의 이유는 아무것도 없다. 원래 번제의 성격이 이와 같다. 어떤 상급을 바라거나, 속죄를 위하거나 하는 '인과론적'인 제사가 아니다. 그냥 하나님을 생명 다해 사랑하여서 자신의 생명을 드리는 것이다.

나. '이삭 번제명령'과 다른 명령과의 관계

이삭의 번제사건에 대한 예언은 '할례 언약'시에 이루어졌다. 여호와께서는 아브라함에게 '할례언약'을 체결하면서, "내가 내 언약을 나와 너 및 너의 대대 '후손' 사이에 세워 영원한 언약으로 삼고"(창 17:7)라고 하셨는데, 그 '후손' 사이에 세우겠다고 한 내용이 바로 여기의 '이삭 번제사건'이기 때문이다. '할례를 통한 언약체결'은 '할례'가 '양피를 베는 행위'로서 '자손을 하나님께 드리는 행위'였으며, 이것은 '이스마엘에 대한 포기'로 나타났었다. 아브라함에

---

849) 웬함, 「창세기 16-50」, 227.

850) Cotter, *Genesis*, 89 ; Cotter는 이 구절을 창세기 12장 1,4절의 해석과도 연결시키는데, 이 양자가 인크루지오를 이루고 있기 때문이다.

게 그의 자손은 자신의 생명과도 같았는데, 이 생명을 하나님께 드리는 것이 할례였다. 여호와와 아브라함이 '할례 언약'을 체결할 때에는 그 생명의 상징으로 '살의 포피'만을 베었지만, 이제는 '실물'을 바치라고 한 것이다. 따라서 알렉산더(T. Desmond Alexander)나 김진섭의 말처럼 창세기 22장의 '이삭 번제사건'은 창세기 17장의 '할례사건'과 직접적으로 연관되어 있다.851)

앞에서 살펴본 것처럼 창세기 17장의 '할례 언약'은 창세기 15장의 '제사 언약'의 확장이었다. 할례언약의 출발점이었던 창세기 17:1의 "너는 내 앞에서 행하여 완전하라"는 창세기 15:6의 "믿음으로 말미암은 의"에 대한 완전함의 요구였기 때문이다. 그리고 이때 "믿음으로 말미암은 의"는 '엘리에셀의 포기'로 표현되었는데, '세상적인 힘'에 대한 포기를 의미하였다. 그렇다면 이제 창세기 17장의 '할례언약'의 메타포는 창세기 15장의 '제사언약'의 메타포와 일치한다. 그리고 '제사언약'의 메타포는 앞에서 살펴본 바와 같이 여호와와 아브라함 간의 '상호헌신맹세'였으며, 이것이 곧 '아브라함 언약의 본질'이었다.

또한 창세기 15장의 '제사언약'은 창세기 12:2-3의 아브라함의 '원 언약'을 내면화한 것이었는데, 이것은 창세기 12:2-3과 15:2-6의 평행관계를 통해서 이해할 수 있었다. 즉, 창세기 12:2a은 창세기 15:2,5과 평행을 이루고, 창세기 12:3은 창세기 15:3,4과 평행을 이루었다. 그리고 창세기 12:2b의 "너는 בְּרָכָה가 되라"는 창세기 15:6의 "믿음으로 말미암는 의"와 평행을 이루었으며, 이것은 '엘리에셀의 포기'로 표현되었다.

위의 요약된 내용들에 의하면, 창세기 22장의 '이삭 포기(이삭 번제)'는 창세기 17장의 '이스마엘 포기'의 연장이었으며, 이것은 창세기 15장의 '엘리에셀 포기'의 연장이었고, 이것은 창세기 12장의 아브라함의 '본토 친척 아비 집에 대한 포기'의 연장이었다. 따라서 궁극적으로 창세기 12:2b의 "너는 'בְּרָכָה'

---

851) 김진섭,「모세오경」, 146 : Alexander, *"Genesis 22 and the Covenant of Circumcision,"* 17 : Alexander는 본 글에서 할례와 이삭번제 사건을 연결시키는 근거는 할례를 아브라함이 그의 자손들을 여호와께 바친 것이라고 해석하기 때문인데, 이에 대한 실제적 사건으로서 이삭을 바치기 때문이다. 한편, T. Desmond Alexander는 할례를 제정할 때 요구된 아브라함의 완전함(창 17:1)에 대한 요구가 이삭번제사건을 통해서 성취되었기 때문에 이 양자가 연결된다고 말한다.

가 되라", 창세기 15:1,6의 "믿음 명령, 혹은 믿음으로 말미암는 의"와, 창세기 17:1,9-10의 "완전성 명령, 혹은 할례명령"과 창세기 22:2의 "이삭 번제명령"은 모두 평행관계에 있다.

그 결과 이제 창세기 12:2-3에서 시작된 '최초의 언약'은 위의 일련의 과정들을 거쳐서 이제 창세기 22:16-18에서 '맹세'의 차원으로 승화된다. 여호와께서는 그 '언약'에 '맹세'라는 단어를 추가함으로서 그 '언약'을 재확인한다. 이것으로서 창세기 12:2-3에서 맺은 언약이 완성을 보고 있는 것이다.[852]

다. '너는 בְּרָכָה가 되라'의 진정한 의미로서 '이삭 번제명령'

창세기 12장에서 창세기 22장에 이르는 일련의 과정은 창세기 12:2b의 "너는 בְּרָכָה가 되라"는 명제의 발전과정으로 이해할 수 있었다. 그리고 우리가 이것을 통해서 확인할 수 있었던 것은 "너는 בְּרָכָה가 되라"는 명령 안에는 '믿음'과 이 믿음으로 말미암는 '행위'의 문제가 모두 반영되어있다는 것이었다. 따라서 그 언약적 명령의 절정에는 '이삭 번제 사건'이 있는데, 이 안에도 마찬가지로 '믿음'과 '행위' 모두가 반영되어 있다고 보아야 한다.

한편, 이 주제는 시내산 언약과 모압 언약의 핵심사항인 "목숨을 다하여 하나님을 사랑하는 것"과도 일치하며, 예수께서도 "마음을 다하고 뜻을 다하고 목숨을 다하여 하나님을 사랑하는 것"과도 일치한다. 이 주제는 훗날의 기독교적 영성을 이루는데 초석의 역할을 하였다.

3. 삼일 만에 모리아 산에 도착한 아브라함과 이삭 (창 22:3-5)

가. 아침 일찍 모리아 산으로 떠나는 아브라함

창세기 22장의 본문에는 아브라함의 심정이 어떠했는지에 대해 모세오경의 나래이터는 아무런 설명이 없다. 그는 침묵으로 이 모든 것을 설명하고자 한다. 다만 해설자는 '아침 일찍'이라고 말함을 통해서 즉각적으로 순종하는 아브라함의 모습만을 분명하게 보여준다.[853] 그 내용은 다음과 같다.

---

852) Turner, *Genesis*, 100.

853) 웬함, 「창세기 16-50」, 229.

> 아브라함이 아침에 일찍이 일어나 나귀에 안장을 지우고 두 종과 그의 아
> 들 이삭을 데리고 번제에 쓸 나무를 쪼개어 가지고 떠나 하나님이 자기에
> 게 일러 주신 곳으로 가더니, 제 삼일에 아브라함이 눈을 들어 그 곳을 멀
> 리 바라본지라. (창 22:3-4)

아브라함은 이제 아들을 죽여서 제물로 바치기 위해 떠나가는데, 이러한 모
습이 과연 인간의 이성으로 가능하겠느냐고 하는 물음은 언제나 재기된다.
하나님께서도 이 아들을 지칭할 때, "네 아들, 네 사랑하는 독자, 이삭"이라고
표현함을 통해서 아브라함의 그 아들에 대한 애정이 얼마나 애틋한 지를 표현
하였다. 이에 대해 키에르케고르는 이러한 큰 혼란에 대해 이해할 수 없다고
말한다.[854] 사실 이러한 행위는 인간의 정상적인 이성으로는 아무도 할 수 없
는 행위였다.

아브라함은 무엇인가에 푹 빠져 있는 것처럼 보이는데, 그는 오직 하나님에
대한 '믿음'이라는 가치관에 푹 빠져서 일반적인 사고의 태도를 상실한 것으로
보인다. 사도 바울은 "술 취하지 말고,…오직 성령으로 충만함을 받으라"(엡
5:18)고 말한 것처럼, 사흘 길을 걸어가는 아브라함은 마치 성령에 취한 사람
과 같다.

나. 삼일 동안 죽음의 길을 걷는 아브라함

아브라함은 하나님의 음성을 듣고 그의 아들을 번제의 제물로 드리기 위해
삼일 동안을 걸었는데, 브엘세바에서 모리아 산까지는 80㎞ 정도의 거리였
다.[855] 이때의 아브라함의 심경은 마치 '죽음'이었을 것이다. 더 이상 무엇을
생각할 엄두도 나지 않고, 오직 여호와에 대한 '믿음' 만을 생각하며, 이 '죽
음'을 수용하고 걸어야 했을 것이다. 그의 육체는 이미 죽었으며, 성령의 능력
으로 그 먼 길을 걸었음에 틀림없다. 어떤 사람들은 이때 아브라함이 갈등하
였을 것이라고도 말하는데, 이것은 인간적인 마음으로 아브라함을 바라보았을

---

854) 해밀턴, 「창세기 2」, 140.
855) 해밀턴, 「창세기 2」, 144.

때의 인간적인 표현일 뿐이다. 오직 아브라함은 '죽음'을 짊어지고, 여호와 만을 믿는 '믿음'으로, 눈물은 흐르지만 어떠한 갈등은 없이, 순교자의 심정으로 걸었을 것이라고 본다.

아브라함의 이 고통은 예수 그리스도께서 죽음을 당하여 무덤에 내려간 것과 비교되는 것이 적절할 것으로 보인다. 이때 이미 아브라함은 죽었고, 아마 이삭도 이때 이러한 것을 인식하고 있었을 것이다. 이삭이 이것을 인식할 수도 없는 철부지 같은 연령대의 사리분별도 못하는 자였으며, 이러한 자가 얼떨결에 창세기 17:7의 '영원한 언약'의 당사자로서의 '그 후손'이 되었다는 것은 상상할 수 없기 때문이다. 이 사건은 사라도 알고 있었고, 창세기 22:6-8의 아브라함과 이삭 둘 간의 대화 내용에 의하면, 이삭도 자신의 번제를 알고 있었다고 추정된다. 이삭이 산에 다 당도하여서 "번제에 쓸 나무는 여기 있는데, 제물을 어디 있느냐"고 묻고, 자신을 포박할 때 아무런 저항 없이 자신의 생명을 내어놓는 것을 보았을 때, 그들은 서로 연합하여 자신들의 생명을 여호와께 내어놓고 있었던 것이다. 그들은 '이삭 번제'를 서로 알고 있었고, 이것을 아는 상태에서 사흘 길을 걸었다.

한편, 하늘의 천상총회의 모든 제신들은 이 모습을 숨죽이고 바라보았다. 이러한 정황이기 때문에 모세오경의 해설자도 이 상황에 대해서는 더 이상 아무런 말을 하지 않는다. 어느 목소리 보다 더 큰 침묵의 삼일이 이렇게 흐르고 있는 것이다. 이 삼 일은 아버지와 아들이 서로 연합하여 자신들의 생명을 번제의 제물로 내어주는, 죽음을 수용하는 삼 일이다. 이 삼 일 앞에서 하늘의 천상총회의 모든 제신들은 할 말을 잃었을 것이다. 여호와께서는 이 사건을 '영원한 언약의 사건'으로, '구원의 도'로 세우고자 하는 이 시도로 바라보았다. 이 앞에서 천상총회의 모든 구성원들은 더 이상 그들의 할 말을 잃었다. 여호와가 세우신 '구원의 도', 그리고 그 길을 걷고 있는 자의 자격에 대해서 그들은 모두 찬성을 하였던 것이다. 이것은 만유가 이 사건을 구원의 도로 인정한 사건이 되었다. 그리고 이것을 예수 그리스도가 승계하였으며, 아브라함과 이삭의 이 삼 일은 여호와 하나님과 예수 그리스도의 그 삼 일에 대한 예표였던 것이다.

다. "예배한 후에 함께 돌아올 것이다"고 말하는 아브라함 (창 22:5)

죽음 같은 삼일 길을 걸어서 모리아 산에 도착한 후, 그 산에 오를 때 정작 아브라함은 다음과 같은 믿음의 말을 한다.

이에 아브라함이 종들에게 이르되 너희는 나귀와 함께 여기서 기다리라 내가 아이와 함께 저기 가서 예배하고 우리가 너희에게로 돌아오리라 하고 (창 22:5)

일반적으로, 성령으로 말미암은 믿음은 어떤 상황에 의해서도 우리의 마음속에서 지워지지 않는다. 죽음이라는 상황이 분명히 눈앞에 있음에도 불구하고, 아브라함의 마음에는 이 '믿음'이 사라지지 않았던 것으로 보인다. 아브라함이 사환에게 "너희는 나귀와 함께 여기서 기다리라 내가 아이와 함께 저기 가서 경배하고 너희에게로 돌아오리라"고 한 이 발언은 아브라함의 이성에서 나온 발언이 아니었다. 그것은 아브라함 안에 새겨진 '믿음'에서 흘러나온 것이었다. 이것은 이성의 발언이 아니라 성령의 발언이었다.

이에 대해 터너(Laurence A. Turner)는 "이것은 아브라함이 단순히 허장성세로 말하는 것은 아니었다"고 말하며, 이러한 아브라함의 마음가짐은 "우리(독자들)로 하여금 의아하게 만든다"고 말한다.[856] 이때 아브라함이 그 아들에게 한 대답은 "아브라함이 가로되 아들아 번제할 어린 양은 하나님이 자기를 위하여 친히 준비하시리라"였다. 이것은 "아브라함이 우리 독자들이 모르는 그 어떤 것을 알고 있었다"는 것이 된다.[857] 후대의 기독교 사도들은 이러한 발언을 아브라함의 '부활에 대한 믿음'이었다고 말한다.(히 11:17-19; 롬 4:16-25)[858] 이러한 '믿음'이 아브라함의 이성을 초월하여 그의 내면에 자리잡고 있었던 것이다. 이것은 마치 형장의 이슬로 사라질 사형수가 그 사형대 앞에서 찬송을 드리는 행위와 비슷한 행위였는데, 이것은 오직 성령으로만 가능하였다.

---

856) Turner, *Genesis*, 99.

857) Turner, *Genesis*, 99.

858) Waltke, *Genesis*, 307.

라. '번제(עֹלָה)'의 제사를 '예배(שָׁחָה)'라고 표현한 아브라함

아브라함은 '번제의 제사'를 드리기 위해 모리아 산에 오르려고 하는데, 남아 있는 종들에게 "예배(שָׁחָה)하고 돌아오리라"고 말한다. 이것은 예배의 시원이 제사에 있음을 나타내고 있다. 그리고 이 아브라함의 발언에 의하면, 아브라함이나 이삭은 제사에 대해서 익숙하게 알고 있다. 그는 제사에 필요한 모든 도구를 자신의 집에서 가져온다.[859]

3절 '영원한 언약 체결식'으로서의 '이삭 번제' 사건

1. '번제'를 드리기 위해 나아가는 아브라함과 이삭 (창 22:6-9)

가. 아브라함과 이삭의 동행 (창 22:6)

이제 아브라함은 번제의 제사를 위하여 모리아 산으로 나아간다. 이때의 모습에 대해서 모세오경 저자는 "아버지와 아들, 두 사람이 동행하더니"라고 말한다. 이 구절에 의하면 이 둘은 '이삭 번제'에 대한 동일한 태도를 가지고 있음을 시사한다. 즉, 이 구절에 의하면, 이삭은 그의 '번제'를 알고 있었다는 것을 암시한다. 이삭이 아무것도 모르는 채로 따라 가고만 있고, 목숨을 드릴 때에도 엉겁결에 자신의 목숨을 드렸다면, '동행'이라는 단어를 사용해서는 안 된다. '동행'이라는 단어를 설명하기 위해 사용된 'יַחְדָּו'는 "일심으로, 똑같이, 전혀, 둘 다 같은 방식으로, 함께, 마찬가지로" 등의 의미를 가지고 있기 때문이다.

> 아브라함이 이에 번제 나무를 가져다가 그의 아들 이삭에게 지우고, 자기는 불과 칼을 손에 들고 두 사람이 동행하더니(함께 나아가더니) (창 22:6)

아버지와 아들이 자신들의 생명을 바치기 위해서 "두 사람이 동행하여" 산에 오른다. 천상총회의 모든 제신들은 이 모습을 바라보고 있다. 이 모습은 장

---

859) 베스터만, 「창세기 주석」, 241.

래의 하나님과 예수 그리스도의 모습과 동일한 메타포이다. 만약 하나님께서
온 인류를 구원하시려면 이때 공인된 이 '메타포'를 따라서 제 인류를 구원하
여야 한다.

이 둘은 '동행(יַחְדָּו)'을 한다. יַחְדָּו는 '결합, 연합'을 말한다. 그 둘은 자신들의
생명을 내어 놓았다. 그렇다면, 이것은 이삭이 자신의 죽음을 알았을 수 있다
는 단서를 제공해 준다. 이렇게 해서 '구원의 도'를 창시하려 하는 것이다. 이
러한 모습을 보았을 때, 어떤 영적인 존재도 여호와께서 창설하고 계시는 이
러한 '구원의 도'를 폄하하지 못할 것이다.

이삭이 짊어진 번제에 쓸 나무는 예수 그리스도가 지신 십자가와 유사하다.
그들은 자신들을 태울 나무를 친히 등에 짊어지고 번제의 산에 올랐다. 위의
본문에서 이들을 죽이려고 칼과 불을 든 이는 아브라함인데, 이것은 나중에
예수 그리스도를 번제의 제물로 삼고자 하는 하나님의 모습을 예표하고 있다.
창세기 17:7의 '영원한 언약'은 창세기 22장의 '이삭번제'를 의미하는데, 이것
은 또 다시 '예수 그리스도의 십자가'를 지시하고 있다. 하나님은 BC 2000년
전에 세운 그 '영원한 언약'을 예수 그리스도에게서 적용시키고 있다. 웬함은
나무를 지고 가는 이삭의 모습을 십자가로 비유하기도 하는데,860) 이것은 적
절한 것으로 보인다. 쥬크(Andrew John Jukes)는 이 여정을 예수 그리스도께
서 자신의 목숨을 바치기 위해 골고다 언덕에 오르는 것을 비유하는데,861) 이
삭을 바친 그 장소와 예수께서 십자가를 지신 장소가 같기 때문이다. 예루살
렘의 옛 지명이 모리아 산이다. '모리아'는 '하나님의 선택'이라는 의미를 가지
고 있는데, 이 '하나님이 선택한 장소'는 신명기에 의하면 예루살렘이다.862)

나. '번제할 어린 양'을 묻는 이삭

산에 오르면서 아브라함과 이삭이 대화를 하는데, 이 둘의 대화에는 진한
비장함이 감돌고 있다.863) 이 대화는 이삭이 "번제할 어린 양이 어디 있느

---

860) Wenham, *Genesis 16-50*, 108.

861) Jukes, *Types of Genesis*, 261.

862) Jukes, *Types of Genesis*, 260.

냐?"라는 물음으로 시작하였다.

> 이삭이 그 아버지 아브라함에게 말하여 이르되 내 아버지여 하니 그가 이
> 르되 내 아들아 내가 여기 있노라 이삭이 이르되 불과 나무는 있거니와 번
> 제할 어린 양은 어디 있나이까. (창 22:7)

이때 이삭이 자신이 제물이 되는 것을 알지 못했을까? 이제 이 문제에 대해
서 본격적으로 논의하여야 한다. 이삭이 이것을 모르는 상황에서 앞의 6절 말
미에 나타난 '동행'이라고 표현된 "וַיֵּלְכוּ שְׁנֵיהֶם יַחְדָּו"은 "두 사람이 함께 나아가
서"라고 직역될 수 있는데, 이것은 8절 서두에서 또 다시 나타난다. 따라서 6
절과 8절의 "두 사람이 함께 나아가서"라는 단어가 7절의 "번제할 어린 양은
어디 있나이까"라는 질문을 감싸고 있다. 이것은 7절의 질문에 무언가 강한
의미를 부여하고 있는 뉘앙스이다. 이렇게 '동행'이라는 단어가 '번제할 어린
양'을 감싸고 있는 것이다. 이것은 모세오경의 저자가 이삭이 자신이 제물임을
알고 있었다는 것을 문예적으로 표현한 하나의 기법으로 보인다. 따라서 이것
은 이삭이 부담스러워하는 아버지에게 용기를 북돋워주는 물음으로 해석하여
야 한다. 이 문맥은 우리에게 이삭의 심경을 탐구할 필요성을 제기한다. 이러
한 문장의 구성은 이삭 자신이 번제의 제물임을 알았다고 볼 수 있는 단서를
제공한다. 이러한 내용을 정리하면 다음과 같다.

먼저, 6절에 나타난 '동행, 혹은 함께 가다'라는 표현은 둘이 한 목적을 향
하여 나아갈 때 사용 되어야 한다. 이삭이 만일 아브라함과 출발할 때, 번제를
위하여 가고 있다는 것은 분명히 알았다. 그렇기 때문에 이러한 '번제의 어린
양'에 대한 질문을 구체적으로 할 수 있었다. 그는 '번제'의 제사를 위해 걸어
가고 있다는 것을 이미 알고 있었다. 다만, 그 제물만 몰랐을 뿐이다.

두 번째, 이 사실은 사라도 알았다고 보아야 한다. 아브라함이 100세에 되
어 난 아들을 죽이러 가는데, 아내에게 비밀로 할 수는 없다. 아내는 아브라함
과 그 언약의 동역자였으며, 열국의 어미였고, 그의 몸에서 난 자라야 언약의
후손이다. 사라는 분명히 알았으며, 사라에게 조금이라도 이성이 있었다면 그

---

863) Wenham, *Genesis 16-50*, 108.

의 모든 표정과 행동에서 이 사실이 이삭에게 전달되었다. 어머니의 애틋함은 분명히 그녀의 행동과 말에서 나타났으며, 그것은 아들에게 어떤 형태로든 전달되었고, 이삭이 사흘 길을 걷는 동안 사라의 몇몇 어색한 행동들이 그의 마음에 떠올랐을 것이다.

세 번째, 아브라함은 아들 이삭에게 창세기 17:7의 '할례 언약'을 말하였다. 그 '할례 언약'은 "여호와와 아브라함과 한 씨"가 맺은 언약인데, 아브라함은 그 '한 씨'가 바로 이삭이다는 것을 그에게 말하였다. 이삭은 이 시기가 등에 짐을 질 수 있는 나이로서 분명히 '성년식'의 즈음인 것으로 보인다. 이삭은 자신의 언약의 당사자인 것을 아브라함으로부터 분명하게 들었다. 그리고 '할례'를 통해서 아브라함이 그의 모든 후손들을 하나님께 제물로 바쳤다는 말도 들었다. 마치 예수 그리스도께서 구약성경 등을 통해서 자신이 속죄의 제물로서 바쳐져야 할 것을 알았듯이 이삭도 분명히 이 메시지를 들었다. 다만 그 시기 만을 몰랐을 뿐이었다.

네 번째, 만일 이러한 사실을 아브라함만 알고, 이삭은 영문도 모르는 채로 붙잡혀 죽는다면, 그것이 어떻게 번제의 제물이 될 수 있을 것인가? 이것은 제물이 되는 자가 분명하게 알아야 한다. 번제는 자원함의 제물이기 때문이다. 예수께서도 자신이 제물 되는 것을 알고 스스로 자신을 드렸다.

다섯 번째, 창세기 17:7의 '영원한 언약'은 이곳의 '이삭 번제 사건'을 통해서 체결된다. 그리고 이때의 언약 당사자는 여호와와 아브라함과 이삭이다. 그런데, 이 언약의 당사자인 이삭이 이것을 모른다는 것은 이치에 맞지 않다. 이 언약의 가장 중요한 언약 당사자는 오히려 아브라함이 아니라 이삭이다. 이삭이 이 사실을 가장 명확하게 알아야 한다. 자신이 번제의 제물이 되어서 온 이스라엘을 구속할 것이기 때문이다.

여섯 번째, 마지막에 이삭이 아무런 저항도 없이 마치 기다렸다는 듯이 결박을 당하는 장면이다. 112세 정도의 힘이 없는 노인 아브라함이 성년식 나이 정도의 이삭을 잡을 때, 이삭은 아무런 저항을 하지 않는다. 이것은 이미 자신이 번제의 제물임을 알고 스스로 묶이는 모습이다. 이것은 이미 다 알고 있는 자의 모습이다. 그렇지 않고 이 죽음을 준비하지 않았더라면, 무엇인가의 이유를 물었을 것이고, 아버지와 대화를 시도했을 것이다. 그런데, 이삭은 이미 모든 것을 알고 있었다. 그렇기 때문에 아무런 질문을 하지 않는다.

일곱 번째, 아브라함은 평생토록 '믿음'에 대해 훈련을 받았다. 그는 두 번이나 아내를 빼앗겼으며, 두 번이나 상속자를 빼앗겼다. 그러면서 그는 '동물 쪼개는 행위'와 '할례'를 통해서 '믿음'은 자신의 생명을 드리는 것이라는 훈련을 받았다. 그는 이 두 사건을 통해서 신앙이 무엇인지를 알았고, 이러한 사건들에서 나타난 교훈을 '신앙고백'으로 삼아 매일 매일 '제단'에서 예배하였을 수 있었다. 이 가능성은 매우 높다고 본다. 폰 라드는 구약성경의 형성과정을 여호와께서 이스라엘에게 하신 일에 대한 "오랜 시간에 걸쳐 낭송된 지속적인 신앙고백"의 결과물이라고 말한다. 그는 창세기의 최초 고백부터 시내산 자료에 이르기까지 이러한 신앙고백의 지속적인 전승이 있었다고 본다.864) 만일 아브라함이 자신의 생애 속에서 경험한 이러한 사건들을 '신앙고백'으로 전승하였다면, 이삭은 이 신앙고백적 내러티브를 통해서 '믿음'이 무엇인지를 이해하고 있었으며, 그것은 여호와와 우리와의 "상호 헌신맹세, 혹은 상호 생명교환"이다는 것을 알고 있었다. 따라서 아브라함은 창세기 22:1에서 여호와께서 아브라함에게 '번제 명령'을 위해 그를 부르자마자 "내가 여기 있나이다"라고 말하며, 또한 창세기 22:11에서 아브라함이 이삭을 칼로 잡으려 할 때 그를 부르자마자 "내가 여기 있나이다"라고 말한 대목에서 알 수 있다. 아브라함은 언제든지 죽기까지 '믿음의 순종'을 하려고 작정하고 있었다. 이것은 그의 매일의 신앙고백적 삶이 아니었다면, 결코 나타날 수 없는 행위였다. 그리고 이 신앙고백은 분명히 이삭에게 지속적으로 가르쳐졌다.

따라서, 아브라함 뿐만 아니라 이삭도 자신의 죽음을 알고 있었으며, 아브라함과 이삭은 삼 일 내내 죽어있었다. 그 둘은 이러한 상황에 대해 서로 말할 필요가 없었다. 마치 죽음 같은 상황 속을 걸어가고 있는데 무슨 말이 필요하겠는가? 사흘 동안 아무런 말이 없다. 브엘세바에서 출발하여 모리아 산에 이르기까지 오직 '죽음' 같은 침묵의 엄숙함만이 흐른다. 그리고 하늘의 천상회의의 모든 제신들은 이 모습을 바라보고 있다. 마치 예수 그리스도께서 십자

---

864) 월터 브루그만, 「구약신학」, 류호준 · 류호영 역 (서울: 기독교문서선교회, 2010), 70.

가에서 죽음을 당하고 삼 일 동안 음부에 내려갔듯이 이들은 그러한 사흘 길을 걸었다.

이삭은 모든 것을 알고 있으면서 아버지 아브라함에게 용기를 주기 위해서 위의 질문을 한 것이었다. 이것은 이삭 그 자신이 번제의 어린 양임을 알고, 오히려 아버지를 안심시키는 아들의 모습이다. 이 둘은 진정으로 '번제의 제사'를 온전히 이루기 위해서 '동행'하였던 것이다.

큐리드(John D. Currid)에 의하면, 위의 모습은 '번제'를 통하여 자신의 목숨을 태울 '나무를 짊어지고' 번제의 장소로 올라가는 이삭의 모습은 '십자가'를 지고 골고다 산정에 오르시는 예수 그리스도의 모습을 연상시킨다.865) 그리고, 이삭의 '번제할 어린 양'에 대한 질문에 아브라함은 그 대답을 피하듯이 "번제할 어린 양은 하나님이 자기를 위하여 친히 준비하시리라"고 하는데, "그가 말한 것은 진실이었으며, 단호하였으며," 그 둘의 대화를 보면 이들은 '조화' 속에서 일들을 진행시키고 있었다.866)

다. "하나님이 준비하시리라"고 말하는 아브라함

아들 이삭이 아브라함에게 '번제할 어린 양'을 묻는 질문에 아버지 아브라함의 대답은 의외로 "내 아들아 번제할 어린 양은 하나님이 자기를 위하여 친히 준비하시리라"는 말씀은 아브라함의 이성의 말이 아니라, '성령의 감동'으로 보인다. 아브라함이 이성적으로 해야 할 말은 "네가 번제의 제물이다"라고 말하여야 한다. 이성적으로만 보면, "하나님이 친히 준비하시리라"고 한 말은 아브라함의 숨김이다.867) 그런데, 나중에 이것은 거짓이 아닌 사실로 드러났다. 아브라함의 거짓을 하나님께서는 사실로 만드셨다. 이것은 성령께서 말하였기 때문에 그렇다. 그 내용은 다음과 같다.

아브라함이 이르되 내 아들아 번제할 어린 양은 하나님이 자기를 위하여 친히 준비하시리라 하고 두 사람이 함께 나아가서 (창 22:8)

---

865) Currid, *A Study Commentary on Genesis*,, 391, 397.

866) Currid, *A Study Commentary on Genesis*,, 392.

867) 베스터만, 「창세기 주석」, 241.

히브리어 원어로 보면, 위의 본문 속의 대화는 창세기 22:7 서두에 이삭의 '나의 아버지여'로 시작해서, 22:8의 대화의 맨 마지막에 '나의 아들아'로 마무리된다. 지난 삼 일 동안의 대화에서 위의 대화가 유일하다. 이 문장에서 가장 결정적인 발언은 "אֱלֹהִים יִרְאֶה-לּוֹ"로서 "하나님이 그 자신을 위하여 준비하시리라"이다.

이때 아브라함은 '여호와 이레'가 아닌 'אֱלֹהִים(하나님) 이레'라고 말한다. 만일 하나님의 성호 사용을 면밀하게 적용하면, 이때의 'אֱלֹהִים'은 '여호와의 총회'를 의미한다. 곧 '천상회의의 제신들'이 준비할 것이라고 말한 것이다. 다음에 아브라함이 칼로 이삭을 베려할 때, 이것을 저지시킨 이도 '여호와'가 아닌 'אֱלֹהִים' 혹은 '여호와의 사자'였다. 아브라함은 자신이 하나님으로부터 명령을 받았다는 것을 알고 있다.

2. '이삭'을 여호와께 드리는 아브라함 (창 22:10)
가. '단을 쌓고 나무를 벌여 놓는' 아브라함

아브라함은 그의 생애 속에서 항상 '단'을 쌓았다. 창세기 12-13장에 의하면, 맨 처음 가나안에 들어왔을 때, 곧바로 단을 쌓고 여호와의 이름을 불렀다. 창세기 12-13장에는 "아브람이 단을 쌓고 여호와의 이름을 불렀다"는 동일한 표현이 네 번 반복하여 나타난다. 아브라함은 그 '단'에서 아마 창세기 15장의 '동물 쪼개는 행위'를 하였을 것이다. 창세기 17장의 '할례 행위'도 그 단에서 행하였을 것이다. 이제는 이 '단'을 모리아 산에 쌓는다. 그리고 이곳에서 이삭을 잡으려 한다. 베스터만은 "아브라함은 제사에 익숙해 있다"868)고 말한다. 그 내용은 다음과 같다.

이에 아브라함이 그곳에 단을 쌓고… (창 22:10a)

아마 이 '단'의 용도는 이러한 '제사'였을 것이다. 창세기 12,15,17장에서의

868) 베스터만, 「창세기 주석」, 241.

'단'에서 드려진 모든 제물은 모두 이러한 '제사'의 예표였다. 이 모습이 진정한 제단의 용도이다. 이 '제단'은 우리의 생명이 드려지는 곳이었다. 아브라함은 이때 이 제단의 용도를 더욱 실감하였다. 아브라함은 앞에서 이것을 '예배'라고 하였다. 이 제단의 행위가 예배로 이어졌다.

나. 이삭을 하나님께 올려드리는 아브라함

제단이 차려지고 그 곳에 나무가 벌여지자, 이제 아브라함이 이삭을 결박한다. 이때 이삭은 아무런 저항 없이 결박을 당한다.[869] 그리고 이삭은 단 나무 위에 올려진다. 그리고 아브라함은 칼을 잡고 그의 아들을 잡으려 한다. 그 내용은 다음과 같다.

> …나무를 벌여놓고 그 아들 이삭을 결박하여 단 나무 위에 놓고 손을 내밀어 칼을 잡고 그 아들을 잡으려 하더니 (창 22:10)

여기까지의 그의 행위에 의하면, 그는 자신의 아들을 분명하게 하나님께 바쳤다. 이때 자신의 생명도 함께 바쳐졌다. 그리고 할례언약에 따라 이때 이삭의 모든 후손까지도 함께 바쳐졌다. 다른 모든 후손들은 이 이삭 안에 있었기 때문이다. 그것은 창세기 17:7에 나타난 바와 같이 "대대에 이르는 너의 후손"이라는 구절이 이것을 말해준다. 그의 후손들은 자신이 이삭의 후손이라는 사실을 부인하지만 않으면 그들은 이삭에게 속하게 된다. 아마 훗날 이스라엘 백성들이 어린양을 잡아 제사를 드릴 때마다 그들은 이 '이삭의 대대' 안에 포함되어 있는 자신들을 생각해야 했을 것이다. 이렇게 하여서 아브라함과 이삭과 대대에 이르는 그의 후손들은 모두 하나님께 드려졌다. 이들은 이제 하나님의 소유된 백성이 된 것이다. 이들은 이 사실을 기념하여 날마다 이 사실이 살아 있게만 하면 된다. 이것은 훗날 예수 그리스도의 모습에 대한 모형이 되었다.

다. '구원의 도'로서의 '제사'

---

869) 웬함, 「창세기 16-50」, 235.

이렇게 하여서 아브라함의 생명이 하나님께 진정으로 드려졌고, 이삭의 생명도 또한 하나님께 진정으로 드려졌다. 제물을 드리는 아브라함과 제물 된 이삭이 서로 중심으로 자신들의 생명을 여호와께 드렸다. 이렇게 이삭이 하나님께 드려진 결과, 이제 이삭 안에 있는 모든 이스라엘 자손들의 생명이 하나님께 드려졌다.[870] 앞에서 우리는 '그 후손 안에서'라는 용어를 반복적으로 살펴보았다.

이것은 이스라엘 내에 '구원의 도'가 창설된 것을 의미한다. 이제 이스라엘 백성들은 이 사건 속에 들어감을 통해서 구원에 이른다. 이 안에서 자신의 생명이 하나님께 드려지고, 하나님의 소유된 백성이 되어 진다.

이러한 '구원의 도'는 이제 '이스라엘의 제사'로 승화되었다. 이스라엘의 모든 '제사'나 '할례'는 이 '이삭 번제의 사건' 속으로 들어가는 통로였다. 시내산 언약은 바로 이 사건의 연속선에 있다. 이때 이스라엘 자손이 모두 드려졌기 때문에 시내산 제사 언약이 성립된다. 이 사건으로 인해서 이스라엘의 제사가 이제 '구원의 도'로 자리 잡게 된 것이다. 제사를 통해 구원에 이른다는 개념은 이렇게 시작된 것으로 보인다.

3. 여호와께서 준비한 한 제물 (창 22:11-13)

가. 아브라함을 제지하는 여호와의 사자 (창 22:11)

어떤 헌제자가 자신의 생명을 하나님께 드리려고 결단하고 작정하였을 때, 하나님께서 준비한 제물이 있다. 이에 여호와의 사자가 아브라함을 다급하게 부르면서, "그 아이에게 손을 대지 말라"고 한다.

> 여호와의 사자가 하늘에서부터 그를 불러 가라사대 아브라함아 아브라함아 하시는지라 아브라함이 가로되 내가 여기 있나이다 하매 (창 22:11)

먼저, 여호와의 사자가 하늘에서부터 그를 "아브라함아, 아브라함아"하고 다급하게 부른다.[871] 이 소리는 하늘로부터 내려온 것이다. 아브라함은 앞에서

---

870) 김성수, 「내가 너로 큰 민족을 이루게 하리라」, 171.

"하나님이 예비하시리라"고 말하였는데, 이제 '여호와의 사자'가 그를 다급하게 부른다. 이때 여호와가 아닌 여호와의 사자가 이것을 제지시킨 것은 중요한 의미를 지닐 수 있다. 여호와께서는 아브라함의 시험을 'אֱלֹהִים' 혹은 '천상회의'에 일임하였다. 그렇기 때문에 그 시험을 시작한 이가 이것을 막아야 한다. 여호와는 이 장면을 바라만 보고 있다. 여기에서의 '여호와의 사자'는 'אֱלֹהִים의 일원'이라고 말할 수 있을 것이다. 아브라함을 제지시킨 존재는 '여호와'가 아닌 'אֱלֹהִים'이었으며, 하늘의 천상회의에서 이 일을 막았다고 볼 수 있다.

이때, 아브라함은 "내가 여기 있나이다"라고 말한다. 창세기 22:1에서 하나님이 아브라함을 불렀을 때, 아브라함은 "내가 여기 있나이다"라고 대답하였는데, 이제 또 다시 창세기 22:11에서 여호와의 사자가 아브라함을 부르자 또 다시 "내가 여기 있나이다"라고 대답한다. 이것은 '믿음'과 '순종'의 응답을 의미한다. 창세기 22:11에 나타난 "내가 여기 있나이다"는 창세기 22:1의 "내가 여기 있나이다"와 서로 인크루지오를 이루는 구절이다. 이 두 인크루지오 구절 사이에 있는 단락은 아브라함의 '시험'에 관한 한 단락이다. 아브라함은 믿음으로 시작해서 믿음으로 이 사건을 마무리 짓고 있다. 이제 믿음의 시험은 끝이 났다.

나. '하나님 경외'를 확인한 하나님 (창 22:12)

믿음의 시험이 끝났으므로 여호와의 사자는 "그 아이에게 네 손을 대지 말라 아무 일도 그에게 하지 말라"고 말한다. 하나님의 궁극적인 뜻은 결코 '죽음'이나 '가난'이 아니었다. 하나님은 그의 믿음을 보고자 하시었던 것이다. 그리고 그 '믿음'에 대해서 여호와의 사자는 '하나님 경외'라고 말한다.

사자가 가라사대 그 아이에게 네 손을 대지 말라 아무 일도 그에게 하지 말라. 네가 네 아들 네 독자라도 내게 아끼지 아니하였으니 내가 이제야 네가 하나님을 경외하는 줄을 아노라. (창 22:12)

871) 월키, 「창세기 주석」, 547; 해밀턴, 「창세기 2」, 149.

우리는 위의 본문에서 하나님께서는 아브라함에게 "하나님을 경외한다"고 말했는데, 이 '하나님 경외'라는 단어는 욥의 시험과 관련하여 두드러지게 나타나는 단어이다. 욥기 1장에는 욥의 시험 이유가 적나라하게 드러나 있는데, 이것은 '하나님 경외'에 대한 시험이었다. 욥기 1장에 의하면, 하늘의 천상회의에서 욥의 '하나님 경외'에 대한 논쟁이 치열하였고, 이것을 확증하기 위해서 그의 시험이 시작되었다. 아마 '하나님 경외'가 하나님과 인간과의 관계에서 가장 완전한 관계로 보여진다. 아브라함의 시험과 관련해서도 시험이 마쳐진 후에야 비로소, 여호와의 사자가 "내가 이제야 네가 하나님을 경외하는 줄을 아노라"고 말씀하신다. 따라서 우리는 어떻게 '이삭 번제 행위'가 '하나님 경외'와 연결되는지를 살펴보아야 한다.

① '믿음'의 표현으로서의 '이삭 번제'

먼저, 아들을 바치는 행위는 '할례 명령'에서 가장 적극적으로 드러난다. '할례 명령'이란 '포피 베는 행위'를 통해서 자손을 여호와의 소유로 바치는 것을 의미하기 때문이다. 그런데, 창세기 17:10에서는 "할례를 행하라(포피를 베어라)"고 하였지만, 이제 창세기 22:2에서는 "네 아들 이삭을 바치라"고 한다. 이 양자는 그 본질이 같다. 전자는 상징이며 후자는 실제의 사건이다. 따라서 이 양자는 그 사건이 시사하는 의미도 또한 같은데, 전자의 의미는 '믿음'의 행위였다. 아브라함이 '불완전한 믿음'을 보였을 때, 하나님께서 "너는 내 앞에서 행하여 완전하라"고 말씀하신 후 "너는 할례를 행하라"고 말하였기 때문이다. 창세기 17:10의 '할례 명령'은 창세기 15:6의 '믿음으로 말미암은 의'의 연장선에 있었던 것이다. 따라서, 이 '할례'는 믿음의 표현이었다. 그리고 아울러서 '이삭 번제 사건'도 마찬가지로 믿음의 표현이었다.

② '믿음'에서 이루어지는 '하나 됨'

그렇다면 이 '믿음'이 '하나님 경외'인가? 이 양자는 곧바로 연결되지 않고, 또 그 양자 사이에 하나님과 아브라함의 '하나 됨'이 존재한다. 창세기 15:9-17에 나타난 '동물 쪼갬'은 아브라함이 자신의 '믿음'을 '생명 드림'으로 표현한 것이었다. 그리고, 이러한 아브라함의 '생명 드림'의 '믿음'은 여호와께서도 자신의 생명을 아브라함에게 내어줌으로 나타났다. 즉, '믿음'이 이제 상호간의 '하나 됨'으로 발전하였던 것이다.

　이렇게 여호와와 하나 됨이라는 사건이 발생한 후에 여호와와 아브라함은 서로 친밀한 관계가 되었다. 창세기 18:19에 나타난 'יָדַע(알다, 선택하다)'라는 용어는 하나님과 인간 사이에 사용될 경우, 이것은 마치 부부의 관계와 같은 '신비적인 연합'을 나타내는 용어인데, 이것은 창세기 15:9-17의 '동물 쪼갬'으로 인한 '상호간의 하나 됨'을 의미하는 것이었다. 이러한 언약체결은 그가 가나안으로 들어온 지 얼마 안 되는 시기에 일어났다. 그렇다면 그는 평생토록 여호와와 이러한 관계를 맺고 살았다.

　여호와와의 이러한 친밀한 관계는 아브라함의 하나님에 대한 지식을 크게 실제화 하였을 것이다. 창세기 본문에서 아브라함의 일상적인 삶 속에서의 신앙생활을 소개해주는 글은 창세기 12:8에서 "그가 단을 쌓고 여호와의 이름을 불렀다"는 것 외에는 특별한 소개가 없다. 그런데 우리는 이러한 삶을 아브라함이 평생토록 살았을 것으로 추정한다. 그는 매일 자신과 여호와 사이의 맺은 언약을 기억하고, 이것을 그 제단에서 그의 신앙으로 평생토록 고백하였을 것이다. 그리고 이러한 고백은 이제 '동물 쪼개는 행위(제사언약)' '양피를 쪼개는 행위(할례언약)' 등으로 나타났는데, 이러한 모든 행위는 철저히 자신의 '생명드림'의 행위였으며, '번제'의 행위였다. 이러한 행위는 모두 여호와와의 '하나 됨'을 강화시키는 행위였으며, 이것은 하나님과의 'יָדַע(알다)' 관계를 강화하였다. 그리고 우리는 창세기 18:19의 해설에서 신과 인간과의 관계에서의 'יָדַע(알다)'는 어떤 사물을 인식하듯 하는 '지각적인 앎'이 아니라, 관계를 통해서 인식되는 '감정적인 앎'인 것을 확인하였는데, 여호와와 아브라함의 이러한 종류의 '앎'은 지속적으로 강화되었을 것이다.

　③ '여호와'의 '하나님'이심에 대한 지식

　아브라함의 생애 속에서 창세기 17장에 이르러서부터 급격한 변화를 가져온다. 여호와가 등장하였는데, 그 신명은 하나님으로 나타난다. 창세기 17:1의 신현사건에서 여호와는 자신을 "나는 전능한 하나님(엘 샤다이)이다"라고 하시며 나타나신다. 그 이후로부터는 줄곧 자신을 '하나님(אֱלֹהִים)'으로 소개하신다. 이 책은 '신의 호칭'과 관련하여 '하나님(אֱלֹהִים)'을 '여호와의 천상총회'로 보는 견해를 선택하였다. 그는 전능한 하나님으로서 그의 뜻에 따라 전체의 하나님의 총회가 행한다. 즉, 그는 'אֱלֹהִים'으로서의 '여호와'를 목격한 것으로 보인다. 그의 신지식에 있어서 이제 '여호와'의 단독적인 모습으로만 보이는 것이 아니라, 항상 '천천만만의 천군과 천사를 수반한 여호와'로서 인식되었다는 것이다. 이때 아브라함에게 하나님에 대한 진정한 지식이 싹텄던 것으로 보인다.

그리고 그 일이 있은 지 얼마 되지 않아서 위의 심판을 통해서 '여호와'의 진면모를 보게 되었는데, 그는 천군천사를 대동한 만군의 여호와였다. 아브라함은 '할례언약'을 체결한 후 얼마 되지 않아서 '소돔과 고모라의 심판'을 직접 목격하게 되었는데, 아브라함은 그 심판에 중보기도를 통해서 참여하였다. 그런데, 아브라함의 기도를 받으시던 여호와가 곧 유황불로 소돔과 고모라를 심판하였다. 그는 여호와의 심판 장면을 직접 목격한 것이나 다름이 없었다. 아브라함의 보기에 여호와가 바로 '심판주'였던 것이다. 다음의 내용은 여호와가 소돔과 고모라를 심판하는 내용이다. 아브라함은 이것을 직접 곁에서 목격하였다.

여호와께서 하늘 곧 여호와께로부터 유황과 불을 소돔과 고모라에 비같이 내리사 그 성들과 온 들과 성에 거주하는 모든 백성과 땅에 난 것을 다 엎어 멸하셨더라.…아브라함이 그 아침에 일찍이 일어나 여호와 앞에 서 있던 곳에 이르러 소돔과 고모라와 그 온 지역을 향하여 눈을 들어 연기가 옹기 가마의 연기같이 치솟음을 보았더라. (창 19:24-28)

창조와 심판, 구원, 기도응답 등과 같이 사물에 실제적인 변화가 오는 것에는 항상 '하나님(אֱלֹהִים)'이라는 신명이 등장한다. 즉, 위의 심판에서도 '여호와'께서는 '여호와의 총회'인 '하나님'의 이름으로 하셨다. 위의 구절에 바로 이어서 창세기 19:29에 "하나님이 그 지역의 성을 멸하실 때,…"라고 말하고 있기 때문이다. 그 내용은 다음과 같다.

하나님이 그 지역의 성을 멸하실 때 곧 롯이 거주하는 성을 엎으실 때에 하나님이 아브라함을 생각하사 롯을 그 엎으시는 중에서 내보내셨더라. (창 19:29)

④ '하나님에 대한 지식'에서 나오는 '하나님 경외'

하나님의 성호(聖號) 사용과 관련하여서 'אֱלֹהִים(하나님)'이라는 성호(聖號)는 보통 창조, 심판, 구원, 기도 응답 등과 같은 가시적인 세계 속에서 실제적으로 나타나는 어떤 능력과 관련한 것에 나타난다.872) 이것은 하나님의 성호와 관련하여 매우 중요한데, 어떤 영적인 것이 가시적인 세계 속에 복합적인 사물로 실제로 나타나기 위해서는 모든 천군천사들이 동원되어 이루어지기 때문으로 보인다. 따라서 '여호와'의 진정한 이름은 '하나님(여호와의 총회)'이다. 일반적으로 여호와를 생각할 때, 여호와는 그의 총회와 구별되어 생각해서는 안 된다. 오히려 여호와의 진정한 모습은 '여호와의 총회'이다. 천천만만의 천군천사들이 항상 부속하여 존재하지 여호와 단독으로 존재하는 것은 아니기 때문이다. 그들은 여호와로 인하여 창조되었으며, 그들 자체의 고유한 인격을 가지고 있지만, 항상 여호와 만을 위한다. 따라서 '여호와'의 진정한 모습은 '여호와의 총회'로서의 '하나님'이다. 아브라함은 소돔과 고모라의 심판 때에 하나님이신 여호와의 이 모습을 목격하였다. 그리고 이어서 아비멜렉과 관련한 사라의 구원 사건에서도 이 하나님을 목격하였다.

이제 아브라함에게 '여호와'와 '하나님'은 구분되지 않는다. 아브라함은 이제 여호와 하나님을 창조자로 인식하게 되었으며, 구원자로 인식하게 되었고, 심판자로 인식하게 되었다. 그는 이 창조주를 직접 눈으로 목격하듯 하였다. 이때부터 아브라함은 여호와를 목격하면서 항상 여호와의 총회를 함께 목격한다. 자신과 연합하여 계신 여호와가 하나님이신 것이다. 이 창조주이시며 구원주이시며 심판주이신 하나님을 알게 되자 이제 아브라함의 여호와 하나님을 향한 순종은 완전함에 이르게 되었다. 이와 같이 하나님에 대한 순종은 하나

872) 그린, "모세오경에 나타난 '엘로힘'과 '여호와'의 용법", 46, 50, 49: 창세기 1:1-2:3의 창조는 모두 '엘로힘'이 행하신다.··· 사건들을 빚어내는 섭리는 '엘로힘'에게 돌려진다···. ···소돔과 고모라의 멸망은 사람의 힘에 의하지 않은 초자연적인 사건으로 '엘로힘'에게 돌려진다.(사 13:19; 렘 50:40; 암 4:11)

님에 대한 완전한 지식이 온전하여 질 때, 수동적으로 나타나는 것이지 아브라함의 어떤 의도된 노력이 아니다. '경외'를 의미하는 'יָרֵא'는 '두려워 하는'을 의미하는 형용사인데, 이것은 '두려워하다'를 의미하는 'יָרֵא'에서 파생된 단어이다. 즉, 경외는 어떤 대상에서 나오는 것이지 자신 스스로의 노력에 의해서 나오는 것이 아니다.

하나님이 아브라함을 부를 때, 그는 "내가 여기 있나이다"라고 말했는데, 이것은 완전한 순종의 모습이었다. 그리고 이러한 순종은 '하나님 경외'에서 나온 순종이었다. 이것은 믿음에서 나온 행위였는데, 믿음이 하나님에 대한 실제적인 지식의 통로가 되고, 그 결과 하나님의 어떠하심을 알게 되어 나오는 순종이었다. 아브라함은 그의 행동으로 하나님 경외를 입증하였다.[873] 하나님이 아브라함을 부를 때, "내가 여기 있나이다"라는 두 번의 응답은 바로 이러한 '하나님 경외'를 나타내는 것이었다.

다. 예비 된 '수양' (창 22:13)

'여호와의 사자'의 음성에 따라 아브라함이 눈을 들어 살펴보았는데, 한 수양이 있는데 그 뿔이 수풀에 걸린 채로 있었다. 이에 아브라함은 그 숫양을 가져다가 아들을 대신하여 번제를 드렸다.

> 아브라함이 눈을 들어 살펴본즉 한 숫양이 뒤에 있는데 뿔이 수풀에 걸려 있는지라 아브라함이 가서 그 숫양을 가져다가 아들을 대신하여 번제로 드렸더라. (창 22:13)

아브라함이 이러한 것을 예상하고 아들을 드린 것은 아니었으며, 아브라함은 진정으로 자신의 아들을 바쳤다.[874] 이러한 제물은 헌신의 결단을 한 자들에게 진정한 제물이 된다. 여기서의 제물은 바치는 자를 상징적으로 대신하고 있다.[875] 아브라함은 이때 한 숫양을 바침을 통해 이삭을 바치고 자기 자신을

---

873) 칼빈, 「창세기 2」, 53.

874) 김성수, 「내가 너로 큰 민족을 이루리라」, 169.

바친 것으로 간주되었다. 그리고 제물이 된 이삭도 또한 자신을 바친 것이다.

우리는 여기에서 번제물로서 이 숫양과 이삭의 관계를 생각해 보아야 한다. 월키는 이 '숫양'은 예수 그리스도의 모형이라고 한다.[876] 우리는 번제의 진정한 제물은 '이삭' 보다는 오히려 이 예비 된 '숫양'일 수 있다는 것을 생각해 보아야 한다. 창세기 15장에서는 '동물'이 번제자의 생명을 대신하였다. 17장에서는 '포피'가 번제자의 생명을 대신하였다. 그런데, 이곳 22장에서는 '번제자의 생명' 자체를 '숫양'이 대신하고 있다. 그리고 이 '숫양'은 하나님께서 예비하신 '제물'이었다. 그렇다면, 제물은 '동물, 포피'에서 '번제자의 생명'으로, '번제자의 생명'은 '숫양'으로 발전하고 있다. 그리고 뒤에 나오는 '숫양'은 '하나님이 예비한 제물'이었으며, 이것이 원래의 제물일 수 있다. 즉, 자신의 생명을 바치기까지의 헌신은 오히려 이 '숫양'에 참여하는 절차였을 수 있다. 이러한 측면에서 이 '숫양'이 더욱 진정한 제물일 수 있다. 이 '숫양'은 바로 '예수 그리스도'였다. 따라서 창세기 17:7에서 하나님께서 아브라함과 이삭과 함께 '영원한 언약'을 세우겠다고 말씀하시었는데, 그 '영원한 언약'은 바로 이 '숫양'으로 인해 가능해지게 된 것으로 보아야 할 것이다.

아브라함과 이삭의 번제사건으로 인해서 인류에게 '구원의 도'가 세워졌다. 이것을 '구원의 도'로 세울 때, 천상총회의 모든 신들이 여기에 참여하여 이것을 시험하고 공인하였다. 그리고 이렇게 세워진 '구원의 도'에 먼 훗날 예수 그리스도께서 참여하신 것이다. 아무런 예고도 없이 예수 그리스도의 십자가의 도가 인류에게 뚝 떨어진 것이 아니라, 인류의 역사가 시작된 문명발생의 시기에 '구원의 도'가 세워졌으며, 예수 그리스도는 여기에 참여하였다. 이 '숫양'은 훗날 예수 그리스도로 드러난다. 그렇다면, 모든 제물들은 이 '숫양'을 예표하고 있었을 것이다.

라. 'אֱלֹהִים 이레'에서 '여호와 이레'로

궁극적으로 이삭은 죽은 자처럼 되었다가 다시 살아났다. 아브라함은 이에 대해 창세기 22:8에서 "하나님께서 준비하실 것이다(אֱלֹהִים 이레)"고 말하였는

---

875) Wenham, *Genesis 16-50*, 110.

876) 월키, 「창세기 주석」, 552.

데, 아브라함은 창세기 22:14에서 '여호와 이레'라고 말한다. 즉, 창세기 22:8 에서는 'אֱלֹהִים 이레'였는데, 아브라함은 창세기 22:14에서 이곳의 지명을 'אֱלֹהִים 이레'나 '아브라함 샤마(아브라함의 순종)'가 아닌 '여호와 이레(여호와가 보 다)'라고 부른다.[877] 이것은 여호와의 베푸신 행위만을 감사하는 것으로서,[878] 아브라함의 깊은 감사기도를 의미한다. 아브라함의 이러한 명칭 지정은 하나 님에 대한 감사의 기념비를 여기에 세운 것이었다.[879] 이곳은 훗날 예루살렘 성전이 지어지는 장소가 된다.

> 아브라함이 그 땅 이름을 여호와 이레라 하였으므로 오늘날까지 사람들이 이르기를 여호와의 산에서 준비되리라 하더라. (창 22:14)

한편, 수양을 준비하는 구체적인 행위는 'אֱלֹהִים'이 하고, 이에 대한 감사는 '여호와'께 한다. 이러한 것은 노아의 패턴에도 나타난다. 'אֱלֹהִים'이 홍수를 멎 게 하고 지면이 드러나게 하였는데, 이에 대한 감사의 제사는 '여호와'께 드린 다. 'אֱלֹהִים'의 구원행위는 전적으로 여호와의 행사였기 때문이다. 여호와가 아 브라함과 언약을 체결하고, 그를 연단하여 궁극적으로는 אֱלֹהִים 앞에서 '하나님 경외'를 인정받게 했기 때문이다. 여호와의 사자가 수양을 예비하기까지 아브 라함이 '하나님 경외'에 이른 것은 여호와가 아브라함을 처음에 부를 때부터 이때까지의 여호와 구원의 행위의 결과였다.

마. '여호와 이레'에 내재된 '부활'의 개념

아브라함이 창세기 22:8에서 '하나님께서 준비하신다'고 무심결에 말하였는 데, 이것은 마치 예언과도 같았으며, 아브라함의 믿음을 나타낸다고 볼 수도 있다. 어느덧 아브라함 안에는 '부활의 믿음'이 생성되어 있었다. 사도 바울은 위의 구절에 대한 해설로서, "아브라함이 바랄 수 없는 중에 바라고 믿었으니 이는 네 후손이 이와 같으리라 하신 말씀대로 많은 민족의 조상이 되게 하려

---

877) 해밀턴, 「창세기 2」, 135.

878) 해밀턴, 「창세기 2」, 135.

879) 칼빈, 「창세기 2」, 54.

하심이라"(롬 4:18)고 말하고 있다. 이 해설을 기준으로 아브라함의 정황을 유추해 보면 다음과 같다. 아브라함에게 형성된 부활의 믿음은 어떤 경로를 통해서 형성되었나? 우리는 그의 삶을 조명해 봄을 통해서 이것을 확인할 수 있다.

먼저, 아브라함은 '이삭 번제명령'을 받은 후 즉각적으로 그 길을 떠났다. 이것은 평소에 아브라함의 순종의 각오가 어떠한 지를 나타내 준다. 그는 이삭 번제 명령에 순종하여 사흘 길을 가면서 많은 생각을 하였을 것이다. 그는 지난날의 여호와의 요구를 되새겨 보았다. 그때마다 여호와께서는 자신에게 생명을 요구하셨다. 아브라함은 이것을 창세기 15장에서는 엘리에셀의 포기를 통해 요구하였고, 창세기 17장에서는 이스마엘의 포기를 요구하였다. 그리고 그때 마다 여호와께서는 아브라함과 '믿음'으로 더욱 하나가 되었다. 이제 궁극적으로 이삭의 포기를 말씀하시고, '이삭의 번제'를 말씀하신다. 그 동안의 경험에 비추어 보았을 때, 아브라함은 자신에게 필요한 것은 '믿음'이다는 것을 알았다. 그리고 그때마다 그는 그의 생명보다 더욱 값진 것으로 되돌려 받았다. 그는 자신의 생명을 드렸을 때, 자신의 생명 뿐만 아니라 여호와의 생명까지 받았다. 이러한 지속적인 '믿음'으로 인한 '생명의 부활' 패턴으로 말미암아 아브라함은 바랄 수 없는 상황 속에서도 여호와를 바라고 믿을 수 있게 되었다. 이것이 곧 로마서 4:18a의 "아브라함이 바랄 수 없는 중에 바라고 믿었다"의 의미로 보인다.

두 번째, 여호와와 아브라함이 맺은 언약조항의 상호관계를 분석해 보면, 아브라함이나 그의 후손의 죽음은 여호와와 아브라함이 맺은 언약조항의 연속성에서 단절을 가져온다.

아브라함의 언약은 창세기 12:2-3에서부터 시작하는데, 이 아브라함 언약의 세 가지 명제를 배열해 보면, 첫 번째의 아브라함의 개인적인 축복과, 두 번째의 "너는 בְּרָכָה가 되라"는 명령이 준행된 결과로서, 세 번째의 열방이 아브라함으로 인하여 구원을 받는 축복이 따라 나온다. 그런데, 이때 두 번째 언약조항인 "너는 בְּרָכָה가 되라"는 명령은 '믿음명령'이 있었는데, 이 '믿음'은 항상

'세상에 대한 포기'였으며, '자신의 생명 드림'이었고, '죽음'이었다. 이것을 통해서만 의롭다함을 받았다. '제사언약'과 '할례언약'이 그러했다. 그리고 이제 '이삭번제 언약'은 이것을 확정하는 언약이었다. 이곳에서의 '확정'도 '죽음'을 통해서만 확인되어야 했다. 그럼에도 불구하고, 항상 모든 언약적 사건 속에서 '생명'으로 부활했다. 기존의 언약보다 훨씬 값진 '여호와의 생명'을 부여받는 것으로 부활했다. 아브라함이 추구하여야 할 바는 이와 같이 '자신의 생명'을 여호와께 '드리는 것'이었는데, 여기에서 부활이 존재하지 않는다면, "땅의 모든 족속이 너를 인하여 복을 얻을 것이니라"는 세 번째의 궁극적인 언약은 의미 없이 사라져 버린다. 그렇기 때문에 두 번째 언약 조항의 '포기와 죽음'은 항상 '생명의 부활'로 나타났다. 이것이 '생명'으로 연결되지 않으면, 세 번째 언약조항을 누가 이룬다는 말인가? 트렘퍼 롱맨 3세의 말처럼, 이것은 '약속을 죽이는 것'[880]이 된다. 따라서 '열방에 이르는 여호와의 축복'이라는 '여호와의 경륜'이 성립하기 위해서는 부활 밖에 그 연결고리가 없다. 즉, 아브라함의 언약 내에는 '부활의 믿음'이 포함되어 있었던 것이다. 두 번째 조항이 '믿음'을 의미하며, 이것이 반드시 '죽음'으로 표현된다면, 이제 세 번째 언약조항을 위해서는 반드시 '부활'이 여기에 전제되어야 했다.

한편, 김성수도 아브라함이 함께 한 종복들에게 "우리가 경배하고 돌아오리라"(창 22:5)[881]고 한 말과 "여호와께서 자기를 위하여 번제 양을 준비하시리라"(창 22:8)[882]고 한 말을 근거로 하여서 "아브라함은 하나님께서 죽은 자를 다시 살리실 수 있다는 어떤 확신을 가지고 있었음을 말해준다"[883]고 말하며, 이것은 또한 "이 아이를 통하여 큰 민족을 이루리라"고 한 약속도 이 "죽은 자 가운데서 살리시는 믿음"[884]과 관련이 있다고 말한다. 이 사건을 가리켜서 Andrew John Jukes는 이삭을 죽음으로부터 다시 돌려 받은 사건으로서 여기에는 '죽음과 부활'의 의미가 내포되어 있다고 말한다.[885] 이삭은 제물로 드려

---

880) Longman Ⅲ, 「어떻게 창세기를 읽을 것인가」, 180.

881) 김성수, 「내가 너로 큰 민족을 이루리라」, 166.

882) 김성수, 「내가 너로 큰 민족을 이루리라」, 167.

883) 김성수, 「내가 너로 큰 민족을 이루리라」, 166.

884) 김성수, 「내가 너로 큰 민족을 이루리라」, 169.

졌으나 죽지 않았다. 아브라함은 자신의 생명을 하나님께 드리는 것이 궁극적으로 선하다는 것을 알고 있었다. 그래서, 그는 도리어 자신의 생명을 구함보다는 힘써서 자신의 생명을 드리기에 힘을 썼던 것이며, 이것이 이삭의 사건을 통해서 열매를 맺게 된 것이었다. 아브라함이 이렇게 자신의 생명보다 귀한 이삭을 드린 데에는 부활의 믿음이 아브라함의 믿음 속에 내재해 있었기 때문이라고 우리는 말할 수 있을 것이다.

세 번째, 이러한 상황 속에서 이삭은 아브라함에게 "번제할 어린 양은 어디 있습니까?"라고 물었고, 아브라함은 특별한 의도 없이 "하나님께서 준비하신다"라고 말하였다. 이것은 아브라함의 믿음이 무의식 속에서 드러난 것으로 보인다. 그는 숫양으로 번제를 드린 후에 '여호와 이레'를 말하였는데, 이것은 아브라함의 깊은 심중에서 나오는 진정한 감사 기도에 해당한다. 이러한 '여호와 이레'에는 아브라함이 '부활의 믿음'을 가졌다는 것을 나타내고 있다.

4절 '이삭 번제 사건'에 나타난 '언약 조항'

1. '여호와 사자'의 두 번째 부름 (창 22:15)

여호와의 사자가 두 번째 아브라함을 부르고 여호와의 말씀을 전한다. 이것은 도대체 어떤 의미일까? 왜 여호와께서 직접 말씀하지 않으시고, 여호와의 사자가 자꾸 등장을 하는가? 지금 모세오경의 저자(해설자)는 여호와께서 하시는 말씀과 여호와의 사자가 하는 말을 구분하고 있다. 그 내용은 다음과 같다.

여호와의 사자가 하늘에서부터 두 번째 아브라함을 불러 이르시되,(여호와께서 이르시기를 내가 나를 가리켜) (창 22:15)

창세기 22:1은 "하나님이 아브라함을 시험하시려고 그를 부르시되"라고 말한다. 22:11에서는 "여호와의 사자가 하늘에서 그를 불러 이르시되"라고 하

---

885) Jukes, *Types of Genesis*, 261.

며, 22:15에서는 "여호와의 사자가 하늘에서부터 두 번째 아브라함을 불러 이르시되, 여호와께서 이르시기를…"이라고 한다. 그리고 이에 이어서 또 다시 아브라함의 언약조항이 열거된다. 그런데 이 언약조항에 이제부터는 여호와만 등장하는 것이 아니라, 그의 총회가 이에 대한 인증기관으로서 함께 참여하고 있다는 것이다. 이것이 위의 본문, 즉 "여호와의 사자가 하늘에서…"가 가지고 있는 의미이다.

그 동안 '여호와'라는 성호로 나타나더니, 창세기 17장부터 '하나님'이라는 성호가 나타나기 시작해서, 창세기 22장에서는 대부분 '하나님'이라는 성호가 등장한다. 이 책은 앞에서도 언급하였다시피 '하나님'을 '여호와의 총회'로 파악한다. 처음에 아브라함은 여호와 한 분과 만남을 가졌었다. 그런데, 이제 아브라함의 언약이 공적으로 드러나기 위해서는 이제 언약이 '여호와의 총회'인 'אֱלֹהִים'의 차원에서 언약이 맺어져야 한다. 그러한 차원에서 이삭번제 시험이 있었다. 이제 궁극적으로 이 시험을 마치는 자도 'אֱלֹהִים'이어야 한다. 이에 따라 위의 본문에 의하면, 아브라함의 언약을 최종저그로 승인하는 이로서 '여호와의 사자'가 등장한다. 즉, 이것은 'אֱלֹהִים' 혹은 '여호와의 총회' 차원의 전갈인 것이다. '여호와의 총회'의 구성원으로서의 한 천사에 의해서 아브라함이 불려지고, 이제 그가 지존하신 여호와의 뜻을 전한다. 이것은 이제 아브라함의 언약은 여호와와 아브라함만의 은밀한 언약이 아니라, 여호와의 총회가 아브라함과 언약을 맺은 것을 나타낸다. 이 천상의 총회의 구성원들에는 열방의 수호신들도 모두 여기에 속하여 있다. 이들의 동의는 이제 모든 열방의 동의가 된다. 우리는 이러한 관점에서 다음의 '이삭 번제언약'의 언약조항들을 이해하여야 한다.

2. 언약조항의 평행관계 이해

여호와와 아브라함이 맺은 처음의 언약 조항은 창세기 12:2-3이었다. 여기에서 여호와의 행하실 일은 창세기 12:2a의 '큰 민족 등'에 관한 축복과 창세기 12:3의 '아브라함을 통한 열방의 구원'이었다. 그리고 아브라함에게 해당하는 언약조항은 창세기 12:2b의 "너는 בְּרָכָה가 되라"였다. 이러한 맨 처음의 언약조항이 '이삭 번제언약'에서는 다음과 같이 언급된다.

(여호와의 사자가)이르시되 여호와께서 이르시기를 내가 나를 가리켜 맹세
하노니 네가 이같이 행하여 네 아들 독자도 아끼지 아니하였은즉, (창
22:16)
내가 네게 큰 복을 주고 네 씨가 크게 번성하여 하늘의 별과 같고 바닷가
의 모래와 같게 하리니 네 씨가 그 대적의 성문을 차지하리라.(창 22:17)
또 네 씨로 말미암아 천하 만민이 복을 받으리니 이는 네가 나의 말을 준
행(שָׁמַע)하였음이니라 하셨다 하니라 (창 22:18)

위의 창세기 22:16-18의 말씀은 창세기 12:2-3과 평행을 이루고 있다. 창
세기 22:16-18의 '이삭 번제언약'에 나타나는 세 이해관계자의 역할과 창세
기 12:2-3에 나타나는 세 이해관계자의 역할은 다음과 같이 비교된다.

	창세기 12:2-3	창세기 22:16-18
여호와의 역할	내가 너로 큰 민족을 이루고 네게 복을 주어 네 이름을 창대케 하리니	내가 네게 큰 복을 주고 네 씨로 크게 성하여 하늘의 별과 같고 바닷가의 모래와 같게 하리니 네 씨가 그 대적의 문을 얻으리라.
아브라함의 역할	너는 בְּרָכָה가 될지라	네가 이같이 행하여 네 아들 네 독자를 아끼지 아니하였은즉… 이는 네가 나의 말을 준행하였음이니라
열방의 역할	너를 축복하는 자에게는 내가 복을 내리고 너를 저주하는 자에게는 내가 저주하리니 땅의 모든 족속이 너를 인하여 복을 얻을 것이니라.	또 네 씨로 말미암아 천하 만민이 복을 얻으리니

우리는 위의 세 주체의 역할을 비교함을 통해서 창세기 22:16-18의 명제와
창세기 12:2-3의 명제가 서로 일치함을 확인할 수 있다. 한편, 위의 표에 의
하면, 다른 조항들은 기존의 조항과 크게 다를 바가 없으나, "너는 בְּרָכָה가 되
라"는 개념은 위에 이르러서는 "네가 이같이 행하여 네 아들 네 독자를 아끼
지 아니하였은즉… 이는 네가 나의 말을 준행(שָׁמַע, 순종)하였음이니라"로 표현
된다. 이곳 '이삭번제언약'에서의 'בְּרָכָה적 행위'는 "생명을 드리기까지 하나님

게 순종하는 것"이다. 그리고 이 명제는 단지 아브라함에게서 그치는 것이 아니라, 모세를 통하여 시내산 언약의 '십계명'에 계승되고, 모압언약에서는 "생명 다하여 하나님을 사랑하는 것"으로 이어진다. 이러한 "너는 בְּרָכָה가 되라"는 명제는 모든 기독교 신앙 대 명제의 출발점이 되고 있다.

3. 아브라함의 '언약조항'

가. 여호와의 말씀

여호와의 사자가 여호와의 말씀을 아브라함에게 전달한다. 아브라함의 마음의 눈으로는 천상의 보좌에 앉아서 이 일을 지켜보고 있는 여호와가 보였을 것이다. 여호와는 지금 이 장면을 바라보고 있으며, 모든 천상총회의 구성원들도 마찬 가지로 이 장면을 바라보고 있다. 이 사건은 천상에서 진행되는 언약 체결식이나 다를 바가 없다. '여호와의 사자'가 하늘 보좌에 앉으신 여호와와 아브라함 사이에 이루어지는 언약체결식에서 이 언약의 중개자로 나서고 있기 때문이다.

나. 아브라함의 언약조항

여호와의 사자는 아브라함에게 해당되는 언약조항을 언급하는데, 그 내용은 창세기 22:1-14까지의 '이삭 번제 사건'의 내용을 한 구절로 표현한 것이다. 다음의 내용은 아브라함을 향한 그 동안의 시험 내용이 모두 언약조항의 이행으로 간주되고 있다.

이르시되 여호와께서 이르시기를 내가 나를 가리켜 맹세하노니 네가 이같이 행하여 네 아들 독자도 아끼지 아니하였은즉 (창 22:16)

창세기 22:1-14까지의 '이삭 번제 사건'이 위의 구절로 요약 되었는데, 위의 구절은 다른 언약조항들과 평행을 이루고 있다. 창세기 22:1-14의 '이삭 번제사건'은 '이삭을 쪼개는 것'을 의미하는데, 이것은 분명히 창세기 17:10의 '포피를 쪼개는 것'과 평행을 이루고 있으며, 이것은 창세기 15:9-10의 '동물을 쪼개는 것'과 평행을 이룬다. 우리는 앞에서 이 모든 평행구절이 창세기 12:2a의 "너는 בְּרָכָה가 되라"와 평행을 이루고 있다는 것을 살펴보았다. 위의 창세기 22:16의 "네 아들 독자도 아끼지 아니하였은즉"은 창세기 12:2b의 "너는 בְּרָכָה가 되라"와 평행을 이루고 있다. 즉 아브라함이 이삭을 번제의 제물로 바쳤다는 것은 그에게 부여된 언약조항의 이행 차원에서 수행되었다는 것이다.

다. 맹세로 승화하는 아브라함의 언약

여호와께서는 뜻 밖에도 아브라함이 자신의 언약을 모두 이행한 것처럼 말씀하신다. 마치 이제 자신의 몫만 남았다고 말씀하시는 것 같다. 그래서, 여호와께서는 이제 자신이 행해야 할 언약조항을 '맹세'차원으로 승화시킨다. 이와 같이 아들을 번제로 드리기까지 아브라함의 태도가 분명해졌기 때문에 이제 여호와의 약속은 맹세로 승화되어야 한다. 이와 같이 여호와께서 "맹세하노니"라고 하는 표현은 창세기의 족장 이야기에서 처음이면서 유일한 표현이다.[886]

아브라함의 이와 같은 '생명 드림'은 온전한 약속의 이행이다. 이것은 훗날의 예수 그리스도에게도 적용되어져야 한다. 예수 그리스도 안에서 이루어지는 새 언약도 또한 이와 같은 차원의 언약일 것이다. 예수께서는 그를 '주'로 섬기는 모든 자를 품에 품으시고, 이와 같은 '생명드림'의 제사를 드리신 것이다.

라. 제사제도로 이어지는 이삭번제

창세기 15장의 '동물 쪼개는 행위'에서 시작된 제사를 통한 언약체결이라는 이러한 메타포에 대하여, 고든 웬함은 노아의 홍수이후의 제사와 아브라함의 이삭번제의 제사를 서로 연관하여 바라본다.[887] 그리고 고든 웬함은 "이 장은 족장이 제사를 드렸다는 것에 대한 최초의 세부적인 설명이며,… 의심할 것

---

886) Wenham, *Genesis 16-50*, 111.
887) 웬함, 「창세기 2」, 239.

없이 후대의 민족적 관습의 전조가 된다. 따라서 아브라함이 숫양을 바친 것은 성전에서 매일 아침과 저녁에 새끼 양을 바치는 번제를 예견한다"888)고 말한다.

아브라함의 언약은 창세기 15장의 '동물 제사'를 통해서 인준되었다. 이것이 창세기 17장의 '할례언약'을 통해서 '그의 후손'에게 승계되어진다. 이것은 결국 창세기 22장의 '이삭 번제제사'를 통해서 완전하여 진다. 그리고 이 '이삭 번제'를 통해서 '대대에 이르는 그 후손'과 체결된 언약은 자연스럽게 '시내산의 제사언약'으로 이어지며, 궁극적으로는 '이스라엘의 제사제도'로 발전하였다. 따라서 '이스라엘의 제사제도'는 '언약적 사건의 재현' 혹은 '그 확인'의 의미를 담고 있다. 이삭 번제사건은 이러한 중요한 의미들이 담겨 있는 기념비적인 사건이었다.

아다르(Zvi Adar)는 여호와의 번제 요청은 "하나님께서 아브라함이 그를 포기할 것을 요구한 것이다"고 말한다.889) 따라서, 아브라함이 이삭을 바친 것은 아브라함이 자신의 생명을 바친 것이다.890) 더 나아가서 아브라함은 이삭을 바침을 통하여서 이스라엘 자손들 전체를 바친 것이다. 그래서 이 사건은 이스라엘 자손들이 여호와께 제사를 드릴 수 있는 자격을 갖추게 된 것으로서 모세의 시내산 언약에서 나타난 제사가 여기에서 근거하고 있음을 말해준다.

4. 여호와의 언약조항

가. 아브라함을 향한 '큰 민족 등'의 축복

창세기 12:2a의 '큰 민족 등'에 대한 여호와의 언약조항은 다음과 같이 발전적으로 나타나는데, '네 씨'가 이 언약의 계승자로 나타난다.

내가 네게 큰 복을 주고 네 씨로 크게 성하여 하늘의 별과 같고 바닷가의 모래와 같게 하리니 네 씨가 그 대적의 문을 얻으리라. (창 22:17)

---

888) 웬함, 「창세기 2」, 245.
889) Adar, *The Book of Genesis*, 83.
890) 로스, 「창조와 축복」, 590.

위의 본문에서 '하늘의 별과 바닷가의 모래'는 창세기 15:5에서 이미 나타난 '하늘의 뭇별'이라는 용어의 재사용이다. 그리고 이 용어는 창세기 26:4에서 또 다시 이삭에게 고스란히 나타난다. 그리고 '바닷가의 모래'라는 용어는 여기에서 처음 출현한 것인데, 이 용어는 창세기 32:12에서 야곱에게 하시는 언약의 말씀에서 또 다시 나타난다. 이 용어는 아브라함과 이삭의 육적 후손이 큰 나라를 형성할 것임을 나타내는 말씀이다. 여호와께서는 이들을 통해 이러한 나라를 이루어 제사장 나라를 삼으려고 하시는 것이다.

나. 아브라함을 통한 '열방의 구원'

창세기 12:3의 '아브라함으로 인한 열방의 복'은 이제 "네 씨로 말미암은 천하만민의 복"으로 나타나는데, 복의 매개체가 '아브라함'에게서 '네 씨'로 발전되어 나타난다. 그 내용은 다음과 같다.

또 네 씨로 말미암아 천하 만민이 복을 얻으리니 (창 22:18a)

천하만민이 복을 얻는 것에 대해 여호와께서는 '네 후손들'이라고 하지 않고, '네 씨'라고 말한다. 단수형의 '네 씨'이므로 이것은 이삭을 지칭한다. 아브라함 언약의 구조에 의하면, 아브라함의 후손들이 큰 민족을 이루고 그들이 열방을 위한 제사장 나라의 소명을 다할 때, 열방이 아브라함의 복에 들어오는 것처럼 보인다. 즉, 열방을 위한 제사행위를 그의 후손들, 즉 제사장 나라에서 수행할 것이기 때문이다. 그런데, 위의 본문에 의하면, '너의 후손들, 혹은 나라'가 아닌 '네 씨'라고 언급된다.

이것은 열방이 구원에 이르는 것은 '번제의 제물'로 드려진 '이삭' 안에 그들이 참여함을 통해서 구원에 이르기 때문이다. '이삭' 안에서 참여함을 통해서 모든 열방은 구원에 이르기 때문에 '영원한 언약'이라 불리울 수 있다.

예수 그리스도께서는 바로 이삭에게 주어진 이 지위를 승계하신 것이다. 이렇게 마련된 '구원의 도'에 '숫양'으로 예표 되는 예수 그리스도께서 참여한 것이다.

5. 여호와의 말을 준행한 아브라함 (창 22:18b)

가. "나의 말을 준행하였다"고 말씀하시는 여호와

여호와께서는 위의 언약적 말씀의 결론으로서 "이는 네가 나의 말을 준행하였음이니라"고 하심으로 말씀을 맺으신다. 이 말씀은 "네가 이같이 행하여 네 아들 독자도 아끼지 아니하였으니"(창 22:16)과 인크루지오를 이루는 말씀이다. 그 내용은 다음과 같으며, 이와 동일한 말씀을 아브라함의 생애 전체를 정리하면서 한 번 더 말씀하신다. 그 내용은 다음과 같다.

> …이는 네가 '나의 말을 준행하였음'(שָׁמַעְתָּ בְּקֹלִי)이니라. (창 22:18b)
> 이는 아브라함이 '내 말을 순종하고(שָׁמַע בְּקֹלִי)' '내 명령과 내 계명과 내 율례와 내 법도를 지켰음이니라(וַיִּשְׁמֹר מִשְׁמַרְתִּי מִצְוֹתַי חֻקּוֹתַי וְתוֹרֹתָי)' 하시니라. (창 26:5)

이삭번제의 결론으로서 여호와께서는 "이는 네가 '나의 말을 준행하였음'(שָׁמַעְתָּ בְּקֹלִי)이니라"고 하신다. 그리고 그 이후에 아브라함이 이 세상을 떠날 때, 그의 생애 전체를 정리하여 "이는 아브라함이 '내 말을 순종하고'(בְּקֹלִי שָׁמַע), 내 명령과 내 계명과 내 율례와 내 법도를 지켰음이니라 하시니라"고 아브라함의 생애를 정리하고 있다. 위의 두 문장은 같은 것을 의미하고 있다. "나의 말을 준행하였다"에 대한 부연설명으로서 "내 명령과 내 계명과 내 율례와 내 법도를 지켰음이니라(וַיִּשְׁמֹר מִשְׁמַרְתִּי מִצְוֹתַי חֻקּוֹתַי וְתוֹרֹתָי)"가 나타난 것이다.

즉 위의 말씀은 아브라함이 '율례와 법도'를 준행한 것을 의미한다. 우리는 지금까지 아브라함의 믿음을 말하였는데, 여호와께서는 아브라함이 율례와 법도를 준행하였다고 말하고 있는 것이다.

나. '믿음'과 '행위'의 관계 이해

모세오경의 저자는 아브라함의 생애를 위와 같이 정리하고 있다. 그는 아브라함의 생애를 믿음의 생애라고 기록하고, 그 결론으로서 아브라함이 율례와 법도를 준행하였다고 말하고 있는 것이다. 이것은 '믿음'의 나타남이 곧 '율례와 법도의 준행'임을 시사하고 있다. 우리는 아브라함의 생애를 통해서 이 양자의 관계가 고찰된다.

5절   창세기 22장의 요약

1. '시험의 주체'이신 '하나님'

모세오경에 나타난 하나님의 성호는 '여호와'와 '하나님(אֱלֹהִים)'인데, 이 성호들은 각각의 고유한 의미들을 가지고 있는 것으로 보인다. 이에 대해 이 책은 이 각각의 개념을 '여호와의 총회'로서의 'אֱלֹהִים'이라고 전제한다. 즉, '여호와'는 최고신의 이름(고유명사)이며, 'אֱלֹהִים'은 신들의 총회가 함께 인식된 여호와이다. 따라서 '여호와'의 진정한 모습은 'אֱלֹהִים'이다. 이렇게 여호와와 אֱלֹהִים은 한 실체이지만, 또 한편에서는 여호와와 그의 총회의 구성원들 각각은 각자의 독립적인 인격과 실체가 존재한다. 그런데 이 모든 총회의 구성원들은 여호와께 속하여 있으며 여호와를 위하여 존재한다. 이러한 전제 하에서 창세기 22장의 '이삭 번제언약'은 고찰되었다.

아브라함의 생애 속에서 אֱלֹהִים이라는 성호는 창세기 17장에서부터 나타나기 시작한다. 창세기 17:7에 의하면, "내(אֱלֹהִים)가 내 언약을 나와 너 및 대대에 이르는 너의 '후손' 사이에 세워서 영원한 언약을 삼을 것이다"고 하였는데, 이 '영원한 언약'은 '구원의 도리'와 같은 성격의 것으로서, 이것은 이스라엘에만 국한된 것이 아니고, 전 열방에 해당되는 것이었다. 즉, 아브라함의 언약이 이와 같이 전 열방에 해당하는 언약으로 발돋움하는 과정에 있었기 때문에 'אֱלֹהִים'이 언약의 주체로 등장하여야 했다. 따라서, 창세기 22장에 나타난 '아브라함의 시험'은 이 창세기 17:7의 '영원한 언약' 본문과 관련이 있다. 이제 그 '후손'이 탄생하였고, 그가 성년에 이를 즈음이 되어서 그 '영원한 언약'을 그와 함께 세우고자 하였던 것이다.

창세기 22장의 '영원한 언약'은 '열방의 아비'로 불리운 아브라함이 열방의 유익과 관련하여 체결한 언약이었다. 창세기 17:7의 본문만을 통해 고찰하면, 이 '이삭의 번제'에 참여하게 되는 대상은 "대대에 이르는 너희의 후손"이라고 하여서 오직 '이삭의 후손들'만이 이 '영원한 언약'의 수혜자로 나타난다. 즉, 이삭의 후손들이 할례를 통해 이삭 안에 참여함을 통해서 그들도 또한 이삭과 함께 번제의 제물로 드려진다. 즉, 이삭의 번제 안에 대대에 이르는 이삭의 후손들이 이삭과 함께 아브라함의 언약에 참여하게 된다. 그리고 그 결과 그들을 중심으로 한 '제사장 국가'가 창설되는 것이다.

그런데, 이 '영원한 언약'에 참여하는 자는 단지 이삭의 후손들만 해당하는 것은 아닌 것으로 보인다. '이삭'도 또한 '하나님께서 예비한 숫양'으로 대체되기 때문이다. 이것은 '할례'가 곧 열방을 향하여 공개될 것이고, 그 할례를 통하여 모든 열방이 '이삭의 번제' 혹은 이삭을 대신한 '숫양의 번제' 안에 함께 참여할 것으로 보이기 때문이다. 따라서 여기에서의 '영원한 언약'은 열방도 또한 '이삭의 번제' 혹은 예수 그리스도를 예표하는 '숫양의 번제' 안에 참여하는 언약인 것이다. 그래서, 이 '영원한 언약'은 바로 열방을 위한 '구원의 도'를 의미하는 것이었다.

만일 이삭의 번제 사건, 혹은 이삭을 대신한 숫양의 번제가 이와 같은 '구원의 도'의 창설과 관련하여 있다면, 여기에는 하늘의 모든 '천상총회(하나님, 여호와의 총회, אֱלֹהִים)'가 그 현장에 참여하여 이 사건을 '구원의 도'로서 공인하여야 한다. 하늘의 '천상총회(אֱלֹהִים)'란 모든 신들을 포함하는 데, 그들 중에는 모든 인간들의 수호신과 열방의 모든 수호신들도 포함될 것이다. 따라서 '천상총회'의 공인이란 온 세계의 공인인 셈이다. 창세기 22장에서는 이삭 시험의 주체로서 'אֱלֹהִים'가 등장하는 데 그 이유는 '구원의 도'라고 말할 수 있는 '영원한 언약'이 출현하는 상황이기 때문이었다.

2. 아브라함 언약조항 이행으로서의 이삭번제

아브라함 언약에서 여호와에게 해당하는 언약조항은 특별한 변화 없이 일정하였던 반면, 아브라함에게 해당하는 언약조항은 아브라함의 생애 속에서 그의 신앙의 단계 마다 항상 새롭게 등장하였다. 처음 창세기 12장에서는 "너는 בְּרָכָה가 되라"로 시작하였다가, 이것이 창세기 15장과 17장에 이르러서는 '믿음명령'으로 발전하고, 창세기 18장에 이르러서는 '의와 공도'로 발전하며, 이곳 창세기 22장에서는 '하나님 경외'로 나타난다. 그리고 이 지점에서 여호와

켠에서의 언약조항은 그 내용은 변함이 없지만 '약속'으로 표현되던 것이 '맹세'로 강화되어 나타난다.

먼저, 창세기 12장에서 여호와께서는 아브라함을 여호와의 종으로 부르셨는데, 여호와께서는 아브라함에게 '큰 민족 등'으로 만들겠으며, 아브라함은 여호와를 위한 'בְּרָכָה'가 될 것을 말씀하시고, 그 결과 열방이 여호와의 복으로 들어오게 할 것이다고 말씀하셨다.(창 12:1-4) 그 후, 아브라함의 '처음 언약'에 나타난 "너는 בְּרָכָה가 되라"(창 12:2b)는 언약조항은 얼마 지나지 않아 '여호와에 대한 믿음'(창 15:6)으로 발전되었는데, 이것은 양자간의 '상호 헌신맹세'로서 여호와와 아브라함이 서로에게 자신의 생명을 내어줌으로 서로 하나가 되는 것을 의미하였다. 이때부터 여호와와 아브라함은 마치 혼인관계와 같은 친밀한 관계가 되었다. 그로부터 20여년 후 창세기 17:1에서 "너는 내 앞에서 행하여 완전하라"는 명령은 바로 그 '믿음에 대한 완전함'을 의미하였다. 그 후 할례 언약을 체결한 지 얼마 되지 않아서 여호와와 두 천사는 아브라함을 방문하였고, 이때 창세기 18:18-19에 나타난 언약조항 중, 아브라함에게 요구되어진 언약조항은 "여호와의 도를 지켜 의와 공도를 행하는 것"이었다. 그리고 당시의 상황 속에서 '의와 공도'는 아브라함이 최선을 다하여 소돔과 고모라를 위한 중보기도를 하는 것이었다.

아브라함은 소돔과 고모라의 심판 직전에 서로 대면하여 만났다. 이때 아브라함은 소돔과 고모라를 위해서 중보기도를 하는 입장이었는데, 그는 곧바로 이 소돔과 고모라를 멸망시키는 '심판주'로서의 여호와의 모습을 목격하였는데, '심판'은 '창조'에 버금가는 사건이었다. 이 사건은 아브라함으로 하여금 '여호와'가 'אֱלֹהִים'이신 것을 알게 한 결정적 사건으로 보인다. 그리고 이때의 '심판주'로 행하는 살아있는 신지식이 창세기 22장의 아브라함의 '하나님 경외'에 대한 배경이 되었을 것으로 보인다. 창세기 22:1에서 하나님이 아브라함을 불렀을 때, 그는 하나님을 향해 "내가 여기 있나이다"라고 말하였다. 그리고 곧바로 이삭번제의 시험이 시작된다. 그리고 창세기 22:11에서 이 시험이 모두 마쳐질 때, 여호와의 사자가 아브라함을 부르자 아브라함은 또 다시 "내가 여기 있나이다"라고 말한다. 이것은 하나님을 향한 '완전한 순종'을 의미하는 용어로서, 하나님 앞에서 일상화된 아브라함의 순종적 태도를 말해준다. 그리고 그 결과 그는 하나님께로부터 "내가 이제야 네가 하나님을 경외하는 줄을 아노라"(창 22:12)는 말씀을 듣는다.

그리고 창세기 22:16-18은 '이삭 번제사건'에 나타나는 '언약조항'인데, 아브라함이 행해야할 언약조항은 "네가 이같이 행하여 네 아들 네 독자도 아끼지 아니하였은즉"(16절)이라는 구절이 그 '언약조항'을 대체한다. 즉, 아브라함이 이삭을 번제로 드린 사건이 곧 아브라함 켠에서 수행하여야 할 '언약조항'이었던 것이다. 그리고 아브라함을 이것을 온전히 이루었던 것이다. 그래서 이제 여호와께서는 자신의 '약속'을 '맹세'로 승화시켜 주신다.

이와 같이 창세기 12장의 "너는 בְּרָכָה가 되라"는 창세기 15,17장에서 "믿음 명령"과 창세기 18장의 "의와 공도의 행위 명령"으로 발전하였다. 그리고 이것은 궁극적으로 창세기 22장에서 "하나님을 경외하는 것"으로 발전하여 나타났던 것이다.

3. '이삭 번제-숫양 번제'을 통한 '영원한 언약'의 체결

아브라함이 하나님의 명령에 순종하여 사흘 길을 걸어서 모리아 산에 이르고, 그곳에서 칼을 들어 이삭을 잡으려 할 때, 이미 이삭은 번제의 제물로 드려졌다. 아브라함은 하나님의 '번제 명령'에 철저한 순종을 하였다. 그는 자신의 생명을 온전히 드리는 자였던 것이다. 창세기 15장과 17장에 나타난 지금까지의 '생명 드림'과는 차원이 다른 헌신이었다. 이때에는 자신의 생명을 진정으로 드렸다.

이러한 헌신은 또 다른 언약 당사자인 '한 씨'인 '이삭'에게도 함께 이루어졌다. 그는 이 시기에 아마 성년식을 치르고 있었을 수도 있다. 그는 이제 정상적으로 신앙을 할 수 있는 나이에 이르러 있었다. 정황으로 미루어 보았을 때, 그는 자신의 '죽음'을 알고 있었다. 그러면서도 오히려 아버지에게 "번제의 제물이 어디 있느냐"고 질문함을 통해서 아버지에게 자신을 내어주었다. 그는 아무런 저항 없이 스스로 결박을 당하였다. 그도 또한 언약 당사자로서 자신의 생명을 하나님께 바쳤던 것이다. 이제 또 한 측면의 언약 당사자가 있는데, 그는 하나님이시었다. 이 광경을 바라보는 하나님은 이제 기존의 아브라함의 언약을 '맹세'로 승화시켜준다. 이제 여호와께서는 이들을 열방을 위한 בְּרָכָה로 확인하였으며, 이들을 통해서 열방을 구원하실 것이다.

　그리고 이 사건에 이어서 여호와께서 예비하신 '숫양'은 '이삭 번제'를 대체하였는데, 이 숫양이 바로 이 맹세를 온전히 이루어줄 그 '번죄의 제물'로 보인다. 아브라함의 언약에서 사용된 제물을 보면, 처음에는 동물이었으며, 그 다음에는 포피였는데, 이러한 것들은 모두 아브라함의 생명을 상징하고 있었다. 이제 아브라함의 진정한 생명인 이삭이 드려졌다. 그런데, 사실은 이 이삭의 생명은 여호와의 예비하신 숫양으로 또 다시 대체되고 있다. 이삭의 생명이 진정한 제물이 아니었고, 이것은 여호와의 예비하신 숫양을 예표하고 있을 뿐이기 때문이다. 이 숫양은 하나님이 준비하신 제물로서 후에 하나님의 아들이 이 숫양을 대신하기 때문이다.

　이삭이 드려질 때 그 이삭 안에서 "대대에 이르는 그의 후손들"이 함께 번제의 제물로 드려진다. 그런데, 하나님의 예비하신 진정한 숫양으로서 하나님의 아들이 드려지면, 그 안에서 온 피조물들이 하나님께 한 번에 드려진다. 이삭번제의 사건을 통해 나타난 이러한 형태의 언약은 하나님과 인류의 관계에 있어서 '영원한 언약'으로 불리우는 것이 타당하였다.

7장 결 론

본 글은 아브라함의 생애 속에 있었던 다섯 차례의 언약적 사건들 속에 나타난 그 언약의 발전과정을 고찰하였는데, 성경 본문에 대해 정경비평적 관점을 좇았으며, 성경 본문의 상호본문성과 주석적 연구의 방법으로 살펴보았다. 한편, 주석적 연구방법에는 양식비평적 방법들을 반영하였다.

2장에서는 창세기 12장에 나타난 '아브라함 언약의 시작'이 어떠한지를 살펴보았다. 특히 창세기 12:1을 부르심으로 보았고, 창세기 12:2-3의 부르심의 내용을 언약 조항의 관점에서 이해하였으며, 아브라함에게 주어진 언약조항인 "너는 בְּרָכָה가 되라"(창 12:2b)의 내용을 중심으로 고찰하였다.

3장에서는 창세기 15장에 나타난 '아브라함 언약의 인증'과정이 어떠한 지를 살펴보았는데, 이것은 상호헌신의 믿음을 통해서 양자가 하나가 되어지는 과정이었다. 이때 아브라함은 그 '믿음의 고백' 혹은 자신의 생명을 바치는 의미에서 동물을 쪼개었으며, 여호와께서는 그 사이를 지나가심을 통해 자신을 내어주심으로 서로 하나가 되었다.

4장에서는 창세기 17장에 나타난 '아브라함 언약의 확장'과정이 어떠한 지를 살펴보았는데, 이것은 '대대에 이르는 그 후손'이 할례를 통하여 하나님께 바쳐짐을 통해서 이루어졌다. 그 결과 언약 당사자로서의 아브라함의 자리에 '대대에 이르는 후손'도 참여하게 됨을 통해서 창세기 12:2b의 언약조항은 "너희(아브라함과 대대에 이르는 그 후손)는 בְּרָכָה가 되라"로 발전되었음을 보여준다.

5장에서는 창세기 18장에 나타난 '아브라함 언약의 실행'과정이 어떠한지를 살펴보았다. 여호와께서 아브라함을 전격적으로 방문하여 소돔과 고모라를 위한 중보기도를 요청하였는데, 여호와께서는 이것을 마치 아브라함 측에서 수행하여야 할 언약조항을 실행처럼 간주한다.

6장에서는 창세기 22장에 나타난 '이삭번제'를 통해 '아브라함 언약의 완성'이 어떻게 이루어지는지를 살펴보았다. 궁극적으로 아브라함의 믿음은 '하나님에 대한 경외'에 까지 이르는데, 그는 그의 아들 이삭을 바치라는 하나님의 요구에도 순종한다. 그 결과 이삭을 통해 그의 모든 후손들이 드려지게 되었다. 그리고 그것은 이스라엘에게 '영원한 언약'이 되었다.

1. 아브라함의 언약을 상징하는 בְּרָכָה개념(창 12장)

창세기 12장은 여호와께서 아브라함을 부르시면서 그와 체결한 최초의 언약을 소개하고 있는데, 여기에는 향후에 전개될 모든 아브라함 언약의 목표와 방향이 담겨져 있었다. 이것은 다음과 같이 요약된다.

먼저, 여호와께서는 아브라함을 בְּרָכָה로 부르셨는데, 이 용어는 בָּרַךְ(축복하다)동사 피엘형에 명사형 접미어가 부가되어 형성된 단어로서, 이 단어가 여호와의 위임을 받은 사람에게 적용될 때에는 '축복함, 혹은 축복의 말'891)의 의미를 담고 있다. 이것은 어떤 인격적 존재가 '축복의 통로'가 되는 것을 의미한다. 즉, 아브라함이 받는 축복은 "내가 너로 큰 민족을 이루고 네게 복을 주어 네 이름을 창대케 하리니"(창 12:2a)라는 언약조항에 모두 언급되어 있다면, 이제 "너는 בְּרָכָה가 되라"(창 12:2b)는 언약조항은 아브라함이 타인을 축복하는 '제사장적 축복'을 의미하고 있다. 그래서 이러한 언약 조항들의 이행은 궁극적으로 모든 열방들이 "여호와의 복"(창 12:3)아래로 들어오게 한다.892) 즉, 아브라함의 언약은 하나님의 경륜의 일환이었다.

이러한 '언약조항'(창 12:2-3)의 결론은 항상 아브라함이 받을 '땅'(창 12:7)의 약속으로 귀결되는데, 이 '땅'은 아브라함에게 주어진 '큰 민족 등'(창 12:2a)의 언약이 궁극적으로 이행되어 성취될 '나라'(창 12:2a, 12:7)를 의미하고 있다. 그렇다면 이제 이 '땅'과 항상 짝이 되어 등장하는 단어인 '제단'도 또한 이와 같이 '언약조항' 성취의 일환으로 해석되어야 할 것이다. 즉, '제단'(창 12:8)은 아브라함의 "너는 בְּרָכָה가 되라"(창 12:2b)는 언약 이행과 관련이 있어 보인다는 것이다. 아브라함이 '땅'의 약속이 있을 때에는 항상 그곳에서 '제단'을 쌓고 '여호와의 이름'(창 12:8)을 불렀기 때문이다.

궁극적으로 '큰 민족 등'(창 12:2a)의 언약조항이 '땅'의 약속과 결합하여 '나라'를 이루고, 이곳에 '제단'이 세워지며 이곳에서 "너는 בְּרָכָה가 되라"(창 12:2b)는 언약조항이 실행되며, 그럼으로 말미암아 열방이 '여호와의 축복'(창

---

891) Mitchel, "The Meaning and Significance of BRK 'To Bless' in the Old Testament," 147, 178, 245, 326.

892) Turner, *Genesis*, 64.

12:3)안으로 들어온다. 이것이 아브라함 언약이 제시하는 궁극적인 이미지였다. 그리고 이것은 여호와께서 아브라함을 처음 불렀을 때부터 이미 열방을 위한 '제사장 나라'(출 19:5)의 계획이 있었다는 것을 보여준다.

2. 믿음을 통한 상호헌신 맹세(창 15장)

아브라함에게 주어진 언약조항으로서 창세기 12:2b의 "너는 בְּרָכָה가 되라"는 말씀은 창세기 15에서 "두려워말라, 내가 너의 방패와 상급이다"(창 15:1)와 "아브라함이 여호와를 믿으매, 이것을 그의 의로 여기시고"(창 15:6)라는 말씀으로 발전을 이룬다. 이때의 믿음은 '여호와에 대한 믿음'으로서 여호와를 향한 절대적인 헌신을 의미하였다. 그리고 이제 여호와께서도 자신을 내어주시는데, 이것은 상호헌신을 의미하였다.

먼저, 창세기 15장에서 나타난 이 '여호와에 대한 믿음'(창 15:6)은 세상적인 축복으로 볼 수 있는 엘리에셀에 대한 여호와의 거절에서 촉발된다. 더 나아가 아브라함이 이것을 수용하는 것은 자신의 생명을 여호와께 드림을 의미하였다. 그리고 이것은 오직 여호와 만을 의지하는 것으로 나타났다. 여호와께서는 이 아브라함의 믿음을 향하여 의롭다고 하신 것이었다.

아브라함이 '믿음'(창 15:6)으로 자신의 생명을 여호와께 드린 이러한 행위는 '동물 쪼개는 행위'(창 15:10)로 나타났다. 그리고 아브라함이 이와 같이 '동물 쪼개는 행위'를 통해서 자신을 여호와께 드렸을 때, 여호와께서도 그 쪼개어진 동물 사이를 지나가심을 통해 자신의 생명도 또한 아브라함에게 나누어 주신다. 이렇게 하여 여호와와 아브라함 사이는 서로 생명을 내어주는 '상호헌신 맹세'의 관계가 되었으며, 그 결과 서로 '하나 됨'을 이루었다.893)

여호와께서는 그 '쪼개어진 동물' 사이를 지나감(창 15:17)을 통해서 아브라함과 서로 하나 되는 언약을 체결하였는데, 이때의 '언약을 맺다'라고 번역된 히브리어 כָּרַת בְּרִית의 כָּרַת는 בְּרִית와 함께 사용될 경우에는 '언약을 맺다'라고 번역되지만, 제사용어로 사용될 경우에는 '자르다'로 번역된다. 즉, 이 용어는 쪼개는 행위를 통한 언약체결의 의미를 의미하고 있다. 이것은 후일 제사의 시

---

893) Hasel, "The Meanning of the Animal Rite in Genesis 15," 61-62 ; Brogman, *Genesis*, 68.

원이 되었을 뿐만 아니라, 여호와와 이스라엘 간에 이루어진 혼인 메타포의 시원을 이루는 사건이 된 것으로 보인다. 후에 이스라엘에서는 '제사와 언약과 혼인'은 서로 밀접하게 연관되어 사용되는데, 그 시원이 창세기 15장에 나타난 '동물 쪼개는 행위'와 '상호헌신의 하나 됨'에 있는 것으로 보여진다.

3. 아브라함 언약의 확장을 의미하는 할례(창 17장)

이스마엘 사건으로 인하여 촉발된 '할례 언약'(창 17:10,11)은 모든 아브라함의 후손으로 하여금 아브라함의 언약에 참여하게 하였다. '대대에 이르는 한 씨'(창 17:7)가 그 언약의 당사자로 참여하고, 이제 그 한 씨인 이삭이 자신의 생명을 번제물로 여호와께 바침을 통해서 그 안에서 모든 이스라엘이 하나님께 바쳐졌기 때문이다. 이제 그의 후손들은 할례를 통해 이 이삭의 번제 안에서 자신의 생명을 하나님께 드릴 수 있게 되었으며, 그 결과 여호와의 나라가 탄생하게 되었다. 이것은 훗날에 예수 그리스도와 그에게 참여하는 세례의 모형이 된 것으로 보인다.

먼저, 창세기 17장에 나타난 할례는 포피를 베는 행위로서, 창세기 15장의 동물을 쪼개는 것과 그 본질이 다르지 않다.[894] 아브라함이 동물을 쪼깨어 자신의 생명을 여호와께 바쳤다면, 이제 포피를 벰(쪼갬)을 통해서 그의 후손들이 여호와께 바쳐진다. 즉, 할례는 아브라함과 그의 후손들이 여호와께 바쳐지는 행위였다. 이것은 아브라함과 그의 후손들이 모두 여호와의 소유가 된 것을 의미한다.

이에 따라 창세기 17장에서는 '너희의 하나님'(창 17:8)이라는 용어와 '그의 백성'(창 17:14)이라는 용어가 최초로 출현한다. 아브라함과 그의 후손의 드려짐으로 말미암아 여호와 나라의 탄생이 예고되고 있는 것이다. 창세기 17장에서 여호와께서는 아브라함의 후손을 향하여 '백성'이라는 용어를 처음으로 사용하시는데, 이것은 '여호와의 나라'라는 개념의 시원을 이루는 것으로 보인다.

이것은 또한 아브라함을 비롯한 그의 후손들까지도 모두 아브라함의 언약에

---

894) Brueggemann, "Genesis 17:1-22," 55.

참여하게 된 것을 의미한다. 특히 아브라함에게 주어진 진정한 축복은 "너는 בְּרָכָה가 되라"(창 12:2b)인데, 이것은 이제 아브라함의 후손 모두가 여기에 참여하여 "너희는 בְּרָכָה가 되라"라고 표현될 수도 있다. 그리고 이들의 나라가 곧 제사장 나라이므로, 이 사건은 출애굽기 19:5의 '제사장 나라'의 시원을 이루고 있다.

4. 아브라함 언약의 실행으로서의 '방문언약' (창 18장)

여호와는 모든 인생들과 만유의 창조주이시며 아버지로서 계시는데, 이제 인류는 그들의 죄로 인해 심판의 위기에 직면해 있다. 여호와께서는 이때를 위해 중보자를 예비하시었는데, 그 일환으로 아브라함과 그의 후손들이 선택되었다고 하신다. 먼저, 여호와의 방문이라는 역사 속에서 유일한 이 사건은 여호와의 아브라함을 위한 축복의 문제가 아니라, 소돔과 고모라 심판의 문제 때문에 발생하였다. 여호와께서 곧바로 소돔으로 향하지 않고, 아브라함을 먼저 방문한 것은 아브라함을 중보자로 세워서 그 심판을 막아보기 위해서였다. 여호와께서는 아브라함 언약의 실질적인 존재목적은 바로 이것 때문이라고 밝히시었는데, 그는 "내가 이 일을 위해서 아브라함을 선택하였다"(창 18:19)고 말씀하시기 때문이다.

한편, 이때의 '선택하다, 알다' 번역된 'יָדַע' 동사는 원래 "감정적인 친밀한 앎"을 의미하며, '혼인 메타포'를 내포하고 있으며, 이 본문에서도 와 같이 번역되는 것이 더욱 타당하다. 즉, 이 용어는 창세기 15:9,17의 여호와와 아브라함 간의 '하나 됨'을 위한 '상호헌신맹세'의 사건을 의미하고 있었던 것이다. 이러한 '하나 됨'의 사건은 아브라함이 가나안에 들어온 지 얼마 되지 않아서 발생한 사건이었는데, 여호와와 아브라함은 이때부터 이러한 'יָדַע' 혹은 '하나 됨'의 관계 속으로 들어갔으며, 그 후로부터 20여년 동안 이러한 '친밀함'이 강화되어 왔던 것이다. 여호와는 자신이 아브라함과 이러한 관계를 설정한 이유가 아브라함과 그의 후손들에게 "여호와의 도를 지켜(שָׁמַר), 의와 공도를 행하게 하려고"였다고 하신다.

이때 'יָדַע' 동사와 'שָׁמַר(지켜보다, 지키다. 준수하다)' 동사는 긴밀한 관계에 있다. 'שָׁמַר'의 원래적 용법은 '지켜보다'의 의미를 기본적으로 가지고 있다. 여호와께서 아브라함과 'יַדַע, 앎, 선택'의 관계는 여호와와 아브라함의 하나 됨의 관계를 의미하며, 여호와의 마음과 아브라함의 마음이 하나가 된 것을 의미한다. 그리고 이제 아브라함은 자신과 연합한 여호와의 마음을 'שָׁמַר(지켜보다)'하는 것을 통해서 '의와 공도'를 행하게 된다. 즉, 여호와가 아브라함과 앎의 관계, 하나 됨의 관계를 형성한 이유는 아브라함으로 하여금 자신과 하나 된 '여호와의 마음(도)'를 지켜보게 하기 위해서 였던 것이다. 그러면 그에게서 '의와 공도'가 실행되어 나타난다. 소돔과 고모라에 대한 '의와 공도'는 이렇게 여호와의 마음으로 바라 볼 때에만 '중보기도'가 성립한다. 아브라함이 인간적 마음으로 바라본다면, 이것은 심판이었다.

이와 같이 하여서 아브라함에게 부여된 언약조항 "너는 בְּרָכָה가 되라"는 "여호와의 도를 지켜, 의와 공도를 지켜 행하게 하려고" 라고 발전시켜 말씀하신다. 'בְּרָכָה'란 열방을 위해 '축복하는 자'의 의미를 지니고 있는데, 그때의 소돔과 고모라의 상황에서의 '의와 공도'는 바로 소돔을 향한 '중보기도'였던 것이다. 그래서, 아브라함은 소돔과 고모라를 위한 중보기도를 여섯 차례나 반복하여서 행하였다. 그럼에도 불구하고, 소돔과 고모라는 심판을 당하였다. 그런데 이때 아브라함은 여호와의 '심판주'로서의 진면모를 보았다. 이것은 아브라함의 여호와에 대한 지식에 급격한 변화를 가져온 것으로 보인다.

5. '영원한 언약'으로서의 '이삭 번제언약' (창 22장)

이 글에서는 '하나님(אֱלֹהִים)'을 '여호와의 총회'로 전제하고 논의를 전개한다. 이때 이 '여호와의 총회'로서의 'אֱלֹהִים'에는 여호와께 속한 천천만만의 천사들, 모든 나라와 모든 개인들의 수호자들, 온 세계를 떠받치고 있는 영적인 존재들이 속해 있다. 이제 여호와께서는 아브라함과 그의 후손을 이러한 만유 속에 '구원의 도'로서의 '영원한 언약'(창 17:7)을 세우고자 하신다. 이에 따라 창세기 22장에 나타난 '하나님의 시험'은 이러한 '구원의 도'로서의 인증을 위한 시험이었다. 따라서 모든 천상총회의 구성원들이 여호와께서 아브라함과 이삭을 통해서 제정하시는 '구원의 도'를 시험하고 있는 것이다. 이것이 아브라함 시험의 주체로서 '하나님(אֱלֹהִים)'이 나타나는 이유였다.

하나님께서는 이러한 시험을 위해 아브라함을 부르셨는데, 아브라함은 창세기 22:1에서 "내가 여기 있나이다"라는 즉각적 답변을 통해서 이 시험이 시작되었다. 아브라함은 이때 '이삭 번제'를 명령 받고, 사흘 길을 걸어서 곧 바로 모리아 산에 이르렀다. 그리고 산에 올라 이삭을 결박하여 번제단에 올려 놓고 칼로 그를 잡으려 하였다. 이때 여호와의 사자가 또 다시 아브라함을 다급하게 불렀다. 그러자 아브라함은 창세기 22:11에서 또 다시 "내가 여기 있나이다"라고 말한다. 이것은 하나님을 향한 '완전한 순종'을 의미하는 용어로서, 하나님 앞에서 일상화된 아브라함의 완전한 순종적 태도를 보여준다. 이때, 하나님께서는 아브라함에게 "내가 이제야 네가 하나님을 경외하는 줄을 아노라"(창 22:12)고 말씀하심으로 그 시험을 모두 마친다. 한편, 창세기 22:16-18은 이 '이삭 번제사건'과 관련한 '언약조항'의 내용인데, 이곳에서 아브라함의 언약조항은 "너는 בְּרָכָה가 되라"는 말씀 대신에 "네가 이같이 행하여 네 아들 네 독자도 아끼지 아니하였은즉"(16절)이라는 구절로 대체되어 나타난다. 즉, 아브라함이 이삭을 번제로 드린 이 사건은 곧 "너는 בְּרָכָה가 되라"는 언약조항의 또 다른 의미였으며, 아브라함은 이 명령을 온전히 이루었던 것이다. 그래서 이제 여호와께서는 자신의 '약속'을 '맹세'로 승화시켜 주신다. 이와 같이 "너는 בְּרָכָה가 되라"의 의미는 항상 우리의 '생명 드림'을 지향하고 있었다.

이때 이러한 '이삭 번제 명령'은 아브라함만 수행한 것이 아니라 '영원한 언약'(창 17:7)의 언약의 당사자인 이삭도 또한 이것을 수행하였다. 따라서 이 글은 이삭도 또한 그의 번제를 인식한 것으로 본다. 아브라함은 제물을 드리는 제사장으로 여기에 참여하였고, 이삭은 이 제사의 번제물로 참여 하였으며, 모든 아브라함의 후손들은 '대대에 이르는 후손'으로서, 이 번제물이 된 이삭에게 참여하였다. 그리고 이와 같이 하여서 온 이스라엘이 이삭 안에서 하나님께 드려졌던 것이다. 그런데 이때 아브라함이 이삭을 칼로 잡으려 할 때, 여호와의 사자는 한 '숫양'을 예비하였으며, 아브라함과 이삭은 이 숫양을 번제의 제물로 하나님께 드렸다. 어떻게 보면 진정으로 드려진 제물은 '숫양'이었으며, 이 '숫양'은 예수 그리스도를 예표하고 있었다. 아브라함의 생애 속에서 제물은 이렇게 지속적인 변화를 거쳤는데, 처음에는 "동물을 쪼개는 것"이었으며, 그 다음은 "양피를 쪼개는 것"이었고, 그 다음에는 "이삭의 생명을 쪼개

는 것"이었는데, 궁극적으로 이것마저도 "하나님이 예비한 숫양"으로 대체된
다. 이 '숫양'은 하나님의 아들 예수 그리스도를 예표하고 있었는데, 이것은
이삭의 후손만 이삭에게 속하여 그 번제에 참여하던 것을 모든 인류가 참여할
수 있게 되었다. 그래서 이제는 온 인류가 그의 뜻만 분명하다면, 이제는 자신
의 생명을 이 숫양 되신 예수 그리스도 안에서 하나님께 드릴 수 있게 되었
다. 그래서 이 이삭번제의 사건은 이와 같은 의미에서 '영원한 언약', 곧 '구원
의 도리'라는 양식의 출현 사건이 되었던 것이다.

  아브라함 언약의 발전과정을 고찰하였을 때, 처음에는 여호와께서 아브라함
에게 "너는 בְּרָכָה가 되라"는 말씀으로 부르시었다. 그 후 이 언약조항은 "너는
두려워 말라, 내가 너의 방패와 상급이다"(창 15:1)와 '믿음으로 말미암는
의'(창 15:6)로 대체되어 언약의 진정한 의미는 언약 당사자의 '상호 하나 됨'
으로 나타났다. 그리고 이 언약 조항은 "나는 전능한 하나님이라, 너는 내 앞
에서 행하여 완전하라"(창 17:1)는 명령과 더불어 '할례 명령'(창 17:10,11)으
로 발전되어 나타났는데, 이 명령은 아브라함과 그의 후손 전체를 향하여 "너
희는 בְּרָכָה가 되라"의 말씀으로 발전을 한 것을 의미하였다. 이와 같이 아브라
함의 언약은 아브라함 만 아니라, 그의 모든 후손까지도 "너희는 בְּרָכָה가 되
라"의 언약 안으로 부르신 것을 의미하고 있었다. 이와 같이 여호와와 아브라
함과 그의 후손 사이의 관계가 명확해지자 이제 이 언약이 열방을 향하여 실
행되는 국면에 이른다. 그것은 소돔과 고모라의 심판에 관한 것이었다. 여기에
서 여호와께서는 아브라함에게 소돔과 고모라를 위한 중보기도의 행위가,
בְּרָכָה적 행위이며, 마땅히 행해야 할 '여호와의 도'로서 '의와 공도'(창 18:19)
라고 하시며, 이것을 위해서 아브라함과 그의 후손을 선택하였다고 말씀하신
다. 여호와에 의하여, 아브라함과 그의 후손은 이렇게 '열방의 아비'로 나타났
는데, 이것은 최종적으로 '하늘의 천상총회의'의 시험을 거쳐야 했다. 이 시험
은 이것이 '영원한 언약'으로 공표될 수 있는지를 분별하는 하나의 인준과정이
었다. 여기에서 아브라함과 이삭은 자신들의 생명을 바치기까지 순종하였으며,
그 결과 하나님께서는 '숫양'을 준비하심으로 '영원한 언약'을 체결하신다. 예
수 그리스도의 십자가 '구원의 도'에 관한 양식이 여기에서 출현하였다.

참 고 문 헌

1. 국문서적

김성수. 「내가 너로 큰 민족을 이루게 하리라」. 수원: 합동신학대학원출판부, 2003.

김의원. 「하늘과 땅, 그리고 족장들의 톨레돗」. 서울: 총신대학교출판부, 2004.

김주원. "에스겔서 37장의 상호본문적 해석: 에베소서 2장과의 상호본문성에 기초하여." 『광신논단』 Vol. 24. 광신대학교, 2014.

김진섭. 「모세오경」. 서울: 한국성경신학연구소, 2009.

김홍전. 「하나님의 백성 아브라함」. 서울: 성약, 2006.

문희석. 「구약성서배경사」. 서울: 대한기독교서회, 2008.

송병현. 「엑스포지맨터리 창세기」. 서울: 국제제자훈련원, 2011.

안종철. 「히브리 성서 비평학」. 서울: 쿰란출판사, 2002.

정석규. 「구조로 읽는 창세기」. 서울: 프리칭 아카데미, 2006.

정일오. 「창세기 해설」. 서울: 솔로몬, 2004.

천사무엘. 「창세기, 성서주석」. 서울: 대한기독교서회, 2001.

2. 번역서적

Allders, G. Ch. 「화란주석 창세기1」. 기독지혜사 편집부 역. 서울: 기독지혜사, 1986.

Archer, Gleason L. 「구약총론」. 김정우 · 김은호 역. 서울: 기독교문서선교회, 2002.

Beale, Gregory K. 「성전신학」. 강성열 역. 서울: 새물결플러스, 2015.

Blumenthal, Atiel L. 「한 새사람」. 김주성, 고병현 역. 서울: 고려문화사, 2018.

Brueggemann, Walter · Tod Linafelt. 「구약개론」. 김은호 · 홍국평 역. 서울: 기독교문서선교회, 2014.

Fischer, I, "이전 역사에서 이후 역사로: 문서-상호본문성-수용에 나타난 문서해석." 「구약신학연구동향, Vol. 125」. 민경구 역. 서울: 기독교문서선교회, 2016.

Holladay, William L. 「히브리어 아람어 사전」. 손석태 · 이병덕 역. 서울: 솔로몬, 2005.

Henry, Matthew. 「창세기, 메튜헨리 주석」. 서울: 크리스챤 다이제스트, 2012.

Henry, William Green. "오경에 나타난 '엘로힘'과 '여호와'의 용법," 「구약신학논문집(2집)」. 윤영탁 편역, 서울: 성광문화사, 1989.

Hill, Andrew E, John H. Walton. 「구약개론」. 엄성옥 · 유선명 · 정종성 역. 서울: 은성, 2001.

Jordan, James B. 「창세기의 족장이야기」. 안정진 역. 서울: 기독교문서선 교회, 2009.

Jouon-T, Paul, Muraoka. 「성서 히브리어 문법」. 김정우 역. 서울: 기혼, 2012.

Kaiser, Walter C. 「구약성경신학」. 최종진 역. 서울: 생명의 말씀사, 1989.

Keil C. F. & Delitzsch. 「구약주석, Vol. 1, 창세기」. 고영민 역. 서울: 기 독문화사, 1979.

Kline, Meredith G. 「하나님 나라의 서막」. 김구원 역. 서울 : 기독교문서선 교회, 2007.

Lange, J. P. 「랑게주석, Vol. 2, 창세기」. 김진홍 역. 서울: 로고스, 2010.

Leale, Thomas H. 「창세기(상), 베이커 성경주석(상)」. 이기문 역. 서울: 기 독교문사, 1988.

Leupold, H. C. 「창세기」. 최종택 역. 서울 : 크리스챤서적, 1990.

LongmanⅢ, Tremper. 「어떻게 창세기를 읽을 것인가」. 전의우 역. 서울: 한국기독학생회, 2006.

Niehaus, Jeffrey J. 「시내산의 하나님」. 김진섭 역. 서울: 이레서원, 2009.

Ollenburger, B. C, "브레버드 챠일즈의 정경." 『20세기 구약신학의 주요인 물들』. 벤 C. 올렌버거, 엘머 A. 마르텐스, G. F. 하젤 편. 강성열 역. 서울: 크리스챤 다이제스트, 2009.

Rogerson, J.W, R.W.L. Moberly. 「창세기 연구입문」. 민경진 역. 서울: 기독교문서선교회, 2015.

Rŏmer, Thomas. "문서, 단편 그리고 보충 사이에서: 오경연구의 상황에 대하여," 「구약신학연구동향, Vol. 125」. 민경구 역. 서울: 기독교문서선교회, 2016.

Sailhamer, John H. 「모세오경 신학」. 김윤희 역. 서울: 새물결플러스, 2014.

Sweeney, Marvin A. "이사야서에 대한 스가랴서의 논쟁." 『구약성서, 읽기와 해석하기』. 왕대일 편. 서울: 감신대성서학연구소, 2001.

Theodor H. F. 「복의 근원이 된 사람 아브라함」. 고광자 역. 서울 : 바울서신사, 1988.

Walton, John H, Victor H. Matthews, Mark W. Chavalas. 「IVP 성경배경주석」. 정옥배 외3 역. 서울: 한국기독학생회 출판부, 2001.

Wright Christopher J. H. 「하나님 백성의 선교」. 한화룡 역. 서울: 한국기독학생회 출판부, 2012.

Young, Edward J. 「구약총론」. 홍반식 · 오병세 역. 서울: 개혁주의신행협회, 1990.

Zimmerli, Walter. 「구약신학」. 김정준 역. 서울: 한국신학연구소, 1990.

3. 외국서적

Aalders, Gerhard Charles. *The Book of Genesis.* Bible Studnt's Commentary Vol. 1. Trans. by William Heynen. Michigan: Zondervan Publishing House, 1981.

Adar, Zvi. *The Book of Genesis : An Introduction to the Biblical World*, Trans. by Philip Cohen. Jerusalem: Magnes Press, 1990.

Alexander, T. Desmond. "Genesis 22and the Covenant of Circumcision." *Journal for the Study the Old Testament*, 8 No. 25. Feb. 1983, 17-22.

Arnold, Bill T. *Genesis.* Cambridge: Cambridge University Press, 2009.

Avalos, Hector. "Circumcision as a Slave Mark." *Perspectives in Religious Studies*, 42 No. 3. Fall 2015, 259-274.

Begg, Christopher T. "Rereading of the 'Animal Rite' of Genesis 15 in Early Jewish Narratives." *The Catholic Biblical Quarterly*, 50 No.1. Jan. 1988, 36-46.

Botterweck, G. Johannes, Helmer Ringgren, "BRK." *Theological Dictionary of the Old Testament*, Vol. 2. Grand Rapids: William B. Eerdmans Publishing, 1975, 279-309.
_____, "aman." *Theological Dictionary of the Old Testament*, Vol. 2. Grand Rapids: William B. Eerdmans Publishing, 1975, 292-317.

Boice, James Montgomery. *Genesis 12-36, An Expositional Commentary*, Vol. 2. Grand Rapids: Baker Books, 1998.

Brodie, Thomas L. *Genesis as Dialogue, A Literary Historical & Theological Commentary*. New York: Oxford University, 2001.

Brogman, Paul. *Genesis: the Story We haven't Heard.* Downers Grove: Intervarsity Press, 2001.

Brueggemann, Walter. "Genesis 17:1-22." *Expository Article*, 45 No.1, Jan. 1991. 55-59.

_____. *Genesis.* Interpretation a Bible Commentary for Teaching & Preaching. Atlanta: John Knox Press, 1982.

Calvin, John. *The Book of Genesis*. Commentaries on the First Book of Moses Genesis. Tr. from the Original Latin. Grand Rapids: Baker Book House, 1993.

Cotter, David W. *Berit Olam Studies in Hebrew Narrative & Poetry : Genesis.* Collegeville: The Liturgical Press, 2003.

Currid, John D. *A Study Commentary on Genesis, Vol.1.* New York: Evangelical Press, 2003.

De La Torre, Miguel A. *Genesis,* Belief: A Theological Commentary. Luisville: Westminster John Knox Press, 2011.

Dumbrell, William J. "The Covenant with Abraham." *The Reformed Theological Review*, 41 No. 2, May-Aug 1982. 42-50.

Essex, Keith H. "The Abramic Covenant." *TMSJ* 10/2, Fall 1999. 195.

Gaston, Lloyd. "Abraham and the Righteousness of God." *Horizons in Biblical Theology*, 2, 1980. 39-68.

Gibson, John C.L. *Genesis 2*, in The Daily Study Bible. Philadelphia: Saint Andrew Press, 1982.

Grill, John. *Genesis through Numbers*. London: Mathews & Leigh, 1809.

Hamilton, Victor P. *The Book of Genesis 1-17*, The New International Commentary on the Old Testament. Ed. by R.K. Harrison · Robert L. Hubbard, Jr. Grand Rapids: William B. Eerdmans Publishing, 1990.

Harbach, Robert C. *Studies in the Book of Genesis*. Grandville: Reformed Free Publishing Association, 2001.

Hasel, Gerhard F. "The Meanning of the Animal Rite in Genesis 15." *Journal for the Study of the Old Testament*, 6 No.19, Feb. 1981. 61-78.

Hughes, R. Kent. *Genesis : Beginning and Blessing*. Illinois: Crossway Books, 2004.

Jenni, Ernst, Claus Westermann. "BRK." *Theological Lexicon of the*

Old Testament, Vol. 1. Tr. by Mark E. Biddle. Peabody: Hendrickson Publishers, 1997, 266-282.

Jukes, Andrew John.   *Types of Genesis.* Grand Rapids: Michigan, 1993.

Kidner, Derek.   *Genesis An Introduction and Commentary.* Downers Grove: Inter-Varsity Press, 1973.

Kuruvilla, Abraham. *Genesis, A Theological Commentary for Preachers.* Eugene: Resource Publications, 2014.

Mann, Thomas W.   *The Book of the Torah.* Atlanta, John Knox Press, 1988.

Mathews, Kenneth A. *Genesis 11:27-50:26.* The New American Commentary, Vol. 1B. Nashville: Broadman & Holman Publishers, 2005.

McKeown, James. *Genesis.* The Two Horizons OLd Testament Commentary. Grand Rapids: William B. Eerdmans Publishing, 2008.

Merrill, Eugene H. "The Covenant with Abraham : The Keystone of Biblical Architecture." *Journal of Dispensational Theology,* August, 2008. 5-17.

Murphy, James G. *Commentary on the Book of Genesis.* Boston: Estes and Lauriat, 1873.

Niehaus, Jeffrey J. "God's Covenant with Abraham." *JETS* 56/2, 2013. 249-271.

Mitchel, Christopher Wright. "The Meaning and Significance of BRK 'To Bless' in the Old Testament." *The University of Wisconsin-Madison*, Ph.D. 1983.

Phillips, John. *Exploring Genesis, An Expository Commentary*. Grand Rapids: 2001.

Pink, Arthur W. *Gleanings in Genesis*. Chicago: Moody Press, 1982.

Robertson, O. Palmer. "Genesis 15:6 : New Covenant Expositions of an Old Covenant Text." *The Westminster Theological Journal*, 42 No. 2, Spr. 1980. 259-290.

Ross, Allen P. *Creation and Blessing*. Grand Rapids: Baker Books, 1999.

Sailhamer, John H. *The Pentateuch as Narrative*. Michigan: Zondervan Publishing House, 1992.

_____, John H. *Genesis~Leviticus*. The Expositor's Bible Commentary. Ed. by Tremper Longmann Ⅲ · David E. Garland. Grand Rapids: Zondervan, 2008.

Skinner, John. *Genesis*. The International Critical Commentary. Edinburgh: Morrison & Gibb, 1976.

Speiser, E.A. *Genesis*. The Anchor Bible. New York: Doubleday & Company, 1964.

Towner, W. Sibley. *Genesis*. Westminster Bible Companion. Ed. by Patrick D. Miller · David L. Bartlett. Louisville: Westminster John Knox Press, 1989.

Turner, Laurence A. *Genesis*. A New Biblical Commentary. Sheffield: Sheffield Academic Press, 2000.

Van Gemeren, Willem A. "BRK." *New International Dictionary of Old Testament Theology & Exegesis*, Vol. 1. Grand Rapids: Zondervan Publishing House, 1997, 755-768.

Von Rad, Gerhard. *Genesis, A Commentary*. London: SCM Press, 1972.

Vos, Howard F. *Genesis*. Chicago: Moody Bible Institute, 1982.

Waltke, Bruce K. *Genesis : A Commentary*. Grand Rapids: Zondervan, 2001.

Walton, John H. *Genesis*. The NIV Application Commentary. Ed. by Terry Muck. Grand Rapids: Zondervan, 2001.

Warning, Wilfried. "Terminological Patterns and Genesis 17." *Hebrew Union College Annual*, 70-71, 1999-2000. 93-107.

Wenham, Gordon J. *Genesis 1-15*. Word Biblical Commentary Vol. 1. Waco, Texas: Word Books, 1987.

_____.*Genesis 16-50.* Word Biblical Commentary Vol. 2. Waco, Texas: Word Books, 1987.

_____."The Symbolism of the Animal Rite in Genesis 15: A Response to Gerhard F. Hasel, (19,61-78, 1981)." *Journal for the Study of the Old Testament*, 7 No.22. Feb. 1982. 134-137.

Westermann, Claus. *Genesis, A Practical Commentary.* Trans. by David E. Green. Michigan : William B. Eerdmans, 1987.

_____. *Genesis 12-36.* A Continental Commentary. Trans. by John J. Scullion. Minneapolis: Fortress Press, 1995.

_____. *Blessing in the Bible and the Life of the Church.* Tr. by Keith Crim. Philadelphia: Fortress Press, 1978, 16.

Williams, Chet. "Focus : Genesis 17:1-7, 15-16 (A Threefold Promise with Conditions)." *Clergy Journal*, May/Jun, 2008, Vol. 84 Issue7, 98-99.

Youngblood, Ronald F. *The Book of Genesis.* Grand Rapids: Baker Book House, 1980.

〈저자소개〉 **최 환 열 (崔 煥 烈)**

백석대학교대학원 신학박사(구약학)
횃불트리니티대학원 목회학석사
아세아연합신학대학원 선교문학석사 수료
한양대학교 회계학과 졸업
현) 공인회계사, 삼지회계법인 대표
현) 국제지역개발협력협회 대표
현) 자유시장경제포럼 대표
저서 : 『모세오경의 언약』, 『국민연금과 사모펀드의 반란』, 『생철학과 현상학』,
　　　『실존주의 철학』
유투브 : 나라사랑TV(신앙), 나라사랑TV(인문학)

『아브라함의 언약』

2023년 12월 15일 초판 발행

지 은 이 : 최 환 열

펴 낸 이 : 김 동 명

펴 낸 곳 : 도서출판 창조와지식

주　　소 : 서울시 강북구 덕릉로 144

전　　화 : 1644-1814

메　　일 : gvmart@hanmail.net

I S B N : 979-11-6003-672-5(93230)

가　　격 : 25,000원